49,80

Das archäologische Jahr in Bayern 1992

Herausgegeben vom
Bayerischen Landesamt für Denkmalpflege
und von der
Gesellschaft für Archäologie in Bayern

Konrad Theiss Verlag Stuttgart

Redaktion:
Dr. Ingeborg von Quillfeldt, Doris Ebner M. A.

Layout:
Hans Stölzl, Dr. Ingeborg von Quillfeldt

Die Deutsche Bibliothek – CIP Einheitsaufnahme

Das archäologische Jahr in Bayern...
hrsg. von der Abt. Bodendenkmalpflege des Bayerischen
Landesamts für Denkmalpflege und der Ges. für
Archäologie in Bayern. – Stuttgart: Theiss
   Erscheint jährl.
   ISSN 0721-2399
NE: Bayern/Landesamt für Denkmalpflege
1980 (1981 –)

Umschlag: Michael Kasack
Titelbild: Augsburg. Das Siegesdenkmal zur Juthungenschlacht aus dem Jahr 260 n. Chr.

© Konrad Theiss Verlag GmbH & Co., Stuttgart 1993
ISBN 3 8062 1095 0. ISSN 0721-2399
Alle Rechte vorbehalten
Gesamtherstellung: Sellier-Druck GmbH, Freising
Herstellung der Offsetvorlagen:
Fa. Huber, München
Printed in Germany

Inhalt

Vorwort	9
Übersicht der Grabungen und Fundplätze des Jahres 1992	11
Archäologische Literatur in Bayern 1992 (D. Reimann)	18
Bodenkundliche Untersuchungen an der Artefaktfundstelle Attenfeld, Gemeinde Bergheim, Landkreis Neuburg-Schrobenhausen, Oberbayern (H. Jerz, R. A. Kemp und W. Grottenthaler)	29
Ein Rastplatz des frühen Mesolithikums bei Kemnath, Landkreis Tirschenreuth, Oberpfalz (A. Tillmann)	31
Altneolithische Fundplätze bei Landsberg a. Lech, Landkreis Landsberg a. Lech, Oberbayern (S. Gerhard und T. H. Gohlisch)	34
Das linearbandkeramische Siedlungsareal von Stephansposching, Landkreis Deggendorf, Niederbayern (K. Schmotz)	35
Biber und Bären in Pestenacker, Gemeinde Weil, Landkreis Landsberg a. Lech, Oberbayern (G. Sorge)	38
Ergebnisse von Bohrungen in der Altheimer Feuchtbodensiedlung am Koislhof, Gemeinde Essenbach, Landkreis Landshut, Niederbayern (B. S. Ottaway)	40
Aus den Tiefen eines Steinbruchs – Endneolithische und eisenzeitliche Befunde liefern Erkenntnisse zur jüngeren Talgeschichte, Gemeinde Marktbergel, Landkreis Neustadt a. d. Aisch-Bad Windsheim, Mittelfranken (M. Nadler)	42
Eine schnurkeramische Mehrfachbestattung aus Kösching, Landkreis Eichstätt, Oberbayern (A. Tillmann und K. H. Rieder)	44
Ein schnurkeramisches Grab von Ast, Gemeinde Tiefenbach, Landkreis Landshut, Niederbayern (B. Engelhardt)	45
Ein Gräberfeld der Glockenbecherkultur in Landau a. d. Isar, Landkreis Dingolfing-Landau, Niederbayern (L. Husty)	48
Ein Friedhof der frühen Bronzezeit in Haunstetten, Stadt Augsburg, Schwaben (St. Wirth)	49
Eine Doppelbestattung im urnenfelderzeitlichen Gräberfeld bei Zuchering, Stadt Ingolstadt, Oberbayern (C. Schütz-Tillmann und J. Druckenmüller)	52
Flachgräber der späten Bronzezeit aus Eching und Geisenfeld-Ilmendorf, Landkreise Freising und Pfaffenhofen a. d. Ilm, Oberbayern (St. Winghart)	54
Kult- oder Abfallgrube? – Ein ungewöhnlicher Befund der älteren Urnenfelderzeit bei Untermässing, Stadt Greding, Landkreis Roth, Mittelfranken (M. Nadler und U. Pfauth)	56
Die Reisensburg – eine vor- und frühgeschichtliche Befestigungsanlage über der Donau, Reisensburg, Stadt und Landkreis Günzburg, Schwaben (F. Loré)	58
Ein urnenfelderzeitliches Griffzungenschwert aus der Alz bei Truchtlaching, Gemeinde Seeon-Seebruck, Landkreis Traunstein, Oberbayern (H. P. Uenze)	61
Kombination von Luftbild und Magnetik zur Prospektion eines urnenfelder- und hallstattzeitlichen Gräberfelds bei Künzing, Landkreis Deggendorf, Niederbayern (J. Faßbinder und H. Becker)	62
Eine Siedlung der späten Urnenfelder- und älteren Hallstattzeit in Trailsdorf, Gemeinde Halterndorf, Landkreis Forchheim, Oberfranken (A. Castritius und P. Ettel)	65
Ein hallstattzeitlicher Grabfund mit keramischen Sonderformen aus Frickenhausen a. Main, Landkreis Würzburg, Unterfranken (St. Gerlach)	68
Ein »Herrensitz« der Hallstattzeit in Baldingen, Stadt Nördlingen, Landkreis Donau-Ries, Schwaben (A. Zeeb)	69

Vorgeschichtliche Siedlungen bei Germering, Landkreis Fürstenfeldbruck, Oberbayern (W. Leitz) ... 72

Ein umfriedeter »Tempelbau« der älteren Eisenzeit beim Erlachhof, Gemeinde Kösching, Landkreis Eichstätt, Oberbayern (K. H. Rieder) ... 74

Ein hallstattzeitlicher Grabhügel bei Lohma, Stadt Pleystein, Landkreis Neustadt a. d. Waldnaab, Oberpfalz (M. Schaich) ... 77

Drei Sonderbestattungen von der Ehrenbürg, Schlaifhausen, Gemeinde Wiesenthau, Landkreis Forchheim, Oberfranken (B.-U. Abels und P. Schröter) ... 80

Eine Siedlung der Späthallstattzeit auf dem Kapellenberg bei Marktbreit, Landkreis Kitzingen, Unterfranken (A. Posluschny) ... 83

Ein besonderer Hausbefund der frühen Latènezeit in Altdorf, Landkreis Landshut, Niederbayern (B. Engelhardt, Z. Kobyliński, D. Krasnodębski) ... 85

Vorgeschichtliche Siedlungsbefunde in Nördlingen, Landkreis Donau-Ries, Schwaben (A. Zeeb) ... 87

Neue Beobachtungen an einer keltischen Viereckschanze bei Gilching, Landkreis Starnberg, Oberbayern (W. Irlinger) ... 89

Ein spätkeltischer Umgangstempel bei Zuchering, Stadt Ingolstadt, Oberbayern (K. H. Rieder) ... 91

Abschließende Untersuchungen im augusteischen Legionslager Marktbreit: die zentralen Verwaltungsgebäude, Landkreis Kitzingen, Unterfranken (M. Pietsch) ... 93

Ein frühgermanischer Fundkomplex aus Schwebheim, Stadt Burgbernheim, Landkreis Neustadt a. d. Aisch-Bad Windsheim, Mittelfranken (R. Koch und P. Schröter) ... 96

Frühe Holzbauten im Bereich der Kleinen Thermen des römischen Kempten-Cambodunum, Stadt Kempten (Allgäu), Schwaben (G. Weber) ... 98

Ein römischer Steinkeller und Kalkbrennofen in Altheim, Gemeinde Essenbach, Landkreis Landshut, Niederbayern (C. Nagler) ... 101

Rettungsgrabungen vor der Stadtmauer von Augusta Vindelicum, Stadt Augsburg, Schwaben (L. Bakker) ... 104

Neues zum römischen Eining, Stadt Neustadt a. d. Donau, Landkreis Kelheim, Niederbayern (M. M. Rind) ... 107

Römische Siedlungsspuren in der Donauniederung bei Kagers, Stadt Straubing, Niederbayern (J. Prammer) ... 109

Flugbeobachtungen zu einigen Villae rusticae in Bayern (K. Leidorf) ... 111

Eine römische Schnellwaage aus einer Villa rustica in Pichl, Gemeinde Manching, Landkreis Pfaffenhofen a. d. Ilm, Oberbayern (C.-M. Hüssen) ... 113

Nach hundert Jahren: wieder Hölzer der Limes-Palisade bei Mönchsroth, Landkreis Ansbach, Mittelfranken (F. Leja) ... 115

Das Siegesdenkmal zur Juthungenschlacht des Jahres 260 n. Chr. aus Augusta Vindelicum, Stadt Augsburg, Schwaben (L. Bakker) ... 116

Ein kaiserzeitlicher Depotfund vom Reißberg bei Burgellern, Stadt Scheßlitz, Landkreis Bamberg, Oberfranken (B.-U. Abels) ... 119

Neue Ausgrabungen in der germanischen Siedlung von Eggolsheim, Landkreis Forchheim, Oberfranken (J. Haberstroh) ... 121

Neue Ausgrabungen im alamannischen Gräberfeld von Unterthürheim, Gemeinde Buttenwiesen, Landkreis Dillingen a. d. Donau, Schwaben (M. Hermann) ... 123

Ein Reitergrab des 7. Jahrhunderts aus Petting, Landkreis Traunstein, Oberbayern (R. Knöchlein und D. Reimann) ... 125

Zwei neue Grabfunde aus dem merowingerzeitlichen Gräberfeld von Hellmitzheim, Stadt Iphofen, Landkreis Kitzingen, Unterfranken (H. Lüdemann) ... 128

Ein alt beraubtes Adelsgrab aus dem frühmittelalterlichen Friedhof von Viecht, »Unterfeld«, Gemeinde Eching, Landkreis Landshut, Niederbayern (Th. Dannhorn) ... 130

Frühmittelalterliche Siedlungsbefunde aus Eußenheim, Landkreis Main-Spessart, Unterfranken (R. Obst) 134

Eine Adelsbestattung vom Ende des 7. Jahrhunderts n. Chr. im Kloster St. Emmeram in Regensburg, Oberpfalz (U. Osterhaus) 136

»Elirespach« wiederentdeckt – ein neuer bajuwarischer Haustyp aus Irlbach, Landkreis Straubing-Bogen, Niederbayern (K. Böhm) 138

Notgrabungen in der ehemaligen Pfarrkirche St. Martin von Weißenburg i. Bay., Landkreis Weißenburg-Gunzenhausen, Mittelfranken (R. Koch) 140

Archäologische Ausgrabungen auf der Insel Wörth im Staffelsee, Gemeinde Seehausen a. Staffelsee, Landkreis Garmisch-Partenkirchen, Oberbayern (B. Haas) 142

Ein slawisches Gräberfeld auf dem Barbaraberg bei Speinshart, Landkreis Neustadt a. d. Waldnaab, Oberpfalz (F. Biermann und A. Heidenreich) 145

Ein hochmittelalterlicher Wasserburgstall und eine neuzeitliche Mühle in Unterschleißheim, Landkreis München, Oberbayern (St. Seidel und A. R. Weiser) 147

Sicherungsmaßnahmen und Ausgrabungen auf der Burgruine Flossenbürg, Landkreis Neustadt a. d. Waldnaab, Oberpfalz (A. Boos) 149

Die Ausgrabungen im Schloß Alteglofsheim – ein Zwischenbericht, Landkreis Regensburg, Oberpfalz (S. Codreanu-Windauer) 153

Neustadium, oppidum Franconiae parum munitum – Stadtkerngrabung in Bad Neustadt a. d. Saale, Landkreis Rhön-Grabfeld, Unterfranken (T. Mittelstraß) 155

Grabungen auf dem Gelände des ehemaligen Clarissenklosters in Bamberg, Oberfranken (E. Jemiller) 158

Zur Wasserversorgung des Neuburger Stadtbergs im späten Mittelalter, Stadt Neuburg a. d. Donau, Landkreis Neuburg-Schrobenhausen, Oberbayern (A. Tillmann) 160

Die Ausgrabung der Niederungsburg Tüschnitz, Gemeinde Küps, Landkreis Kronach, Oberfranken (B. Münz) 163

Die Ausgrabung an der Schlosserstiege in der Passauer Altstadt, Stadt Passau, Niederbayern (J.-P. Niemeier) 165

Die Bauphasen der Hauptburg Hilpoltstein, Landkreis Roth, Mittelfranken (Th. Platz) 167

1082 Jahre in Spiegel der Dendrochronologie (S. Bauer) 170

Ein umfangreicher Keramik- und Glasfund des späten 17. Jahrhunderts aus Rosenheim, Oberbayern (H. Hagn, R. Darga und P. Veit) 172

»Thüringer« Porzellan aus Franken: Erzeugnisse der Gottbrechtschen Porzellanmanufaktur Reichmannsdorf am Ostrand des Steigerwalds, Stadt Schlüsselfeld, Landkreis Bamberg, Oberfranken (L. Wamser und W. Auer) 174

Zur Vermessung des mittelalterlichen Eisenerzabbaureviers »Grubet« bei Aichach – ein Zwischenbericht, Landkreis Aichach-Friedberg, Schwaben (H. Benedikt, H. Gerner, H. Kerscher und A. Schließer) 177

Eine Testmessung zur magnetischen Prospektion in Troia, Türkei (H. Becker, J. Faßbinder und H. G. Jansen) 180

Verzeichnis der Mitarbeiter 183

Bildnachweis 186

Dienststellen der archäologischen Denkmalpflege in Bayern 187

Vorwort

In der Einführung zum Band 1991 des »Archäologischen Jahrs in Bayern« hat das Bayerische Landesamt für Denkmalpflege über einen großzügigen Personalausbau der Archäologischen Abteilung berichtet, der nicht nur den Durchbruch zu erträglicheren Arbeitsbedingungen bedeutete, sondern auch den Vollzug des Bayerischen Denkmalschutzgesetzes wesentlich erleichterte. Ein Jahr später sieht die Lage längst nicht mehr so rosig aus, denn die Wirtschaft befindet sich auf Talfahrt und ist in eine der tiefsten Rezessionen der Nachkriegszeit geraten, was für die staatlichen Haushalte stets das gleiche bedeutet, nämlich Mittelkürzungen und Stellenabbau.

Wegen leerer Kassen mußte auch die Bundesanstalt für Arbeit die Förderung archäologischer Vorhaben einschränken, und zwar so drastisch, daß die Zuschüsse, die sich im letzten Jahr noch auf 3,4 Millionen DM beliefen, 1993 erheblich unter einer Million DM bleiben werden. Nachdem der Abschluß von Zeitverträgen mit Wissenschaftlern und technischen Kräften aus arbeitsrechtlichen Gründen nicht mehr möglich ist, Arbeitsbeschaffungsmaßnahmen kaum noch genehmigt werden und Studenten nur während der Semesterferien in begrenzter Zahl zur Verfügung stehen, hat das Bayerische Landesamt für Denkmalpflege gegenwärtig große Probleme, Ausgrabungen mit Personal auszustatten.

Die Zeiten, in denen es mit Hilfe der Bundesanstalt für Arbeit möglich war, viele freiwillige Leistungen für den Bürger zu erbringen, gehören also leider der Vergangenheit an mit der Folge, daß das, was die »amtliche« Archäologie nicht mehr ausgraben kann, künftig freiberuflich tätige Archäologen übernehmen müssen, die der fachlichen Aufsicht des Bayerischen Landesamts für Denkmalpflege unterstehen und im Auftrag sowie auf Rechnung der Bauherren arbeiten. Mit anderen Worten: In das Ausgrabungswesen muß wohl das Verursacherprinzip Einzug halten, und zwar mit durchaus problematischen Konsequenzen.

Mit zunehmender Sorge beobachtet das Bayerische Landesamt für Denkmalpflege auch Entwicklungen, die auf die Herabwürdigung des archäologischen Kulturguts zur Handelsware und auf die Zersplitterung von Fundkomplexen hinauslaufen. Verantwortlich hierfür ist insbesondere die außer Kontrolle geratene »Schatzsuche« mit Metallsonden in Verbindung mit dem § 984 des Bürgerlichen Gesetzbuches, der den Eigentümern von Ausgrabungsgrundstücken einen Anspruch auf die Hälfte des geborgenen Fundguts einräumt.

Was die illegale »Schatzsuche« mit Metallsonden betrifft, so scheint es, als habe sich die Lage etwas beruhigt, was möglicherweise darauf zurückgeht, daß die Justiz vor kurzem zwei Urteile mit abschreckender Wirkung gefällt hat. Dazu folgendes: 1990 sind in Utting a. Ammersee 25 keltische Goldmünzen auf privat- wie denkmalrechtlich unzulässige Weise geborgen und von einem staatlichen Museum für mehr als 100000 DM angekauft worden. Weil der Entdecker dem Grundeigentümer den Hälfteanteil vorenthielt, verurteilte das Amtsgericht Landsberg a. Lech den Sondengänger am 2. Dezember 1992 zu einer anderthalbjährigen Freiheitsstrafe mit Bewährung sowie zur Zahlung eines Bußgelds in Höhe von 15000 DM wegen des ungenehmigten Einsatzes eines Metalldetektors im Gelände.

Das zweite Urteil steht im Zusammenhang mit einem Vorfall auf dem Bullenheimer Berg, wo am 11. April 1992 der Leiter der Außenstelle Nürnberg des Bayerischen Landesamts für Denkmalpflege und ein Archäologe der Bayerischen Akademie der Wissenschaften von einem Metallsondengänger mit Reizgas angegriffen wurden (Arch. Jahr Bayern 1991, 9 f.), was dem Täter ein Verfahren wegen gefährlicher Körperverletzung eintrug. Am 23. März 1993 hat ihn das Amtsgericht Neustadt a. d. Aisch mit 80 Tagessätzen à 70 DM belegt, was einer Vorstrafe gleichkommt.

Abschließend seien einige Gedanken zur Einführung des sog. Schatzregals in das Bayerische

Denkmalschutzgesetz vorgetragen, das dem Staat Eigentum an allen von ihm selbst ausgegrabenen Funden und darüber hinaus an Objekten von herausragender wissenschaftlicher Bedeutung sichern würde, auch wenn diese nicht aus staatlichen Nachforschungen stammen. Die Zeit für diesen Schritt ist überreif, weil sich archäologische Museen in zunehmendem Maß mit Eigentumsansprüchen auf Funde konfrontiert sehen, die von privater Seite gestellt werden. Schuld daran ist der § 984 BGB, nach dem Bodendenkmäler jeweils zur Hälfte dem Entdecker und dem Grundeigentümer gehören. Diese Regelung fördert die Abwanderung von Funden in Privatsammlungen und in den Kunsthandel immer dann, wenn sich die öffentliche Hand nicht in der Lage sieht, die marktüblichen Preise zu zahlen.

Wenn es vordergründig vielleicht so aussehen mag, als wolle das Bayerische Landesamt für Denkmalpflege das Schatzregal allein aus fiskalischen Gründen in das Bayerische Denkmalschutzgesetz einführen, so trügt der Schein, denn letztendlich geht es ausschließlich darum, das Teilen von Schatzfunden und Grabinventaren zu verhindern, weil es sich bei diesen um kulturelle Einheiten, um sog. geschlossene Funde, handelt, die der Forschung uneingeschränkt zur Verfügung stehen müssen. Realteilungen lassen sich aber dann nicht verhindern, wenn für bestimmte Objekte so hohe Preise verlangt werden, daß die öffentliche Hand nicht mehr mitbieten kann.

Nach Ansicht des Landesamts sind archäologische Quellen dazu da, Geschichte zu erforschen, zu schreiben und in Museen zu vergegenwärtigen. Hinzu kommt, daß in der Regel nur öffentliche Einrichtungen in der Lage sind, archäologische Funde sachgerecht zu konservieren und durch ständige Betreuung auf Dauer zu erhalten. Aus diesem Grund gehört das kulturelle Erbe aus Bayerns Vor- und Frühgeschichte nicht in Privathand, sondern in die Verfügung der Allgemeinheit, die dieses Erbe pfleglich behandelt und es an kommende Generationen weitergeben will.

Inzwischen hat das Bayerische Landesamt für Denkmalpflege versucht, die Weichen für die Einführung des Schatzregals zu stellen, und ein entsprechendes Gutachten an alle archäologischen Einrichtungen in Bayern mit der Bitte um Meinungsäußerung versandt. Sinn und Zweck dieser Aktion ist es, zunächst einmal das Fach von der Notwendigkeit eines bayerischen Schatzregals zu überzeugen.

München, im Mai 1993

Prof. Dr. Michael Petzet

Generalkonservator des Bayerischen Landesamts für Denkmalpflege

Christa Meier

1. Vorsitzende der Gesellschaft für Archäologie in Bayern

Dr. Erwin Keller

Leiter der Abteilung Bodendenkmalpflege des Bayerischen Landesamts für Denkmalpflege

Übersicht der Grabungen und Fundplätze des Jahres 1992

In Klammern gesetzte Seitenverweise beziehen sich auf die Berichte in diesem Band

Oberbayern

Eching (Lkr. Freising), Kleiststraße
  Vorgeschichtliche und frühmittelalterliche Siedlung.
Eching (Lkr. Freising), Lustheimer Straße
  Siedlung und Gräberfeld des frühen Mittelalters.
Eching (Lkr. Freising), westlich der Frühlingsstraße
  Siedlung und Gräberfeld der Bronze- und Hallstattzeit (S. 54 ff.), Siedlung des frühen Mittelalters.
Eichstätt (Lkr. Eichstätt), Buchtal
  Spätmittelalterlicher Keller.
Eichstätt (Lkr. Eichstätt), Pfahlstraße
  Mittelalterlich-neuzeitliche Siedlungsfunde.
Emmering (Lkr. Fürstenfeldbruck)
  Frühmittelalterliches Reihengräberfeld.
Erding (Lkr. Erding), östlich der ED 18
  Urnengräber der Urnenfelderzeit, vorgeschichtliche und frühmittelalterliche Siedlung.
Flintsbach a. Inn (Lkr. Rosenheim), Rachelburg
  Mittelbronzezeitlicher Hortfund.
Freising (Lkr. Freising), Domberg
  Hochmittelalterliche Baubefunde.
Gauting (Lkr. Starnberg)
  Römisches Brandgräberfeld.
Geisenfeld-Ilmendorf (Lkr. Pfaffenhofen a. d. Ilm)
  Vorgeschichtliche Siedlungsfunde.
Germering (Lkr. Fürstenfeldbruck), Birnbaumsteig
  Siedlungsbefunde der Früh- und Spätbronzezeit, der Hallstattzeit und der Neuzeit (S. 72 ff.).
Germering (Lkr. Fürstenfeldbruck), Krippfeldstraße
  Siedlung der Spätbronzezeit, Gruben der Urnenfelderzeit, frühmittelalterliches Reihengräberfeld, neuzeitliche Befunde.
Großmehring (Lkr. Eichstätt)
  Mittelneolithisches Grab und Goldfingerring des 7. Jahrhunderts.
Ingolstadt-Mailing
  Siedlungsbefunde der frühen Bronzezeit.
Ingolstadt-Zuchering, Ost
  Gräberfeld der Urnenfelderzeit (S. 52 f.), Siedlung des hohen Mittelalters.
Ingolstadt-Zuchering, Süd
  Gräberfeld der Glockenbecherkultur, Siedlungsbefunde der Frühbronzezeit, latènezeitlicher Umgangstempel (S. 91 f.), Kastell, Straße und Brandgräber der römischen Kaiserzeit, karolingischer Hausgrundriß.
Kinding-Enkering (Lkr. Eichstätt), Schellenburg
  Urnenfelderzeitliche Siedlungsbefunde.
Kipfenberg (Lkr. Eichstätt)
  Siedlungsfunde der Neuzeit.
Kipfenberg-Böhming (Lkr. Eichstätt)
  Mittelalterliche Befunde.
Kösching (Lkr. Eichstätt), In Ter Park
  Paläolithische und neolithische Streufunde, Siedlungsreste der Linearbandkeramik, der Münchshöfener Gruppe, der frühen Bronzezeit und der Völkerwanderungszeit, Gräber der Schnurkeramik (S. 44 f.) und der Urnenfelderzeit, umfriedeter »Tempelbau« der Hallstattzeit (S. 74 ff.), römische Werkstätten.
Laufen-Leobendorf (Lkr. Berchtesgadener Land)
  Spätlatènezeitlicher Einbaum.
Manching (Lkr. Pfaffenhofen a. d. Ilm)
  Gräber der Frühbronze- und Urnenfelderzeit, Siedlungsbefunde und Grabenwerk der Hallstattzeit, keltische Siedlung.
Manching (Lkr. Pfaffenhofen a. d. Ilm)
  Latènezeitliche Siedlungsbefunde.
Manching-Pichl (Lkr. Pfaffenhofen a. d. Ilm)
  Römische Siedlungsbefunde (S. 113 ff.).
Moorenweis (Lkr. Fürstenfeldbruck)
  Mittelalterliche Baubefunde.
Mühldorf a. Inn (Lkr. Mühldorf a. Inn)
  Spätmittelalterlicher Haberkasten, Bauuntersuchungen im Stadtmauerbereich.
München, Am Einlaß
  Stadtmauer.
Münchsmünster (Lkr. Pfaffenhofen a. d. Ilm)
  Karolingische Klosteranlage.
Nassenfels-Wolkertshofen (Lkr. Eichstätt)
  Urnenfelderzeitliches Gräberfeld.
Neuburg a. d. Donau (Lkr. Neuburg-Schrobenhausen), Schloßberg
  Hochmittelalterliches Gräberfeld, spätmittelalterliche Zisterne (S. 160 ff.).
Oberaudorf (Lkr. Rosenheim)
  Hoch- bis spätmittelalterliche Burg.
Petting (Lkr. Traunstein)
  Frühmittelalterliches Reihengräberfeld (S. 125 ff.).
Poing (Lkr. Ebersberg)
  Frühmittelalterliche Siedlung.
Rosenheim, Mittertor
  Neuzeitliche Funde im Inneren Stadtgraben (S. 172 ff.).
Scheuring-Haltenberg (Lkr. Landsberg a. Lech)
  Frühneolithische Siedlungsstellen (S. 34 f.).
Schöngeising (Lkr. Fürstenfeldbruck)
  Römischer Werkplatz.
Seehausen a. Staffelsee (Lkr. Garmisch-Partenkirchen), Insel Wörth
  Vorgeschichtliche und römische Siedlungsfunde, frühmittelalterliches Kloster (?), Baubefunde der Pfarrkirche St. Michael (S. 142 ff.).
Seeon-Seebruck-Stöffling (Lkr. Traunstein)
  Spätlatènezeitliche Siedlungsfunde.
Seeon-Seebruck-Truchtlaching (Lkr. Traunstein)
  Urnenfelderzeitliches Griffzungenschwert (S. 61).
Stammham (Lkr. Altötting)
  Frühmittelalterliche Reihengräber.
Taching a. See-Tengling (Lkr. Traunstein)
  Frühmittelalterliche Reihengräber.
Unterschleißheim (Lkr. München)
  Hochmittelalterlicher Wasserburgstall und neuzeitliche Mühle (S. 147 ff.).
Vohburg a. d. Donau-Rockolding (Lkr. Pfaffenhofen a. d. Ilm)
  Hallstattzeitlicher Kreisgraben.
Weil-Pestenacker (Lkr. Lands-

berg a. Lech)
Jungneolithische Feuchtbodensiedlung (S. 38 ff.).

Niederbayern

Abensberg-Offenstetten (Lkr. Kelheim)
Romanischer (?) Vorgängerbau im Außenbereich der Pfarrkirche St. Vitus.

Abensberg-Schwaighausen (Lkr. Kelheim), Mühltal
Siedlungsgrube der Bronzezeit.

Altdorf (Lkr. Landshut)
Siedlungsreste der Glockenbecherkultur, der Bronze-, Urnenfelder- und frühen Latènezeit (S. 85 ff.), Brandgrab der mittleren römischen Kaiserzeit.

Eching-Viecht (Lkr. Landshut)
Grab des Endneolithikums (?), Siedlungsfunde der frühen Bronzezeit, frühmittelalterliche Reihengräber (S. 130 ff.).

Eichendorf-Prunn (Lkr. Dingolfing-Landau)
Siedlung mit Hausgrundrissen und Öfen der Linearbandkeramik.

Elsendorf-Ratzenhofen (Lkr. Kelheim), Schloß
Siedlungsgrube der Latènezeit, zwei Körperbestattungen unbekannter Zeitstellung.

Essenbach (Lkr. Landshut), Ammerbreite
Siedlungsfunde der Linearbandkeramik und der Urnenfelderzeit, Kultgrube (?) mit Pferdebestattung und Siedlungsreste der römischen Kaiserzeit.

Essenbach-Altheim (Lkr. Landshut)
Siedlungsfunde der frühen Bronze-, der Urnenfelder- und Hallstattzeit, Grabenwerk der Hallstattzeit, Villa rustica der römischen Kaiserzeit mit Steinkeller und Kalkbrennofen (S. 101 ff.), frühmittelalterliche Reihengräber.

Essenbach-Koislhof (Lkr. Landshut)
Feuchtbodensiedlung der Altheimer Gruppe (S. 40 ff.).

Essing-Oberau (Lkr. Kelheim), Schulerloch
Abristation des Mittelpaläolithikums.

Fürstenzell-Bad Höhenstadt (Lkr. Passau)
Siedlungsreste des späten Neolithikums und der Spätlatènezeit.

Geisenhausen (Lkr. Landshut)
Karolingisch-ottonische Öfen.

Irlbach (Lkr. Straubing-Bogen)
Siedlungsspuren der Linearbandkeramik, der Stichbandkeramik/Gruppe Oberlauterbach, der Münchshöfener und der Altheimer Gruppe, der Bronze-, Hallstatt- und Latènezeit sowie des frühen Mittelalters (S. 138 ff.).

Kelheim-Weltenburg (Lkr. Kelheim), Frauenberg
Siedlungsbefunde des Mittelneolithikums, befestigte Höhensiedlung der frühen Bronze-, der Urnenfelder- und frühen Latènezeit, Körpergrab unbekannter Zeitstellung.

Kirchroth-Kößnach (Lkr. Straubing-Bogen)
Siedlung der Völkerwanderungszeit.

Künzing (Lkr. Deggendorf)
Gräberfeld der Urnenfelderzeit, Ostvicus der mittleren römischen Kaiserzeit.

Künzing (Lkr. Deggendorf)
Vicus der mittleren römischen Kaiserzeit mit holzverschalten Brunnen und einem Eisenhortfund, Gräber unbekannter Zeitstellung.

Künzing-Bruck (Lkr. Deggendorf)
Siedlungsreste des Alt- und Mittelneolithikums sowie der mittleren Bronzezeit.

Landau a. d. Isar (Lkr. Dingolfing-Landau)
Grabenwerk des Jungneolithikums, Siedlung und Gräberfeld der Glockenbecherkultur (S. 48 f.), Siedlung der frühen Bronzezeit, Siedlung, Befestigung und »Herrenhof« der Hallstattzeit.

Neustadt a. d. Donau-Eining (Lkr. Kelheim), Abusinastraße
Römische Gebäudereste im Vicusbereich des mittelkaiserzeitlichen Auxiliarkastells (S. 107 f.).

Neustadt a. d. Donau-Eining (Lkr. Kelheim), Höllenberg
Brandgräberfeld der mittleren römischen Kaiserzeit (S. 107 f.).

Neustadt a. d. Donau-Eining (Lkr. Kelheim), Unterfeld
Reste eines römischen Steingebäudes am Südrand des mittelkaiserzeitlichen Vexillationslagers (S. 107 f.).

Osterhofen-Galgweis (Lkr. Deggendorf)
Spätgotischer Vorgängerbau der Pfarrkirche St. Peter und Paul.

Osterhofen-Haardorf (Lkr. Deggendorf)
Siedlungsfunde des Mittelneolithikums, Kleinkastell der frühen römischen Kaiserzeit.

Passau, Johann-Bergler-Straße
Römische Zivilsiedlung beim mittelkaiserzeitlichen Kastell Boiodurum.

Passau, Kapuzinerstraße
Römische Zivilsiedlung und Graben des mittelkaiserzeitlichen Kastells Boiodurum, mittelalterliche Eisenschmelzöfen.

Passau, Kapuzinerstraße 63
Mittelalterliche Baubefunde, mittelalterliche und frühneuzeitliche Bestattungen.

Passau, Lukas-Kern-Straße
Römische Siedlungsreste.

Passau, Schlosserstiege
Keltisch-römische Uferbefestigung, mittelalterliche Stadtmauer, mittelalterlich-frühneuzeitliche Baubefunde (S. 165 ff.).

Passau, Zengergasse
Mittelalterliche Vorgängerbauten der Hofkapelle, neuzeitliche Bestattungen.

Pfarrkirchen-Untergaiching (Lkr. Rottal-Inn)
Siedlung der Linearbandkeramik und des Mittelneolithikums.

Pilsting-Großköllnbach (Lkr. Dingolfing-Landau)
Grabenwerk mit Hausgrundriß der Hallstattzeit.

Pocking (Lkr. Passau), Indlinger Straße
Siedlungsspuren der mittleren römischen Kaiserzeit, frühmittelalterliche Reihengräber.

Rain (Lkr. Straubing-Bogen)
Siedlungsfunde der Bronzezeit.

Reisbach-Mienbach (Lkr. Dingolfing-Landau), Kirche St. Nikolaus
Vorgängerbau aus dem 13./14. Jahrhundert.

Ringelai-Kühbach (Lkr. Freyung-Grafenau)
Frühneuzeitliche Töpferbruchgruben.

Stephansposching (Lkr. Deggendorf)
Siedlung und Körpergräber der jüngeren Linearbandkeramik,

Grab der Münchshöfener Gruppe, Siedlungsgrube der frühen Bronzezeit (S. 35 ff.).
Straßkirchen (Lkr. Straubing-Bogen)
Grabenwerk der Altheimer Gruppe, »Herrenhof« der Hallstattzeit, Grabenumfriedung (einer Villa rustica?) der römischen Kaiserzeit, frühmittelalterliche Reihengräber.
Straubing, Baltische Straße
Mittelkaiserzeitlicher Südvicus.
Straubing, Schlesische Straße
Mittelkaiserzeitlicher Südvicus.
Straubing-Alburg, Kreuzbreite
Siedlung der Urnenfelderzeit.
Straubing-Ittling, Industriegebiet Sand mit Donauhafen
Mesolithische Funde und urnenfelderzeitliche Siedlungsspuren.
Straubing-Kagers, Westtangente
Gräberfeld der Urnenfelderzeit, römische Siedlungsspuren (S. 109 ff.).
Tiefenbach-Ast (Lkr. Landshut)
Grabenwerk und Hausgrundrisse des Mittelneolithikums/ Gruppe Oberlauterbach, schnurkeramisches Grab (S. 45 ff.), Siedlungsfunde der frühen bis späten Bronzezeit.
Train (Lkr. Kelheim)
Untersuchungen in einem Hallertauer Hopfenbauernhof.
Untergriesbach (Lkr. Passau)
Burgstall Vormhaus mit mittelalterlich-neuzeitlichen Befunden.

Oberpfalz

Alteglofsheim (Lkr. Regensburg), Schloß
Baubefunde der mittelalterlichen Burg und des frühneuzeitlichen Schlosses (S. 153 ff.).
Amberg, Landratsamt
Untersuchung im Bereich des ehemaligen Zeughauses, mittelalterliche Vilsbefestigung.
Berg b. Neumarkt i. d. OPf.-Oberrohrenstadt (Lkr. Neumarkt i. d. OPf.), Kirche
Mittelalterliche Mauerreste und Sakristei.
Burglengenfeld (Lkr. Schwandorf), Burg
Hoch- bis spätmittelalterliche Wehrmauer.
Ebermannsdorf (Lkr. Amberg-Sulzbach), Burg
Romanischer Bergfried.
Falkenstein (Lkr. Cham), Kirche
Spätmittelalterliche Baubefunde.
Flossenbürg (Lkr. Neustadt a. d. Waldnaab), Burg
Untersuchung und Wiederaufbau eines Backofens des 15./16. Jahrhunderts (S. 149 ff.).
Freystadt-Forchheim (Lkr. Neumarkt i. d. OPf.)
Germanisches Urnengräberfeld mit zugehöriger Siedlung.
Hohenfels-Granswang (Lkr. Neumarkt i. d. OPf.)
Hallstattzeitliche Grabhügel.
Kemnath (Lkr. Tirschenreuth)
Frühmesolithischer Fundplatz (S. 31 ff.).
Köfering (Lkr. Regensburg), »Kelleräcker«
Linearbandkeramische Siedlung und Gruben der Chamer Gruppe.
Leuchtenberg (Lkr. Neustadt a. d. Waldnaab)
Ausgrabung im Palas-Innenraum und im Zwinger.
Moosbach-Burgtreswitz (Lkr. Neustadt a. d. Waldnaab), Burg
Untersuchungen im Innenhof-, Tor- und Grabenbereich.
Mötzing (Lkr. Regensburg)
Römische Brandgräber und Gruben.
Neunburg vorm Wald (Lkr. Schwandorf), Warberg
Mittelalterliche Wehrmauer.
Nittenau-Hof a. Regen (Lkr. Schwandorf), Burg
Mittelalterlicher Burggraben.
Pentling-Matting (Lkr. Regensburg)
Massives Bauernhaus des 14. Jahrhunderts mit Vorgängerbau in Pfostenbauweise.
Pfatter-Geisling (Lkr. Regensburg)
Befestigter hallstattzeitlicher (?) »Herrenhof«.
Pleystein-Lohma (Lkr. Neustadt a. d. Waldnaab)
Hallstattzeitlicher Grabhügel (S. 77 ff.).
Regensburg, St. Emmeram
Frühmittelalterliche Gräber (S. 136 ff.) und römische bis hochmittelalterliche Baureste.
Regensburg-Burgweinting
Frühbronzezeitliche Siedlung.
Regensburg-Neuprüll
Römische Villa rustica.
Speinshart (Lkr. Neustadt a. d. Waldnaab)
Untersuchung an der Klosterkirche.
Speinshart (Lkr. Neustadt a. d. Waldnaab), Barbaraberg
Slawischer Friedhof (10. Jahrhundert) und spätmittelalterliche Wallfahrtskirche (S. 145 ff.).
Stadlern (Lkr. Schwandorf), Kirche
Spätmittelalterliche Mauerreste.
Sulzbach-Rosenberg (Lkr. Amberg-Sulzbach), Burg
Mittelalterlicher Mauerbering.
Thalmassing (Lkr. Regensburg)
Wirtschaftsgebäude einer römischen Villa rustica.
Tirschenreuth (Lkr. Tirschenreuth)
Nachgrabungen in der St.-Peters-Kirche.
Vilseck (Lkr. Amberg-Sulzbach), Burg
Mauerreste des 12./13. Jahrhunderts.

Oberfranken

Bayreuth
Altstadtgrabung.
Bindlach (Lkr. Bayreuth)
Frühlatènezeitliche Siedlungsgruben.
Eggolsheim (Lkr. Forchheim)
Spätkaiserzeitliche bis frühmittelalterliche Siedlung (S. 121 f.).
Forchheim
Altstadtgrabung.
Hallerndorf-Trailsdorf (Lkr. Forchheim)
Späturnenfelder-/älterhallstattzeitliche Siedlung (S. 65 ff.).
Hallstadt (Lkr. Bamberg)
Sondierungsgrabung im Ortskern.
Kronach (Lkr. Kronach)
Altstadtgrabung.
Kronach-Friesen (Lkr. Kronach)
Mittelalterliche Wüstung.
Küps-Tüschnitz (Lkr. Kronach)
Spätmittelalterliche Burg (S. 163 ff.).
Lichtenfels (Lkr. Lichtenfels)
Sondierungsgrabung im Burgstall.
Litzendorf-Naisa (Lkr. Bamberg)
Hallstattzeitliches Gräberfeld.
Neunkirchen a. Brand (Lkr. Forchheim)
Sondierungsgrabung im Ortskern.
Neunkirchen a. Brand-Ermreuth (Lkr. Forchheim)
Untersuchung in der Synagoge.

Neustadt b. Coburg-Fürth a. Berg (Lkr. Coburg)
Burgstall.
Scheßlitz (Lkr. Bamberg)
Linearbandkeramische Siedlungsgruben.
Scheßlitz (Lkr. Bamberg)
Mittelalterliche Siedlungsreste.
Scheßlitz-Burgellern (Lkr. Bamberg), Reißberg
Spätkaiserzeitliches Depot (S. 119 f.).
Staffelstein-Stadel (Lkr. Lichtenfels)
Hallstattzeitlicher Grabhügel.
Wiesenthau-Schlaifhausen (Lkr. Forchheim), Ehrenbürg
Frühlatènezeitliche Siedlung (S. 80 ff.).

Mittelfranken

Abenberg (Lkr. Roth)
Mittelalterliche und neuzeitliche Baubefunde in der Burg.
Alesheim (Lkr. Weißenburg-Gunzenhausen)
Germanische Siedlungsfunde.
Burgbernheim-Schwebheim (Lkr. Neustadt a. d. Aisch-Bad Windsheim)
Siedlungsbefunde der römischen Kaiserzeit (S. 96 f.).
Burgsalach (Lkr. Weißenburg-Gunzenhausen)
Spätlatènezeitliche und römische Siedlungsfunde im Vicus.
Dinkelsbühl (Lkr. Ansbach)
Archäologische Bauuntersuchungen in der St.-Pauls-Kirche.
Dinkelsbühl-Weidelbach (Lkr. Ansbach)
Bronzenes Absatzbeil.
Ehingen-Lentersheim (Lkr. Ansbach)
Siedlungsbefunde der Urnenfelderzeit.
Ergersheim (Lkr. Neustadt a. d. Aisch-Bad Windsheim)
Siedlungsbefunde der Spätlatène- und der römischen Kaiserzeit.
Feuchtwangen (Lkr. Ansbach)
Funde verschiedener Perioden im Gemeindegebiet.
Flachslanden (Lkr. Ansbach)
Fundplätze verschiedener Perioden.
Gnotzheim (Lkr. Weißenburg-Gunzenhausen)
Römische Funde im Kastellbereich.
Greding-Untermässing (Lkr. Roth)
Grubenbefund der Urnenfelderzeit (S. 56 ff.).
Heilsbronn (Lkr. Ansbach)
Archäologische Bauuntersuchungen im katholischen Pfarrhaus.
Hilpoltstein (Lkr. Roth)
Mittelalterliche Burg (S. 167 ff.).
Höchstadt a. d. Aisch (Lkr. Erlangen-Höchstadt)
Siedlungsbefunde mehrerer Perioden von verschiedenen Plätzen im Gemeindegebiet.
Leinburg (Lkr. Nürnberger Land)
Silbersandhöhlen.
Marktbergel (Lkr. Neustadt a. d. Aisch-Bad Windsheim)
Siedlungsbefunde der Schnurkeramik und der Hallstattzeit (S. 42 ff.).
Mönchsroth (Lkr. Ansbach)
Holzpalisade des römischen Limes (S. 115 f.).
Neunkirchen a. Sand-Speikern (Lkr. Nürnberger Land)
Siedlungsbefund der Frühlatènezeit.
Neustadt a. d. Aisch (Lkr. Neustadt a. d. Aisch-Bad Windsheim)
Befunde im Schloßhof.
Nürnberg, Kaiserburg
Baubefunde im Waffenhof.
Nürnberg, St. Peter
Spätmittelalterliche Baubefunde.
Obernzenn (Lkr. Neustadt a. d. Aisch-Bad Windsheim)
Siedlungsstellen der Urnenfelder- und Spätlatènezeit.
Pommelsbrunn-Hartmannshof (Lkr. Nürnberger Land)
Siedlungsbefunde der Bronze- bis Hallstattzeit.
Pommelsbrunn-Hunas (Lkr. Nürnberger Land)
Altsteinzeitlicher Höhlenrest.
Roth (Lkr. Roth)
Neuzeitliche Baubefunde, jüdisches Ritualbad.
Simmershofen-Hohlach (Lkr. Neustadt a. d. Aisch-Bad Windsheim)
Siedlungsbefunde der ältesten Linearbandkeramik.
Thalmässing-Pyras (Lkr. Roth)
Siedlungsgrube der Urnenfelderzeit.
Theilenhofen (Lkr. Weißenburg-Gunzenhausen)
Römische Siedlungsfunde aus Kastell und Vicus.
Treuchtlingen-Graben (Lkr. Weißenburg-Gunzenhausen)
Vermessungen und Bohruntersuchungen an der »Fossa Carolina« (Karlsgraben).
Weihenzell-Moratneustetten (Lkr. Ansbach)
Archäologische Bauuntersuchungen in der Kirche.
Weiltingen-Ruffenhofen (Lkr. Ansbach)
Fragment eines Militärdiploms und Siedlungsfunde aus Kastell und Vicus.
Weißenburg i. Bay. (Lkr. Weißenburg-Gunzenhausen), Breitung
Siedlungsbefunde der Spätlatènezeit und römisches Holzkastell.
Weißenburg i. Bay. (Lkr. Weißenburg-Gunzenhausen), Ellinger Tor
Mittelalterlich-neuzeitliche Funde und Befunde.
Weißenburg i. Bay. (Lkr. Weißenburg-Gunzenhausen), Wied 4/Höllgasse
Hochmittelalterliche Baubefunde und mittelalterliche Stadtmauer.

Unterfranken

Bad Bocklet-Aschach (Lkr. Bad Kissingen), Schloßpark
Brennofen und Werkstatthalde einer Steingutmanufaktur des 19. Jahrhunderts.
Bad Königshofen i. Grabfeld-Merkershausen (Lkr. Rhön-Grabfeld)
Hallstattzeitliches Großkammergrab mit Wagenbeigabe.
Bad Neustadt a. d. Saale (Lkr. Rhön-Grabfeld), Kirchplatz
Stadtkerngrabung mit Baubefunden vom 13. Jahrhundert bis zur Neuzeit (S. 155 ff.).
Eibelstadt (Lkr. Würzburg)
Im Keller eines Wohnhauses Fehlbodenschüttung mit zahlreichen Funden des 16.–18. Jahrhunderts.
Eußenheim (Lkr. Main-Spessart)
Triangulärer Griffplattendolch der frühen Bronzezeit.
Eußenheim (Lkr. Main-Spessart)
Früh- bis hochmittelalterliche Wüstung (S. 134 ff.).
Eußenheim-Hundsbach (Lkr. Main-Spessart)
Späthallstattzeitliches Brandgrab.
Frickenhausen a. Main (Lkr. Würzburg)

Hallstattzeitliches Gräberfeld (S. 68 f.).

Gaukönigshofen (Lkr. Würzburg)
Siedlungsfunde der römischen Kaiserzeit.

Geldersheim (Lkr. Schweinfurt)
Späturnenfelderzeitliche Siedlungsgruben.

Geldersheim (Lkr. Schweinfurt)
Siedlungsfunde der römischen Kaiserzeit.

Gerolzhofen (Lkr. Schweinfurt)
Frühneuzeitlicher Brunnenschacht.

Hammelburg (Lkr. Bad Kissingen), Stadtpfarrkirche
Neuzeitliche Bestattung und Mauerreste von Vorgängerbauten.

Heinrichsthal-Unterlohrgrund (Lkr. Aschaffenburg)
Abfallhalde einer Glashütte des 17. Jahrhunderts.

Karlstadt-Karlburg (Lkr. Main-Spessart)
Früh- bis hochmittelalterliche Klostersiedlung.

Kolitzheim-Zeilitzheim (Lkr. Schweinfurt)
Frühlatènezeitliche Siedlungsfunde.

Marktbreit (Lkr. Kitzingen), Kapellenberg
Späthallstattzeitliche Siedlung und frührömisches Legionslager (S. 83 f.; 93 ff.).

Rödelsee (Lkr. Kitzingen), Schwanberg
Torwange am östlichen Abschnittswall der jüngerlatènezeitlichen Höhenbefestigung.

Schweinfurt
Spätmittelalterliche Siedlungsfunde.

Unterpleichfeld-Burggrumbach (Lkr. Würzburg)
Siedlungsfunde der römischen Kaiserzeit.

Urspringen (Lkr. Main-Spessart)
Früh- bis spätmittelalterliche Wüstung »Grundfeld«.

Winterhausen (Lkr. Würzburg), Pfarrkirche
Mauerreste vermutlich der spätmittelalterlichen Nikolauskapelle.

Zell a. Main (Lkr. Würzburg)
Latènezeitliches Eisendepot.

Zellingen (Lkr. Main-Spessart)
Zwei mittelalterliche Wüstungen.

Zellingen-Duttenbrunn (Lkr. Main-Spessart)
Mittelalterliche Wüstung im »Seehauser Grund«.

Schwaben

Affing-Pfaffenzell (Lkr. Aichach-Friedberg)
Frühmittelalterliche Siedlung.

Aichach (Lkr. Aichach-Friedberg)
Untersuchung der mittelalterlichen Stadtmauer.

Aichach (Lkr. Aichach-Friedberg), »Grubet«
Topographische Vermessungen im Trichtergrubenfeld (S. 177 ff.).

Apfeltrach (Lkr. Unterallgäu), Autobahn A 96
Hallstattzeitliche Siedlung.

Augsburg, Äußeres Pfaffengäßchen 11
Römische Holz- und Steinbauten des 1.–4. Jahrhunderts.

Augsburg, Fuchswinkel
Römische Siedlungsspuren.

Augsburg, Gänsbühl 11–13
Siegesdenkmal zur Juthungenschlacht des Jahres 260 n. Chr. (S. 116 ff.).

Augsburg, Heilig-Kreuz-Straße 24–26
Wehrgräben und Siedlungsreste vor der römischen Stadtmauer (S. 104 ff.).

Augsburg, Jesuitengasse 15–21
Römische Siedlungsspuren und Gräben der mittelalterlichen Bischofsstadtbefestigung.

Augsburg, Kornhausgasse 5
Römische Steinbaureste mit Hypokaustheizung, hochmittelalterliche Tuffmauern im Kreuzgangbereich des Doms.

Augsburg, Ludwigstraße 13
Schatzfund (Kleinbronzen) des 4. Jahrhunderts.

Augsburg, Pfärrle 24–26
Steinbaureste der römischen Kaiserzeit.

Augsburg, Stephansgasse 7
Wehrgraben eines Kastells des 1. Jahrhunderts, römische Holz- und Steingebäude.

Augsburg, Stephingerberg 9
Römische Siedlungsspuren.

Augsburg-Haunstetten, Im Tal
Gräber der Glockenbecherkultur.

Augsburg-Haunstetten, Postillionstraße
Frühbronzezeitliches Gräberfeld (S. 49 ff.).

Augsburg-Inningen, Heumahdstraße
Frühbronzezeitliche Siedlungsgrube.

Augsburg-Inningen, Hornissenweg
Urnenfelder-/hallstattzeitliche und römische Siedlungsreste.

Buttenwiesen-Unterthürheim (Lkr. Dillingen a. d. Donau)
Alamannisches Gräberfeld (S. 123 f.).

Dasing (Lkr. Aichach-Friedberg)
Römische Siedlung am Paarübergang.

Friedberg (Lkr. Aichach-Friedberg)
Urnenfelder- und hallstattzeitliche Siedlung.

Friedberg-Hügelshart (Lkr. Aichach-Friedberg)
Vor- und frühgeschichtliche Siedlung.

Gablingen (Lkr. Augsburg), Flur »Kühberg«
Alamannische Reihengräber.

Gablingen-Lützelburg (Lkr. Augsburg)
Töpferei-Abfallgruben des 17./18. Jahrhunderts.

Gersthofen (Lkr. Augsburg)
Profilschnitt durch die Via Claudia Augusta.

Graben (Lkr. Augsburg)
Schnitte durch die Via Claudia Augusta.

Günzburg (Lkr. Günzburg), Schützenstraße 13 a
Römischer Vicus mit Straße und Wasserleitung.

Günzburg (Lkr. Günzburg), Ulmer Straße
Römisches Gräberfeld.

Günzburg-Reisensburg (Lkr. Günzburg), Schloß Reisensburg
Vorgeschichtliche und mittelalterliche Siedlungsreste (S. 58 ff.).

Hainsfarth (Lkr. Donau-Ries)
Urnenfelderzeitliche Siedlung.

Heimertingen (Lkr. Unterallgäu)
Merowingerzeitliches Gräberfeld.

Kempten (Allgäu), Brennergasse
Mittelalterliche Befunde im ehemaligen Hl.-Geist-Spital.

Kempten (Allgäu), Grabengasse
Mittelalterliche Baubefunde.

Kempten (Allgäu), Lindenberg
Holzbaubefunde im Bereich der Kleinen Thermen (S. 98 ff.).

Kempten (Allgäu), Mittelgasse
Mittelalterliche Siedlungsbefunde.

Kempten (Allgäu), Rathausplatz 30
Mittelalterliche Befunde im ehemaligen Markhaus.

Königsbrunn (Lkr. Augsburg)
Profilschnitt durch die Via Claudia Augusta.

Memmingen-Dickenreishausen, Staatsforst Königsrain
Römische Siedlung.

Leipheim-Riedheim (Lkr. Günzburg)
Römische Siedlung.

Neuburg a. d. Kammel-Langenhaslach (Lkr. Günzburg), St.-Martins-Kirche
Vorgängerbauten.

Nördlingen (Lkr. Donau-Ries), Nürnberger Straße
Neolithische und latènezeitliche Siedlung (S. 87 ff.).

Nördlingen-Baldingen (Lkr. Donau-Ries)
Vorgeschichtliche Siedlung mit hallstattzeitlichem »Herrenhof« (S. 69 ff.), römischer Gutshof mit Gräberfeld, landnahmezeitliche und merowingerzeitliche Siedlung mit Gräbern.

Obergriesbach (Lkr. Aichach-Friedberg)
Römisches Brandgräberfeld.

Obergünzburg (Lkr. Ostallgäu), Eichenweg
Hochmittelalterliche (?) Tonröhrenleitung.

Obergünzburg (Lkr. Ostallgäu), Rathaus
Mittelalterliche Befunde im ehemaligen Pflegerschloß.

Obergünzburg-Burg (Lkr. Ostallgäu), Burgstall Liebenthann
Mittelalterlich-neuzeitlicher Brunnen und Treppenturm.

Oberstaufen-Thalkirchdorf (Lkr. Oberallgäu), Pfarrkirche St. Johannes
Mittelalterlich-frühneuzeitlicher Skelett- und Münzfund.

Oettingen i. Bay. (Lkr. Donau-Ries)
Römische Straßensiedlung.

Pforzen (Lkr. Ostallgäu)
Frühmittelalterliches Reihengräberfeld.

Stöttwang-Reichenbach (Lkr. Ostallgäu), Kirche St. Blasius
Vorgängerbau der Kirche.

Ruderatshofen (Lkr. Ostallgäu)
Raetischer Brandopferplatz.

Schwabmünchen (Lkr. Augsburg), Ortsverbindungsstraße
Frühkaiserzeitliche Siedlungsspuren.

Schwangau (Lkr. Ostallgäu), Keltenweg
Frühmittelalterlicher Grabfund.

Todtenweis-Sand (Lkr. Aichach-Friedberg), Kapellenäcker
Hallstattzeitliche Grabhügel.

Untermeitingen (Lkr. Augsburg), Baugebiet Nord
Bronzezeitliches Grab, urnenfelder- und neuzeitliche Siedlungsbefunde.

Zusmarshausen (Lkr. Augsburg), Burgstall Schlösslesberg
Mittelalterlicher Turmhügel.

Archäologische Literatur in Bayern 1992

Monographien

H. Brink-Kloke, Drei Siedlungen der Linienbandkeramik in Niederbayern. Internat. Arch. 10 (Buch a. Erlbach 1992).

W. Czysz, »Steinguth-Fabrique Louisenruh«. Archäologie und Geschichte einer Steinzeugmanufaktur des frühen 19. Jahrhunderts bei Aystetten in Bayerisch-Schwaben. Neusäßer Schr. 7 (Neusäß 1992).

H. Erbertseder, Archäologische Zeugnisse des Christentums der Raetia II. Studien zur Theologie und Geschichte 8 (St. Ottilien 1992).

M. Meisenheimer, Vor- und Frühgeschichte. Kulturgeschichte des Dachauer Landes 4 (Dachau 1992).

J. Petrasch, Die jungsteinzeitliche Kreisgrabenanlage von Künzing-Unternberg. Archäologische Denkmäler im Landkreis Deggendorf 6 (Deggendorf 1991).

K. Schmotz, Das bandkeramische Gräberfeld von Stephansposching. Archäologische Denkmäler im Landkreis Deggendorf 7 (Deggendorf 1992).

W. Schönweiß, Letzte Eiszeitjäger in der Oberpfalz. Zur Verbreitung der Atzenhofer Gruppe des Endpaläolithikums in Nordbayern (Pressath 1992).

P. Vychitil, Keramik des 8. bis 13. Jahrhunderts aus Siedlungen am Maindreieck. Beiträge zur Anwendung quantitativer Methoden. Antiquitas 3, 31 (Bonn 1991).

B. Wiegel, Trachtkreise im südlichen Hügelgräberbereich. Internat. Arch. 5, Bd. 2 (Buch a. Erlbach 1992).

Zeitschriftenaufsätze

B.-U. Abels, Eine Tonschnabelkanne von der Ehrenbürg in Oberfranken. Arch. Korrbl. 22, 1992, 79 ff.

K. W. Alt, »Familienanalyse« an kaiserzeitlichen Skelettresten aus einer Villa rustica bei Regensburg-Harting. Bayer. Vorgeschbl. 57, 1992, 261 ff.

L. Bakker, Ausgrabungen in der Provinzhauptstadt AUGUSTA VINDELICUM-Augsburg. Archäologie in Deutschland 2, 1992, 43 f.

N. Baum, Sammler/Jäger oder Ackerbauern? Eine paläodontologische Untersuchung zur kulturhistorischen Stellung der Kopfbestattungen aus der großen Ofnet-Höhle in Schwaben. Arch. Korrbl. 21, 1991, 469 ff.

K. Böhm, Erste Ausgrabungen in Dorfkirchen im Landkreis Straubing-Bogen. Vorträge des 10. Niederbayer. Archäologentages 1992, 181.

S. Codreanu-Windauer/R. Schön, Untersuchungen zur Befestigungsanlage der Stadt Kemnath. Verhandl. Hist. Ver. Oberpfalz 131, 1991, 57 ff.

H. Dannheimer u. a., Neuerwerbungen. Prähistorische Staatssammlung München, Museum für Vor- und Frühgeschichte. Münchner Jahrb. Bildende Kunst 43, 1992, 201 ff.

H. Döppl, Römisches aus Raisting. Lech-Isar-Land 1990, 142 ff.

D. van Endert, Zwei neue staatliche Zweigmuseen in der Oberpfalz. Das Vorgeschichtsmuseum der Oberpfalz in Amberg und das internationale Keramikmuseum Weiden. Museum heute 4, 1992, 10 ff.

W. Endres, Keramik um 1600 – der Fundkomplex »vorm obern tor«. Vorbericht 6. Jahresber. Hist. Ver. Straubing 92, 1991, 35 ff.

B. Engelhardt, Eine Siedlung des älteren Neolithikums im Rottal bei Untergaiching, Stadt Pfarrkirchen. Vorträge des 10. Niederbayer. Archäologentages 1992, 15 ff.

B. Engelhardt, Ein weiteres Grab der Glockenbecherkultur von Straubing-Kreuzbreite. Jahresber. Hist. Ver. Straubing 92, 1991, 27 ff.

B. Engelhardt, Die Steinartefakte der linienbandkeramischen Siedlung von Moosburg-Murr, Lkr. Freising. Archäologie im Landkreis Freising 3, 1992, 35 ff.

B. Engelhardt/St. Nöth, Ein »Schreibgriffel« aus der »römischen Reichsstadt Rogginga«. Ein Fund in den Akten des Staatsarchivs Landshut. Jahresber. Hist. Ver. Straubing 92, 1991, 409 ff.

B. Ernst, Ausgrabungen und Baubefunduntersuchungen in der ehemaligen Kirchenburg Neukirchen b. Hl. Blut, Lkr. Cham. Bilanz der Jahre 1989 und 1990. Vorträge des 10. Niederbayer. Archäologentages 1992, 133 ff.

S. Federhofer, Der Waldname Appel und die Ortsnamen Pondorf und Pollanten – eine Erinnerung an die Kelten. Verhandl. Hist. Ver. Oberpfalz 131, 1991, 27 ff.

B. Friedel, Die Ausgrabungen in der Pfarrkirche St. Peter zu Vohburg 1981 – die Keramik. Sammelbl. Hist. Ver. Ingolstadt 100, 1991, 175 ff.

J. Garbsch, Römische Schnellwaagen mit hölzernem Balken. Bayer. Vorgeschbl. 57, 1992, 231 ff.

H. Geisler, Untersuchungen zur latènezeitlichen und frühmittelalterlichen Eisenproduktion im Raum Kelheim (Niederbayern). Jahrb. RGZM 35, 1988 (1991) 556 ff.

St. Gerlach, Eine spätkeltische Eberplastik aus Karlstadt am Main, Ldkr. Main-Spessart, Unterfranken. Arch. Korrbl. 20, 1990, 427 ff.

E. Grönke/E. Weinlich, Römische Laufgewichtswaagen. Bayer. Vorgeschbl. 57, 1992, 189 ff.

U. Gross, Zur eingeglättverzierten Keramik des 5. und frühen 6. Jahrhunderts in Süddeutschland. Bayer. Vorgeschbl. 57, 1992, 311 ff.

B. Haas, Archäologische Ausgrabungen auf der Insel Wörth im Staffelsee. Schönere Heimat 81, 1992, 175 ff.

E. Habel/S. Stoelzl, Das Jägerhäusl in Buch. Die archäologische Untersuchung eines Kleinstanwesens aus dem 18. Jahrhundert. Schönere Heimat 81, 1992, 109 ff.

J. Haberstroh, Archäologische Bemerkungen zu einem außergewöhnlichen Zentralbau in Ludwigstadt, Lkr. Kronach. Archiv Gesch. Oberfranken 72, 1992, 99 ff.

H. Hagn, Stadtkernforschung in München: Brunnen 1 am Marienhof. Ein Beitrag zur spätmittelalterlichen Marktgeschichte. Amperland 27, 1991, 176 ff.

H. Hagn, Ein Keramik- und Glasfund vom Domberg in Freising. Archäologie im Landkreis Freising 3, 1992, 73 ff.

I. Heindel, Ein anthropomorpher Haken aus Freising – neuer Hinweis zur mittelalterlichen Gürteltracht. Archäologie im Landkreis Freising 3, 1992, 67 ff.

A. Hollfelder, Die Neolithiker von Königsfeld. Hollfelder Bl. 17, 1992, 23 ff.

M. Hoppe, Das hallstattzeitliche Gräberfeld von Riedenburg-Untereggersberg, Lkr. Kelheim. Vorträge des 10. Niederbayer. Archäologentages 1992, 75 ff.

M. Hoppe, Das hallstatt- und frühlatènezeitliche Gräberfeld von Landersdorf, Gem. Thalmässing, Mittelfranken. Mitt. Österr. Arbeitsgem. Ur- u. Frühgesch. 37, 1987 (1991) 121 ff.

M. Hoppe, Ein singuläres Fibelpaar der Hallstattzeit aus Riedenburg-Untereggersberg. Arch. Korrbl. 21, 1991, 501 ff.

W. Irlinger, Eine keltische Siedlung auf dem »Gerstenpoint« in Stöffling, Gde. Seeon-Seebruck, Ldkr. Traunstein, Oberbayern. Archäologie in Deutschland 1, 1992, 45 f.

B. Kaulich, Eine Tüllenpfeilspitze aus dem Kühloch bei Hollenberg D 157. Mitteilungsbl. Abt. Karst- u. Höhlenkde. Naturhist. Ges. Nürnberg 21, 1978 (1992) 15 ff.

I. Keesmann/S. Rieckhoff-Pauli, Eisenverarbeitung in der spätkeltischen Siedlung Regensburg-Harting, Oberpfalz. Jahrb. RGZM 35, 1988 (1991) 553 ff.

E. Keller, »Archäologische Reservate« in Bayern. Kölner Jahrb. Vor- u. Frühgesch. 23, 1990, 655 ff.

E. Keller, Raubgrabungen mit der Metallsonde – zur Situation in Bayern. Denkmalpflege Informationen B Nr. 97/5. März 1992, 2 ff.

Th. Kersting, Das alamannische Gräberfeld von Zusamaltheim, Kreis Dillingen a. d. Donau. Jahrb. Hist. Ver. Dillingen 93, 1991, 35 ff.

Th. Kersting, Ein sippenweise belegtes alamannisches Gräberfeld von Zusamaltheim, Kr. Dillingen a. d. Donau. Arch. Korrbl. 22, 1992, 255 ff.

C.-J. Kind, Bemerkungen zur Differenzierung des süddeutschen Mittelpaläolithikums. Arch. Korrbl. 22, 1992, 151 ff.

H. Koch, Grabfunde der Hallstattzeit aus dem Isartal bei Niedererlbach, Lkr. Landshut. Bayer. Vorgeschbl. 57, 1992, 49 ff.

R. Koch, Das archäologische Umfeld der Fossa Carolina. Kölner Jahrb. Vor- u. Frühgesch. 23, 1990, 669 ff.

C. Kociumaka, Ein Gräberfeld der Glockenbecherkultur vom Sportgelände der Universität Augsburg. Archäologie in Deutschland 4, 1992, 43 f.

L. Kreiner, Zwei Männergräber der Hallstattzeit aus Pilsting-Oberndorf, Lkr. Dingolfing-Landau. Vorträge des 10. Niederbayer. Archäologentages 1992, 69 ff.

L. Kreiner, Neue Gräber der frühen Bronzezeit aus dem mittleren Isartal. Bayer. Vorgeschbl. 57, 1992, 33 ff.

H. Küster, Pflanzenreste aus der bandkeramischen Siedlung von Murr, Gde. Wang, Lkr. Freising. Archäologie im Landkreis Freising 3, 1992, 42 ff.

H. Küster, Frühbronzezeitliche Pflanzenreste

vom Domberg in Freising. Archäologie im Landkreis Freising 3, 1992, 53 ff.

H. Lange, Terrakotten aus Töpfereien in Raetien und Noricum. Bayer. Vorgeschbl. 57, 1992, 123 ff.

F. Leja, Ungewöhnliche Befestigungsspuren an einem Schädelamulett aus der Saugartenhöhle (Bayern). Arch. Korrbl. 22, 1992, 219 ff.

F. Leja, Vorgeschichtliche Funde aus einer neuentdeckten Höhle in der nördlichen Frankenalb. Ber. Höhlengruppe Frankenkarst 1, 1992, Kap. 4.1.

F. Leja/W. Heinz, Der Burgstall am Hienberg, Gde. Simmelsdorf, Lkr. Nürnberger Land. Altnürnberger Landschaft 41, 1992, 26 ff.

I. Matuschik, Sengkofen-»Pfatterbreite«, eine Fundstelle der Michelsberger Kultur im bayerischen Donautal, und die Michelsberger Kultur im östlichen Alpenvorland. Bayer. Vorgeschbl. 57, 1992, 1 ff.

H. Mittel, Mit römischen Legionären kam das Christentum. Anfänge und Historische Entwicklung des Glaubens zwischen Altmühl und Donau. T. I–III. Hist. Bl. Stadt u. Landkreis Eichstätt 41, Nr. 2–4, 1992.

E. Neumair, Ein Haus der älteren Linienbandkeramik bei Murr. Archäologie im Landkreis Freising 3, 1992, 8 ff.

E. Neumair, Der Domberg Freising – eine reiche Quelle für die Archäologie. Archäologie im Landkreis Freising 3, 1992, 46 ff.

D. Paetzold, Bemerkungen zum Siedlungsverhalten neolithischer bis latènezeitlicher Bevölkerungen zwischen Regensburg und Deggendorf. Gab es Besiedlungsschwerpunkte in Abhängigkeit von naturräumlicher Gliederung und Bodenbeschaffenheit? Bayer. Vorgeschbl. 57, 1992, 77 ff.

F. Patzelt, Museums-Report. Das 4. Jahresheft. Verein für Heimatpflege und Kultur Waginger See e.V. Dezember 1992, 2 ff.

J. Pauli, Ein mittellatènezeitliches Kriegergrab mit verzierter Schwertscheide von Manching-Westenhausen. Bayer. Vorgeschbl. 57, 1992, 299 ff.

J. Prammer, Zu den Ausgrabungen im Hafnerviertel »vorm obern tor« in Straubing. Jahresber. Hist. Ver. Straubing 92, 1991, 33 ff.

A. Reichenberger/F. Schopper, Vor- und frühgeschichtliche Funde im Museum und archäologische Denkmäler im Bereich der Stadt Neunburg vorm Wald. Verhandl. Hist. Ver. Oberpfalz 131, 1991, 7 ff.

D. Reimann, Byzantinisches aus dem Rupertiwinkel. Zum Ohrringpaar von Petting, Ldkr. Traunstein, Oberbayern. Archäologie in Deutschland 3, 1992, 41 f.

S. Rieckhoff, Überlegungen zur Chronologie der Spätlatènezeit im südlichen Mitteleuropa. Bayer. Vorgeschbl. 57, 1992, 103 ff.

M. Rind, Neue Ausgrabungen im Feuersteinbergwerk von Lengfeld, Gde. Bad Abbach, Lkr. Kelheim. Vorträge des 10. Niederbayer. Archäologentages 1992, 25 ff.

K. Schmotz, Eine Gräbergruppe der Glockenbecherkultur von Künzing, Lkr. Deggendorf. Vorträge des 10. Niederbayer. Archäologentages 1992, 41 ff.

K. Schmotz, Die archäologische Denkmalpflege im Landkreis Deggendorf während des Jahres 1989. Deggendorfer Geschbl. 12, 1991, 104 ff.

K. Schmotz, Die archäologische Denkmalpflege im Landkreis Deggendorf während des Jahres 1990. Deggendorfer Geschbl. 13, 1992, 5 ff.

C. Schütz/A. Tillmann, Eine mittelalterliche Faßlatrine aus der Altstadt Ingolstadts. Ein Einblick in die Stadtgeschichte. Sammelbl. Hist. Ver. Ingolstadt 100, 1991, 135 ff.

H. J. Seitz, Paläolithische Großartefakte aus dem Fränkischen Jura. Die Oberpfalz 80, 1992, 33 ff.

W. Sörgel, Die archäologischen Funde der Römischen Kaiserzeit und der Völkerwanderungszeit von der Houbirg, Landkreis Nürnberger Land. Altnürnberger Landschaft 41, 1992, 12 ff.

G. Spitzlberger, Die Straßburg als historisches Bodendenkmal. Verhandl. Hist. Ver. Niederbayern 116/117, 1990/91, 265 ff.

A. Stroh, Gedanken eines alten Mannes. Die Oberpfalz 80, 1992, 82 ff.

A. Stroh, Raum und Zeit. Die Oberpfalz 80, 1992, 273 ff.

A. Stroh, »13«. Die Oberpfalz 80, 1992, 344 ff.

M. Struck, Römerzeitliche Siedlungen und Bestattungsplätze im unteren Isartal – Zur Besiedlung Nordosträtiens. Arch. Korrbl. 22, 1992, 243 ff.

Ch. Thoma, Das Schrazelloch von Mitterschneidhart: Schlupf-Wege zum ewigen Leben. Von Erdställen, Leergräbern und mystischen Seelen-Wasch-Anlagen. Charivari 11, Nov. 1992, 23 ff.

G. E. Thüry, Chronologische und numismatische Bemerkungen zu den Germaneneinfällen von »357«. Bayer. Vorgeschbl. 57, 1992, 305 ff.

M. Trier, Ein »koptisches« Bronzegefäß des 7. Jahrhunderts aus dem Gräberfeld von Ober-

baar. Beobachtungen zur Siedlungs- und Sozialgeschichte des Ortes während der späten Merowingerzeit. Bayer. Vorgeschbl. 57, 1992, 277 ff.
G. Waldherr, Castra-Regina-Regensburg. Vom römischen Legionslager zur bajuwarischen Herzogsstadt. Verhandl. Hist. Ver. Oberpfalz 131, 1991, 43 ff.
L. Wamser, Würzburger Stadt- und Bistumsgeschichte im neuen Licht der Ausgrabungen in Karlburg. Würzburg – heute. Zeitschr. Kultur u. Wirtschaft, Dezemberausgabe 1992.
W. Wandling, Die römische Ansiedlung von Pocking. Vorträge des 10. Niederbayer. Archäologentages 1992, 89 ff.
P. S. Wells, Zur Verbreitung der späteisenzeitlichen Siedlungsreste am Kelheimer Mitterfeld. Arch. Korrbl. 21, 1991, 517 ff.
U. Werber/F.-W. Wulf, Plattensileximporte aus Baiersdorf (Ldkr. Kelheim) in das südliche Niedersachsen. Arch. Korrbl. 22, 1992, 191 ff.
T. Weski, Ein römisches Gebäude mit U-förmigem Heizkanal aus Eching, Lkr. Freising. Archäologie im Landkreis Freising 3, 1992, 59 ff.
B. Zach, Aufschlußreiche Pflanzenreste aus einer mittelalterlichen Faßlatrine in Ingolstadt. Sammelbl. Hist. Ver. Ingolstadt 100, 1991, 157 ff.
K. Zecherle, Ex Ruinis exstruxit. Der Wiederaufbau des Römerkastells Pfünz bei Eichstätt. Schönere Heimat 81, 1992, 82 ff.

Führer und Kataloge

Bauern in Bayern. Von den Anfängen bis zur Römerzeit. Ausstellungskat. Gäubodenmus. Straubing (Straubing 1992).
R. Braun u. a., Der römische Limes in Bayern. 100 Jahre Limesforschung. Ausstellungskat. Prähist. Staatsslg. 22 (München 1992).
S. Codreanu-Windauer/U. Osterhaus (Hrsg.), Auf Spurensuche. Ausstellungskat. Regensburg (Regensburg 1992).
J. Garbsch, Der römische Limes in Bayern. 100 Jahre Limesforschung. Mitt. der Freunde der bayer. Vor- u. Frühgesch. Nr. 68 vom Juli 1992.
B. Haas, Archäologische Ausgrabungen auf der Insel Wörth im Staffelsee. Mitt. der Freunde der bayer. Vor- u. Frühgesch. Nr. 69 vom September 1992.
U. Jäger, Römische Thermen Weißenburg (Treuchtlingen 1992).
H. Koschik/Z. Visy, Die großen Thermen von Weißenburg i. Bay. (Mainz 1992).
J. Lenssen/L. Wamser (Hrsg.), 1250 Jahre Bistum Würzburg. Archäologisch-historische Zeugnisse der Frühzeit. Begleitband zur Ausstellung im Marmelsteiner Kabinett (Würzburg 1992).
J.-P. Niemeier/W. Wandling (Hrsg.), Geschichte aus der Baugrube. Neue Ausgrabungen und Funde in der Region Passau 1987–1991 (Passau 1992).
M. Pfaffinger, Jungsteinzeitliche Bauernkultur. Ausstellung Pfarrkirchen (Pfarrkirchen 1992).
F. Teichner, Verbündete Roms am Untermain. Kahl am Beginn des 5. Jahrhunderts (Kahl 1992).
J. P. Zeitler, Frühe Bauern auf dem Fränkischen Jura. Vor- und frühgeschichtliches Museum Thalmässing (Hilpoltstein 1992).

Sammelwerke

B.-U. Abels, Eine Militäranlage der Urnenfelderzeit. In: Haßlacherberg- und Gehülz-Gegend (1991) 29 ff.
Archäologische Arbeitsgemeinschaft Ostbayern/West- und Südböhmen. 1. Treffen 23. bis 25. April 1991 in Bernried bei Deggendorf. Resümees der Vorträge (Deggendorf 1992).
K. Bauer, Mit dem Rathaus einst verbunden: das Gumprecht'sche Haus, Neue-Waag-Gasse 1. In: Auf Spurensuche. Ausstellungskat. Regensburg (Regensburg 1992) 74 ff.
O. Bauer, Holzverbindungen im Hausbau vor- und frühgeschichtlicher Zeit. In: Bauern in Bayern. Von den Anfängen bis zur Römerzeit. Ausstellungskat. Gäubodenmus. Straubing (Straubing 1992) 131 ff.
M. Blankenauer, Von der ersten Besiedlung bis zur ersten urkundlichen Erwähnung. In: Heimatbuch Pietling (Fridolfing 1992) 17 ff.
U. Blenk, Die Pollenfelder Ware in der Domgrabung Eichstätt (1970–1972). In: Eichstätt. 10 Jahre Stadtkernarchäologie. Zwischenbilanz einer Chance (Kipfenberg 1992) 49 ff.
L. Breinl/I. Matuschik, Archäologische Untersuchungen im Süden von Köfering, Lkr. Regensburg. In: Auf Spurensuche. Ausstellungskat. Regensburg (Regensburg 1992) 17 ff.
L. Breinl/N. Nieszery, Experimentelle Archäologie oder wie zündelten unsere Vorfahren. In: Auf Spurensuche. Ausstellungskat. Regensburg (Regensburg 1992) 7 ff.
S. Codreanu-Windauer, Das bajuwarische Reihengräberfeld aus Geisling/Lkr. Regensburg. In: Regensburger Almanach 1992, 270 ff.

S. Codreanu-Windauer, Grabhügel und Grabräuber. Das hallstattzeitliche Hügelgräberfeld von Granswang, Lkr. Neumarkt. In: Auf Spurensuche. Ausstellungskat. Regensburg (Regensburg 1992) 37 ff.

S. Codreanu-Windauer, Der bajuwarische Friedhof von Geisling, Lkr. Regensburg. In: Auf Spurensuche. Ausstellungskat. Regensburg (Regensburg 1992) 44 ff.

S. Codreanu-Windauer, Die Ausgrabung am Ödenturm, Lkr. Cham. In: Auf Spurensuche. Ausstellungskat. Regensburg (Regensburg 1992) 77 ff.

S. Codreanu-Windauer, Der Zapfhahn aus der Burg Wolfsegg, Lkr. Regensburg. In: Auf Spurensuche. Ausstellungskat. Regensburg (Regensburg 1992) 95 f.

S. Codreanu-Windauer u. a., Die St. Nikolaus Kirche in Thalmassing. In: Auf Spurensuche. Ausstellungskat. Regensburg (Regensburg 1992) 54 ff.

W. Czysz, Die römische Kaiserzeit. In: Stadtbuch Friedberg Bd. 1 (Friedberg 1991) 68 ff.

W. Czysz, Der römische Gutshof im Maienbachtal bei Holheim. In: R. Krause, Vom Ipf zum Goldberg. Archäologische Wanderungen am Westrand des Rieses. Führer Arch. Denkmäler Baden-Württemberg 16 (Stuttgart 1992) 129 ff.

W. Czysz, Ausgrabungen und Funde in einem römischen Gutshof bei Oberndorf a. Lech. In: Heimatverein »Oberndorf. Eggelstetten. Flein e. V.« (Hrsg.), 900 Jahre Oberndorf, Eggelstetten, Flein. 1093–1993. Bilder aus unserer Heimat (Donauwörth 1992) 14 ff.

W. Czysz, Zwei bemerkenswerte Kleinbronzen aus Westraetien. In: 2. Internat. Kolloquium über Probleme des provinzialrömischen Kunstschaffens. Veszprém 1991 (1992) 117 ff.

L.-M. Dallmeier, Stadtkerngrabungen am Neupfarrplatz. In: Auf Spurensuche. Ausstellungskat. Regensburg (Regensburg 1992) 66 ff.

L.-M. Dallmeier, Eine spätmittelalterliche Latrine im Deggingerhaus. In: Auf Spurensuche. Ausstellungskat. Regensburg (Regensburg 1992) 70 ff.

Das archäologische Jahr in Bayern 1991. Hrsg. Bayer. Landesamt für Denkmalpflege und Gesellschaft für Archäologie in Bayern (Stuttgart 1992).

Der römische Limes in Deutschland: 100 Jahre Reichs-Limeskommission. Hrsg. Römisch-Germanische Kommission und Verband der Landesarchäologen (Stuttgart 1992).

P. Donaubauer/W. Endres, Die Baugrube am Evangelischen Krankenhaus. In: Auf Spurensuche. Ausstellungskat. Regensburg (Regensburg 1992) 61 ff.

M. Döring, Untersuchungen an der Ministerialenburg Loifling, Lkr. Cham. In: Auf Spurensuche. Ausstellungskat. Regensburg (Regensburg 1992) 84 ff.

A. von den Driesch/J. Peters/M. Stork, 7000 Jahre Nutztierhaltung in Bayern. In: Bauern in Bayern. Von den Anfängen bis zur Römerzeit. Ausstellungskat. Gäubodenmus. Straubing (Straubing 1992) 157 ff.

D. Ebner, Das Mithras-Relief. In: Fertörakos. ICOMOS, Hefte des Deutschen Nationalkomitees 7 (München 1992) 61 ff.

B. Engelhardt, Entwicklung der jungsteinzeitlichen Hausarchitektur. In: Bauern in Bayern. Von den Anfängen bis zur Römerzeit. Ausstellungskat. Gäubodenmus. Straubing (Straubing 1992) 93 ff.

B. Engelhardt, Bäuerliches Wirtschaften in der Jungsteinzeit. In: Bauern in Bayern. Von den Anfängen bis zur Römerzeit. Ausstellungskat. Gäubodenmus. Straubing (Straubing 1992) 191 ff.

B. Engelhardt, Götteridole der ältesten Bauernkultur (Linienbandkeramik). In: Bauern in Bayern. Von den Anfängen bis zur Römerzeit. Ausstellungskat. Gäubodenmus. Straubing (Straubing 1992) 367 ff.

B. Ernst, Untersuchungen in der ehemaligen Kirchenburg Neukirchen b. Hl. Blut, Lkr. Cham. In: Auf Spurensuche. Ausstellungskat. Regensburg (Regensburg 1992) 81 ff.

P. Eschbaumer, CELEVSVM – das römische Alenkastell bei Pförring. In: Pförring. 1850 Jahre Römerort Celeusum (Kipfenberg 1992) 67 ff.

P. Ettel/D. Rödel, Castellum und villa Karloburg. In: J. Lenssen/L. Wamser (Hrsg.), 1250 Jahre Bistum Würzburg. Archäologisch-historische Zeugnisse der Frühzeit. Begleitband zur Ausstellung im Marmelsteiner Kabinett (Würzburg 1992) 297 ff.

H. Feldmeier, Ausgrabungen in der Burg-Festung Oberhaus. In: Geschichte aus der Baugrube. Neue Ausgrabungen und Funde in der Region Passau 1987–1991 (Passau 1992) 40 ff.

Th. Fischer, Zur ländlichen Besiedlung der Römerzeit im Umland von Regensburg. In: Bauern in Bayern. Von den Anfängen bis zur Römerzeit. Ausstellungskat. Gäubodenmus. Straubing (Straubing 1992) 79 ff.

Th. Fischer, Römische Landwirtschaft in Bayern. In: Bauern in Bayern. Von den Anfängen bis zur Römerzeit. Ausstellungskat. Gäubodenmus. Straubing (Straubing 1992) 229 ff.

U. Fischer, Zur Terminologie der kupferführenden Perioden in West- und Süddeutschland. In: Die Kupferzeit als historische Epoche. Saarbrücker Beitr. Altertumskde. 55 (Bonn 1991) 735 ff.

R. Gebhard/U. Wagner, Spuren der Räter nördlich der Alpen? Alpine Funde aus Manching und Südbayern. In: Die Räter. I Reti. Schriftenr. Arge Alp (Bozen 1992) 275 ff.

St. Gerlach, Die vorgeschichtliche Abschnittsbefestigung auf dem Eiersberg bei Mittelstreu – ein Beitrag zur Besiedlungsgeschichte des Mittelgebirgsraumes in der vorrömischen Eisenzeit. In: Beiträge zur keltisch-germanischen Besiedlung im Mittelgebirgsraum. Weimarer Monogr. Ur- u. Frühgesch. 28 (Stuttgart 1992) 8 ff.

St. Gerlach, Friedhof und Kirche im ländlichen Raum Süddeutschlands. Archäologische Befunde zur Strukturentwicklung im frühen Mittelalter. In: J. Lenssen/L. Wamser (Hrsg.), 1250 Jahre Bistum Würzburg. Archäologisch-historische Zeugnisse der Frühzeit. Begleitband zur Ausstellung im Marmelsteiner Kabinett (Würzburg 1992) 119 ff.

A. J. Günther, Restaurierung und Konservierung von Bodenfunden. In: Eichstätt. 10 Jahre Stadtkernarchäologie. Zwischenbilanz einer Chance (Kipfenberg 1992) 123 ff.

S. Hilcher, Anthropologische Bearbeitung der Skelettreste aus der ehemaligen Stadtpfarrkirche Collegiata in Eichstätt. In: Eichstätt. 10 Jahre Stadtkernarchäologie. Zwischenbilanz einer Chance (Kipfenberg 1992) 67 ff.

K. U. Högg/J.-P. Niemeier, Passauer Grabinschriften. In: Geschichte aus der Baugrube. Neue Ausgrabungen und Funde in der Region Passau 1987–1991 (Passau 1992) 49 f.

H.-J. Kellner, Coinage. In: The Celts. Ausstellungskat. Venedig (Bompiani 1991) 451 ff.

A. Keßler, Die Kleinfunde der Grabungen 1970 bis 1972 aus dem Dom zu Eichstätt. In: Eichstätt. 10 Jahre Stadtkernarchäologie. Zwischenbilanz einer Chance (Kipfenberg 1992) 31 ff.

R. Koch, Das Kloster des Gundpertus und Chorherrenstift St. Gumbert zu Ansbach. In: J. Lenssen/L. Wamser (Hrsg.), 1250 Jahre Bistum Würzburg. Archäologisch-historische Zeugnisse der Frühzeit. Begleitband zur Ausstellung im Marmelsteiner Kabinett (Würzburg 1992) 229 ff.

G. Krahe, Kreisgräben in Bayerisch-Schwaben. In: Archäologie in Gebirgen. Festschr. E. Vonbank. Schr. Vorarlberger Landesmus. A 5 (Bregenz 1992) 69 ff.

H. Küster, Umwelt und Nahrungspflanzen im Neolithikum Südbayerns. In: Leben und Umwelt im Neolithikum. 4. Heidenheimer Archäologie-Colloquium 1989 (1991) 16 ff.

H. Küster, Jung- und endneolithischer Ackerbau im südlichen Mitteleuropa. In: Die Kupferzeit als historische Epoche. Saarbrücker Beitr. Altertumskde. 55 (Bonn 1991) 539 ff.

H. Küster, Kulturpflanzenanbau in Südbayern seit der Jungsteinzeit. In: Bauern in Bayern. Von den Anfängen bis zur Römerzeit. Ausstellungskat. Gäubodenmus. Straubing (Straubing 1992) 137 ff.

H. Küster, Mittelalterliche Pflanzenreste aus Eichstätt. In: Eichstätt. 10 Jahre Stadtkernarchäologie. Zwischenbilanz einer Chance (Kipfenberg 1992) 101 ff.

H. Küster, The History of Vegetation. In: The Celts. Ausstellungskat. Venedig (Bompiani 1992) 426 ff.

L. Lang, Die Ausgrabung im Huttenstadel. In: Eichstätt. 10 Jahre Stadtkernarchäologie. Zwischenbilanz einer Chance (Kipfenberg 1992) 79 ff.

B. Leinthaler, Der karolingisch-ottonische Landesausbau an Obermain und Regnitz: Basis der kirchlichen Strukturierung im Ostteil des Bistums Würzburg. In: J. Lenssen/L. Wamser (Hrsg.), 1250 Jahre Bistum Würzburg. Archäologisch-historische Zeugnisse der Frühzeit. Begleitband zur Ausstellung im Marmelsteiner Kabinett (Würzburg 1992) 133 ff.

F. Loré, Die Ausgrabungen im kurfürstlichen Schloß in Amberg. In: Auf Spurensuche. Ausstellungskat. Regensburg (Regensburg 1992) 87 ff.

H. Losert, Ein byzantinisches Reliquienkreuz aus der Umgebung von Altfalter, Lkr. Schwandorf. In: Auf Spurensuche. Ausstellungskat. Regensburg (Regensburg 1992) 92 ff.

F. Maier, The Celtic Oppida. In: The Celts. Ausstellungskat. Venedig (Bompiani 1991) 411 ff.

I. Mittermeier, Die Ausgrabungen im Passauer Domhof 1987–1989. In: Geschichte aus der Baugrube. Neue Ausgrabungen und Funde in der Region Passau 1987–1991 (Passau 1992) 26 ff.

J.-P. Niemeier, Zur Situation der Stadtarchäologie in Passau. In: Geschichte aus der Baugrube. Neue Ausgrabungen und Funde in der Region Passau 1987–1991 (Passau 1992) 11 ff.

J.-P. Niemeier, Das keltische Oppidum. In: Geschichte aus der Baugrube. Neue Ausgrabungen und Funde in der Region Passau 1987–1991 (Passau 1992) 14 ff.

J.-P. Niemeier, 7000 Jahre Besiedlung auf der Donauhalbinsel, Ausgrabungen beim Bau der Tiefgarage am Römerplatz. In: Geschichte aus der Baugrube. Neue Ausgrabungen und Funde in der Region Passau 1987–1991 (Passau 1992) 17 ff.

J.-P. Niemeier, Der mittelkaiserzeitliche Kastellvicus Boiodurum. In: Geschichte aus der Baugrube. Neue Ausgrabungen und Funde in der Region Passau 1987–1991 (Passau 1992) 30 ff.

J.-P. Niemeier, Zwei römische Brandgräber in der Jahnstraße. In: Geschichte aus der Baugrube. Neue Ausgrabungen und Funde in der Region Passau 1987–1991 (Passau 1992) 38 f.

J.-P. Niemeier, Römische Religion im ländlichen Bayern. In: Bauern in Bayern. Von den Anfängen bis zur Römerzeit. Ausstellungskat. Gäubodenmus. Straubing (Straubing 1992) 417 ff.

U. Osterhaus, Ausgrabungen bei St. Emmeram. In: St. Emmeram in Regensburg. Geschichte – Kunst – Denkmalpflege. Thurn und Taxis-Studien 18 (Kallmünz 1992) 41 ff.

U. Osterhaus, Ausgrabungen in Burgweinting, Stadt Regensburg. In: Auf Spurensuche. Ausstellungskat. Regensburg (Regensburg 1992) 12 ff.

U. Osterhaus, Der Sitz eines Stammesfürsten in Köfering »Scharwerkbreite«. In: Auf Spurensuche. Ausstellungskat. Regensburg (Regensburg 1992) 26 ff.

U. Osterhaus, Ein keltisches Dorf bei Köfering. In: Auf Spurensuche. Ausstellungskat. Regensburg (Regensburg 1992) 29 ff.

U. Osterhaus, Die Ausgrabungen bei St. Emmeram, Stadt Regensburg. In: Auf Spurensuche. Ausstellungskat. Regensburg (Regensburg 1992) 49 ff.

L. Pauli, The Alps at the Time of the First Celtic Migrations. In: The Celts. Ausstellungskat. Venedig (Bompiani 1991) 215 ff.

L. Pauli, »Fremdstücke« im rätischen Raum. Überlegungen zu ihrem handels-, wirtschafts- und kulturgeschichtlichen Aussagewert. In: Die Räter. I Reti. Schriftenr. Arge Alp (Bozen 1992) 611 ff.

L. Pauli, Auf der Suche nach einem Volk. Altes und Neues zur Räterfrage. In: Die Räter. I Reti. Schriftenr. Arge Alp (Bozen 1992) 725 ff.

A. Reichenberger, Religiöses Brauchtum in der Eisenzeit. In: Bauern in Bayern. Von den Anfängen bis zur Römerzeit. Ausstellungskat. Gäubodenmus. Straubing (Straubing 1992) 395 ff.

H. Reiß, Die Nikolauskapelle. In: Eichstätt. 10 Jahre Stadtkernarchäologie. Zwischenbilanz einer Chance (Kipfenberg 1992) 113 ff.

H. Reiß, Archäologische Untersuchung in der ehemaligen Klosterkirche Notre Dame. In: Eichstätt. 10 Jahre Stadtkernarchäologie. Zwischenbilanz einer Chance (Kipfenberg 1992) 117 ff.

H. Reiß, Die Ausgrabungen im Kapuzinerkloster. In: Eichstätt. 10 Jahre Stadtkernarchäologie. Zwischenbilanz einer Chance (Kipfenberg 1992) 120 ff.

A. Rettner, »Grabhäuser« – Ausdrucksform christlicher Glaubensvorstellungen? In: J. Lenssen/L. Wamser (Hrsg.), 1250 Jahre Bistum Würzburg. Archäologisch-historische Zeugnisse der Frühzeit. Begleitband zur Ausstellung im Marmelsteiner Kabinett (Würzburg 1992) 103 ff.

S. Rieckhoff, Eine römische »Brauerei« aus Regensburg. In: E. M. Ruprechtsberger (Hrsg.), Bier im Altertum. Linzer Arch. Forsch. Sonderh. 8 (Linz 1992) 27 ff.

S. Rieckhoff, Das Gräberfeld der Hallstattkultur von Obertraubling, Lkr. Regensburg. In: Auf Spurensuche. Ausstellungskat. Regensburg (Regensburg 1992) 32 ff.

K. H. Rieder, Archäologische Aspekte zur Siedlungsgeschichte Eichstätts. In: Eichstätt. 10 Jahre Stadtkernarchäologie. Zwischenbilanz einer Chance (Kipfenberg 1992) 127 ff.

K. H. Rieder, Katalog der archäologischen Ausgrabungen und Baubeobachtungen. In: Eichstätt. 10 Jahre Stadtkernarchäologie. Zwischenbilanz einer Chance (Kipfenberg 1992) 141 ff.

K. H. Rieder, Spuren des frühen Menschen im Umland von Pförring. In: Pförring. 1850 Jahre Römerort Celeusum (Kipfenberg 1992) 49 ff.

K. H. Rieder, Die Erben der Römer im Land um Pförring. In: Pförring. 1850 Jahre Römerort Celeusum (Kipfenberg 1992) 103 ff.

K. H. Rieder, Ein Exkurs in die Frühgeschichte des Pflugs. In: Bauern in Bayern. Von den Anfängen bis zur Römerzeit. Ausstellungskat. Gäubodenmus. Straubing (Straubing 1992) 277 ff.

M. M. Rind, Siedlungen und Hausbau in Bayern während der Metallzeiten. In: Bauern in Bayern. Von den Anfängen bis zur Römerzeit. Ausstellungskat. Gäubodenmus. Straubing (Straubing 1992) 103 ff.

D. Rosenstock, Kulturverbindungen Mainfrankens während der römischen Kaiserzeit im Spiegel der Fibelfunde. In: Beiträge zur keltisch-germanischen Besiedlung im Mittelgebirgsraum. Weimarer Monogr. Ur- u. Frühgesch. 28 (Stuttgart 1992) 184 ff.

W. Sage, Die Kirche auf dem Michelsberg bei Neustadt am Main, Landkreis Main-Spessart. In: J. Lenssen/L. Wamser (Hrsg.), 1250 Jahre Bistum Würzburg. Archäologisch-historische Zeugnisse der Frühzeit. Begleitband zur Ausstellung im Marmelsteiner Kabinett (Würzburg 1992) 209 ff.

W. Sage, Die Domgrabung Eichstätt. In: Eichstätt. 10 Jahre Stadtkernarchäologie. Zwischenbilanz einer Chance (Kipfenberg 1992) 19 ff.

K. Scheuerer, Zu den Fundmünzen aus den römischen Kastellen der Ingolstädter Region. In: Pförring. 1850 Jahre Römerort Celeusum (Kipfenberg 1992) 100 ff.

W. Schier, 6000 Jahre prähistorische Besiedlung am Mittelmain. In: Bauern in Bayern. Von den Anfängen bis zur Römerzeit. Ausstellungskat. Gäubodenmus. Straubing (Straubing 1992) 25 ff.

K. Schmotz, Die neolithische Besiedlung des Gäubodens. In: Bauern in Bayern. Von den Anfängen bis zur Römerzeit. Ausstellungskat. Gäubodenmus. Straubing (Straubing 1992) 13 ff.

H. Schulze, Der Dom zu Würzburg. In: J. Lenssen/L. Wamser (Hrsg.), 1250 Jahre Bistum Würzburg. Archäologisch-historische Zeugnisse der Frühzeit. Begleitband zur Ausstellung im Marmelsteiner Kabinett (Würzburg 1992) 77 ff.

S. Sievers u. a., Handicrafts. In: The Celts. Ausstellungskat. Venedig (Bompiani 1991) 436 ff.

G. Sorge, Die römische Besiedlung im Umland der Provinzhauptstadt Augusta Vindelicum-Augsburg. In: Bauern in Bayern. Von den Anfängen bis zur Römerzeit. Ausstellungskat. Gäubodenmus. Straubing (Straubing 1992) 57 ff.

St. Emmeram in Regensburg. Geschichte – Kunst – Denkmalpflege. Beiträge des Regensburger Herbstsymposiums vom 15.–24. November 1991. Thurn und Taxis-Studien 18 (Kallmünz 1992).

H. Stickroth, Vorgeschichte. In: Stadtbuch Friedberg Bd. 1 (Friedberg 1991) 43 ff.

A. Stroh, Gedanken zu einem hallstattzeitlichen Gräberfeld. In: Archäologie in Gebirgen. Festschr. E. Vonbank. Schr. Vorarlberger Landesmus. A 5 (Bregenz 1992) 99 f.

A. Tillmann, Erntegeräte in Bayern. Eine Übersicht vom Neolithikum bis in die Römerzeit. In: Bauern in Bayern. Von den Anfängen bis zur Römerzeit. Ausstellungskat. Gäubodenmus. Straubing (Straubing 1992) 285 ff.

A. Tillmann, Die keramischen Funde aus dem »Brunnen 5« des ehemaligen Huttenstadels. In: Eichstätt. 10 Jahre Stadtkernarchäologie. Zwischenbilanz einer Chance (Kipfenberg 1992) 89 ff.

M. Trier, Frühes Mittelalter. In: Stadtbuch Friedberg Bd. 1 (Friedberg 1991) 90 ff.

H. P. Uenze, Bavaria. In: The Celts. Ausstellungskat. Venedig (Bompiani 1991) 265 ff.

H. P. Uenze, Die hallstatt- und latènezeitliche Besiedlung im Gebiet der heutigen Oberpfalz. In: Bauern in Bayern. Von den Anfängen bis zur Römerzeit. Ausstellungskat. Gäubodenmus. Straubing (Straubing 1992) 47 ff.

A. Väth, Beiträge zur Geschichte des Raumes Bischbrunn/Oberndorf/Esselbach/Steinmark/Kredenbach in der älteren, mittleren und jüngeren Steinzeit. In: Beitr. zur Geschichte Bischbrunn/Oberndorf 1 (1992) 5 ff.

K. Väth, Der Spessart und das Maingebiet von der römischen Zeit bis zur fränkischen Staatskolonisation unter den Karolingern. In: Beitr. zur Geschichte Bischbrunn/Oberndorf 1 (1992) 35 ff.

T. Völling, Frühgermanische Expansion und einheimische Bevölkerung – Überlegungen am Beispiel des großromstedtzeitlichen Gräberfeldes von Aubstadt im Grabfeldgau. In: Beiträge zur keltisch-germanischen Besiedlung im Mittelgebirgsraum. Weimarer Monogr. Ur- u. Frühgesch. 28 (Stuttgart 1992) 153 ff.

P. Vychitil, Rettungsgrabungen in der Pfarrkirche zu Euerdorf. In: J. Lenssen/L. Wamser (Hrsg.), 1250 Jahre Bistum Würzburg. Archäologisch-historische Zeugnisse der Frühzeit. Begleitband zur Ausstellung im Marmelsteiner Kabinett (Würzburg 1992) 235 ff.

J. Wabra, Die Kirche St. Michael auf dem Michelsberg bei Münnerstadt, Landkreis Bad Kissingen. Eine grundherrschaftliche Eigenkirche? In: J. Lenssen/L. Wamser (Hrsg.), 1250 Jahre Bistum Würzburg. Archäologisch-historische Zeugnisse der Frühzeit. Begleitband zur Ausstellung im Marmelsteiner Kabinett (Würzburg 1992) 247 ff.

L. Wamser, Die Würzburger Siedlungslandschaft im frühen Mittelalter. Spiegelbild der naturgegebenen engen Verknüpfung von Stadt- und Bistumsgeschichte. In: J. Lenssen/L. Wamser (Hrsg.), 1250 Jahre Bistum Würzburg. Archäologisch-historische Zeugnisse der Frühzeit. Begleitband zur Ausstellung im Marmelsteiner Kabinett (Würzburg 1992) 39 ff.

L. Wamser, Erwägungen zur Topographie und Geschichte des Klosters Neustadt am Main und seiner Mark. Versuch einer Annäherung der archäologischen und historischen Quellenaussagen. In: J. Lenssen/L. Wamser (Hrsg.), 1250 Jahre Bistum Würzburg. Archäologisch-historische Zeugnisse der Frühzeit. Begleitband zur Ausstellung im Marmelsteiner Kabinett (Würzburg 1992) 163 ff.

L. Wamser, Zur archäologischen Bedeutung der Karlburger Befunde. In: J. Lenssen/L. Wamser (Hrsg.), 1250 Jahre Bistum Würzburg. Archäologisch-historische Zeugnisse der Frühzeit. Begleitband zur Ausstellung im Marmelsteiner Kabinett (Würzburg 1992) 319 ff.

L. Wamser/E. Wamers, Die silberne Pyxis von Pettstadt. In: J. Lenssen/L. Wamser (Hrsg.), 1250 Jahre Bistum Würzburg. Archäologisch-historische Zeugnisse der Frühzeit. Begleitband zur Ausstellung im Marmelsteiner Kabinett (Würzburg 1992) 141 ff.

W. Wandling, Bodendenkmalpflege im Landkreis Passau. In: Geschichte aus der Baugrube. Neue Ausgrabungen und Funde in der Region Passau 1987–1991 (Passau 1992) 51 ff.

W. Wandling, Steinzeitliche Besiedlung im Landkreis Passau. In: Geschichte aus der Baugrube. Neue Ausgrabungen und Funde in der Region Passau 1987–1991 (Passau 1992) 57 ff.

W. Wandling, Mittellatènezeitliche Grabfunde aus Gögging, Gemeinde Bad Füssing. In: Geschichte aus der Baugrube. Neue Ausgrabungen und Funde in der Region Passau 1987–1991 (Passau 1992) 60 f.

W. Wandling, Die römische Ansiedlung von Pocking. In: Geschichte aus der Baugrube. Neue Ausgrabungen und Funde in der Region Passau 1987–1991 (Passau 1992) 62 ff.

W. Wandling, Ein frühmittelalterliches Reihengräberfeld bei Pleinting, Stadt Vilshofen. In: Geschichte aus der Baugrube. Neue Ausgrabungen und Funde in der Region Passau 1987–1991 (Passau 1992) 69 ff.

E. Weinlich, Ausgrabungen in einem neu entdeckten germanischen Gräberfeld bei Forchheim, Gde. Freystadt, Lkr. Neumarkt/OPf. In: Auf Spurensuche. Ausstellungskat. Regensburg (Regensburg 1992) 41 ff.

P. Weinzierl, Baugeschichtliche Untersuchungen an der Kirche St. Nikolaus. In: Festschrift zur Kirchenrenovierung Filialkirche St. Nikolaus Mammendorf (Mammendorf 1992) 15 ff.

T. Weski, Bauern – Handwerker – Krieger. Versuch einer Abgrenzung. In: Bauern in Bayern. Von den Anfängen bis zur Römerzeit. Ausstellungskat. Gäubodenmus. Straubing (Straubing 1992) 9 ff.

St. Winghart, Archäologische Zeugnisse religiöser Vorstellungen und Praktiken während der Bronze- und Urnenfelderzeit. In: Bauern in Bayern. Von den Anfängen bis zur Römerzeit. Ausstellungskat. Gäubodenmus. Straubing (Straubing 1992) 381 ff.

Ch. Wojaczek, Die Stifts- und Stadtpfarrkirche zu Unserer Lieben Frau. In: Eichstätt. 10 Jahre Stadtkernarchäologie. Zwischenbilanz einer Chance (Kipfenberg 1992) 53 ff.

G. Wullinger, Vorgeschichtliche Tracht. In: Bauern in Bayern. Von den Anfängen bis zur Römerzeit. Ausstellungskat. Gäubodenmus. Straubing (Straubing 1992) 307 ff.

J. Zeune, Salierzeitliche Burgen in Bayern. In: Burgen der Salierzeit Teil 2. Monogr. RGZM 25 (Mainz 1992) 177 ff.

Fundchroniken

B.-U. Abels, Ausgrabungen und Funde in Oberfranken 7, 1989–1990. Geschichte am Obermain. Jahrb. Colloquium Historicum Wirsbergense 18, 1991/92, 1 ff.

Bayerische Vorgeschichtsblätter Beih. 5. Fundchronik für das Jahr 1989 (München 1992).

J. Prammer, Ausgrabungen und Funde im Stadtgebiet Straubing 1988–1989. Jahresber. Hist. Ver. Straubing 92, 1991, 11 ff.

Autoren, die eine Aufnahme ihrer Aufsätze in die Übersicht 1993 wünschen, mögen dies bitte der Redaktion, dem Bayer. Landesamt für Denkmalpflege, Postfach 10 02 03, 80076 München, mitteilen.   D. Reimann

Kurzberichte
über wichtige Ausgrabungen
und Funde in Bayern 1992

Bodenkundliche Untersuchungen an der Artefaktfundstelle Attenfeld

Gemeinde Bergheim, Landkreis Neuburg-Schrobenhausen, Oberbayern

Die Lehmgrube Attenfeld der Ziegelei Ried bei Neuburg a. d. Donau gehört zu den gegenwärtig bedeutendsten Quartäraufschlüssen in Bayern (Abb. 1). Hier liegen rund 8,50 m mächtige quartäre Sedimente aus Lössen, Lößlehmen und Fließerden auf tertiären Sanden und auf Juragesteinen.

Nach dem Fund altpaläolithischer Artefakte etwa 8 m unter der Geländeoberfläche wurde

1 *Attenfeld. Deckschichtenprofil aus Löß- und Lößlehm (7,50 m), darunter Fließerden (etwa 1 m). Im oberen Drittel Würm-Löß und Riß-/Würm-interglaziale Parabraunerde (eemzeitlich), im mittleren Drittel Riß-Löß und -Lößlehm, im unteren Drittel zweigeteilter Pseudogley (holstein- und cromerzeitlich). Aufnahme Mai 1989.*

das Profil der Lehmgrube erstmals von K. E. Bleich bodenkundlich beschrieben. In den Jahren 1989 und 1991 führten wir Neuaufnahmen durch, und zwar bodenkundliche Standarduntersuchungen für das Gesamtprofil sowie mit der speziellen Methode der Bodenmikromorphologie die nähere Untersuchung des Naßbodenkomplexes im unteren Profildrittel (Abb. 2).

Die stratigraphischen Ergebnisse aufgrund der geologischen und bodenkundlichen Befunde sind in Abb. 3 dargestellt. Für die quartären Ablagerungen lassen sich vier Profilabschnitte unterscheiden (vom jüngeren zum älteren):

Würm-Löß mit dem heutigen Boden, einer teilweise erodierten Parabraunerde (Ap-Bt-Bv) aus hochkalkhaltigem Löß (im Cv bis über 20 Prozent Karbonat), sowie im unteren Teil mit einer fossilen Braunerde (II fBv), die dem interstadialen »Lohner Boden« in den »klassischen« Lößgebieten Süddeutschlands entspricht.

Riß-Löß und -Lößlehm, bis über 2 m tief verwittert, mit einem Riß/Würm-interglazialen Paläoboden, einer stark pseudovergleyten Parabraunerde (III fSBt bis fBv), deren Oberbodenhorizonte fehlen.

Präriß-Lößlehm mit einem zweigeteilten Naßbodenkomplex mit intensiv grauen und rostbraun gefleckten Staunässehorizonten von Pseudogleyen (IV fSw-fSd1 über fSd2).

Fließerden (V–VII) mit unterschiedlicher Zusammensetzung, die hauptsächlich umgelagertes Tertiärmaterial enthalten und intensiv verwittert sind.

Darunter folgt ein Geröllhorizont (VIII), vermutlich aus Bachablagerungen, in welchem altpleistozäne Silexartefakte und -abschläge gefunden wurden.

Das Liegende bildet hier ein glimmerreicher Sand (IX) der Oberen Süßwassermolasse (Tertiär).

Im Profil Attenfeld haben wir versucht, das Alter der Artefakte mit Hilfe der Paläoböden in den quartären Deckschichten einzugrenzen. Während die stratigraphische Zuordnung der jungquartären Bodenbildung hier unproblematisch ist, erforderte die Entschlüsselung der älteren Paläoböden spezielle Gefügeuntersuchungen. Die Auswertung der Bodendünnschliffe unter dem Mikroskop übernahm R. A. Kemp.

Im Ergebnis können wir für den Pseudogley-Bodenkomplex zwei getrennte Bodenbildungs-

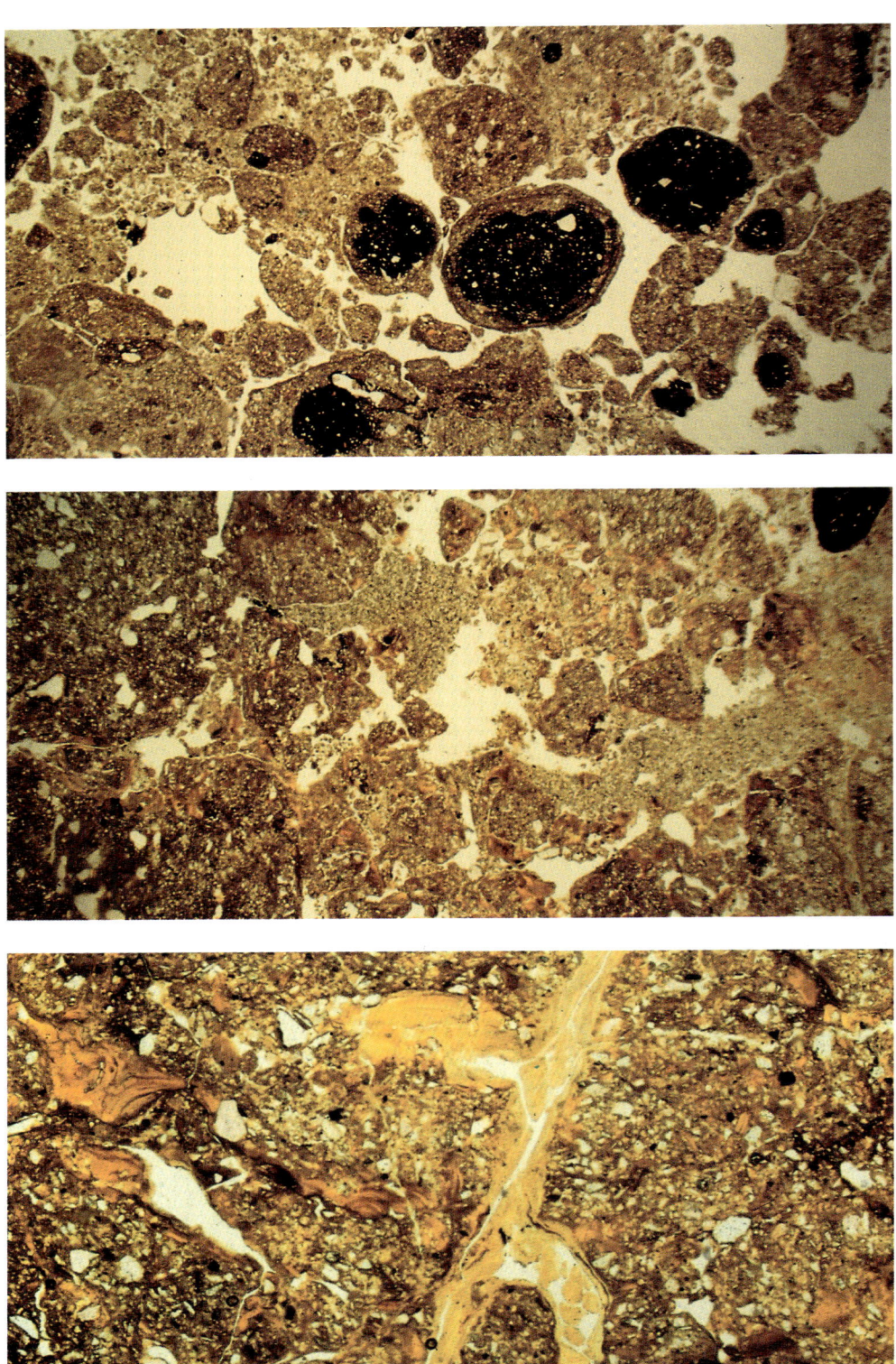

2 Attenfeld. Bodendünnschliffe aus dem fSd1- und fSd2-Horizont in etwa 12,5facher Vergrößerung. Oben: fSd1-Horizont. Gerundete Bodenfragmente eines Bt-Horizonts, durch Solifluktion aufgearbeitet, transportiert und mit Lößlehmmaterial vermengt. Mitte: fSd1-Horizont. Durch Kryoturbation entstandene Bodenaggregate mit fragmentarischen Tonhäutchen, von siltigem Lößlehmmaterial umgeben. Unten: fSd2-Horizont. In einem Boden mit orangefarbenen, zerrissenen Tonhäutchen einer ersten illuvialen Phase (Tondurchschlämmung) sind nachträglich entstandene Hohlräume größtenteils von gelben Tonhäutchen einer zweiten illuvialen Phase ausgefüllt. Es ist somit eine zweite Bodenbildung nachgewiesen.

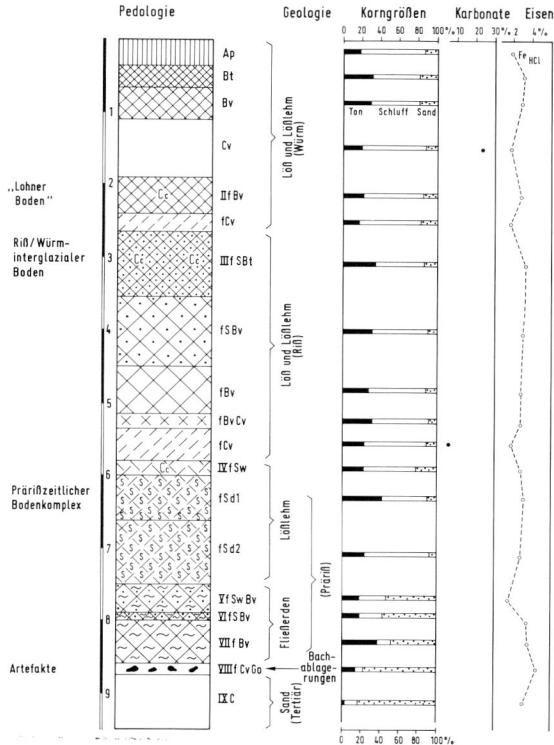

phasen mit charakteristischer Tonverlagerung nachweisen (vgl. Abb. 2 unten). Insgesamt lassen sich über den Fließerden drei fossile Bodenbildungen aus interglazialen Warmzeiten belegen. Der unterlagernde Geröllhorizont mit den Artefakten entstand also vor dem drittletzten Interglazial, so daß sich ein Mindestalter von 450 000–500 000 Jahren vor heute ergibt.

H. Jerz, R. A. Kemp und W. Grottenthaler

Literatur

K. E. Bleich, Gliederung und Untergrund der Lößabfolge von Attenfeld. In: Stadt Ingolstadt (Hrsg.), Steinzeitliche Kulturen an Donau und Altmühl (Ingolstadt 1989) 13 f. – K. H. Rieder, Eine mittelpleistozäne Artefaktfundstelle bei Attenfeld. Ebd. 14 f. – Ders., Arch. Jahr Bayern 1989, 24 f.

3 Attenfeld. Pedologisch-geologische Gliederung der Deckschichtenabfolge.

Ein Rastplatz des frühen Mesolithikums bei Kemnath

Landkreis Tirschenreuth, Oberpfalz

Über die vor- und frühgeschichtliche Besiedlung der nordöstlichen Oberpfalz sind wir nach wie vor nur unzureichend informiert. Dachte man noch vor geraumer Zeit, das rauhe Klima hier sei einer urgeschichtlichen Besiedlung in hohem Maße abträglich, so zeigt die mittlerweile doch deutlich verbesserte Quellenlage, daß diese Betrachtungsweise wohl zu undifferenziert sein dürfte.

Nach heutigem Forschungsstand ist sicher, daß die früheste Begehung dieser Region durch spätpaläolithische Jägergruppen erfolgte, die auf ihren sicherlich nur in den warmen Jahreszeiten aufgesuchten Lagerplätzen zahllose Steinartefakte hinterlassen haben. Für die mittlere Steinzeit steht zwar eine Begehung durch den mesolithischen Menschen aufgrund zahlreicher Einzelfunde außer Frage, doch zeigt sich im Vergleich zu der vorangegangenen Periode eine deutliche Verschlechterung der Fundplatzqualität. Sprunghaft angestiegen ist dagegen in den letzten Jahren die Zahl mittel- und spätneolithischer Steinbeile und -äxte, die wir nicht mehr nur ausschließlich als Zeugen ritueller Deponierungen interpretieren sollten.

Alle neuen und alten Fundstellen können aber nicht darüber hinwegtäuschen, daß die Bodengüte wie auch das Klima der nordöstlichen Oberpfalz einer permanenten Besiedlung entgegenstanden. Wenn sich durch paläobotanische Untersuchungen auch schon zahlreiche Rodungsphasen nachweisen lassen, so sind als Ursache dafür doch eher kurzfristige anthropogene Einflußnahmen auf den Naturraum verantwortlich zu machen. Eine über Jahre kontinuierliche Besiedlung dürfte wohl erst ab der Bronzezeit und sicher dann mit dem Einsetzen der Hallstattzeit anzunehmen sein, wie nicht zuletzt der jüngst ergrabene Grabhügel bei Lohma (s. S. 77 ff.) nachdrücklich dokumentiert.

Wenden wir uns nun den mesolithischen Fundstellen zu, so zeigt sich, daß der größte Teil lediglich einige charakteristische Abschläge und

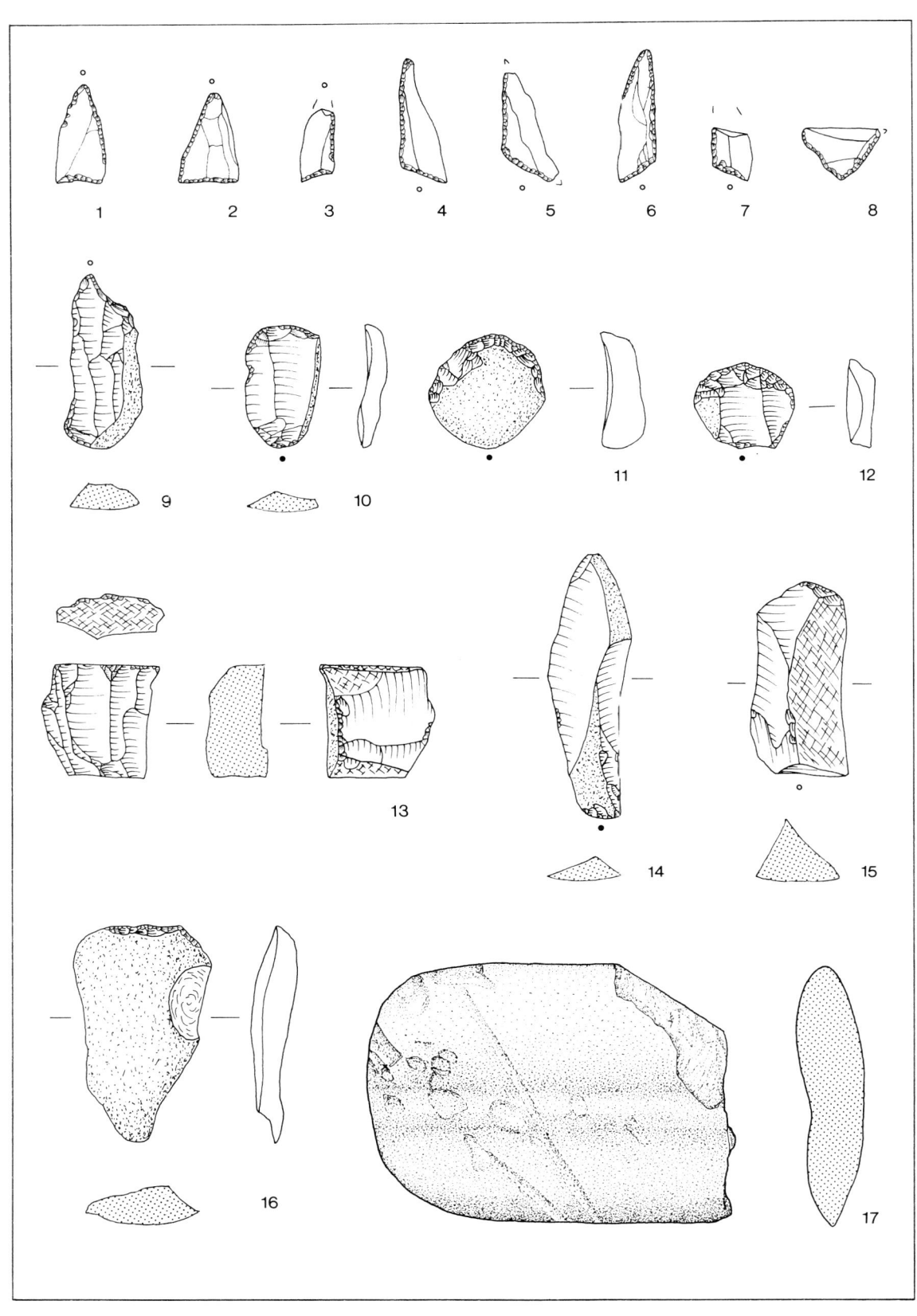

4 Kemnath, Schrottenbühl. 1.2 Mikrospitzen; 3–7 ungleichschenklige Dreiecke; 8 gleichschenklig-spitzwinkliges Dreieck; 9 Bohrer; 10–12.15.16 Kratzer; 13 Kernstein; 14 Klinge; 17 »Pfeilschaftglätter«. Maßstab 1 : 1.

gelegentlich einen Mikrolithen geliefert hat, womit zumindest eine flächendeckende Begehung durch mesolithische Jäger- und Sammlergruppen belegt ist. Aussagekräftige Fundplätze, die auch eine detailliertere Beschreibung verdient hätten, lagen dagegen bis vor kurzem nicht vor. Erst als der ehrenamtliche Mitarbeiter H. Bäte aus Kulmain sich verstärkt der Suche nach mesolithischen Artefakten widmete und dabei zunächst das Gebiet im Süden von Kemnath prospektierte, stellten sich erste Ergebnisse ein, über die im folgenden kurz berichtet werden soll.

Rund 750 m südsüdöstlich des mittelalterlichen Ortskerns von Kemnath erhebt sich der Schrottenbühl auf 490 m ü. NN und überragt damit sein Umland um etwa 40 m. Von seinem nach Süden exponierten Hang hat H. Bäte in der letzten Zeit annähernd 1200 Steinartefakte zusammengetragen, die sich nach einer ersten Durchsicht weitgehend dem späten Frühmesolithikum zuweisen lassen. Schon die große Zahl geborgener Artefakte deutet auf ein wiederholtes Aufsuchen des Areals durch mesolithische Jäger- und Sammlergruppen hin, da eine einmalige Nutzung als Rastplatz im Regelfall nicht so umfangreiche Mengen an Abfallstücken hinterläßt. Mit hoher Wahrscheinlichkeit handelt es sich hier nicht um ein permanentes Jagdlager, sondern um einen mehrfach während der warmen Jahreszeiten aufgesuchten und spätestens mit Einsetzen des Winters wieder verlassenen Ort.

Ganz frühmesolithischen Gepflogenheiten entsprechend wurden für die Werkzeugherstellung am Schrottenbühl verschiedene Hornsteinvarietäten verarbeitet, die dem Inventar das charakteristische bunte Gepräge geben. Nach der Rindenbeschaffenheit zu urteilen, stammen sie aus den von Flüssen und Bächen mitgeführten Geröllen sowie aus kleineren Primärlagerstätten. Außer Hornsteinen fanden Chalzedone und Kieselschiefer, aber auch der bekannte Feuerbergjaspis von Leupoldsdorf Verwendung. Der mattseidene Glanz und die häufige rosarote Färbung zahlreicher Artefakte belegen darüber hinaus das Verfahren der Temperung, welches die frühmesolithischen Menschen zur Verbesserung der Spaltfähigkeit amorpher Gesteine entwickelt hatten.

Bei der zeitlichen Ansprache mesolithischer Artefakte erweisen sich die Mikrolithen als besonders sensibel, da sie ein wesentlicher Bestandteil der Jagdwaffen waren und damit einer ständigen Optimierung unterlagen. Das hier vorgestellte Inventar enthält einige Mikrospitzen mit dorsaler und konkaver Basisretusche (Abb. 4,1.2) sowie zahlreiche ungleichschenklige Dreiecke (Abb. 4,3–7). Beide Geräteformen legen eine Datierung des Komplexes vom Schrottenbühl in den späten Abschnitt des Boreals nahe, also etwa in den Zeitraum zwischen 6300 und 5900 v. Chr. Außerdem kommen kleine Kratzer (Abb. 4,10–12.15.16), retuschierte Klingen und Abschläge sowie einige Bohrer vor (Abb. 4,9), alles Werkzeuge, die für die Instandhaltung der Waffen notwendig waren. Besonders erwähnenswert erscheint noch ein flacher, fast rechteckiger Sandstein mit einer längsverlaufenden Rille, ein sog. Pfeilschaftglätter, der auch zum Schleifen von Knochenspitzen Verwendung finden konnte (Abb. 4,17).

Durch die beharrliche Sammeltätigkeit eines Mitarbeiters ist es wieder einmal gelungen, wichtige Erkenntnisse über die Besiedlungsgeschichte der nordöstlichen Oberpfalz zu gewinnen. Wünschenswert für die Zukunft wäre die Fortsetzung dieser Arbeit, die sicherlich zu weiteren interessanten Ergebnissen führen wird.

A. Tillmann

Literatur

M. Knipping, Zur spät- und postglazialen Vegetationsgeschichte des Oberpfälzer Waldes. Diss. Botanicae 140 (Stuttgart 1989). – Stadt Ingolstadt (Hrsg.), Steinzeitliche Kulturen an Donau und Altmühl (Ingolstadt 1989). – W. Schönweiß, Letzte Eiszeitjäger in der Oberpfalz. Zur Verbreitung der Atzenhofer Gruppe des Endpaläolithikums in Nordbayern (Weiden 1992).

Altneolithische Fundplätze bei Landsberg a. Lech

Landkreis Landsberg a. Lech, Oberbayern

Keramik der altneolithischen Linearbandkeramik war lange Zeit aus dem südlichen Alpenvorland kaum bekannt. Außer einzeln gefundenen Schuhleistenkeilen deutete wenig auf das Vordringen der ersten bäuerlichen Kulturen in diese Region hin. Das Fundbild stand im Gegensatz zu pollenanalytischen Ergebnissen, die eine Besiedlung seit der Linearbandkeramik erwarten ließen. Früher wurde sogar eine präkeramisch frühneolithische Getreidenutzung diskutiert. Erst die Forschungen der letzten Jahre konnten einige Anhaltspunkte zur altneolithischen Besiedlung erbringen. Die linearbandkeramischen Fundplätze von Augsburg-Inningen (Abb. 5,1) und Scheuring-Haltenberg (Abb. 5,2) zeigten nämlich, daß Siedler doch lechaufwärts bis südlich von Augsburg vorgedrungen waren.

Eine Oberflächenbegehung (Lehrveranstaltung des Lehrstuhls für Ur- und Frühgeschichte der Universität Erlangen-Nürnberg), die im Herbst 1991 und im Frühjahr 1992 durchgeführt wurde und die Besiedlungsgeschichte im Umfeld des bekannten Altheimer Dorfes Pestenacker erhellen sollte, erbrachte weitere alt- und auch mittelneolithische Siedlungsspuren zwischen Landsberg a. Lech und Augsburg. An mehreren Stellen fanden sich Silices mit einer auffallenden Bänderung. Derartiger Silex ist aus dem gut erforschten Abbaurevier von Abensberg-Arnhofen, Lkr. Kelheim, bekannt und wurde nach den bisherigen Erkenntnissen fast ausschließlich im ausklingenden Alt- und vor allem im Mittelneolithikum gefördert. Ein Vergleich bestätigte die Vermutung, daß das Material vom Lech mit dem Abensberger Silex übereinstimmt. Neolithische Keramik hingegen war im Fundgut ausgesprochen selten. Nur eine Scherbe läßt sich sicher dem Mittelneolithikum zuweisen.

Es erwies sich als Glücksfall, daß wir während der Begehung Kontakt mit M. Voit (Kaufering) aufnehmen konnten, der seit einigen Jahren intensiv Fundstellen am Lech absucht. Bei der Durchsicht seiner Sammlung fielen einige alt- und mittelneolithische Scherben auf, deren Herkunft sich dank der sorgfältigen Dokumentation schnell ermitteln ließ: Sie stammen von einem am Lech bei Kaufering gelegenen Acker (Abb. 5,4; 6,4–6). Dieses Areal hatte bereits früher ein anderer Sammler begangen, doch wurden bisher noch keine linearbandkeramischen und mittelneolithischen Scherben von dort gemeldet. Vor kurzem entdeckte M. Voit einen weiteren linearbandkeramischen Fundplatz, der gut 1,5 km südlich von Scheuring-Haltenberg liegt (Abb. 5,3; 6,1–3). Alle Fundstellen weisen eine ähnliche topographische Lage auf: Sie befinden sich in Lechnähe am Rand der zum Fluß hin orientierten Hochfläche.

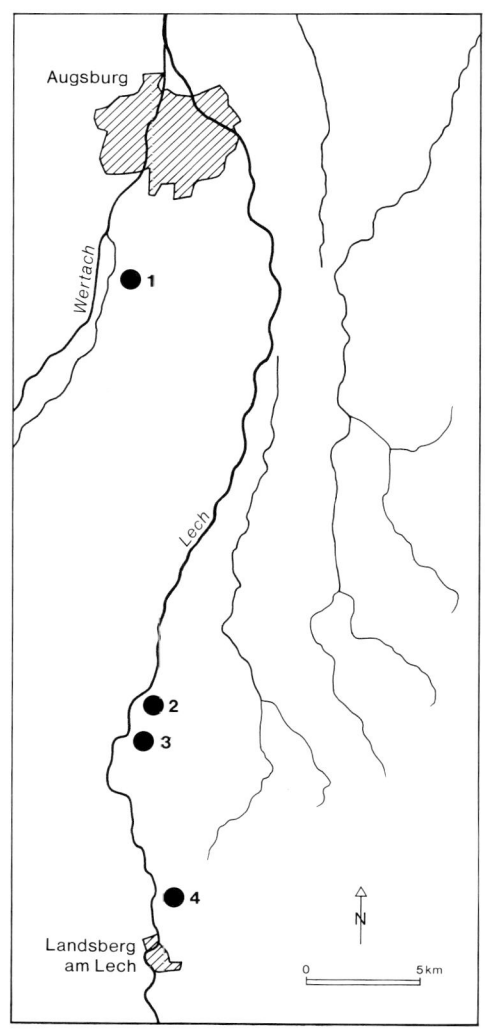

5 *Altneolithische Fundstellen am Lech. 1 Augsburg-Inningen; 2 Scheuring-Haltenberg; 3 Scheuring-Haltenberg, Süd; 4 Kaufering.*

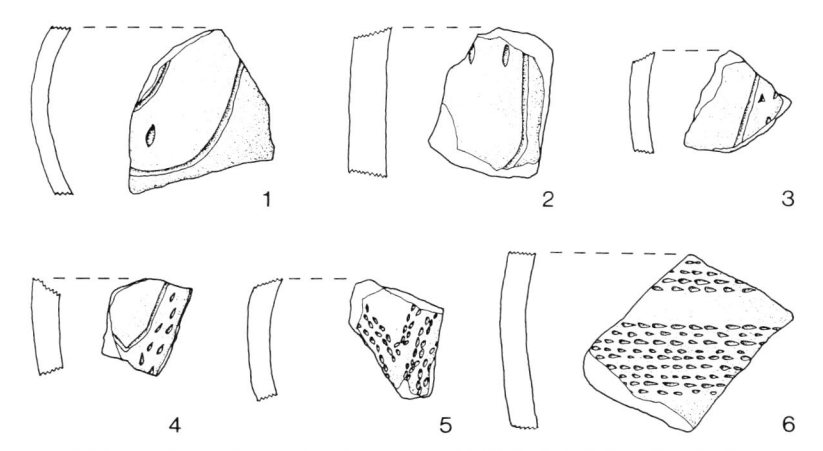

6 *Alt- und mittelneolithische Keramik aus der Sammlung M. Voit. 1–3 Scheuring-Haltenberg, Süd; 4–6 Kaufering. Maßstab 1 : 2.*

Wie die Funde der Sammlung Voit und die Ergebnisse der Begehung zeigen, ist der alt- und mittelneolithische Siedlungsniederschlag zwischen Landsberg a. Lech und Augsburg größer als bisher angenommen. Fanden sich die altneolithischen Hinterlassenschaften bisher nur entlang dem Lech, so deuten Schuhleistenkeile aus dem Allgäu und der Gegend nördlich des Starnberger Sees darauf hin, daß das vorliegende Fundbild wohl auf einer Forschungslücke beruht. Weitere sorgfältige Begehungen könnten wahrscheinlich zur Verdichtung des linearbandkeramischen Siedlungsbilds in der früher häufig als »neolithfeindlich« bezeichneten Region führen. So zeigen beispielsweise die Erfahrungen im Rottal, daß bei systematischer Erforschung mehr altneolithische Fundstellen auch in Regionen bekannt werden, aus denen vorher keine oder kaum linearbandkeramische Funde vorlagen.   S. Gerhard und T. H. Gohlisch

Literatur

H. Küster, Vom Werden einer Kulturlandschaft. Vegetationsgeschichtliche Studien am Auerberg (Südbayern). Quellen u. Forsch. Prähist. u. Provinzialröm. Arch. 3 (Weinheim 1988). – A. Binsteiner, Das neolithische Feuersteinbergwerk von Arnhofen, Ldkr. Kelheim. Bayer. Vorgeschbl. 55, 1990, 1 ff. – G. Schönfeld, Die Ausgrabungen in der jungneolithischen Talbodensiedlung von Pestenacker, Ldkr. Landsberg am Lech, und ihre siedlungsarchäologischen Aspekte. Ber. RGK 71, 1990, 355 ff.

Das linearbandkeramische Siedlungsareal von Stephansposching

Landkreis Deggendorf, Niederbayern

Die Hochterrasse der Donau im Bereich von Stephansposching weist eine erhebliche Dichte an archäologischen Fundstellen praktisch aller vor- und frühgeschichtlichen Perioden auf. Ihre Kenntnis verdanken wir vorwiegend der Tätigkeit ehrenamtlicher Mitarbeiter, die dort seit Jahrzehnten Begehungen und Fundbergungen vornahmen. Zu erwähnen ist hier besonders H. Neubauer, der von 1928 bis zum Beginn der siebziger Jahre tätig war und den Grundstock für die archäologische Abteilung des Deggendorfer Stadtmuseums legte.

Seit 1981 ist die Kreisarchäologie Deggendorf ständig im Gemeindegebiet präsent, was zur Erschließung einer ganzen Reihe neuer Fundstellen führte. Zu den bedeutendsten Neuentdeckungen zählt das Gräberfeld der späten Linearbandkeramik vom Baugelände der Mehrzweckhalle, während die Kenntnis der südlich davon gelegenen Siedlung F. Weinschenk verdankt wird, der 1982 das Glück hatte, in einem frisch umgebrochenen Feld Keramik und mehrere Steingeräte zu finden (Abb. 7). Daß sich diese Entdeckung einmal zu einem Problem der

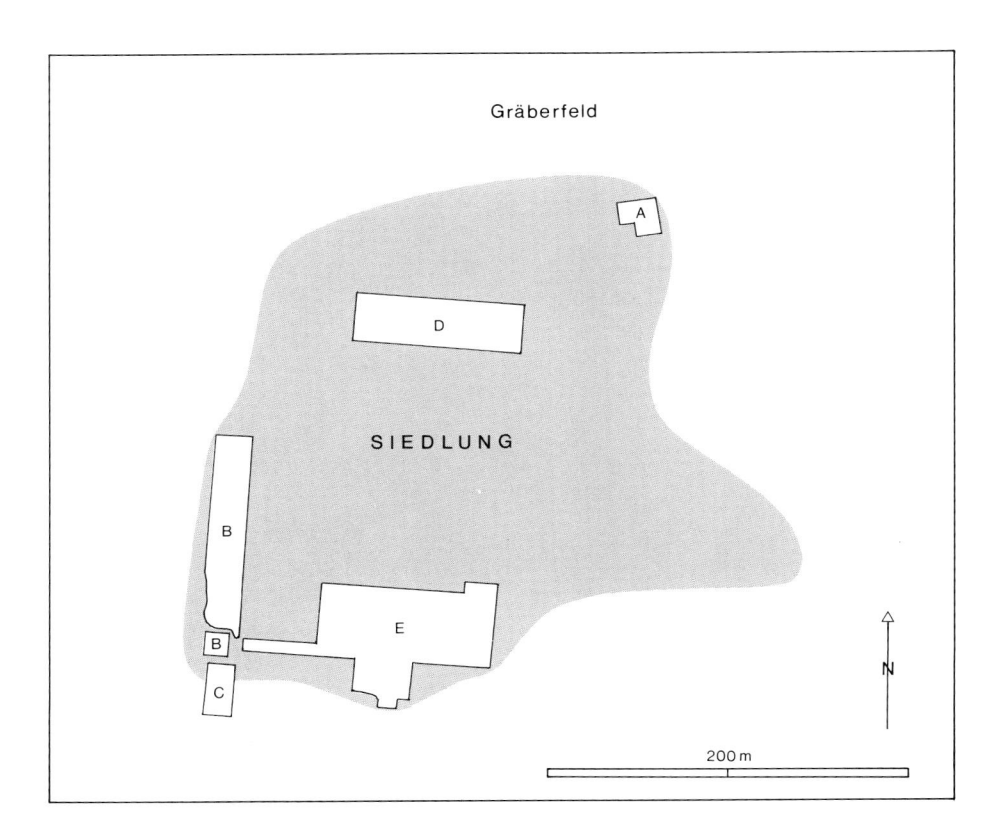

7 *Stephansposching. Derzeit bekannte Ausdehnung der linearbandkeramischen Siedlung (gerastert) und Lage des zugehörigen Gräberfelds sowie der Grabungsflächen (A Neubau Raiffeisenbank 1984; B Einfamilienhäuser und Gartenbereich 1987/88; C Gartenbereich 1989; D Baugebiet »Urdorf« 1991; E Baugebiet »Urdorf« 1992).*

kommunalen Bodendenkmalpflege entwickeln würde, konnte man damals noch nicht ahnen. 1987 sollte am – wie wir heute wissen – Westrand dieser Siedlung ein Wohnhaus errichtet werden. Die Untersuchung des Bauplatzes ergab den Teil eines linearbandkeramischen Hausgrundrisses. Wegen eines zweiten Neubaus mußten wir die archäologische Rettungsaktion weiterführen, und 1988 fand sie mit der Ausgrabung im Bereich eines Gartens zwischen den beiden Gebäuden ihr vorläufiges Ende. Damals ließen sich insgesamt sechs Hausgrundrisse der späten Linearbandkeramik nachweisen, deren Erhaltungszustand aber sehr unterschiedlich war. Keiner der Grundrisse dürfte vollständig sein. Angesichts der dortigen Bodenverhältnisse, die erhebliche Probleme bei der Erkennung vor allem von Befunden geringerer Dimension mit sich bringen, besteht aber die Möglichkeit, daß Pfostenspuren einfach nicht erkannt wurden.

Der Archäologie war nun eine kurze Atempause vergönnt, bis die Gemeinde sich entschloß, das gesamte östlich an die Grabungsfläche von 1987/88 anschließende Gelände zu kaufen. Auf einem Areal von etwa 3,5 ha wurde das Baugebiet »Breitsamterfeld«, kurz darauf in die Bezeichnung »Urdorf« geändert, projektiert. Zwar kam die Gemeinde frühzeitig auf die Kreisarchäologie zu, um das Vorhaben mit den Belangen der Bodendenkmalpflege abzustimmen, doch ließen andere vordringliche Aufgaben im Jahr 1991 keine größere Ausgrabung zu. Trotz des Einsatzes eines Hydraulikbaggers konnte damals nur eine Fläche von 2660 m^2 mit etwa 150 archäologischen Objekten untersucht werden.

1992 verwandten wir einen erheblichen Teil unserer Kräfte auf das Baugebiet, diesmal – auf Wunsch der Gemeinde – ganz im Süden. Es gelang, eine Fläche von gut 5000 m^2 aufzudecken, wobei der trockene Sommer und die nasse Witterung des Herbstes die Arbeiten ungünstig beeinflußten.

Die äußeren Umstände waren zwar nicht die besten, doch entschädigten die reichlich vorhandenen Befunde. So kamen innerhalb der südlichen Grabungsfläche insgesamt etwa 400 Objekte zutage, darunter Reste von vier Langhäusern, womit sich die Gesamtzahl der bisher bekannten Gebäude auf elf erhöht. Nach Funden und Befunden zu urteilen, scheint die Siedlung nicht allzu lange existiert zu haben. Dies wird vor allem durch die Tatsache gestützt, daß bisher keine Überschneidungen von Hausgrundrissen belegt sind.

Die Grabung des Jahres 1992 erbrachte neben den »normalen« Siedlungsbefunden der jüngeren Linearbandkeramik insgesamt vier Bestattungen innerhalb von Siedlungsgruben. Es handelt sich dabei um drei beigabenlose Hockergräber, deren Datierung nur mit Hilfe des Fundmaterials aus den Gruben möglich ist. Zwei der verstorbenen Erwachsenen sind ost-west-ausgerichtet und ruhen auf der linken Körperseite, allerdings mit entgegengesetzt gelegenen Köpfen. Eine sehr schlecht erhaltene Kinderbestattung scheint südost(Kopf)-nordwest-orientiert zu sein.

Aus dem Kontext fällt ein Grab der Münchshöfener Gruppe, das über ein schlichtes Gefäß zu datieren ist. Das nord-süd-ausgerichtete Skelett einer erwachsenen Frau liegt auf der linken Körperseite innerhalb einer linearbandkeramischen Grube. So schön die Entdeckung einer Münchshöfener Bestattung wegen der noch geringen Fundfrequenz dieser Fundgruppe auch ist, gibt sie dennoch zu denken. Wäre das Skelett ohne Gefäßbeigabe gewesen, hätte es nach dem Befund der Linearbandkeramik zugeordnet werden müssen. Die etwa tausend Jahre nach Aufgabe der Siedlung wahrscheinlich zufällig in die inzwischen wohl weitgehend verfüllte Grube eingebrachte Bestattung ließ sich im Planum nicht als nachträgliche Eingrabung erkennen. Es wird deshalb notwendig sein, die Zeitstellung der übrigen Skelette mittels einer ^{14}C-Untersuchung nachzuprüfen. Bleibt es bei der Datierung in die Linearbandkeramik, gehören sie in eine seit geraumer Zeit bekannte Fundgruppe altneolithischer Siedlungsbestattungen, zu denen wahrscheinlich auch jene zählt, die 1984 beim Bau der Raiffeisenbank in Stephansposching zutage kam. Letztere liegt ganz am Nordrand des derzeit bekannten Areals unserer hier besprochenen Siedlung.

Zum Schluß seien noch zwei Herdstellen innerhalb größerer linearbandkeramischer Siedlungsgruben erwähnt (Abb. 8). Dort wurden unmittelbar auf die Grubensohle vorwiegend kleine Kiesel gelegt, die eine etwas unregelmäßige Fläche von 1–1,20 m Durchmesser bildeten. Im Bereich der Kiesel war der anstehende Lehm verziegelt. Das Fehlen verziegelter

8 *Stephansposching. Herdstelle mit locker gelegten Kieseln innerhalb einer größeren Siedlungsgrube.*

Stücke einer ehemaligen Lehmkuppel läßt auf offene Herdstellen schließen, die sich etwa 1–1,20 m unter der heutigen Oberfläche befanden.

Es bleibt zu hoffen, daß trotz des für 1993 zu erwartenden ortspolitischen Drucks eine weitere archäologische Untersuchung möglich sein wird. Wir sind es diesem hervorragenden Bodendenkmal schuldig, vor seiner Überbauung wenigstens die wichtigsten Details für Forschung und Heimatgeschichte zu sichern.

K. Schmotz

Literatur

K. Schmotz, Die archäologische Denkmalpflege im Landkreis Deggendorf während des Jahres 1989. Deggendorfer Geschbl. 12, 1991, 104 ff. bes. 128 ff. – Ders., Das bandkeramische Gräberfeld von Stephansposching. Arch. Denkmäler Landkreis Deggendorf 7 (Deggendorf 1992).

Bären und Biber in Pestenacker

Gemeinde Weil, Landkreis Landsberg a. Lech, Oberbayern

Die Zeitungen schrieben es schon und freuten sich: Im altheimzeitlichen Dorf Pestenacker standen Biber und Bären auf der Speisekarte. Dies ist aber nur ein Ergebnis und vielleicht nicht einmal das interessanteste oder wichtigste der Tierknochenuntersuchungen, die seit Oktober 1992 im Rahmen des Projekts »Siedlungsarchäologische Forschungen im Alpenvorland« der Deutschen Forschungsgemeinschaft am Institut für Paläoanatomie, Domestikationsforschung und Geschichte der Haustiere der Universität München unter der Leitung von Prof. Dr. A. von den Driesch durchgeführt werden.

Um einen ersten Eindruck vom Material zu gewinnen, wurden vorab mit Institutsmitteln die Tierknochen (etwa 11 000 Stücke) aus dem Be-

9 Pestenacker. Indikatoren für Feuchtbiotope: Sumpfschildkröte (Panzer), Kranich (Schnabel), Teichfrosch (Schienbein) und Karpfen (Kopfknochen).

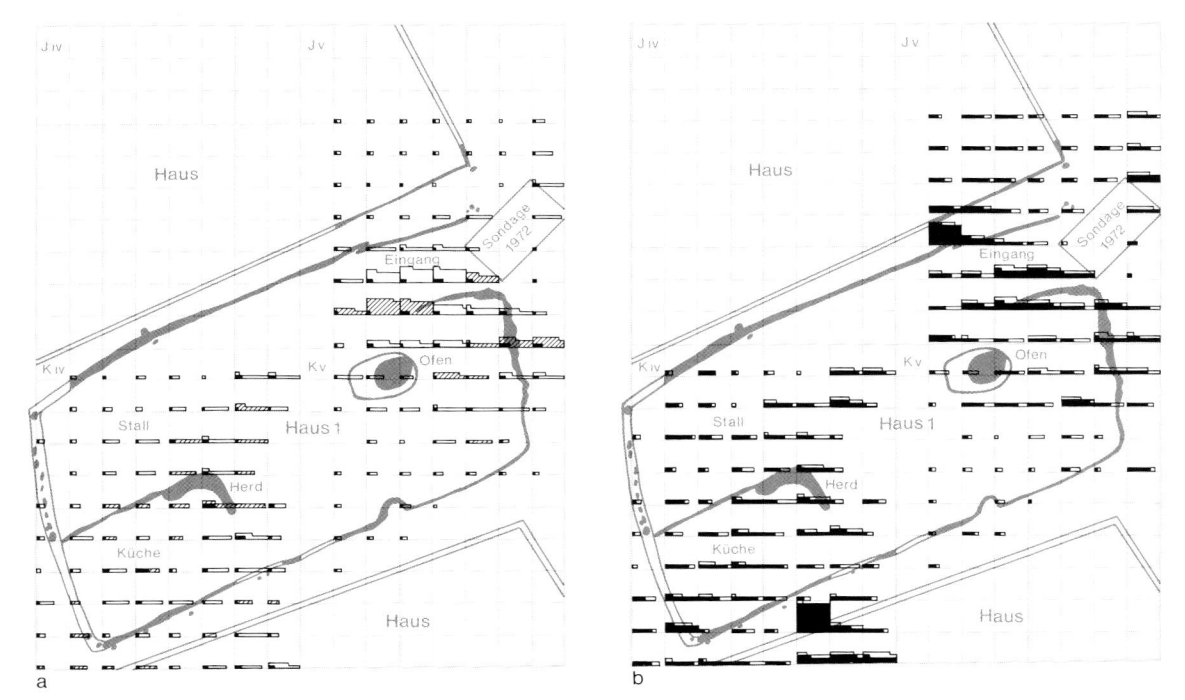

10 *Pestenacker. Kartierung der Tierknochen in Haus 1 (ein Quadrat des Rasters entspricht 0,25 m², a) nach Stückzahlen (ein Quadrat entspricht 1000 Stücken), b) nach Knochengewichten (ein Quadrat entspricht 1000 g). Schwarz: bestimmbare Knochen; schraffiert: abgerollte Knochen; weiß: unbestimmbare Knochen(-splitter).*

reich von Haus 1 (Flächen J V, K IV, K V) untersucht. Dabei ergab sich für den Haustierbestand der Feuchtbodensiedlung folgendes Bild: Unter 100 Haustieren kommen ein bis zwei Pferde, 29 Rinder, 26 Schafe und Ziegen (jeweils etwa zu gleichen Teilen), 41 Schweine und zwei Hunde vor. Die Dorfbewohner deckten ihren Bedarf an Fleisch zu 69 Prozent durch ihre Haustiere, hauptsächlich Rind (46 %), und zu 31 Prozent durch die Jagd, vor allem Rothirsch (22 %) und Wildschwein (6 %). Ein fußkrankes Wildschwein stellte dabei eine leichte Jagdbeute dar. Der Biber wurde aufgrund seines wohlschmeckenden Fleisches, sicher aber auch wegen des dichten Fells relativ häufig gefangen, ebenso der Hase. Nur mit wenigen Knochenfragmenten vertreten sind Reh, Braunbär, Wolf, Fuchs, Wildkatze, Dachs, Baummarder, Steinmarder, Schermaus, Gelbhalsmaus und die Sumpfschildkröte sowie verschiedene Frösche und Kröten.

Unter den Haustieren fällt das Pferd auf. Dessen Nachweis ist in Fundkomplexen des Jungneolithikums von besonderer Bedeutung, da das Pferd erst in dieser Zeit domestiziert wurde und so bei Knochenfunden jedesmal neu entschieden werden muß, ob sie noch von Wild- oder schon von Hauspferden stammen. Hier dürfte es sich aufgrund der Statur der vorliegenden Knochen um Hauspferde gehandelt haben, die letztendlich auch im Kochtopf landeten.

Relativ selten kommen Vogelknochen vor. Gleichwohl ist das Artenspektrum recht vielfältig. Belegt sind unter den Wasservögeln Graugans, Bläßgans und Stockente, außerdem Kranich, Habicht, Auerhuhn, Waldkauz, Grünspecht und Saatkrähe.

Unter den bisher nachgewiesenen Fischarten – Bachforelle, Huchen, Döbel, Nase, Wels und Hecht – überrascht der Karpfen. Das Auftreten des wilden Karpfens ist verbreitungsgeschichtlich von Bedeutung. Diese Stammform der heutigen »Haus«-Karpfen kommt ursprünglich im Einzugsgebiet des Schwarzen Meers, in der Donau und deren Zuflüssen vor. Die Bewohner von Pestenacker fingen ihn wohl im damals stark mäandrierenden, flachen und breiten Lech. Nach dem vorliegenden Fischartenspektrum und der Größe der Fische muß man damit rechnen, daß die Bauern zum Teil weite Streifzüge unternahmen, um zusätzliche Nahrung zu beschaffen, da in dem Gewässer im Tal des Verlorenen Baches vermutlich nicht alle der nachgewiesenen Fische gelebt haben. Hechte von 65 cm Körperlänge, 85 cm lange Welse und 60 cm lange Huchen mag man sich beispielsweise eher im Ammersee als in einem flachen

39

Moorsee vor der Tür bzw. dem Tor Pestenackers vorstellen.

Manche dieser Tierarten sind Indikatoren für spezielle Biotope (Abb. 9). Hier lassen sich Wälder und stehende Gewässer erschließen: Der Kranich brütet in Moorgebieten und ist zusammen mit der Sumpfschildkröte ein Anzeiger für weite Wasserflächen mit Schilfinseln. Die gleiche Umgebung braucht der Biber, um seine Burgen zu bauen, und die Schermaus, die an solchen Ufern weitverzweigte Gangsysteme anlegt.

Die Kartierung der Knochenstücke macht Details des häuslichen Lebens sichtbar. Das Haus weist innen nur einen niedrigen »Schmutzpegel« auf (Abb. 10 a). Splitterkonzentrationen zeigten sich im Eingangsbereich, an den Stallwänden und beim Küchenherd, wo auch Knochen mit Hundeverbiß lagen. Viele der kleinen Splitter sind abgeschliffen wie Bachkiesel. Ob dies vielleicht mit einem regelmäßigen Ausfegen des Hauses in Zusammenhang steht, muß noch offen bleiben, solange nicht geklärt ist, ob diese Stücke eventuell mit dem Auftrag neuer Estrichlagen ins Haus gebracht wurden und daher die Abrollungen andere Ursachen haben. Die Fundverteilung der Tierknochen außerhalb des Hauses gibt möglicherweise einen Einblick in die Praxis der Abfallbeseitigung: Ein kleiner Abfallhaufen lag nämlich außerhalb des Hauses auf der schmalen Gasse, die an der Küche vorbeiführt. Er besteht zwar aus keiner sehr großen Menge Knochen, die dafür aber eine beachtliche Größe aufweisen (Abb. 10 b). Da drängt sich die Vorstellung auf, daß mancher Küchenabfall schlichtweg aus dem Fenster flog.

Indirekt könnte dieser Abfall also ein Nachweis für ein Küchenfenster sein. Aber hier wie auch bei dem Befund in der Nähe des Eingangs sind die Ursachen für die Knochenkonzentrationen noch nicht völlig geklärt. Vielleicht hat sich dort auch nur der Hund des Hauses ein »Depot« angelegt.

Unter dem Knochenabfall gibt es einige Stücke, die Gebrauchsglanz, Abnutzungsspuren und retuschierte Kanten aufweisen. Neben zugerichteten, »klassischen« Knochengeräten wurden offensichtlich auch manche Küchenabfallstücke kurzfristig als Gerät benutzt.

Die Untersuchung der Tierknochen erbrachte neben den erwarteten Resultaten zu Haustierhaltung und Nahrungsangebot durchaus überraschende Ergebnisse zum Jagdverhalten. Der Gedanke an weite Wanderungen der Menschen von Pestenacker wäre ohne die Fischknochen nicht aufgetreten. Die nähere Umgebung ließ sich als ein Gebiet mit weiten, stehenden Wasserflächen beschreiben, an dessen Rändern (Laub-)Wälder und parkähnliche Flächen anschließen.

Die weiteren Untersuchungen werden zeigen, ob mit diesem Haus ein Einzelfall erfaßt wurde oder ob die Ergebnisse in ähnlicher Form für das ganze Dorf gelten. G. Sorge

Literatur

J. Boessneck, Tierknochen aus spätneolithischen Siedlungen Bayerns. Stud. Vor- u. Frühgesch. Tierreste Bayern 1 (München 1956) bes. 16 ff. Taf. 2. – M. Kokabi, Ergebnisse der osteologischen Untersuchungen an den Knochenfunden von Hornstaad im Vergleich zu anderen Feuchtbodenfundkomplexen Südwestdeutschlands. Ber. RGK 71, 1990, 145 ff.

Ergebnisse von Bohrungen in der Altheimer Feuchtbodensiedlung am Koislhof

Gemeinde Essenbach, Landkreis Landshut, Niederbayern

Nach der Sondagegrabung im Jahr 1991 wollten wir 1992 die Ausdehnung der gut erhaltenen Altheimer Feuchtbodensiedlung beiderseits des Sendlbachs feststellen. Dazu legten wir ein Bohrnetz über eine Fläche von 200 × 260 m, wobei der Abstand der Bohrlöcher durchschnittlich 10 m, bei Bedarf auch weniger oder mehr betrug. Die Bohrungen nordöstlich und südwestlich des Bachs ergaben überwiegend Tonschichten, die teils stark sandig, teils reich an organischem Material waren; darunter befand sich meist eine Torfschicht. Im allgemeinen wurde bis zur Schotteroberkante gebohrt. Auf einem etwas erhöhten Geländerücken im nördlichen Teil des untersuchten Gebiets stießen wir nur auf Löß (Abb. 11).

Das in den Bohrkernen enthaltene Fundmaterial – Keramikscherben, Knochen und Hüttenlehm – und die Holzkohle zeigten, daß sich die Altheimer Siedlung über ein unregelmäßig stiefelförmiges Areal von maximal 70 × 130 m erstreckte (Abb. 11,3 schraffierte Fläche). Im allgemeinen lagen die Siedlungsreste in einer Tiefe zwischen 1,40 und 2 m.

Da wir bei den Untersuchungen des Vorjahrs in den unteren Altheimer Schichten günstige Erhaltungsbedingungen für Pollen vorgefunden hatten, entnahmen wir Proben für Pollenanalysen, die Dr. J. L. Harding, Sheffield, durchführte. Zwei Bohrkerne lieferten detaillierte Ergebnisse. Einer war 10 m entfernt von Schnitt 2 der Grabung 1991 entnommen worden, der zweite 50 m nordöstlich davon. Die in Pollenzonen eingeteilten Diagramme zeigten gute Übereinstimmung und ließen sich durch das plötzliche Ansteigen von Fichtenpollen in einer Tiefe von 2,10 bzw. 2,40 m korrelieren.

In der untersten Pollenzone A, die zwischen 2,75 und 2,60 m unter der heutigen Oberfläche liegt, dominiert Kiefer, während Birke, Eiche und Linde nur gering vertreten sind. Da zudem Pollen von Heidekraut vorkommen, war ein Teil der Umgebung vermutlich unbewaldet. Dafür sprechen auch die hohen Prozentzahlen der Gräser-, Seggen- und Wegerichpollen.

In der Pollenzone B, zwischen 2,60 und 2,25 m, bleiben die Anteile der Pollen von Kiefer, Birke und Eiche fast gleich. Sehr niedrige Werte von Tanne und Fichte weisen darauf hin, daß diese Bäume erst in weiterer Entfernung von der Siedlung vorkamen. Ulme und Hasel wuchsen wohl nur verstreut in einem von Kiefern dominierten Mischwald. Erle ist ab 2,45 m in allen Schichten vorhanden und weist auf feuchtere Bodenverhältnisse in diesem Teil des Koislhofgebiets hin, was auch Pollen von Tausendblatt und Rohrkolben, beides Indikatoren von Teich- und Naßbiotopen, und Farnsporen, die ab 2,50 m in allen höher liegenden Proben auftreten, belegen. Vielleicht war es hier zum Anstieg des Grundwassers oder zu periodischen Überflutungen des nahen Flusses gekommen.

In der Pollenzone C, zwischen 2,25 und 1,95 m, dominiert Kiefer zwar immer noch, nimmt aber im Vergleich zu Zone A und B ab, ein Hinweis darauf, daß diese Bäume in größerer Entfer-

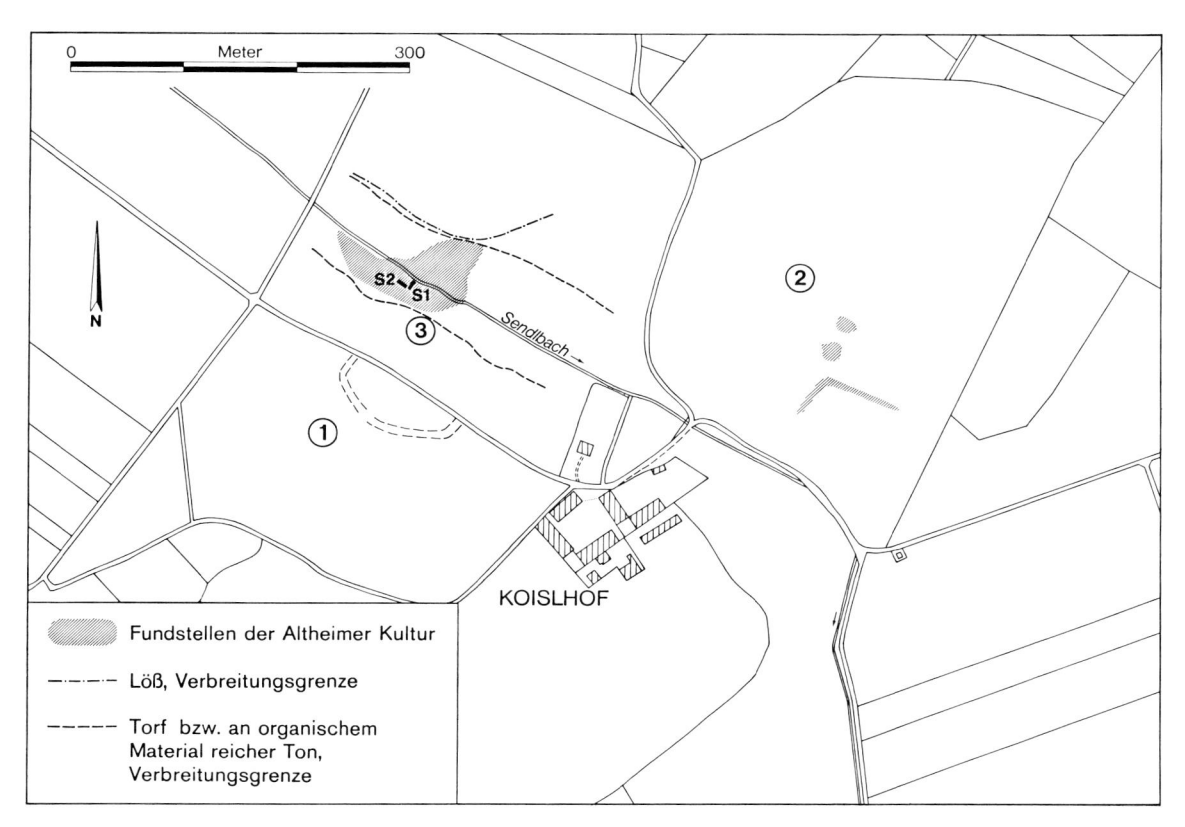

11 *Koislhof. Plan der untersuchten Felder mit Altheimer Siedlungsbefunden (schraffiert). 1 Grabenwerk; 2 Grabung 1989; 3 Grabungsschnitte (S 1 und S 2) 1991 und Bohrungen 1992.*

nung von der Fundstelle wuchsen. Die Fichtenpollen steigen in einer Tiefe von 2,10 m innerhalb der Zone C beträchtlich an. Hasel, Linde und Gräser kommen jetzt häufiger vor als in Zone B. Außerdem sind Birke, Eiche, Ulme und Erle vorhanden; Farnsporen erreichen nun ihr Maximum.

In der Pollenzone D, zwischen 1,95 und 1,55 m, nimmt Kiefer weiter ab, dagegen bleibt Fichte in bedeutenden Anteilen vertreten. Tanne erscheint wesentlich häufiger als in allen anderen Zonen. Birke, Eiche, Linde und Hasel kommen weiterhin vor, Erle steigt stark an.

Getreidepollen fanden sich in einem der Bohrkerne nur in Zone D. Ihr Auftreten zusammen mit Nachtschattengewächsen, Feldsalat, Nelkengewächsen und Wegerich weist auf Ackerbau in der Umgebung hin. Die von uns im vorigen Jahr auf die Mitte des 4. Jahrtausends v. Chr. (kalibriertes Radiokarbondatum) datierte Altheimer Schicht befindet sich in dieser Pollenzone; sie fällt somit ins späte Atlantikum. Da im anderen Bohrkern Getreidepollen auch in der tieferen Zone angetroffen wurden, gibt es nun weitere Hinweise auf bereits 1991 nachgewiesene anthropogene Indikatoren einer früheren Siedlungsperiode.

Zusammenfassend ist festzustellen, daß sich das Altheimer Dorf am Koislhof ausschließlich auf tonigen oder torfigen Schichten beiderseits des Sendlbachs befand. Die nach vorherigen Bohrungen bestimmten Sondagen von 1991 liegen somit sehr zentral innerhalb der Siedlung. An dieser Stelle in fast 2 m Tiefe ergrabene hölzerne Häuserböden dürften sich auf weite Strecken fortsetzen und liefern neben Pestenacker ein gutes Beispiel für eine Altheimer Feuchtbodensiedlung. Der Lößrücken im Norden wurde nicht besiedelt, sondern diente wahrscheinlich zum Getreideanbau.

B. S. Ottaway

Literatur

B. S. Ottaway, Arch. Jahr Bayern 1991, 39 ff.

Aus den Tiefen eines Steinbruchs – Endneolithische und eisenzeitliche Befunde liefern Erkenntnisse zur jüngeren Talgeschichte

Gemeinde Marktbergel, Landkreis Neustadt a. d. Aisch-Bad Windsheim, Mittelfranken

Die mächtigen Platten- und Felsgipslagen des Mittleren Keupers stellen eine geologische Besonderheit im Gebiet zwischen Uffenheim und Bad Windsheim dar. Diese Bänke von über 10 m Mächtigkeit haben aufgrund ihres oberflächennahen Vorkommens und ihrer hohen Reinheit eine große wirtschaftliche Bedeutung und werden daher in den Tallagen in mehreren großflächigen Steinbrüchen abgebaut. Neben Höhlen und anderen Karsterscheinungen, die der Gipsgewinnung immer wieder zum Opfer fallen, sind es auch in zunehmendem Maße archäologische Befunde, die unsere Aufmerksamkeit verdienen.

Der Gipsabbau hat in einer Landschaft, die seit jeher als reiche vorgeschichtliche Fundregion bekannt ist, mittlerweile mehrere Dutzend Hektar Landschaft zerstört und umgestaltet, ohne daß die archäologische Denkmalpflege diesem Vorgang mehr als sporadische Aufmerksamkeit schenken konnte. Erst seit kurzem finden in den Gipsbrüchen angeschnittene Befunde etwas mehr Beachtung, die Situation bleibt aber weiterhin äußerst unbefriedigend.

In den Jahren 1988–1990 untersuchte der Lehrstuhl für Vor- und Frühgeschichte der Universität Würzburg bei Ergersheim Dolinenfüllungen im Hangenden der Gipslager, wo sich in Stillwassersedimenten Befunde und Funde vom Endneolithikum bis zur Urnenfelderzeit erhalten hatten. Leider fehlten für flächendeckende Ausgrabungen Zeit und Mittel, doch war es immerhin möglich, die aus Sicht des Steinbruchbetreibers nur als Verunreinigung geltenden Sedimentblöcke der Dolinenfüllung für die Dauer der Untersuchung stehen zu lassen und aus den Abbauarbeiten auszusparen.

In der Regel geht die Gipsgewinnung so vor sich, daß man die industriell nicht verwertbaren Deckschichten, alluviale Sedimente unterschiedlicher Genese, maschinell bis auf die

Oberkante der annähernd horizontal gelagerten Gipsbänke abträgt, bevor das Gestein selbst abgesprengt und zerkleinert in die nahe gelegenen Gipswerke gebracht wird.

Der Zufall wollte es, daß 1992 R. Börner aus Westheim im Gipsbruch bei Marktbergel in mehreren flachen Mulden an der Oberfläche der Gipsbank dunkle Stellen auffielen, in denen bei näherem Hinsehen Tierknochen und Scherben steckten. Mit Einwilligung des durch G. Bund (Burgbernheim) verständigten Bayer. Landesamts für Denkmalpflege konnten ehrenamtliche Mitarbeiter die Reste mehrerer Gruben und eine schon teilweise zerstörte, nach Ausweis eines Beigefäßes wohl frühlatènezeitliche Bestattung bergen.

Die in Spalten der oberen zerklüfteten Gipsplatten, des sog. Hockergipses, angelegten Gruben enthielten umfangreiches Keramikmaterial der frühen Hallstattzeit, darunter mehrere annähernd vollständige Gefäße. Bemerkenswert erscheint eine nicht geringe Anzahl von sehr feinen Keramikscherben mit Graphitbemalung in Form geometrischer Muster, wie man sie eher in Gräbern erwartet. Dank guter Erhaltung und sorgfältiger Bergung sind selbst feine Malspuren noch zu erkennen. Die Beifunde, Tierknochen, Hüttenlehm, Mahlsteinbruchstücke und diverse Produktionsabfälle, weisen die Gruben aber als eindeutige Siedlungsreste aus.

Unter einer dieser Gruben fand sich nun eine weitere, die Fundmaterial der schnurkeramischen Kultur enthielt. Neben verzierten Gefäßscherben (Abb. 12 links) lagen in der kleinen, an einen Absatz innerhalb des Hockergipses angelehnten Eintiefung Teile von unverzierten Gefäßen, mehrere Mahlsteinstücke, Läufer- und Klopfsteine sowie zahlreiche Silexartefakte, darunter verschiedenartige Geräte und Pfeilspitzen (Abb. 12 rechts). Es handelt sich hier um den ersten eindeutigen, wenn auch dürftigen Siedlungsbefund der Schnurkeramik in Mittelfranken.

Die vorgestellten Befunde aus Marktbergel liefern darüber hinaus wichtige Erkenntnisse zur jüngeren Talgeschichte. Die Oberkanten der freigelegten Gruben lagen nämlich, wie das Profil der Steinbruchwand zeigte, nahezu 3 m unter der heutigen Oberfläche und konnten daher nur wegen des großflächigen, tiefgründigen Sedimentabtrags für den Gipsabbau entdeckt werden. Wie in anderen Tallandschaften, etwa der unteren Altmühl, sieht man auch hier, daß in den Talgründen oder, wie im vorliegenden Fall, den Randlagen mit zum Teil erheblichen Sedimentüberdeckungen während jüngerer vorgeschichtlicher Perioden zu rechnen ist. Daher fehlen in diesen Bereichen auch ältere Funde und Befunde, weil sie unter normalen Umständen nicht ans Tageslicht kommen, was wiederum zwangsläufig zu einem falschen Bild der prähistorischen Besiedlung führen muß. Umso stärker sollten deshalb gerade in den Tallagen die zahlreichen Sand-, Kies- und anderen Abbauflächen überwacht werden, um dabei

12 *Marktbergel. Schnurkeramische Siedlungsfunde. Maßstab etwa 3 : 4.*

angeschnittene archäologische Befunde zu sichern.

Wie die Beobachtungen in Marktbergel belegen, haben im Relief des Talgrunds im jüngeren Holozän ganz erhebliche Nivellierungen stattgefunden, wobei sich dieser Vorgang hier sogar zeitlich einigermaßen eingrenzen läßt. Während zwischen Schnurkeramik und Hallstattzeit – die Siedlungsreste liegen praktisch auf einer Ebene an der Oberkante des Gipslagers – keine Veränderungen erkennbar sind, zeigen spätlatènezeitliche Lesefunde von der Oberfläche nahe gelegener Äcker, daß bis zu diesem Zeitpunkt die mehrere Meter mächtige Überdeckung, wohl Abtragungen vom südlichen Talhang, erfolgt sein muß. Die Gründe und Ursachen hierfür zu untersuchen, wäre eine lohnende und notwendige Aufgabe. M. Nadler

Literatur

H. Haunschild, Erläuterungen zur geologischen Karte von Bayern 1:25000, Blatt Nr. 6528 Marktbergel (München 1969). – U. Emmert, Erläuterungen zur geologischen Karte von Bayern 1:25000, Blatt Nr. 6428 Bad Windsheim (München 1969).

Eine schnurkeramische Mehrfachbestattung aus Kösching

Landkreis Eichstätt, Oberbayern

Großflächige Erschließungsarbeiten im Süden von Kösching zwangen das Grabungsbüro Ingolstadt des Bayer. Landesamts für Denkmalpflege im Frühjahr 1992 unvermittelt zum Einsatz aller verfügbaren Kräfte. Der Humusabtrag für ein etwa 2 km² großes Gewerbegebiet war im Bereich der Straßentrassen schon so weit fortgeschritten, daß diese ohne weitere archäologische Befundbeobachtung für die Bebauung freigegeben werden mußten. Lediglich am Westrand gelang es, einen nord-süd-verlaufenden Sondageschnitt von etwa 250 m Länge und 2,50 m Breite anzulegen, wobei außer zahlreichen Pfostengruben und Gräben gleich zu

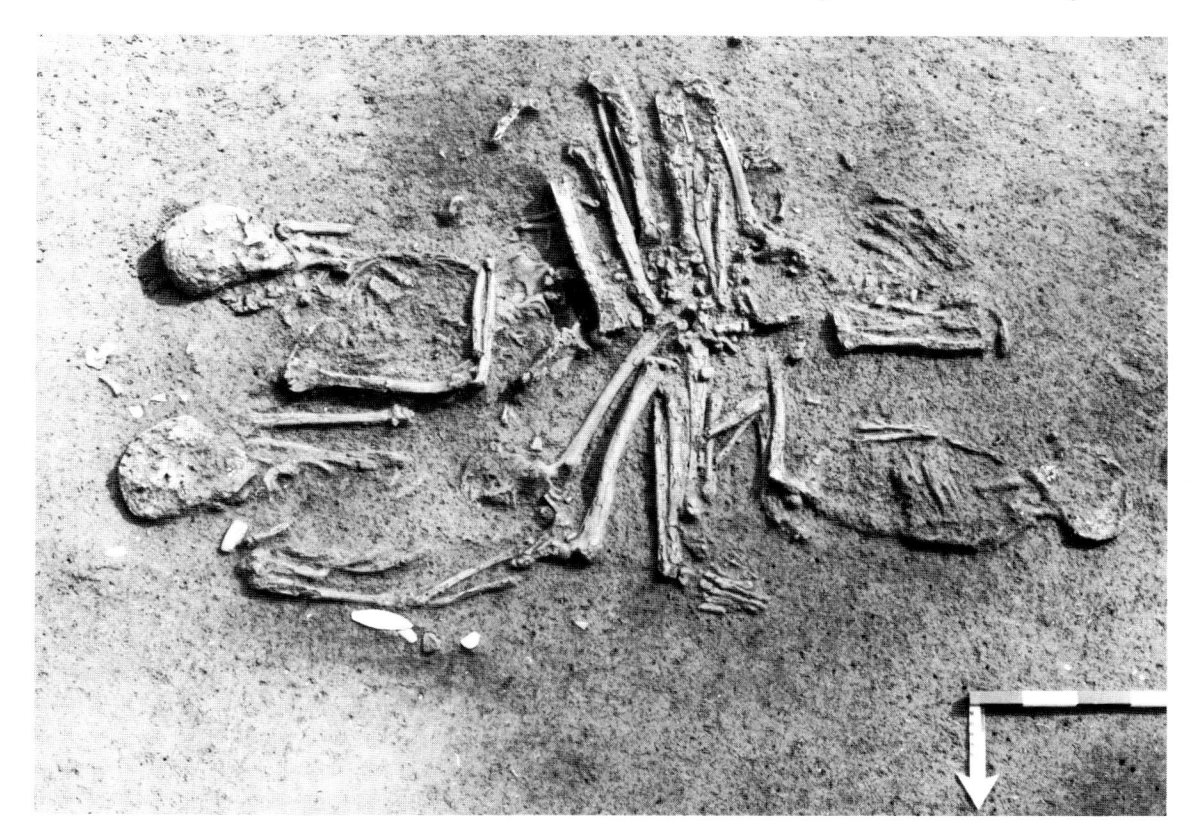

13 *Kösching. Schnurkeramische Mehrfachbestattung.*

Beginn der Arbeiten eine etwa 2 × 1,50 m große Grube mit annähernd rechteckigem Umriß und ost-west-orientierter Längsachse auffiel (s. S. 74 ff.). Dieser Befund erwies sich schon bald als ein schnurkeramisches Grab, in dem vier Individuen bestattet waren (Abb. 13).

Die Erhaltung der beiden mit dem Kopf nach Osten orientierten Toten läßt sich im Gegensatz zu den zwei nach Westen gerichteten noch als relativ gut bezeichnen. Ihre stellenweise ineinander verschränkten Beine sind ein sicherer Beleg dafür, daß man die vier Individuen – alles extreme Hocker – gleichzeitig beigesetzt hatte. Wie eine vorläufige Geschlechtsbestimmung ergab, waren die nach Osten orientierten Bestatteten Männer, die beiden anderen dagegen eine junge Frau und ein kleines Kind (freundliche Bestimmung Dr. P. Schröter). Der Befund widerspricht kraß den geradezu mit kanonischer Strenge eingehaltenen schnurkeramischen Bestattungssitten, denn in dieser Kultur setzte man Männer mit dem Kopf im Westen und Frauen mit dem Kopf im Osten bei, den Blick jeweils nach Süden gerichtet.

Vor dem Gesicht von Individuum I fanden sich insgesamt vier Pfeilspitzen, eine weitere im stark zerstörten Schädel und eine sechste schließlich an der Hüfte, wo vormals eine Tasche gelegen haben muß. Alle Pfeilspitzen haben einen spitzdreieckigen Umriß, weisen eine gerade Basis auf und sind nur randlich retuschiert. Für die spätneolithische Tragweise von Dolchen bietet die Bestattung ein weiteres erfreuliches Detail. Parallel zum rechten Oberarm lag mit der Spitze zu den Füßen weisend ein beidflächig retuschierter Silexdolch, über dessen Rohmaterial allerdings bisher keine verbindliche Aussage möglich ist. Sofern der Dolch nicht erst im Verlauf des Begräbnisses an diese Stelle gelegt wurde, muß die Waffe am rechten Oberarm befestigt und somit der Bestattete ein Linkshänder gewesen sein.

Weitere Beigaben, die sich diesem Individuum zuordnen lassen, sind zwei kleine Silexmesser, zwei Kratzer, an der rechten Schulter ein kleines Rechteckbeil und an der rechten Hüfte eine stark abgearbeitete Markasitknolle mit Silexschlagstein zum Feuermachen.

Individuum II hatte nur eine einzige Beigabe erhalten, doch übertraf diese in ihrem Wert sicher alle anderen zusammen. Es handelt sich dabei um eine etwa 15 cm lange, mit einer Nut versehene Schweinerippe, in die eine etwa 6 cm lange, mit Birkenpech befestigte Kupferklinge eingesetzt war. Nach dem Armring im schnurkeramischen Doppelgrab von Künzing ist das Messer nun der zweite Kupferfund dieser Zeit im südlichen Bayern. Seine besten Parallelen findet es in zwei ebenfalls schnurkeramischen Gräbern aus dem Traisental in Österreich.

Bei den nach Westen orientierten Toten lagen keine Beigaben, doch war dieser Teil der Grabgrube schon stark abgepflügt.

Die Datierung der Grabanlage wird durch das Fehlen eines charakteristischen Gefäßes erschwert. Wir sind jedoch bisher der Ansicht, daß es sich um Bestattungen der älteren Schnurkeramik handelt, also etwa aus dem Zeitraum zwischen 2800 und 2500 v. Chr.

Zum Schluß sei vor allem der freiwilligen Feuerwehr von Kösching gedankt, die sofort mit einem großen Zelt einsprang, als die Witterung dies erforderte, aber auch den leitenden Herren der Terreno-Baugesellschaft für die finanzielle Unterstützung der Ausgrabungen.

A. Tillmann und K. H. Rieder

Literatur

J.-W. Neugebauer u. a., Rettungsgrabungen im Unteren Traisental im Jahre 1990. Fundber. Österreich 29, 1990, 49 u. Abb. 14.

Ein schnurkeramisches Grab von Ast

Gemeinde Tiefenbach, Landkreis Landshut, Niederbayern

Die archäologische Untersuchung eines mittelneolithischen Erdwerks bei Ast fand im Berichtsjahr einen vorläufigen Abschluß. Überraschend gesellte sich dabei zu den erwarteten Oberlauterbacher und bronzezeitlichen Funden und Befunden auch noch eine Bestattung der Schnurkeramik.

Die 1,60 m lange, rechteckig-ovaloide, geostete Grabgrube kam knapp außerhalb der Befestigungsanlage zutage. Da sich das Skelett ebenso

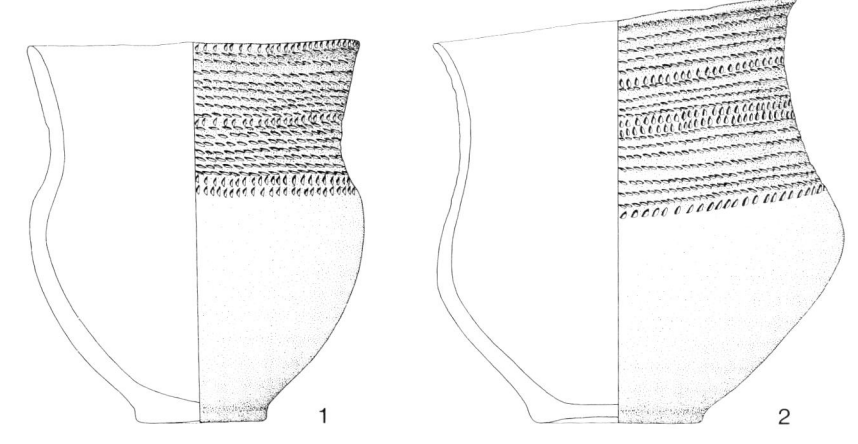

14 *Ast. Beigaben aus dem schnurkeramischen Grab. 1 Becher 1; 2 Becher 2. Maßstab 1:3.*

wie die Tierknochen aus den umliegenden Befunden im kalkarmen Boden fast völlig aufgelöst hatten, waren keine Beobachtungen zur Totenhaltung möglich.

Das Grab enthielt zwei verzierte Becher, die im östlichen Teil auf bzw. nur wenig über der Sohle lagen. Obwohl formal nahe verwandt, weisen sie nicht unerhebliche Unterschiede auf. Becher 1 (Abb. 14,1) besitzt einen eiförmigen Körper mit schmalem, deutlich ausgeprägtem Standfuß und leicht abgesetztem Trichterhals, wobei der Durchmesser der Mündung geringfügig größer ist als der des Bauchs. Um den Hals verlaufen zwei breite Zonen aus Schnureindrücken, die ein schmales Band senkrechter Einstiche trennt. Ein ebensolches Muster begleitet auch den Rand. Den unteren Abschluß bildet ein aus zwei Stichreihen bestehendes fransenartiges Band.

Becher 2 (Abb. 14,2) weist ebenfalls einen schmalen, jedoch weniger ausgeprägten Standfuß auf. S-förmig profiliert und ohne Trichterhals, besitzt er seinen größten Durchmesser am Bauch. Hauptzierelement ist auch hier eine breite, durch eine einfache und eine doppelte Reihe kleiner, senkrechter Einstiche gegliederte Zone aus umlaufenden Schnureindrücken auf Hals und Schulter. Der untere Abschluß des Ornaments besteht aus dichten, schräg gesetzten, breiten Eindrücken, die jedoch mit einem anderen Stempel gefertigt wurden als die oberen Einstichreihen. Aus der Grabverfüllung stammen auch Silices und ein abgenutztes kleines Felsgesteinbeil; allerdings dürfte es sich hierbei nicht um Grabbeigaben, sondern um verlagerte mittelneolithische Stücke handeln.

Der Fund ist das erste sichere schnurkeramische Grab aus dem Landkreis Landshut. Bisher war aus diesem Gebiet lediglich ein beigabenloses Hockerskelett von Altdorf bekannt, dessen Orientierung an Schnurkeramik denken läßt. Die Bestattung stellt so ein willkommenes Glied in der noch recht lockeren Kette schnurkeramischer Fundstellen im mittleren Isartal dar, die die Stationen dieser Kultur im Gäuboden mit denen der Münchner Schotterebene verbindet.

Die Bedeutung des Grabs erschöpft sich aber nicht allein in seiner topographischen Lage, es sind die beiden Becher, die besondere Aufmerksamkeit verdienen. Vor allem Becher 1 (Abb. 14,1) steht dem, was die Forschung als A-Becher des ältesten schnurkeramischen Horizonts definiert, recht nahe. M. Buchvaldek beschreibt diesen Typ (seinen Becher 1a) wie folgt: »Körper in der Regel eiförmig, mit scharf oder sanft ansetzendem Trichterhals, Randdurchmesser größer als größte Körperweite, Standfläche sehr klein, bei den charakteristischsten Exemplaren ist ein niedriger Fuß ausgebildet. Um den Hals zumeist einfache Schnurlinien hin und wieder schraubenförmig angeordnet. An der Hals-Körpergrenze wird die Verzierung bisweilen durch waagrechte Kommaeinstich- oder Einstichreihen abgeschlossen. Selten erscheint eine ähnliche Linie am oder dicht unter dem Rande.« Da bislang A-Becher im südlichen Bayern aus Gräbern fehlten, müßte das Grab von Ast, rein typologisch betrachtet, die älteste schnurkeramische Bestattung in diesem Raum sein, der sich höchstens noch das verschollene Grabinventar von Dorfreit in Oberbayern an die Seite stellen läßt. Da Fragmente von A-Bechern oder nahe verwandte Formen gelegentlich im Fundmaterial jüngerer Chamer Siedlungen auftreten, dürfte

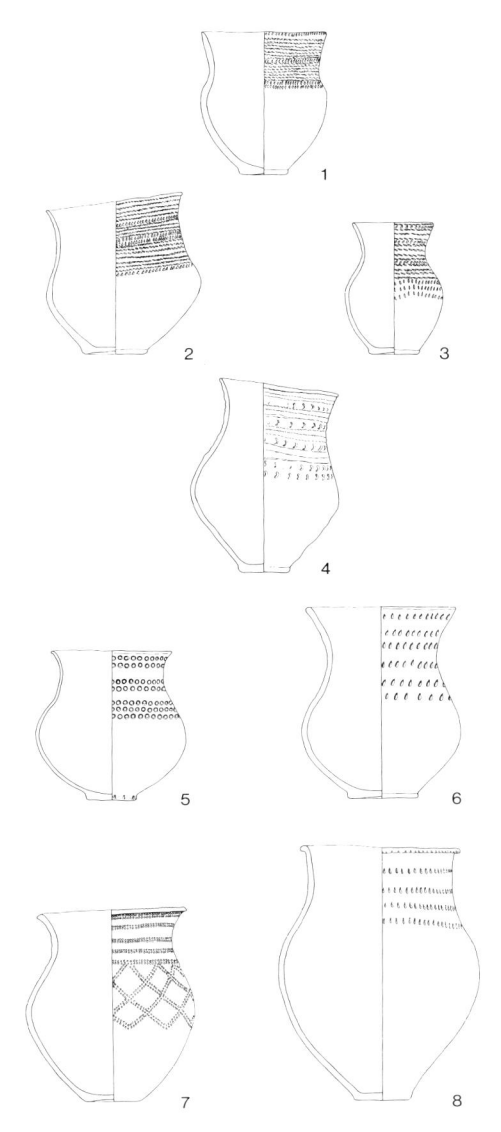

15 *Typologische Abfolge schnurkeramischer Becher aus Südbayern. 1–4 ältere Schnurkeramik; 5–8 jüngere Schnurkeramik, Typ Geiselgasteig. 1 Ast, Becher 1; 2 Ast, Becher 2; 3 Straubing-Öberau; 4 Straubing, Bajuwarenstraße; 5 Straubing, Ziegelei Jungmeier; 6 Geiselhöring; 7 Ramsdorf; 8 Künzing, Grab 1. Maßstab 1 : 8.*

der in Ast Bestattete ein Zeitgenosse dieser Kultur gewesen sein.

Der zweite Becher (Abb. 14,2) gehört mit seiner entwickelteren Stichverzierung und den anderen Proportionen typologisch bereits der nächst jüngeren Stufe der Schnurkeramik an. Er datiert die Bestattung ganz ans Ende des A-Horizonts und erlaubt zudem eine grobe Skizzierung der schnurkeramischen Becherentwicklung in Südbayern. Demnach entstanden aus den A-Bechern (Abb. 15,1) Formen wie die des zweiten Bechers von Ast (Abb. 15,2), dem ein ähnliches Stück aus Straubing-Öberau (Abb. 15,3) an die Seite gestellt werden kann. Im nächsten Entwicklungsschritt, für den hier ein Becher aus Straubing, Bajuwarenstraße (Abb. 15,4) steht, gewinnt die Stempelverzierung immer mehr an Gewicht. Wir befinden uns jetzt im Übergangsbereich zum spätschnurkeramischen Typ Geiselgasteig. In der nächsten Stufe ist dieser Typ mit seinen kennzeichnenden Merkmalen wie Stempelverzierung im Hals-/Schulterbereich und dem kräftig geschwungenen, S-förmigen Profil bereits voll ausgeprägt. Als Beispiel mag hier ein Gefäß von Straubing, Ziegelei Jungmeier (Abb. 15,5) dienen. Neben stempelverzierten Bechern treten aber auch Formen auf, die wie das Exemplar von Geiselhöring (Abb. 15,6) lediglich mit groben Einstichen verziert sind. In der letzten Entwicklungsstufe schließlich greift die Stempelornamentik weit auf den Gefäßbauch über, und nicht selten wird der Rand durch eine spezielle Verzierung hervorgehoben, wie sie der Becher von Ramsdorf (Abb. 15,7) aufweist. Letzteres gilt auch für Exemplare mit grober Einstichverzierung, beispielsweise den Becher von Künzing, Grab 1 (Abb. 15,8).

Natürlich ist dieses rein typologische Entwicklungsschema nicht mit chronologischen Stufen gleichzusetzen. Dazu bedürfte es einer weitaus größeren Zahl an Funden und vor allem an auswertbaren Fundkombinationen. Auch wäre eine größere Serie von ^{14}C-Daten des Skelettmaterials sicher hilfreich. Dennoch zeigt das Schema Tendenzen auf, in denen sich auch chronologische Aspekte widerspiegeln. Während der älteste Becher der Reihe zeitgleich mit der endneolithischen Chamer Gruppe ist, also ins erste Drittel des 3. Jahrtausends v. Chr. datiert, gehören die typologisch jüngsten Becher dem Übergang vom Neolithikum zur Bronzezeit, also dem letzten Drittel des 3. Jahrtausends v. Chr., an. Als Beleg für die letztgenannte These sei auf Niederösterreich verwiesen, wo Gräber mit Becherformen ähnlich unserer typologisch jüngsten Stufe in direktem oder indirektem Zusammenhang mit den dortigen großen Friedhöfen der frühen Bronzezeit stehen.

B. Engelhardt

Literatur

M. Hell, Schnurkeramik und Glockenbecher im Alpenvorland. Wiener Prähist. Zeitschr. 28, 1941, 63 ff. – R. A. Maier, Die jüngere Steinzeit in Bayern. Jahresber. Bayer. Bodendenkmalpflege 5, 1964, 9 ff. bes. 81 ff. u. Liste 9. – M. Buchvaldek, Die Schnurkeramik in Böhmen. Acta Univ. Carolinae Phil. et Hist. Monogr. 19 (Praha 1967).

Ein Gräberfeld der Glockenbecherkultur in Landau a. d. Isar

Landkreis Dingolfing-Landau, Niederbayern

Seit dem Sommer 1991 führt die Stadt Landau a. d. Isar in Zusammenarbeit mit der Kreisarchäologie Dingolfing-Landau in einem Baugebiet südöstlich der Ortschaft auf einem tertiären Hügelrücken des Isarhochufers archäologische Untersuchungen durch. Neben einer außergewöhnlich großen hallstattzeitlichen Siedlung konnten einer der in Bayern bislang noch seltenen Siedlungsplätze der Glockenbecherkultur und eine zeitgleiche Gräbergruppe ausgegraben werden.

Bereits 1981 hatte der Kreisarchäologe L. Kreiner in einem heute überbauten Gebiet, etwa 80 m westlich des Areals, ein Kriegergrab der ältesten Glockenbecherstufe mit verziertem Glockenbecher, Silexpfeilspitzen, Kupfer- und Silexdolch sowie einer Armschutzplatte entdeckt. Im Zuge der Ausgrabungen 1992 gelang es, eine kleine Gräbergruppe der älteren bis jüngeren Glockenbecherkultur freizulegen. Insgesamt kamen neun, überwiegend nord-südorientierte Gräber mit neun Körper- und zwei Brandbestattungen zutage, darunter auch zwei Doppelbestattungen. Die Verstorbenen waren zumeist in seitlicher, geschlechtsdifferenzierter Hockerlage mit Blick nach Osten beigesetzt.

Drei dieser Gräber sollen nun im folgenden vorgestellt werden. Grab 9 wies eine deutliche Störung im Südteil auf, die sich bis zur Sohle erstreckte und vor allem den Oberkörperbereich betraf. In der Grabgrube befand sich eine körperbestattete, erwachsene (adulte) Frau in rechtsseitiger Hockerlage, deren Schädel beim Becken angetroffen wurde. Im ursprünglichen Kopfbereich kam ein kupferner, vierkantiger Pfriem zutage sowie ein aus Bayern bislang nicht bekanntes etwa 6,3 × 2,6 cm großes, an den Schmalseiten jeweils dreifach durchlochtes, außerordentlich dünnes Goldblech. Wahrscheinlich war es ehemals auf organischem Material – möglicherweise Leder – befestigt und diente als Armschmuck. Im Brustbereich lagen zwölf V-förmig durchbohrte Beinknöpfe. Die Gefäße, zwei ineinander stehende, zonal verzierte und rot bemalte Glockenbecher, befanden sich neben der Fleischbeigabe in der Nordwestecke zu Füßen der Bestatteten (Abb. 16).

16 *Landau a. d. Isar. Beigaben aus Grab 9. Größe des Goldblechs 6,3 × 2,6 cm.*

Südlich von Grab 9 konnten wir das Brandgrab eines erwachsenen (adulten) Mannes freilegen. Wie bei der zweiten Brandbestattung der Landauer Gräbergruppe hatte man ein Gefäß, in diesem Fall einen zonal verzierten Glockenbecher, in die Grabgrube gestellt und den ausgelesenen Leichenbrand unmittelbar nördlich des Gefäßes auf der Sohle deponiert. An der Nordgrenze der Leichenbrandschüttung fand sich ein in mehrfachen Windungen gelegter, gehämmerter Golddrahtring. Ein vergleichbares Exemplar aus glockenbecherzeitlichem Zusammenhang liegt aus Bayern bislang lediglich von Dillingen a. d. Donau vor.

Wenige Meter südlich dieses Brandgrabs kam in einer ovalrechteckigen Grabgrube, knapp unter der etwa 30 cm mächtigen Humusschicht, in rechtsseitiger Hockerlage eine körperbestattete, erwachsene (spätadulte) Frau zutage. Der Kopf befand sich im Süden der Grabgrube, der Oberkörper auf dem Rücken, während die parallel angehockten Beine mit den Knien nach Osten wiesen. In der Beckengegend, unter dem angewinkelten linken Unterarm, wurde ein kupferner Dolch mit kleiner Griffzunge und halbmondförmigem Heftabschluß angetroffen. Acht V-förmig durchbohrte Beinknöpfe im Brust- bzw. Beckenbereich sowie Gefäße zu Füßen der Verstorbenen vervollständigen das Beigabenensemble. Eine anthropologische Untersuchung (Dr. P. Schröter) bestätigte die archäologische Ansprache und die typische geschlechtsspezifische Lage glockenbecherzeitlicher Frauenbestattungen.

Die Gräbergruppe mit ihren außergewöhnlichen Beigaben sowie die zugehörige Siedlung stellen eine willkommene Bereicherung der Hinterlassenschaften der Glockenbecherkultur in Niederbayern dar und unterstreichen ausdrücklich die Bedeutung dieses Kulturraums in vorgeschichtlicher Zeit.   L. Husty

Literatur

R. Christlein, Arch. Jahr Bayern 1981, 76 f.

Ein Friedhof der frühen Bronzezeit in Haunstetten

Stadt Augsburg, Schwaben

In nur 13 Wochen wurde 1992 im äußersten Süden des Augsburger Stadtgebiets die Dokumentation von 32 Gräbern der frühen Bronzezeit und zahlreichen vorgeschichtlichen Siedlungsresten durchgeführt. Im vorangegangenen Spätherbst hatte eine Baggersondage bereits erste Befunde auf dem Gelände an der Postillionstraße am westlichen Ortsrand von Haunstetten erbracht. Die Hilfe des betroffenen Bauträgers erleichterte unsere Grabungskampagne, die vor und während der Errichtung von vier großen Wohnanlagen mit Tiefgarage stattfand. Unser Dank für das erfreulich gute Zusammenwirken gilt vor allem der örtlichen Bauleitung.

Die Erdarbeiten konnten auf einer Fläche von insgesamt etwa 10000 m^2 überwacht werden; in einem Teilbereich von rund 2800 m^2 erfolgte dann wegen der großen Befunddichte eine Ausgrabung (Abb. 18). Wenn man davon absieht, daß bereits 1991 eine unbekannte Zahl weiterer Gräber Baumaßnahmen auf dem östlich angrenzenden Grundstück zum Opfer gefallen war, sind keine nennenswerten Verluste zu beklagen.

In den langrechteckigen bis langovalen, ungefähr nord-süd- bzw. nordost-südwest-ausgerichteten Grabgruben ruhten die Toten auf der Seite mit mehr oder minder stark angehockten Beinen. Manchmal war der Oberkörper auch auf den Rücken gedreht.

Im Gräberfeld sind alle Altersstufen vertreten. Bei einer Blickrichtung nach Osten hatte man, soweit erkennbar, acht Erwachsene mit dem Kopf im Süden und neun mit dem Kopf im Norden beigesetzt. Auch für die zahlreichen Kindergräber läßt sich die geschlechtsdifferenzierte Bestattungsweise belegen. In sechs Fällen befanden sich die Schädel im Norden, zweimal im Süden der Grabgrube.

Nur etwa ein Drittel der Bestattungen führt Metallbeigaben. In den Männergräbern (Kopf immer im Norden) ist dreimal die Kombination von Silexpfeilspitzen und Dolch nachgewiesen, zweimal kommt ein einfacher Armring hinzu. Einen weiteren, einzelnen Dolch konnten wir aus einem bereits von der benachbarten Baustelle angeschnittenen Grab bergen. Bei zwei Dolchklingen lag noch der Hornknauf vom Griff. Dieser Waffenkombination entspricht die reiche Trachtausstattung einiger Frauengräber (Kopf im Süden), von der sich in zwei Fällen die charakteristische große Rudernadel erhalten hat. Sie erscheint regelhaft kombiniert

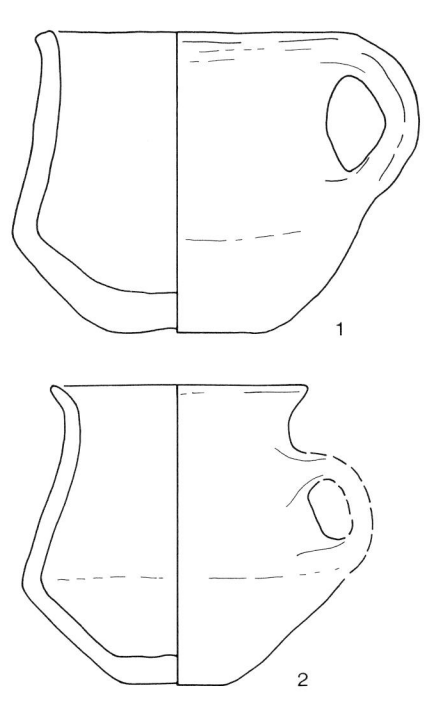

17 *Haunstetten. Henkeltassen aus einer Siedlungsgrube (1) und einem Kindergrab (2). Maßstab 1:2.*

mit Armringen, einmal noch zusätzlich mit einem Ösenhalsring. Zusammen mit Armringen sind Halringe auch in weiteren Gräbern anzutreffen. Unter den Armringen gibt es sowohl mehrfach gewundene, schwere Spiralen als auch schmale Exemplare (Noppenringe). Einer davon bildet mit einem schmalen, durch eine randliche Buckelreihe verzierten Blechring ein Paar. Auch Fingerringe kommen im Gräberfeld vor. Bislang einmalig für unseren Raum sind zwei im Brustbereich gefundene lunulaförmige Anhänger, die sich anscheinend direkt von den mittig gelochten, bei den Glockenbecherleuten so beliebten Eberzahnanhängern ableiten lassen. Ein solcher Anhänger liegt auch aus diesem Gräberfeld vor. Auf die gleiche Wurzel geht zum Teil der vielfältige Bein- und Hornschmuck zurück, der in kaum einem Grab fehlt. Neben vereinzelten V-förmig durchbohrten Knöpfen sind vor allem Ringe verschiedener Größe und Form zu nennen. Ihre Fundlage spricht dafür, daß sie als Amulettschmuck an einem Band um den Hals getragen wurden. Besondere Aufmerksamkeit verdient ein sehr kleiner Dolch, der sich am linken Unterarm einer Frau mit reicher Schmuckausstattung fand. Zu einem solchen Befund ist uns bislang keine Parallele bekannt.

Keramik gehört im Haunstetter Friedhof zu den Seltenheiten. Eines der beiden hier abgebildeten Henkelgefäße (Abb. 17,2) lag in einem Kindergrab. Das andere (Abb. 17,1) stammt sicher nicht aus einem Grab, sondern aus einer der benachbarten Gruben, die ebenso wie die zahlreichen Pfostenbefunde nur wenige Funde enthielten. Lediglich ein seichtes Gräbchen, das von Nordwesten nach Südosten durch die Grabungsfläche zog und einige vorgeschichtliche Befunde überlagerte, läßt sich durch römische Scherben und eine Münze gut datieren.

Drei Bestattungen waren durch Kreisgräben deutlich hervorgehoben, wohl ein letzter Hinweis auf längst verschwundene Hügel. Eine besondere Überraschung bot die Aufdeckung einer Grabanlage im Süden des Friedhofs. Der anfänglich gut 5 m lange und etwa 1,50 m breite Befund teilte sich auf einem tieferen Planum in zwei unmittelbar aneinandergrenzende Grabgruben. In der südlichen lag ein beigabenloses Skelett in der üblichen Totenhaltung mit dem Kopf im Süden. Die nördliche, etwas größere Grube barg ein Pferd, das auf der rechten Körperseite mit dem Kopf im Norden ruhte. Reste der Zäumung ließen sich bei der Bergung nicht nachweisen.

Mit den hier vorgestellten Bestattungen liegt erstmals eine größere Serie frühbronzezeitlicher Funde vom Augsburger Stadtgebiet vor. Schon in den letzten Jahren waren in der Nachbargemeinde Königsbrunn und dem einige Ki-

18 *Haunstetten. Das frühbronzezeitliche Gräberfeld während der Ausgrabung.*

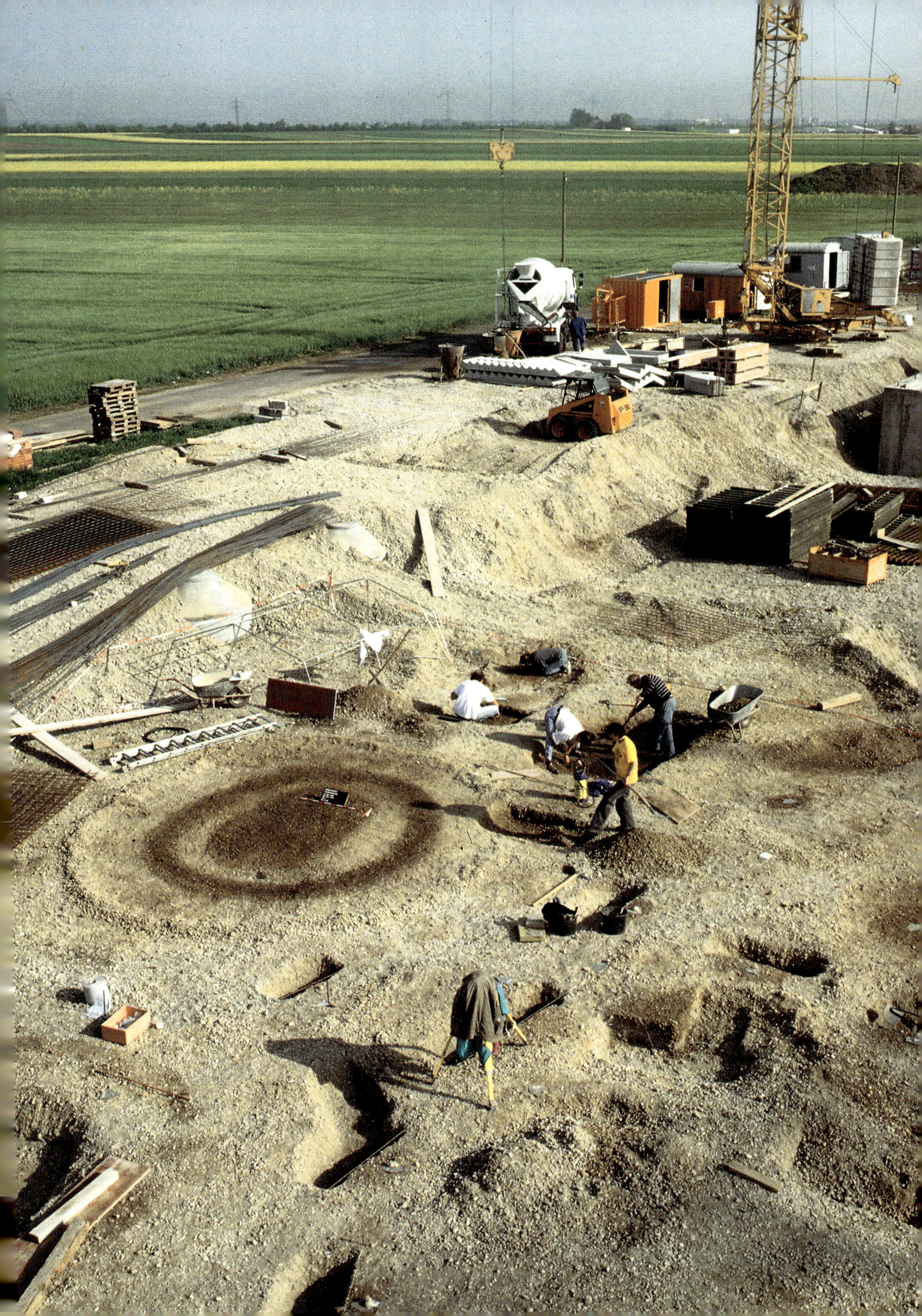

lometer südlich gelegenen Kleinaitingen auf der Lechniederterrasse wichtige Gräber dieser Zeit zutage gekommen, die eine Neubewertung der bedeutenden Altfunde aus dem Lechtal ermöglichen. Dank des Augsburger Fundbestands ist nun glücklicherweise auch mehr gut beobachtetes Material vom Beginn der frühen Bronzezeit vorhanden. Auf dem Hintergrund der zahlreichen in den vergangenen Jahren ebenfalls entdeckten Gräber der Glockenbecherleute wird jetzt gewissermaßen das Überspringen des Funkens sichtbar, mit dem die Ausbreitung einer neuen Sachkultur im Lechtal zündete. St. Wirth

Literatur

W. Ruckdeschel, Die frühbronzezeitlichen Gräber Südbayerns. Antiquitas 2, 11 (Bonn 1978) bes. Textbd. 285 ff. – W. Czysz, Arch. Jahr Bayern 1981, 80 f. (Kleinaitingen). – Bayer. Vorgeschbl. Beih. 1 (München 1987) 83 ff. (Königsbrunn).

Eine Doppelbestattung im urnenfelderzeitlichen Gräberfeld bei Zuchering

Stadt Ingolstadt, Oberbayern

1992 fanden im urnenfelderzeitlichen Gräberfeld bei Zuchering erneut Ausgrabungen statt. Von Anfang April bis Mitte Dezember untersuchten wir eine etwa 4900 m² große Fläche, auf der wieder Spuren des bajuwarischen Dorfs zum Vorschein kamen, darunter diverse Siedlungsgruben, ein Grubenhaus, ein Brunnen, eine Säuglingsbestattung sowie etliche Pfostengruben von mindestens zwei großen Hausgrundrissen. Wie nach den Ergebnissen des Vorjahrs bereits erwartet, dürfte nun der Ostrand dieser Siedlung erreicht sein.

Im Gegensatz zu der eher geringen frühmittelalterlichen Befunddichte enthielt das Areal überraschend viele Grabstätten, und zwar rund 100 Gräber der frühen, jüngeren und späten Urnenfelderzeit. Trotz der relativ langen Belegungsdauer des Zucheringer Friedhofs konnten wir Überschneidungen nur in fünf Fällen beobachten, so daß mit einer oberirdischen Kennzeichnung der Grabanlagen nicht nur durch die nachgewiesenen kreisförmigen oder viereckigen Grabeneinfriedungen, sondern wohl auch durch Steine, Holzpfähle, Pflanzen oder dergleichen gerechnet werden muß.

Wie sich anläßlich der Überprüfung des Vermessungssystems im Frühsommer herausstellte, war zwischen den Grabungsflächen von 1986 und 1992 ein etwa 35 × 10 m großer Streifen noch nicht untersucht worden. In der Nordhälfte konnte eine Ausgrabung allerdings nicht mehr stattfinden, weil dort bereits eine Doppelhaushälfte stand. Dank des freundlichen Entgegenkommens der Hauseigentümer durften wir jedoch den Bereich des noch nicht fertig angelegten Gartens aufdecken. Abgesehen von sechs abgepflügten Urnengräbern und etlichen frühmittelalterlichen Befunden zeichnete sich hier eine unförmige und unscheinbare Verfärbung im anstehenden Kiesboden ab, die wir zunächst für eine größere Abfallgrube der bajuwarischen Siedlung hielten. Bei genauerer Untersuchung erwies sich dieser Befund jedoch als ein Doppelgrab – möglicherweise sogar das »Gründergrab« der urnenfelderzeitlichen Nekropole.

Die Grabgrube besaß eine annähernd quadratische Form mit einer Kantenlänge von etwa 3,50 m, ihre Tiefe betrug unter dem Humus noch 65 cm. Das Grab 348 wurde als Doppelgrab mit zwei separaten und, wie in Zuchering üblich, ungefähr ost-west-orientierten Brandbestattungen angelegt (Abb. 19). Damit unterscheidet sich der Ingolstädter Raum deutlich vom südlichen und südwestlichen Bayern, wo die Nord-Süd-Ausrichtung geläufig war.

In einem langrechteckigen Bereich im Zentrum jedes Teilgrabs zeigte sich eine dunklere und wesentlich feinkörnigere Verfüllung als in der restlichen Grabgrube. Die scharfen, über die gesamte Grabtiefe nachweisbaren Grenzen sind nur mit Holzeinbauten zu erklären. Innerhalb dieser wohl kastenförmigen Einbauten fanden sich jeweils ein Bronzemesser, unverbrannte Tierknochen von Speisebeigaben, verschiedene Keramikgefäße und östlich davon

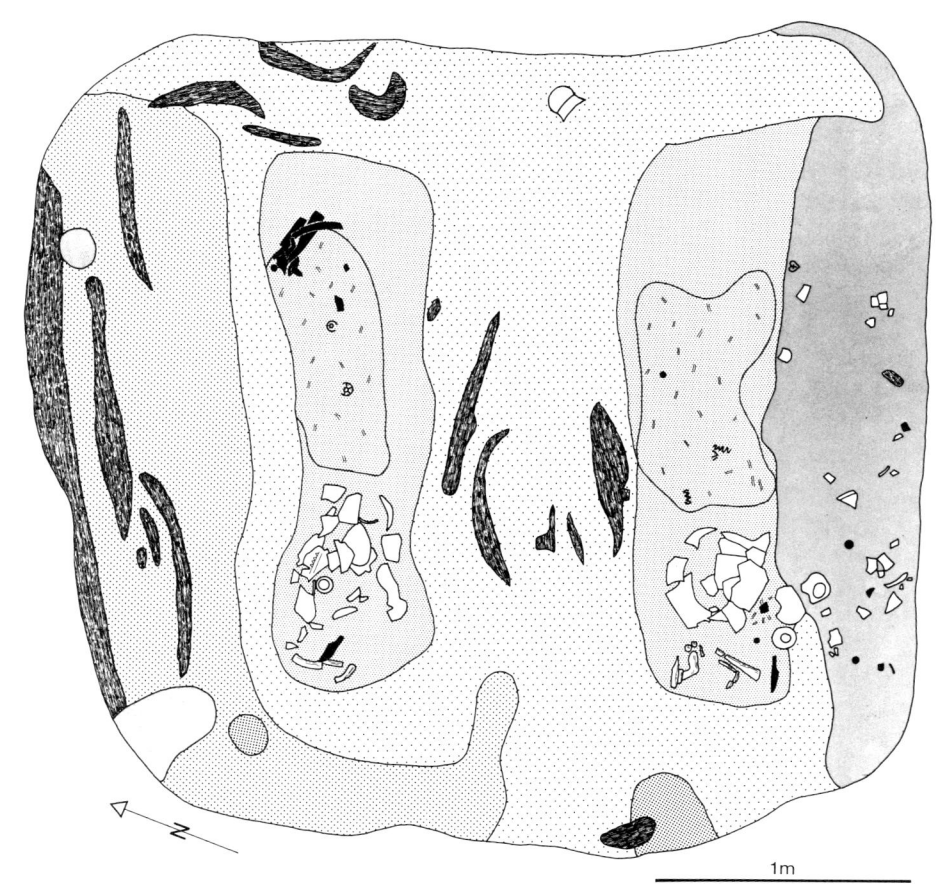

19 *Zuchering. Plan von Grab 348.*

der ausgestreute Leichenbrand. Auf letzterem lagen weitere Bronzegegenstände, die allesamt eindeutige Brandspuren aufweisen. Im nördlichen Einbau kamen außerdem ein verbrannter Knochenarmring, eine Bronzepfeilspitze und mehrere stark angeschmolzene Fragmente eines Griffplatten- sowie eines Griffzungenschwerts zum Vorschein.

Beiden Teilgräbern ist jeweils eine aschige, mit Holzkohle durchsetzte Brandschüttung zuzuordnen, in der sich verbrannte Keramikscherben und Bronzefragmente fanden. Darüber hinaus lagen in der südlichen Ascheschicht neben dem Schneidenfragment eines Steinbeils auch einige verbrannte Fischwirbel, die ein bezeichnendes Licht auf die Verbrennungszeremonie werfen. Aus der etwas kleineren nördlichen Ascheschüttung stammen zudem mindestens fünf weitere Bronzepfeilspitzen.

Der nördliche Holzeinbau war über der Brandschüttung regelrecht von Holzkohlebändern umschlossen, bei dem südlichen erschien dies nicht so ausgeprägt. Da es keine Anzeichen für einen Brand innerhalb der Grabgrube gibt und auch die Holzbretter der kammerartigen Einbauten restlos vergangen sind, müssen die Hölzer in verkohltem Zustand in das Grab gelegt worden sein.

Auch wenn man die zwei Bestatteten erkennbar als getrennte Individuen behandelte, dürfte die Gleichzeitigkeit ihrer Beisetzung außer Frage stehen. Dafür sprechen die keinem von beiden eindeutig zuweisbaren verbrannten Gefäßscherben vor der Ostwand der Grube, ferner das Klingenbruchstück eines Schwerts in der Ascheschüttung des nicht schwertführenden Grabs und nicht zuletzt die sehr einheitliche Verfüllung, die keine Anzeichen einer erneuten Öffnung bzw. einer Erweiterung eines bereits bestehenden Grabs erkennen ließ.

Als unproblematisch erweist sich die Datierung. Die überwiegende Mehrzahl der Funde fixiert den Zeitpunkt der Beisetzung klar in der Stufe Bz D. Einigen wenigen Bronzegegenständen muß man rein formenkundlich jedoch ein mittelbronzezeitliches Alter zuerkennen. Da dies im Zucheringer Gräberfeld zum ersten Mal der Fall ist, möchte man hier tatsächlich – auch in Anbetracht des ungewöhnlichen Befunds – von einem »Gründergrab« sprechen.

C. Schütz-Tillmann und J. Druckenmüller

Flachgräber der späten Bronzezeit aus Eching und Geisenfeld-Ilmendorf

Landkreise Freising und Pfaffenhofen a. d. Ilm, Oberbayern

Die späte Bronzezeit, die das 13. und Teile des 12. vorchristlichen Jahrhunderts einnimmt, war für die Alte Welt eine Epoche von besonderer Bedeutung. In einer Atmosphäre des allgemeinen Umbruchs bildete sich allmählich der Kern derjenigen Völker heraus, die das Schicksal des antiken Europa bestimmen sollten.

Auch Südbayern nahm Anteil an den sozialen und wohl auch religiösen Umwälzungen dieser vorgeschichtlichen Achsenzeit. Sichtbare Zeichen dafür sind der Wechsel von der Körper- zur Brandbestattung und die aus den Grabausstattungen ablesbare Ausbildung einer Art von Schwertadel.

Als Träger der spätbronzezeitlichen Kultur sah man bislang vorwiegend die Bewohner des Riegseegebiets, einer Region des Voralpenlands, an, die, noch ganz den Traditionen der mittleren Bronzezeit verhaftet, ihre Toten in Grabhügeln bestatteten. Sie wurden nach landläufiger Vorstellung von Urnenfelderleuten abgelöst, die nun etwas weiter nördlich, vornehm-

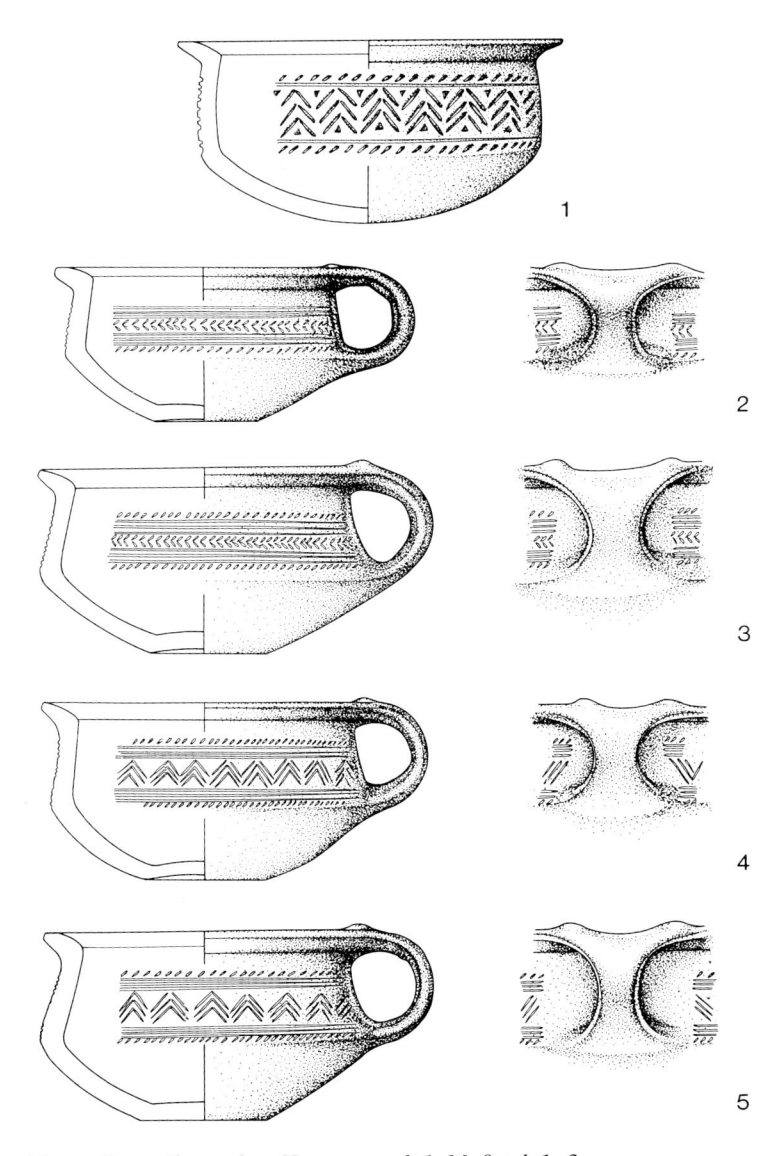

20 *Eching. Auswahl von Keramik aus dem Kammergrab 1. Maßstab 1 : 2.*

lich im Bereich der Münchner Schotterebene und des Donautals, siedelten. Wenngleich die Problematik der unterschiedlichen Überlieferungsarten nicht verkannt wurde – Grabhügel haben sich überwiegend im Weideland des Voralpenraums erhalten, wo andererseits für Urnenfriedhöfe kaum Auffindungschancen bestehen –, behielt dieses Geschichtsbild bis in die jüngste Zeit aus Mangel an korrigierenden Funden doch eine gewisse Gültigkeit. Dies änderte sich erst, als bei großflächigen Grabungen in den Schotterebenen um München und Ingolstadt Flachgräber aufgedeckt wurden, die mit den Hügelbestattungen der Riegseegruppe zeitgleich sind, in ihrer Grundidee jedoch beträchtlich von jenen abweichen.

Stellvertretend für diese inzwischen zahlenmäßig nicht mehr unerhebliche Gruppe seien hier in aller Kürze zwei exemplarische Gräber angezeigt. Das erste der beiden wurde im Westen des suburbanen Orts Eching, am Rande des Dachauer Mooses, aufgedeckt. Es gehört zu einem Gräberfeld, das sich nach gegenwärtigem Untersuchungsstand zeitlich von der Bronzezeitstufe D bis in die beginnende Eisenzeit (Ha C) erstreckt. Der mit ausgelesenen Kalksteinen von gleicher Größe locker verfüllte, nord-süd-gerichtete Grabschacht war 1,50 m unter das heutige Geländeniveau eingetieft und maß 2,20 × 1,40 m. Neben dem ausgestreuten Leichenbrand und einigen wenigen Bronzen, darunter einem Griffzungendolch, barg das Grab hauptsächlich Keramiksätze, im wesentlichen Großgefäße mit hervorragend ausgeführtem Kerbschnitt sowie reich verzierte kleine Tassen und Becher mit geritztem und plastischem Dekor (Abb. 20). Die dünnwandigen, hart gebrannten und meisterlich gefertigten Gefäße übertreffen in ihrer Qualität bei weitem die Grabkeramik aus dem Riegseegebiet.

Eine weitere reiche Bestattung stammt aus Geisenfeld-Ilmendorf, wo sich das Ilmtal ins Donautal hinein öffnet. Auch sie gehört zu einem größeren Friedhof, der, soweit die noch andauernden Untersuchungen bereits Aussagen zulassen, in der Bronze- und Urnenfelderzeit belegt war. Das Grab, das sich von den anderen schon durch einen Kreisgraben von 12 m Durchmesser abhebt, besaß eine west-ost-orientierte, 2,60 × 3 m große Grabkammer, deren Sohle etwa 1,50 m unter der heutigen Geländeoberkante lag. Wie in Eching hatte man den Leichenbrand ausgestreut; die reichen keramischen Beigaben konzentrierten sich auf den

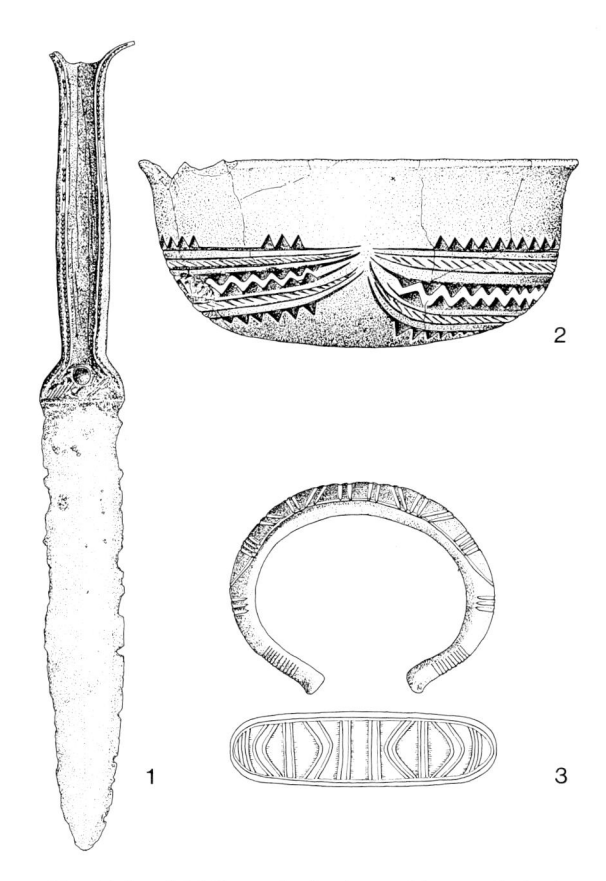

21 *Geisenfeld-Ilmendorf. Auswahl von Beigaben aus einem spätbronzezeitlichen Kammergrab. Maßstab 1:2.*

Westteil der Grabkammer. Sie bilden die auffallendste Gruppe in einem Beigabenensemble, das mit einem Dolch vom Peschieratyp und einem massiven Stollenarmring ohnehin über dem Durchschnitt liegt (Abb. 21). Etwa die Hälfte der Gefäße ist in einer bisher noch selten beobachteten Art und Weise verziert, dünnwandig, hart gebrannt und sorgfältig geglättet. An Dekortechniken sind Kerbschnitt-, Stempel- und Riefenverzierungen vertreten.

In beiden Gräbern scheinen die Gefäße mehr als alle anderen Beigaben den besonderen Rang der bestatteten Person anzuzeigen. Erkennbar bilden sie Services und dienten nicht der Versorgung des Verstorbenen mit Speise und Trank, wie dies in der mittleren Bronzezeit und der Riegseegruppe in einer noch ganz archaischen Denkweise der Fall ist. Hier demonstriert vielmehr ein Mensch seine führende Position innerhalb einer Gruppe, deren Gemeinschaftsgefühl in einem rituellen oder zeremoniellen Gastmahl Ausdruck findet. Vielfach belegte, gleichartige Verhaltensweisen der Hall-

stattzeit, der Zeit der frühen Kelten, werden damit antizipiert.
Die Vorstellungswelt, die einem solchen Bestattungsbrauch zugrunde liegt, unterscheidet sich fundamental von derjenigen der Riegseeleute. Es will scheinen, daß mit ihnen nur ein konservativer Teil der spätbronzezeitlichen Population Südbayerns erfaßt ist, der, da er in traditioneller Weise in heute noch obertägig sichtbaren Hügeln bestattete, forschungsgeschichtlich bedingt wesentlich mehr im Vordergrund stand, als es seiner eigentlichen Bedeutung zugekommen wäre. Die Vertreter der neuen, aus dem östlichen Mittelmeer beeinflußten Ideenwelt, heben sich davon sozial und ökonomisch deutlich ab. Alle bislang bekannt gewordenen Gräber dieser Gruppe befinden sich an wichtigen Punkten einer natürlich vorgegebenen Verkehrsgeographie, wo sich der Handel, vornehmlich wohl jener mit Tiroler Kupfererz, bündelte und verzweigte und wo neben der Anhäufung von materiellen Gütern auch geistige Brücken zu fernen Hochkulturen geschlagen werden konnten. Es ist kein Zufall, daß die führenden Repräsentanten dieser neuen Epoche, die uns in den Wagengräbern von Hart a. d. Alz, Lkr. Altötting, und Poing, Lkr. Ebersberg, mit Wagen, Schwert und Geschirrservice gegenübertreten, all jene Statussymbole vereinen, die auch die Fürsten des spätbronzezeitlichen Griechenlands auszeichneten.

St. Winghart

Kult- oder Abfallgrube? – Ein ungewöhnlicher Befund der älteren Urnenfelderzeit bei Untermässing

Stadt Greding, Landkreis Roth, Mittelfranken

Auf einem schwach geneigten Osthang des Schwarzachtals, südlich des Dorfs Untermässing, entdeckten zwei Sammler im Herbst 1991 eine frisch angepflügte, tiefschwarze Bodenverfärbung, an deren Oberfläche Scherben mehrerer Gefäße lagen. Bei der Suche nach weiteren Funden entstand schließlich ein tieferes Loch, aus dem sie etwa einen halben Zentner Keramikscherben bargen, bevor sie ihre Tätigkeit wegen der einbrechenden Dunkelheit einstellten.
Mitarbeiter der einige Tage später verständigten Außenstelle Nürnberg des Bayer. Landesamts für Denkmalpflege konnten zwar die Fundstelle einmessen, doch wegen der fortgeschrittenen Jahreszeit und des bereits bestehenden Bewuchses mußte eine eingehendere Untersuchung vorerst unterbleiben.
Der vorhandene Keramikbestand aus dem, nach Angaben der Finder, kleinen Grabungsloch – größere zusammensetzbare Teile von Vorratsgefäßen, Schalen und Tassen, Fragmente eines Siebs und mehrerer Etagengefäße – gab bereits einen Hinweis darauf, daß hier ein nicht alltäglicher Befund aus der älteren Urnenfelderzeit vorliegen müsse.
Das große Entgegenkommen des Grundeigentümers ermöglichte im Spätsommer 1992 eine flächenmäßig begrenzte Untersuchung, die zum Ziel hatte, den bereits angegrabenen Befund zu dokumentieren und eventuell nähere Aufschlüsse über seine Funktion innerhalb des durch Oberflächenfunde erfaßten, größeren Siedlungsareals zu gewinnen.
Nach dem Abtrag der rund 30 cm starken Humusschicht war eine Grubenverfärbung von etwa 5,30 m Länge und knapp 1 m Breite erkennbar, die sich stellenweise nur wenig vom anstehenden Boden abhob (Abb. 22, Planum 1). In der tiefschwarzen Verfüllung der nördlichen Hälfte zeichnete sich das von den Findern gegrabene Loch als unregelmäßige, ovale Störung deutlich ab, während man auf der südlichen Hälfte bereits größere, teilweise zusammenhängende, horizontal eingelagerte Gefäßteile und zahlreiche Hüttenlehmstücke sehen konnte.
Um möglichst genauen Aufschluß über Funktion und Verfüllungsvorgang der Grube zu bekommen, wurden ein Längsprofil und mehrere Querprofile angelegt, das Fundmaterial nach mehreren Plana und einzelnen Teilflächen getrennt geborgen und eingemessen.
Im zweiten Planum löste sich der Befund in zwei voneinander trennbare Grubenteile auf. Der nördliche Teil bestand aus einer langovalen Eintiefung mit annähernd ebener Sohle, auf der ein Feuer gebrannt haben muß, wie die be-

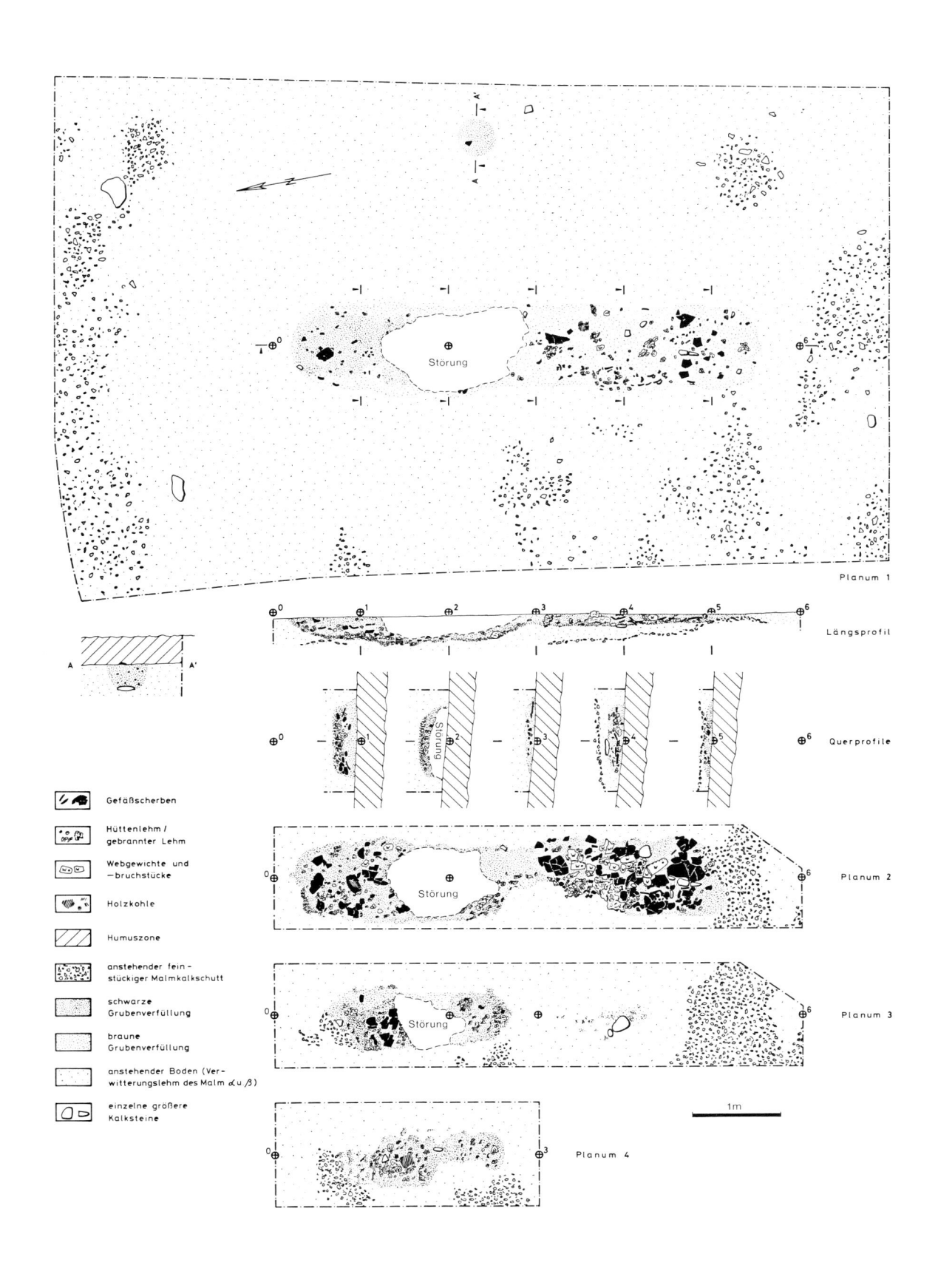

22 *Untermässing. Befundplan der älterurnenfelderzeitlichen Opfer(?)grube.*

ginnende Verziegelung des anstehenden Bodens zeigte. Zahlreiche, teilweise gut erhaltene Holzkohlebrocken, eine Unmenge unterschiedlich großer gebrannter Lehmstücke und eng beisammenliegende Keramikscherben, die den Eindruck machten, als seien einige Gefäße an Ort und Stelle zerschlagen und dann eingegraben worden, bildeten ein dichtes Paket am Boden und im unteren Bereich der Grube. Leider fehlt aufgrund der erwähnten Störung ein wichtiger Teil dieses Befunds. Aus der durch Brandreste tiefschwarz verfärbten Verfüllung konnten wir bereits vor Ort verkohlte Getreidekörner auslesen, die botanische Untersuchung der komplett geborgenen und ausgeschlämmten Füllerde ist allerdings noch nicht abgeschlossen.

Im Zentrum der nördlichen Grubenhälfte zeigte sich im untersten Planum ein quadratischer Holzkohlerest von etwa 15 cm Kantenlänge (Abb. 22, Planum 4), bei dem es sich um die Standspur einen verbrannten Pfostens handeln könnte.

Die südliche Grubenhälfte war etwas weniger tief, aber ebenfalls extrem dicht mit Keramikscherben, zahlreichen Hüttenlehm- und gebrannten Lehmbrocken aller Größen verfüllt. Der Befund ähnelte ganz dem nördlichen Grubenteil, nur fehlten auf dem Boden die Spuren von Feuereinwirkung. Als Besonderheit ließen sich aus der Fülle verbrannter Lehmstücke mehrere ganze sowie Teile von Webgewichten zusammensetzen (Abb. 22, Planum 2). Auch die vollständig erhaltenen Exemplare waren indes so stark zerstückelt, daß zwei größere Partien der Grubenfüllung im Block geborgen werden mußten, um sie zur weiteren Freilegung und Präparation in die Restaurierungswerkstatt zu bringen.

Bei einer am Boden dieser Grubenhälfte liegenden Steinplatte (Abb. 22, Planum 3) könnte es sich um die Unterlage für einen Pfosten gehandelt haben. Diese Deutung legt der Befund in dem einzigen Pfostenloch nahe, das im Umfeld der Grube zutage kam (Abb. 22, Planum 1; Schnitt A–A').

Weitere Spuren oder Hinweise, die bei der Interpretation des Grubenbefunds hilfreich sein könnten, fanden sich in der untersuchten Fläche nicht.

Vorerst läßt sich die Grube nur als länglich grabenförmige Eintiefung von ehemals wenigstens 1 m Tiefe rekonstruieren, rechnet man den umgelagerten Humus und einen mutmaßlichen Erosionsabtrag von wenigstens 0,25 m Mächtigkeit hinzu.

Trotz des Webgewichtssatzes dürfte es sich nicht um eine Webgrube gehandelt haben. Eher ist an eine zeremonielle Niederlegung und Opferung zweier verschiedener Ensembles von Geschirr und Hausrat in den beiden getrennten Grubenhälften zu denken. Für eine Sonderfunktion dieser Grube sprechen auch die starken Brandspuren und das auffällige Fehlen von Tierknochen, die in Siedlungsgruben eigentlich immer anzutreffen sind und in dem kalkreichen Boden gute Erhaltungsbedingungen hätten.

M. Nadler und U. Pfauth

Die Reisensburg – eine vor- und frühgeschichtliche Befestigungsanlage über der Donau

Reisensburg, Stadt und Landkreis Günzburg, Schwaben

Der sog. Schloßberg von Reisensburg, ein langer, nach Westen auslaufender Geländesporn, war ursprünglich auf drei Seiten umflossen: im Süden vom ehemaligen Schrambach mit seiner sumpfigen Niederung, im Westen von der Günz und im Norden schließlich von der mäandrierenden Donau. Im Osten schneidet ein Hohlweg tief ein, nach Westen flacht der Sporn etwas ab. Der Berg ließ sich mit relativ geringem Aufwand gut befestigen, wovon auch heute noch zahlreiche Gräben und Wälle zeugen. Den prähistorischen Menschen mußte er für eine Besiedlung geradezu als prädestiniert erscheinen, hatte man doch von oben eine ausgezeichnete Sicht und Kontrolle über die Donauübergänge. Hier konnten sie Schutz vor potentiellen Angreifern, zahlreiche Quellen am Südhang und gute Ackerböden in der nächsten

23 *Reisensburg. Urnenfelderzeitliche Keramik aus zwei Gruben. Höhe des rechten Gefäßes 7,5 cm.*

Umgebung finden. Wie Einzelfunde zeigen, wurde der Berg bereits im Neolithikum zumindest begangen. Mit der frühen Bronzezeit setzt eine zunächst wohl noch spärliche Besiedlung ein, während sich in der Urnenfelderzeit hier eine ausgedehnte Siedlung befand. Die folgenden Perioden bis in nachchristliche Jahrhunderte sind durch eine Reihe von Einzelfunden und Befunden belegt. Im Mittelalter wurde der Berg befestigt; die Überreste der Burg haben sich im noch stehenden Schloß erhalten.

Dieses Schloß ist heute der Sitz des Internationalen Instituts für wissenschaftliche Zusammenarbeit. Ein geplanter Neubau an der Stelle eines spätgotischen Gebäudes waren für das Bayer. Landesamt für Denkmalpflege, Außenstelle Augsburg, und den Landkreis Günzburg Anlaß für eine siebenmonatige archäologische Untersuchung. Wertvolle Unterstützung erfuhr die Grabungsmannschaft durch den Historischen Verein Günzburg.

Auf einer Fläche von etwa 350 m² konnten wir über hundert Gruben unterschiedlichster Zeitstellung dokumentieren. Unmittelbar unter den Fußböden des spätgotischen Hauses kam bereits urnenfelderzeitliche Keramik zutage, allerdings in einer 1,50 m mächtigen Aufschüttung, die, wie zwei Laufhorizonte belegten, nicht in einem Zuge erfolgt war. Einem ersten Laufhorizont ließen sich zwei wohl mittelalterliche Backöfen mit Lehmkuppeln zuordnen, einem zweiten zahlreiche Keramikfunde des 12.–15. Jahrhunderts sowie die Spuren von eingerammten, angespitzten Holzpfählen, vielleicht Reste von Einzäunungen.

Unmittelbar darunter, durch einen dünnen Eisenausfällungshorizont gut voneinander zu trennen, stießen wir auf die vorgeschichtliche Schicht, einen ebenfalls gut ausgeprägten Begehungshorizont, der überwiegend Funde der Urnenfelderzeit sowie vereinzelt der Hallstatt-, Latène- und römischen Kaiserzeit erbrachte. Nach Entfernen der durchschnittlich 20–30 cm mächtigen Schicht zeichneten sich im anstehenden gelblich sandigen Schluff zahlreiche Gruben ab, zumeist große, rundlichovale, bis zu 2 m tiefe Vorratsgruben mit beutelförmigem Profil und einem Durchmesser von 1–2 m. Da Profile bei längeren Regenfällen immer wieder einbrachen, müssen die Gruben ehemals vor Regeneinwirkung geschützt gewesen sein. Tatsächlich konnten wir mehrere langovale bis langrechteckige Gruben mit einer horizontalen Sohle in etwa 60 cm Tiefe dokumentieren, in deren Zentrum eine beutelförmige Eintiefung noch bis zu 1 m tiefer reichte. Offenbar hatte

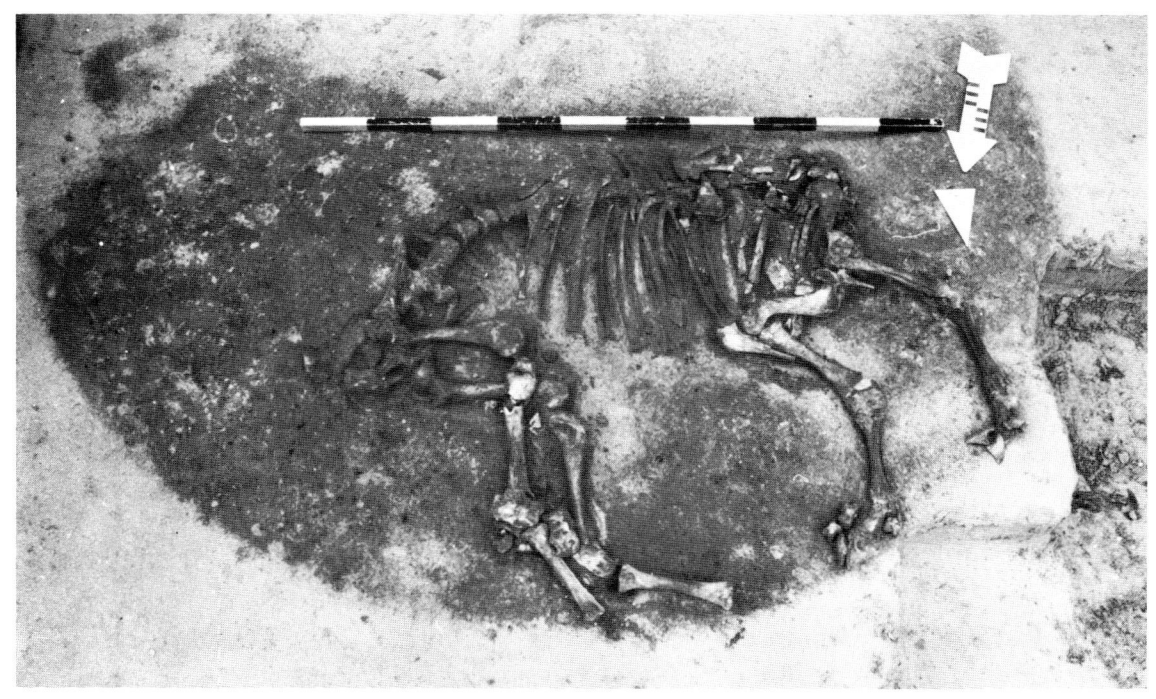

24 *Reisensburg. Grube 5 mit dem Skelett eines Kalbs.*

man den eigentlichen Vorratsraum durch eine Hütte oder ähnliches geschützt.

Pfostenlöcher waren in deutlich geringerer Zahl festzustellen, wobei sich eine Konzentration im östlichen Teil der Fläche abzeichnete. Einige nahezu rechteckige, ungewöhnlich große und sehr tiefe Gruben hatten senkrechte Wände und eine waagrechte Sohle. Die Vermutung, es handele sich um Grubenhäuser, bestätigte sich leider nicht. Weder fanden wir Webgewichte noch Spuren von Pfosten unter der Sohle oder die Überreste einer Dachkonstruktion. Aussagen zu ihrer Funktion sind daher bislang nicht möglich.

Die Grubenverfüllungen enthielten reichlich Keramik, darunter mehrfach auch intakte Gefäße (Abb. 23). In einigen Gruben kamen Becher, Schalen und größere Gefäße miteinander kombiniert vor, was den Eindruck einer gewissen Regelhaftigkeit, fast in der Art eines Service, erweckte. Außer zahlreichen urnenfelderzeitlichen Gefäßresten konnten wir die Scherben einer frühlatènezeitlichen Schüssel bergen. Im östlichen Bereich der Grabungsfläche wurde gegen Ende der Kampagne in mehreren Gruben bronzezeitliche Keramik entdeckt, darunter grobgemagerte Scherben eines Vorratsgefäßes sowie ein feintoniger Henkelbecher mit Sanduhrmuster. Vergleichbare Funde stammen aus der Siedlung Forschner im Federseegebiet.

Zu den Bronzefunden zählen chronologisch schwer einzuordnende Rollenkopfnadeln, kleine Kugelkopfnadeln sowie eine sog. Pfahlbaunadel.

Eine Besonderheit stellt die Freilegung eines kompletten Kalbsskeletts dar, das auf der Sohle einer Grube mit urnenfelderzeitlicher Keramik lag und wichtige Hinweise über den Stand der Domestikation geben kann (Abb. 24).

Etwas seltsam mutet der Fund menschlicher Schädelknochen in drei Gruben an, darunter eine Schädelkalotte, die Schnittspuren aufzuweisen scheint.

Von der Auswertung all dieser Befunde und des umfangreichen Fundmaterials erhoffen wir uns interessante Aufschlüsse über die vorgeschichtliche Besiedlung der Reisensburg. F. Loré

Ein urnenfelderzeitliches Griffzungenschwert aus der Alz bei Truchtlaching

Gemeinde Seeon-Seebruck, Landkreis Traunstein, Oberbayern

Im Sommer 1992 entdeckte der Schüler J. Aigner beim Tauchen in der Alz westlich der Truchtlachinger Alzbrücke und rund 10 m vom nördlichen Ufer entfernt ein Bronzeschwert, das nur mit dem Griff aus dem Flußsand herausschaute. Durch Vermittlung von C. Ostermayer (Seebruck) gelangte das Stück zur Aufnahme in die Prähistorische Staatssammlung.

Das 56 cm lange Schwert (Abb. 25), ein Griffzungenschwert vom Typ Hemigkofen, hat fünf Nietlöcher in der gebauchten Griffzunge, die wie üblich kräftige, hochstehende, hörnerartig auslaufende Stege aufweist. Sie geht mit deutlicher Einziehung in das Heft über, das sechs Nietlöcher und sanft gerundete Schultern besitzt.

Die größte Breite der weidenblattförmigen Klinge mit abgesetzten Schneiden liegt im unteren Drittel. Im obersten Teil zeigt sich eine schwache Einziehung. Von dem hier zu erwartenden Ricasso (Fehlschärfe) lassen sich ebenso wie vom Heftausschnitt keine Spuren erkennen, was mit der Lage des Schwerts im Wasserbereich der Alz zusammenhängen könnte (Abschleifung des Griffs durch Flußsandpartikel).

Wie die überwiegende Zahl der in das 12. bzw. in das 11. Jahrhundert v. Chr. gehörigen Schwerter vom Typ Hemigkofen wurde auch das Truchtlachinger Exemplar in alter Zeit im Fluß deponiert. Seine Bedeutung liegt darin, daß es sich um das bisher östlichste Erzeugnis einer im westschweizerisch-ostfranzösisch-elsässischen Raum arbeitenden Produktionsgruppe handelt. Nach derzeitigem Kenntnisstand hat man diese Schwerter unter Meidung der Donauregion über das Bodenseegebiet in östlicher Richtung vertrieben. Im Gegensatz dazu sind beispielsweise die nur wenig älteren Griffzungenschwerter vom Typ Reutlingen an der Donau entlang verbreitet, nicht dagegen in der Mittelregion des südbayerischen Raums. So scheinen sich hier erste Hinweise auf unterschiedliche Handelswege in der Urnenfelderzeit Südbayerns zu ergeben.

Abschließend sei festgehalten, daß der Finder sein Schwert dankenswerterweise dem Römermuseum Seebruck zur Verfügung gestellt hat.

H. P. Uenze

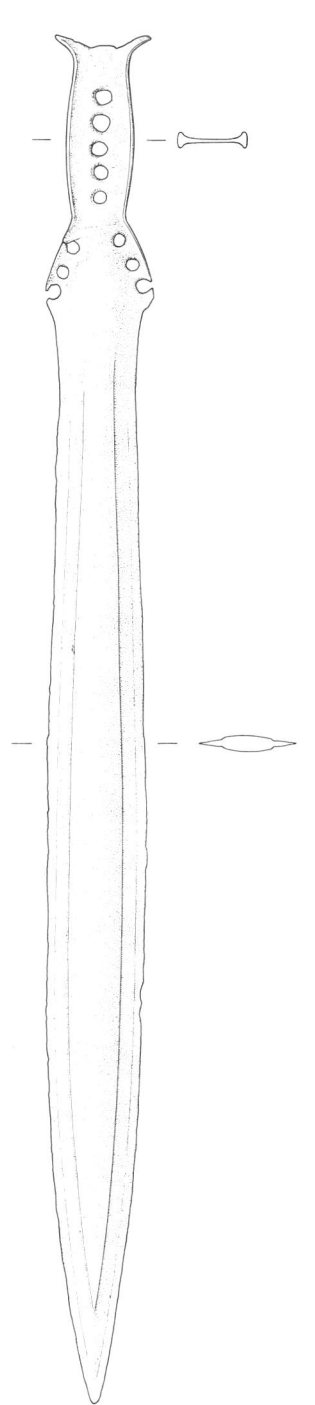

25 *Truchtlaching. Griffzungenschwert vom Typ Hemigkofen. Maßstab 1 : 3.*

Literatur

P. Schauer, Die Schwerter in Süddeutschland, Österreich und der Schweiz I (Griffplatten-, Griffangel- und Griffzungenschwerter). PBF IV 2 (München 1971) 157 ff.

Kombination von Luftbild und Magnetik zur Prospektion eines urnenfelder- und hallstattzeitlichen Gräberfelds bei Künzing

Landkreis Deggendorf, Niederbayern

Das Gräberfeld bei Künzing gehört zu den Entdeckungen der Luftbildarchäologie. Im Rahmen der magnetischen Prospektion zur Vorbereitung archäologischer Reservate konnte 1991/92 der Kenntnisstand über diesen Friedhof wesentlich erweitert werden. Bereits 1979 kam östlich der Ortschaft bei Rettungsgrabungen ein urnenfelderzeitliches Grab zutage. Weitere Hinweise auf ein Gräberfeld gleicher Zeitstellung, das sich im östlich anschließenden Acker fortsetzt, erbrachten archäologische Untersuchungen, die seit 1983 dem römischen Kastell Quintana galten. Obgleich schon in den siebziger Jahren immer wieder Funde von dort gemeldet wurden, konnte man im Luftbild nur dunkle Bodenmerkmale erkennen, die jedoch nicht zu interpretieren waren. Im Dezember 1985 ließen das günstige Verhältnis von Schneebedeckung, Bodenfeuchte und Temperatur das Gräberfeld erstmals aus der Luft sichtbar werden. Das Luftbild zeigt einen langgestreckten Lößrücken, der sich erosionsbedingt vom umgebenden Gebiet durch eine geringe Schneedecke abhebt (Abb. 26). Grabanlagen sind an ringförmigen Strukturen von ehemaligen Gräbchen zu erkennen, die sich als negative Schneemerkmale abzeichnen. Das weitgehende Fehlen der Humusschicht führte zur Entdeckung des Gräberfelds, weist dabei aber gleichzeitig auf die starke Gefährdung durch Erosion hin.

Die dünne Schneebedeckung übernimmt hier die Funktion eines hochempfindlichen Thermo-Scanners. Bedingt durch eine geringfügig höhere Bodenfeuchte – nach unseren Untersuchungen können beispielsweise in Pfostenspuren etwa 5–7 Gewichtsprozent mehr Wasser als im umgebenden Löß gespeichert werden – bilden die Überreste dieser Gräbchen einen größeren Wärmespeicher. Dadurch ergibt sich über den verfüllten Kreisgräben eine um wenige Zehntel Grad höhere Bodentemperatur, die ausreicht, um die Schneeschicht zu schmelzen.

Die auf den Luftbildern nur zum Teil sichtbaren Befunde wurden durch Entzerrung des Luftbilds und digitale Bildverarbeitung auf dem Bildcomputer des Bayer. Landesamts für Denkmalpflege weiter ergänzt und zu einem Plan verarbeitet (Abb. 27). Bisher konnten wir nur etwa 20 Prozent der insgesamt 5 ha großen Fläche magnetisch untersuchen. Zum Einsatz kamen zwei auf dem Meßwagen montierte Cäsium-Magnetometer in Vertikalgradienten-Anordnung mit 30 bzw. 180 cm Bodenabstand, die Datenaufnahme erfolgte in Halbmeterintervallen. Im Labor werden die Daten auf den Bildcomputer übertragen und als digitales Bild weiterverarbeitet. Bei diesem Verfahren wird der Meßpunkt als Bildpunkt betrachtet und in einen Grauwert umgesetzt; ein Magnetogramm in Bilddarstellung läßt sich so archäologisch leichter analysieren.

Im Vergleich zu ersten Interpretationen aufgrund von Grabungsbefunden der Jahre 1990 und 1991 aus dem südwestlichen Teil des Gräberfelds zeigen Luftbild und Magnetik (Abb. 28), daß einige Grabeinfassungen im Gegensatz zu jenen der Urnenfelderkultur einen unerwartet großen Durchmesser haben. Teilweise zeichnen sich sogar Steinkreise und Steinpackungen in einer negativen magnetischen Anomalie ab. Es dürfte sich daher wohl um hallstattzeitliche Grabanlagen handeln.

26 *Künzing. Blick von Nordwesten auf das urnenfelder- und hallstattzeitliche Gräberfeld. Bayer. Landesamt für Denkmalpflege Luftbildarchäologie, Aufnahmedatum 4. 12. 1985, Fotograf O. Braasch, Archivnr. 7344/008, Dia 4180/7.*

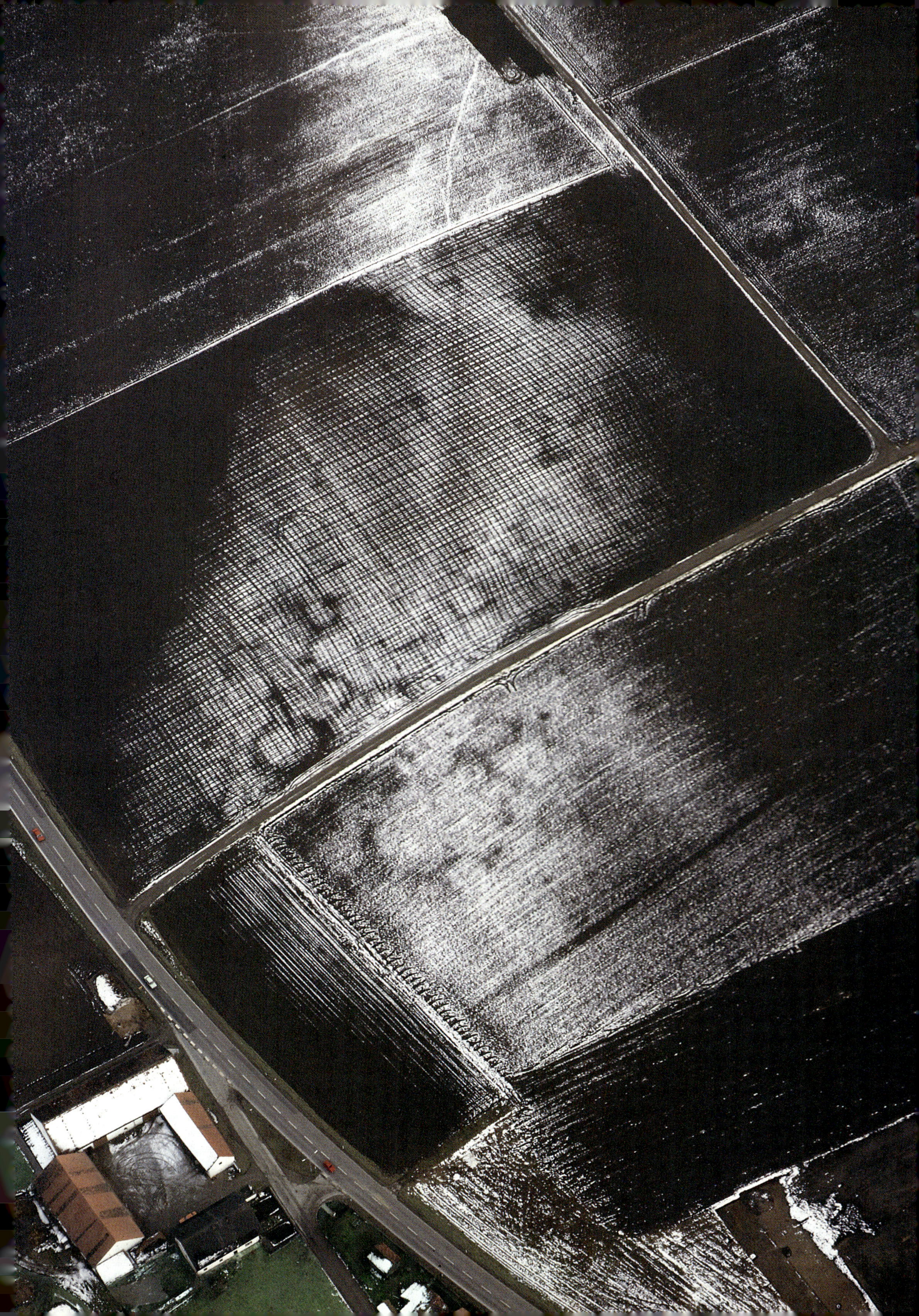

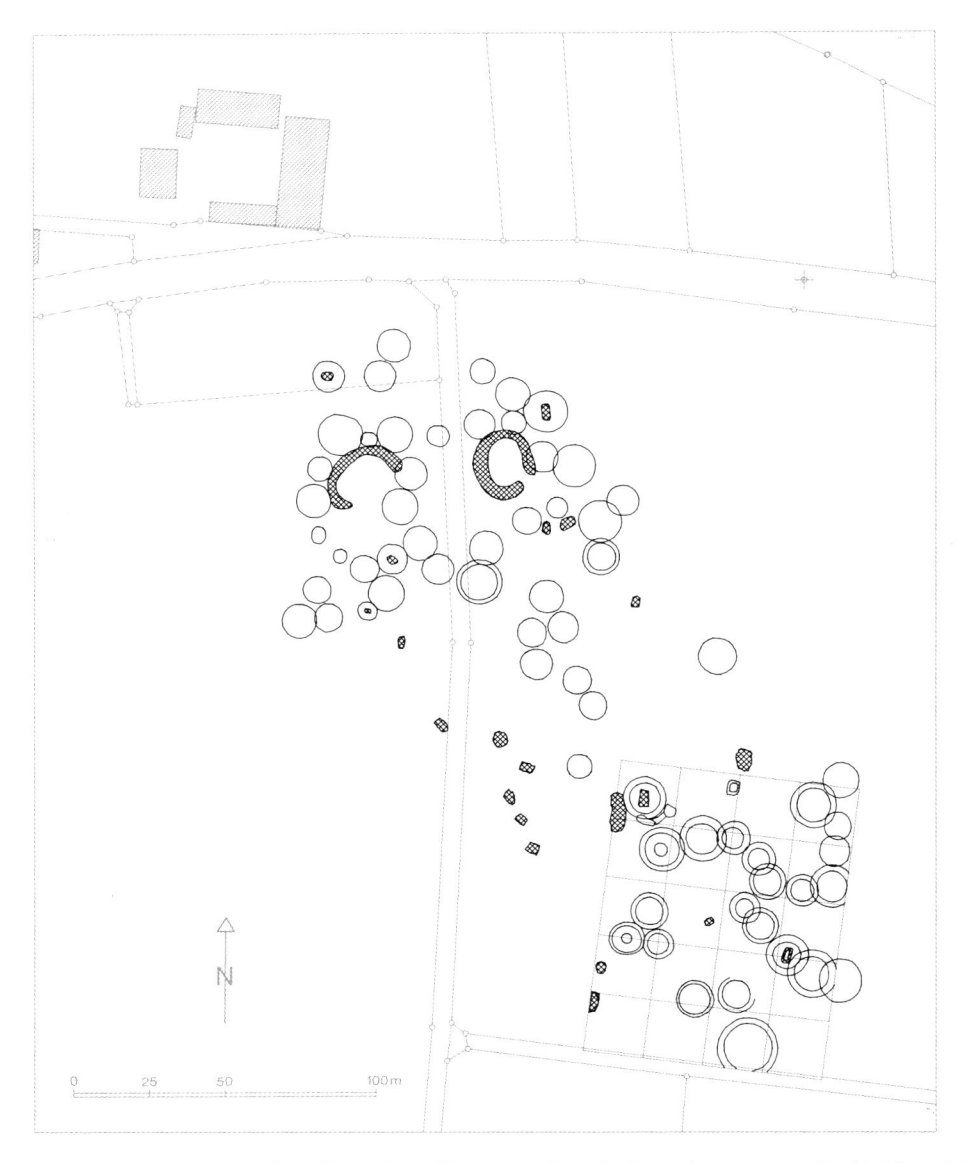

27 Künzing. Plan des Gräberfelds auf der Grundlage von digitaler Verarbeitung von Luftbild und Magnetik (20-m-Gittter) mit Hilfe graphischer Datenverarbeitung. Plannr. 7344/008/72.

Im entzerrten Luftbild deuten sich Gruppierungen von Grabhügeln an, die die magnetische Messung im südöstlichen Teil des Gräberfelds dann auch bestätigte. Eine Gruppe aus Grabeinfassungen mit Durchmessern von 12–15 m bildet eine große Kreisstruktur. Ein Grabhügel besitzt einen Durchmesser von etwa 20 m, andere weisen eine rechteckige, ehemals vermutlich hölzerne Kammer auf. Daß im Magnetogramm nur bei wenigen Hügeln im Inneren Strukturen zu sehen sind, läßt auf einen sehr schlechten Erhaltungszustand der Nekropole schließen. Lokale Anomalien könnten durch einzelne außerhalb der Kreisgräben liegende Urnen verursacht worden sein, was auf unterschiedliche Bestattungsarten hinweist. Ob es sich hier jedoch um urnenfelder- oder hallstattzeitliche Gräber handelt, ist derzeit nicht zu klären.

Das Beispiel Künzing verdeutlicht den besonderen Wert der kombinierten Prospektion aus der Luft und am Boden. Auf der einen Seite leistet die Luftbildarchäologie die Entdeckung und großflächige Prospektion von Bodendenkmalen, während die Magnetik zur Verifizierung und Präzisierung des Plans eingesetzt wird. Die entscheidenden Parameter für die magnetische Prospektion – die magnetischen Eigenschaften des Bodens und insbesondere die Konzentration magnetischer Minerale – sind dabei im

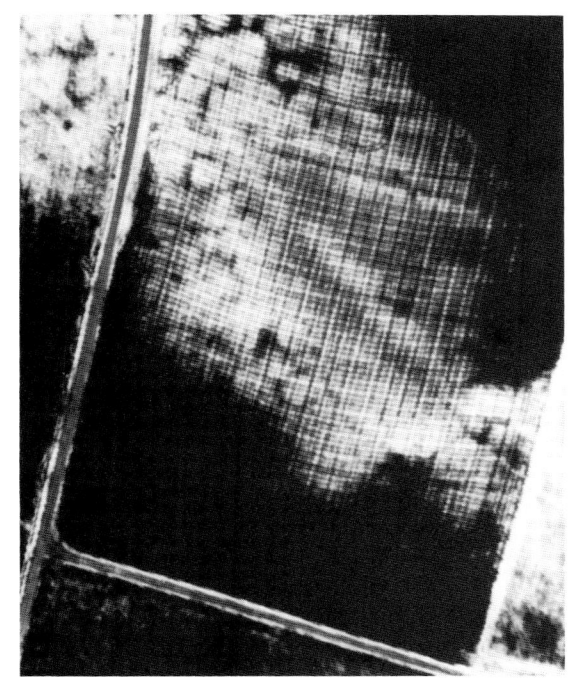

28 *Künzing. Links: Luftbild des Gräberfelds nach der Entzerrung der Schrägaufnahme. Rechts: Foto des Gräberfelds als Kompilation des entzerrten Luftbilds mit dem Magnetogramm. Cäsium-Magnetometer ± 0,05 Nanotesla (nT), Vertikalgradient 0,3/1,8 m, Dynamik –5,0/+7,5 (nT) in 256 Graustufen, 20-m-Gitter, Mag.-Nr. 7344/008.*

Gegensatz zur Luftbildarchäologie unabhängig von temporären klimatischen Bedingungen. Die bisher unbekannte Ausdehnung und der Erhaltungszustand des Gräberfelds kann hier – vergleichsweise kostengünstig – abgeschätzt und zur Grundlage der Reservatsplanung eingesetzt werden.   J. Faßbinder und H. Becker

Literatur

M. C. Périsset/A. Tabbagh, Interpretation of thermal prospection on bare soils. Archaeometry 23, 1981, 169 ff. – O. Braasch, Luftbildarchäologie ein Wintermärchen? Arch. Inf. 8, 1985, 129 ff. – J. Faßbinder, Die magnetischen Eigenschaften und die Genese ferrimagnetischer Minerale in Böden im Hinblick auf die magnetische Prospektion archäologischer Bodendenkmäler (Buch a. Erlbach 1993).

Eine Siedlung der späten Urnenfelder- und älteren Hallstattzeit in Trailsdorf

Gemeinde Hallerndorf, Landkreis Forchheim, Oberfranken

Am Ende der Urnenfelderzeit werden auch in der Siedellandschaft am Obermain, im nordöstlichen Randgebiet Nordbayerns, Veränderungen und Umschichtungen spürbar. Sie zeigen sich in der Niederlegung von Horten und der Opferung in Höhlen ebenso wie im Siedelverhalten, nämlich dem verstärkten Aufsuchen von Höhen und deren teilweiser Befestigung, so beispielsweise des Schobertsbergs, der Ehrenbürg oder der Heunischenburg. Diese Vorgänge kennt man aus der älteren Hallstattzeit nicht. In der ausgehenden Urnenfelderzeit lassen sich hier wie in allen Regionen südlich der Mittelgebirge Neuerungen beobachten, die mit dem Bau von Grabhügeln und der Bestattung in hölzernen Kammern mit umfangreichen Geschirrsätzen, oft auch Trachtbestandteilen, Waffen und Fleischbeigaben, faßbar werden. Gräber wie in Kirchehrenbach und in Demmelsdorf stellen vielleicht den Anfangspunkt einer Entwicklung dar, die für das Bestattungsbrauchtum der älteren Hallstattzeit unter Ausbildung eines eigenen Keramikstils prägend wirkten. Kontinuität scheint sich so im Bestattungszeremoniell und in der Belegung der Gräberfelder abzuzeichnen.

Auch Siedlungen im offenen Gelände bieten ein ähnliches Bild, sofern man hier überhaupt schon von einem solchen sprechen darf, da dieser Siedlungstyp in Oberfranken bislang sicherlich unterrepräsentiert ist und erst in den letzten Jahren durch Begehungen ehrenamtlicher Mitarbeiter zunehmend bekannt wurde. Gerade im südlichen Oberfranken, in den Landkreisen Forchheim und Bayreuth, sind so an mehreren Stellen Einzelfunde sowie eindeutige Überreste von Siedlungen zutage gekommen. Nach dem Fundgut zu urteilen, bestanden diese von

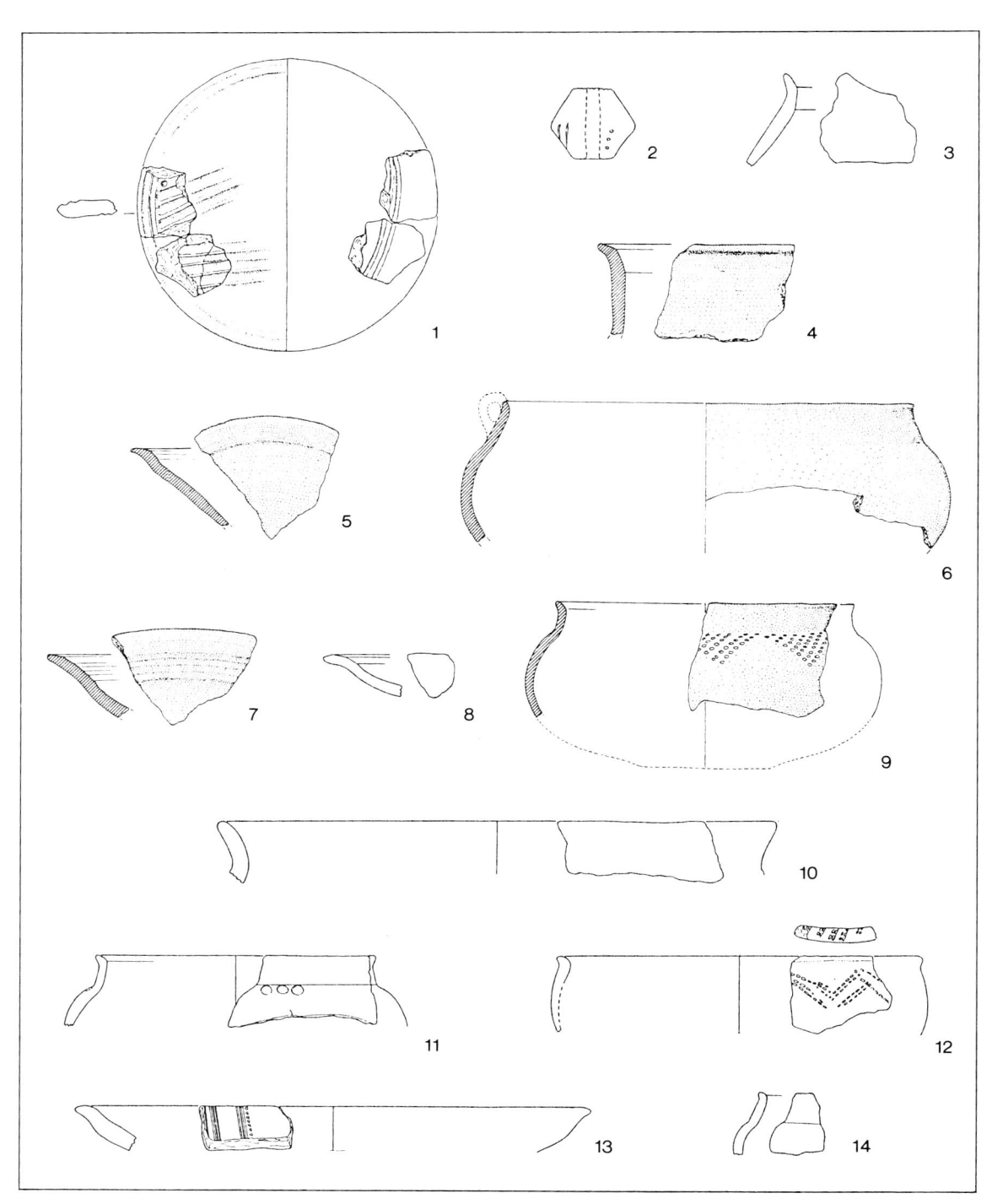

29 *Trailsdorf. Späturnenfelder- und älterhallstattzeitliche Keramik. 1 Objekt 1 (1991); 2.10–14 Objekt 5 (1992); 3.8 Objekt 2 (1992); 4–7.9 Lesefunde (1990). Maßstab 1 : 3.*

der älteren bis zur späten Urnenfelderzeit oder aber wurden erst am Ende der Stufe Ha B angelegt und bald wieder aufgelassen, wozu die Siedlung von Großenbuch mit Gruben und Pfostenlöchern, vielleicht Palisadenreihen und Hausgrundrissen sowie reichhaltigem Keramikmaterial gehört. Andere in der ausgehenden Urnenfelderzeit besiedelte Plätze wie Haßlach und Trailsdorf reichten dagegen noch bis in die ältere Hallstattzeit hinein.

Die Siedlung Trailsdorf liegt, mit Fernblick auf die Ehrenbürg, im oberen Hangbereich etwa 40 m über der Aisch, die 500 m östlich vorbeifließt. Nach Ergebnissen der Begehung durch den ehrenamtlichen Mitarbeiter und ihren Entdecker Herrn Geyer sowie die mit der Ausgrabung betrauten Studenten erstreckte sie sich auf einer Fläche von etwa 150 × 110 m. Grund für die archäologische Untersuchung bildeten zum einen aufgelesene Keramikscherben der ausgehenden Urnenfelderzeit (Fragmente von teilweise verzierten und graphitierten Schalen, Schüsseln und Trichterrandgefäßen) und der älteren Hallstattzeit (vor allem Schalen und Schüsseln mit Kegelhals, aber auch Henkelgefäße). Zum anderen gab es ein Luftbild, das auf eine rechteckige Anlage, vielleicht einen Herrenhof oder ähnliches, hinzudeuten schien. Vergleichbare Anlagen sind zwar mit Wolkshausen/Rittershausen aus Unterfranken bekannt, fehlen aber bislang in Oberfranken. Auch diese Grabung konnte keinen Nachweis erbringen, gaben sich doch die Verfärbungen als anstehende, bereits im Pflugniveau befindliche Sandsteine zu erkennen. Siedlungsbefunde traten jedoch, wie nach den Lesefunden zu erwarten, im flacheren Hangbereich zutage, den im Südosten und Süden eine natürliche Geländekante begrenzt. Aufgrund von verstärkter Überpflügung gerade in den letzten Jahren fanden sich nur mehr vereinzelte Pfostenspuren, Feuerstellen und Siedlungsgruben.

Das Fundmaterial (Abb. 29) entspricht zeitlich den Lesefunden. Eine der Gruben (Objekt 2) enthielt teilweise graphitierte und mit kleinen Dellen verzierte späturnenfelderzeitliche Scherben, eine andere (Objekt 5) neben zwei Spinnwirteln (Abb. 29,2) vor allem älterhallstattzeitliche Keramik, darunter Fragmente von großen und kleinen Kegelhalsgefäßen, ferner Schalen und Schüsseln mit Graphitierung und kleinen Dellen, aber auch mit typischer oberfränkischer Hallstattornamentik (Haarlinien- und Rollstreifenzier). Ferner liegen Fragmente einer Sonnenscheibe (Abb. 29,1) vor, wie wir sie aus Nordbayern bereits von mehreren Fundorten kennen (beispielsweise aus Röckingen und Hohentrüdingen) und die gerade für den Übergangshorizont Urnenfelder-/Hallstattzeit charakteristisch zu sein scheinen. Hier zeigt sich eine Siedlungskontinuität von der ausgehenden Urnenfelder- zur älteren Hallstattzeit, wobei allerdings die starke Zerstörung durch den Pflug nähere Einblicke in die Siedlungsstruktur verhinderte.

Grabungen von besser erhaltenen Plätzen gleicher Art sind notwendig, um den Wandel am Übergang von der Urnenfelder- zur Hallstattzeit, wie er auf den Höhensiedlungen und mit dem Bau von Grabhügeln auch im Totenbrauchtum bereits offenkundig ist, besser beurteilen zu können.   A. Castritius und P. Ettel

Literatur

H. Hennig, Die Grab- und Hortfunde der Urnenfelderkultur aus Ober- und Mittelfranken. Materialh. Bayer. Vorgesch. 23 (Kallmünz 1970) 22 f. – B.-U. Abels, Neue Ausgrabungen im Befestigungsbereich des Staffelberges, Stadt Staffelstein, Oberfranken. Ber. Bayer. Bodendenkmalpflege 28/29, 1987/88 (1989) 143 ff. – P. Ettel, Zum Übergang von der späten Urnenfelder- zur älteren Hallstattzeit in Oberfranken. In: Archäologische Untersuchungen zum Übergang von der Bronze- zur Eisenzeit zwischen Nordsee und Jenissei. Internationale Fachtagung Regensburg 28.–30. 10. 1992 (im Druck).

Ein hallstattzeitlicher Grabfund mit keramischen Sonderformen aus Frickenhausen a. Main

Landkreis Würzburg, Unterfranken

30 *Frickenhausen a. Main. Keramische Sonderformen aus Grab 2. Höhe der Vogelklapper 7,4 cm.*

Auf einer Niederterrasse des Mains, zwischen Frickenhausen und Segnitz, ist seit 1972 ein verebnetes hallstattzeitliches Gräberfeld bekannt. Damals wurde bei der Anlage eines Wasserleitungsgrabens eine Brandbestattung mit reichem Geschirrsatz und Toilettebesteck angeschnitten und amtlicherseits geborgen; weitere Gräber waren aufgrund zahlreicher ortsfremder Steine zu vermuten. Als die Ausweitung einer nahe gelegenen Kiesgrube im Jahr 1992 das Gelände des Gräberfelds erreichte, führte der ehrenamtliche Mitarbeiter W. Gimperlein im Auftrag des Bayer. Landesamts für Denkmalpflege dankenswerterweise die Dokumentation der Befunde und die Fundbergung durch.

Bereits nach dem maschinellen Abschub der Humusschicht zeigten sich die teilweise erhaltenen Steinkränze und Steinpackungen von Grabanlagen. Da zahlreiche Wasserleitungsgräben für eine Gärtnerei das Gelände durchzogen, waren viele Befunde stark gestört. Von den Brand- und Körperbestattungen sei an dieser Stelle nur Grab 2 mit einem bemerkenswerten keramischen Inventar vorgestellt.

Auch bei diesem Grab mit teilweise erhaltenem Steinkranz ließ sich eine rezente Störung nachweisen, die vor allem höherliegende Gefäße betraf. Daher fanden sich im ersten Planum über eine größere Fläche verstreut die Reste eines großen Schrägrandgefäßes, welches wohl ursprünglich den ebenfalls verstreuten Leichenbrand enthielt, sowie Fragmente einer rotgrundigen Tasse, einer Schüssel mit schwachem S-Profil, zweier Schalen mit kurzer Randlippe und eines Kragenrandgefäßes mit geritzter Fischgrätverzierung im älteren sog. Ost-Alb-Stil. Fast vollständig erhalten hatte sich ein Kegelhalsgefäß mit innen liegender Schöpftasse. Verlagert sein dürften auch zwei Teile eines bronzenen Toilettebestecks – ein tordiertes Stäbchen mit eingerolltem Ende und eine Pinzette.

Eine bemerkenswerte Gruppe keramischer Kleinformen (Abb. 30) lag dicht beieinander etwas tiefer und war daher glücklicherweise ungestört. Die spitzbodige Schale mit kurzer Randlippe und einem kleinen randständigen Grifflappen gehört zu einer oft belegten, auf Mainfranken beschränkten Form. Hingegen sind Drillingsgefäße – unser Stück besteht aus relativ weich gebranntem Ton – in Bayern nördlich der Donau, im Osthallstattkreis und in Italien verbreitet. Für eine oft vermutete rituelle oder symbolische Funktion dieser nicht nur in der Hallstattzeit auftretenden Gefäße gibt es bisher keine sicheren Anhaltspunkte, doch dürfte ihr häufiges Vorkommen in Gräbern zusammen mit Sonderformen wie in Frickenhausen ein Hinweis auf eine ebenfalls besondere Bedeutung sein. Kleine Schalen mit massivem Standfuß und nahezu ebener Standfläche sind bisher nur sehr selten belegt, so beispielsweise im Grabhügelfeld bei Zainingen auf der Schwäbischen Alb. In der Schale lag eine bronzene Schälchenkopfnadel mit geradem Schaft, die zusammen mit der Keramik unseren Grabfund in die Stufe Ha C datiert.

Das herausragende Fundstück stellt zweifellos eine fast unbeschädigte Vogelklapper mit Standfuß und gedrungenem, hohlem, durchlochtem Körper dar, in dem sich Tonkügelchen befinden. Der Kopf sitzt aufrecht auf einem kurzen Hals, der Schnabel ist nur angedeutet, die Augen treten knopfartig hervor.

Die Vogelklapper gehört in die große Gruppe plastischer Darstellungen verschiedener Tiere und anthropomorpher Figuren der Hallstattzeit im nordostbayerischen, mitteldeutschen und südosteuropäischen Raum. Seit der Urnenfelderzeit ist die Vogelsymbolik nicht nur in Form von Klappern, sondern auch massiven Figuren aus Ton oder Bronze, Gefäßaufsätzen und Ritzverzierungen von besonderer Bedeutung. Die hallstattzeitlichen Vogelklappern lassen sich von den weiter verbreiteten, vor allem im Gebiet der Lausitzer Kultur sehr zahlreich vorkommenden urnenfelderzeitlichen Vorgängern ableiten.

Für die Hallstattzeit liegen aus dem mainfränkischen Raum bisher nur die singulären massiven Vogelplastiken aus Siedlungsgruben bei Rottendorf, eine weitere Figur von einem Siedlungsareal bei Eußenheim sowie Vogelprotome auf Gefäßen (insbesondere Trennwandschalen) verschiedener Fundorte vor. Ein bemerkenswertes, dem Grabfund von Frickenhausen vergleichbares Ensemble, das aus einer Vogelklapper und einem Drillingsgefäß besteht, stammt aus einem Grab bei Greding im Landkreis Roth. Eine deutliche Konzentration derartiger Vogelklappern läßt sich im Bereich der Billendorfer Kultur feststellen; nur in geringem Umfang sind sie aus dem Rhein-Main-Gebiet, aus Nordbayern und Südosteuropa bekannt. Der Neufund von Frickenhausen zeigt ebenso wie die in Mainfranken gehäuft auftretenden, zum Teil mit Vogelprotomen versehenen Trennwandschalen Bezüge zum mitteldeutschen Raum. Die Verbindungen scheinen nicht nur formaler Natur zu sein, da sowohl den Vogelklappern wie auch der Verwendung von Trennwandschalen als keramischen Sonderformen ein geistiger Hintergrund zu unterstellen ist. Der Gebrauch von Klappern als Amulette oder im Rahmen kultischer Handlungen wird wegen der häufigen Verbindung mit besonderen Gefäßformen in Grabfunden wahrscheinlicher sein als eine rein profane Ansprache als Kinderspielzeug. Inwieweit es sich bei den oft vermuteten Kindergräbern überhaupt um solche handelt, kann mit Sicherheit erst durch eine anthropologische Bestimmung des Skelettmaterials nachgewiesen werden. Der Leichenbrand aus Grab 2 von Frickenhausen stammt den Analysen (Dr. P. Schröter) zufolge von einem erwachsenen Mann. St. Gerlach

Literatur

G. Kossack, Studien zum Symbolgut der Urnenfelder- und Hallstattzeit Mitteleuropas. Röm.-Germ. Forsch. 20 (Berlin 1954) 50 f. – L. Wamser, Zu den hallstattzeitlichen Trennwandschalen mit und ohne Vogelterrakotten von Aubstadt, Saal a. d. Saale und Zeuzleben. Frankenland N. F. 30, 1978, 337 ff. – M. Hoppe, Die Grabfunde der Hallstattzeit in Mittelfranken. Materialh. Bayer. Vorgesch. A 55 (Kallmünz 1986) 79 f.

Ein »Herrensitz« der Hallstattzeit in Baldingen

Stadt Nördlingen, Landkreis Donau-Ries, Schwaben

Die großflächigen Siedlungsgrabungen entlang dem Goldbach in Baldingen liefern seit Jahren interessante archäologische Befunde, deren Spannbreite vom Altneolithikum bis zur Merowingerzeit reicht. Bei der Kampagne 1992, die das Bayer. Landesamt für Denkmalpflege, Außenstelle Augsburg, unter der örtlichen Leitung von K. H. Henning durchführte, gelang es, die östliche Hälfte einer Graben-Palisaden-Anlage der Hallstattzeit aufzudecken; der andere Teil wurde bereits 1991 dokumentiert. Damit liegt nun ein weiterer Fundpunkt dieser Siedlungsgattung am westlichen Rand ihres Verbreitungsgebiets vor; weiter westlich sind bisher nur der »Herrensitz« von Unterschneidheim und der nicht ausreichend untersuchte Befund auf dem Goldberg bekannt. Mit einer Innenfläche von etwa 9950 m² handelt es sich in Baldingen um einen der größten bislang untersuchten »Herrenhöfe« der Hallstattzeit.

Die Grabenanlage befindet sich auf einem ganz leicht nach Südosten abfallenden Hang nordwestlich des in jüngerer Zeit begradigten Goldbachs. Dieser muß in nachrömischer Zeit etwa 80 m weiter nördlich verlaufen sein, da sein mit schwarzem Sediment verfülltes Bett die südliche Grabenseite des »Herrenhofs« überlagert, die daher nicht erfaßt werden konnte. Aufgrund des im Süden noch auf einer Strecke von 38,50 m erkennbaren Palisadengräbchens läßt sich die Gesamtgröße des Befunds jedoch rekonstruieren (Abb. 31).

Neben »Herrenhöfen« mit zwei oder drei Umfassungsgräben sind auch einige Anlagen der Baldinger Art bekannt, bei denen ein Graben innen von einer Palisade begleitet wird. Ihr paralleler Verlauf in Baldingen spricht für den gleichzeitigen Bau beider Einfriedungen. Der Graben hat heute eine Breite zwischen 2,50 m an der West- und Ostseite und 3,50 m an der Nordfront. Unter Berücksichtigung des erosionsbedingten Bodenabtrags von etwa 0,60–0,80 m dürfte er ursprünglich die beachtliche Breite von bis zu 4,50 m besessen haben. Er ist durchgehend als Sohlgraben mit flach ansteigenden Seiten ausgebildet und weist noch eine Tiefe von 0,60–1 m auf. Die Anlage eines Außengrabens als Sohl- und nicht als Spitzgraben erscheint durchaus nicht ungewöhnlich, wie etwa die »Herrensitze« von Wolkshausen/Rittershausen und Osterhofen-Linzing zeigen. In allen Schnitten hatte die Verfüllung eine einheitlich dunkelgraue bis schwärzliche, lehmig-humose Konsistenz, die für die meisten Be-

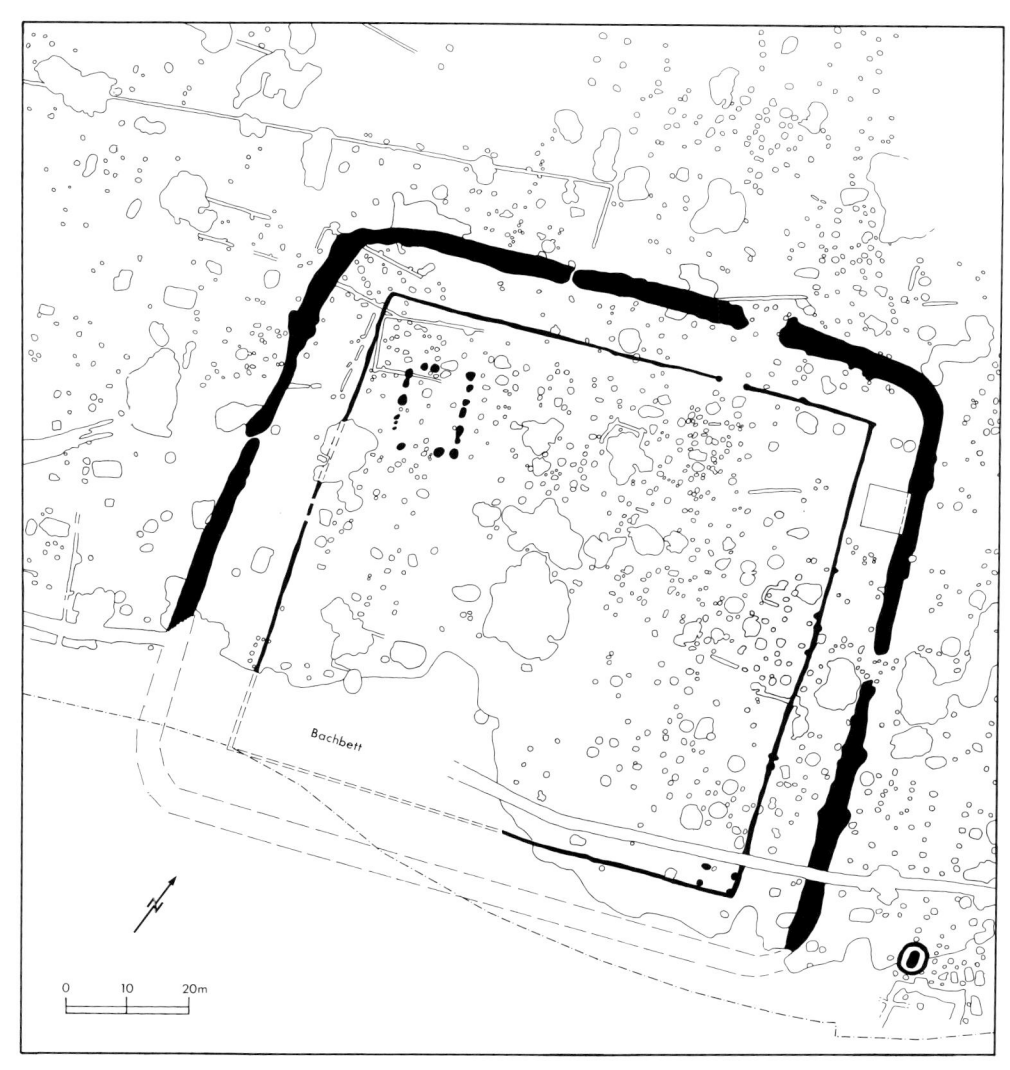

31 *Baldingen. Plan des hallstattzeitlichen »Herrensitzes«.*

funde in Baldingen charakteristisch ist. Der Graben überschneidet sich an einigen Stellen mit jüngeren oder älteren Gruben und wird an der Ostseite von einem nahezu quadratischen römischen Steinfundament überlagert.

Von den an allen drei erhaltenen Seiten zu beobachtenden Grabenunterbrechungen läßt sich lediglich die Erdbrücke an der Nordfront eindeutig als Eingang in das Geviert bestimmen: Sie korrespondiert mit einer etwa gleich breiten, beidseitig von (Tor-)Pfosten flankierten Öffnung in der Palisade. Diese 40 cm breiten Pfostengruben haben noch eine beachtliche Tiefe von 40 cm. Wie einige Längsschnitte ergaben, bestand die Palisade aus dicht nebeneinander gesetzten Hälblingen oder Spaltbohlen, die in Gruppen mit Abständen von 0,70–1 m in das 0,25–0,35 m breite Palisadengräbchen eingetieft waren. Die Zwischenräume überbrückte man wahrscheinlich mit einer Flechtwerkkonstruktion.

Innerhalb des umfriedeten Areals kamen zahlreiche Befunde zutage, darunter auch frühjungneolithische Siedlungsspuren und zwei alamannische Gräber. Außerdem konnten wir mehrere kegelstumpfförmige Vorratsgruben freilegen, die sich im östlichen Teil der Anlage konzentrierten und teils hallstatt-, teils latènezeitliche Keramik enthielten. Erst die Analyse der Keramik wird klären können, ob auf dem »Herrensitz« von Baldingen eine kontinuierliche Besiedlung von der Hallstatt- bis in die Latènezeit vorliegt. Bemerkenswert sind einige Miniaturformen, so beispielsweise ein nur 2,5 cm langes Lappenbeilchen.

Trotz der in großer Zahl dokumentierten Pfosten im Innenbereich des »Herrensitzes« sind offenbar schon viele dieser Befunde der Erosion zum Opfer gefallen, die Rekonstruktion von Hausgrundrissen stößt daher auf große Schwierigkeiten. Zwei eindeutige, durch umlaufende Wandgräbchen markierte Hausreste in der nordwestlichen Ecke des Areals werden vom Graben bzw. der Palisade geschnitten und scheiden damit für die Innenbebauung aus. Lediglich im Nordwesten ist ein Pfostenbau zweifelsfrei erkennbar, doch stammt nur aus einem der zum Grundriß gehörigen Befunde hallstattzeitliche Keramik, zudem liegt das Gebäude nicht parallel zu Graben und Palisade. Für die Zeitgleichheit der Hausgrundrisse und des sie umgebenden hallstattzeitlichen Grabenwerks wird häufig die Orientierung der Gebäude am Verlauf der Einfriedung herangezogen, wenngleich sich in mehreren »Herrenhöfen« der frühen Eisenzeit auch Grundrisse finden, deren Achsen keinen direkten Bezug zum Grabenverlauf nehmen. Die gleiche Ausrichtung von Haus und Grabenwerk stellt offenbar nicht das einzige Kriterium für die Zuordnung dar. Eine eindeutige Datierung der Gebäudegrundrisse auf den teilweise mehrphasigen Siedlungsplätzen ist auch deshalb schwierig, weil die häufig auftretenden Vier- oder Sechspfostenbauten in verschiedenen Zeiten vorkommen.

Knapp 11,50 m östlich der Südostecke des Grabenwerks wurde eine – nach Ausweis der recht spärlichen Keramikreste – hallstattzeitliche Bestattung aufgedeckt. Es handelt sich um ein stark gestörtes nord-süd-orientiertes Körpergrab, das von einem ovalen Gräbchen umgeben ist. Ob wir damit den westlichen Ausläufer des zum »Herrensitz« gehörigen Gräberfelds erfaßt haben, werden vielleicht die noch andauernden Ausgrabungen zeigen.

Wie in den »Herrensitzen« von Landshut-Hascherkeller (West) und Niedererlbach, läßt sich auch in Baldingen die Verarbeitung von Eisen anhand größerer Schlackefunde belegen. Es bleibt jedoch fraglich, ob die in hallstattzeitlichen Grabenwerken nachgewiesenen Handwerkszweige und die Einfriedung der Gehöfte die Bezeichnung »Herrensitz« rechtfertigen. Bei vielen der sog. »Herrenhöfe« besitzen Graben- und/oder Palisade keinen wehrhaften Charakter, wie er für die »Adelssitze« vom Rang einer Heuneburg zweifelsfrei erwiesen ist. Der mittlerweile zwar allgemein verwendete Ausdruck »Herrensitz« impliziert für die umfriedeten Großgehöfte der Hallstattzeit in Bayern eine herausgehobene Stellung, die von den bisherigen Funden und Befunden nicht gerechtfertigt wird.

A. Zeeb

Literatur

K. Leidorf, Südbayerische »Herrenhöfe« der Hallstattzeit. In: Archäologische Denkmalpflege in Niederbayern. 10 Jahre Außenstelle des Bayerischen Landesamtes für Denkmalpflege in Landshut (1973–1983). Arbeitsh. Bayer. Landesamt Denkmalpflege 26 (München 1985) 129 ff. – L. Wamser, Untersuchung eines hallstattzeitlichen Wirtschaftshofs bei Wolkshausen-Rittershausen, Lkr. Würzburg. In: Aus Frankens Frühzeit. Festg. P. Endrich. Mainfränk. Stud. 37 (Würzburg 1986) 91 ff. – H.-U. Glaser, Der hallstattzeitliche »Herrenhof« von Straubing-Kreuzbreite. Jahresber. Hist. Ver. Straubing 91, 1989, 133 ff.

Vorgeschichtliche Siedlungen bei Germering

Landkreis Fürstenfeldbruck, Oberbayern

Die Schotterebene westlich von München ist im Gegensatz zum Norden und besonders dem Osten, wo in den letzten Jahren großflächige Baulandareale untersucht werden mußten, auch heute noch ein weitgehend weißer Fleck auf der archäologischen Landkarte. Wenige Alt- und Zufallsfunde, fast ausschließlich aus Gräbern, ergaben bisher ein sehr unvollständiges Bild der vorgeschichtlichen Besiedlung dieses Raums. Daß auch hier mit bemerkenswerten Befunden zu rechnen ist, zeigt die erste planmäßige Siedlungsgrabung in dieser Region bei Germering.

Am Nordostrand der Stadt liegt zwischen dem geplanten Autobahnzubringer von der B 2 zum Autobahnring München-West (etwa auf Höhe des Aubinger Wegs) und der jetzigen Häusergrenze ein mehrere Dutzend Hektar großes Areal, das mittelfristig zur Bebauung ansteht. Anlaß für eine präventive Grabung war ein zehn Jahre altes Luftbild, auf dem man in einem Feld nahe beim Birnbaumsteig sehr deutlich Pfostenstrukturen erkennen konnte. Auf Initiative und mit Mitteln der Stadt sowie des Landkreises und des Bayer. Landesamts für Denkmalpflege führte der Archäologi-

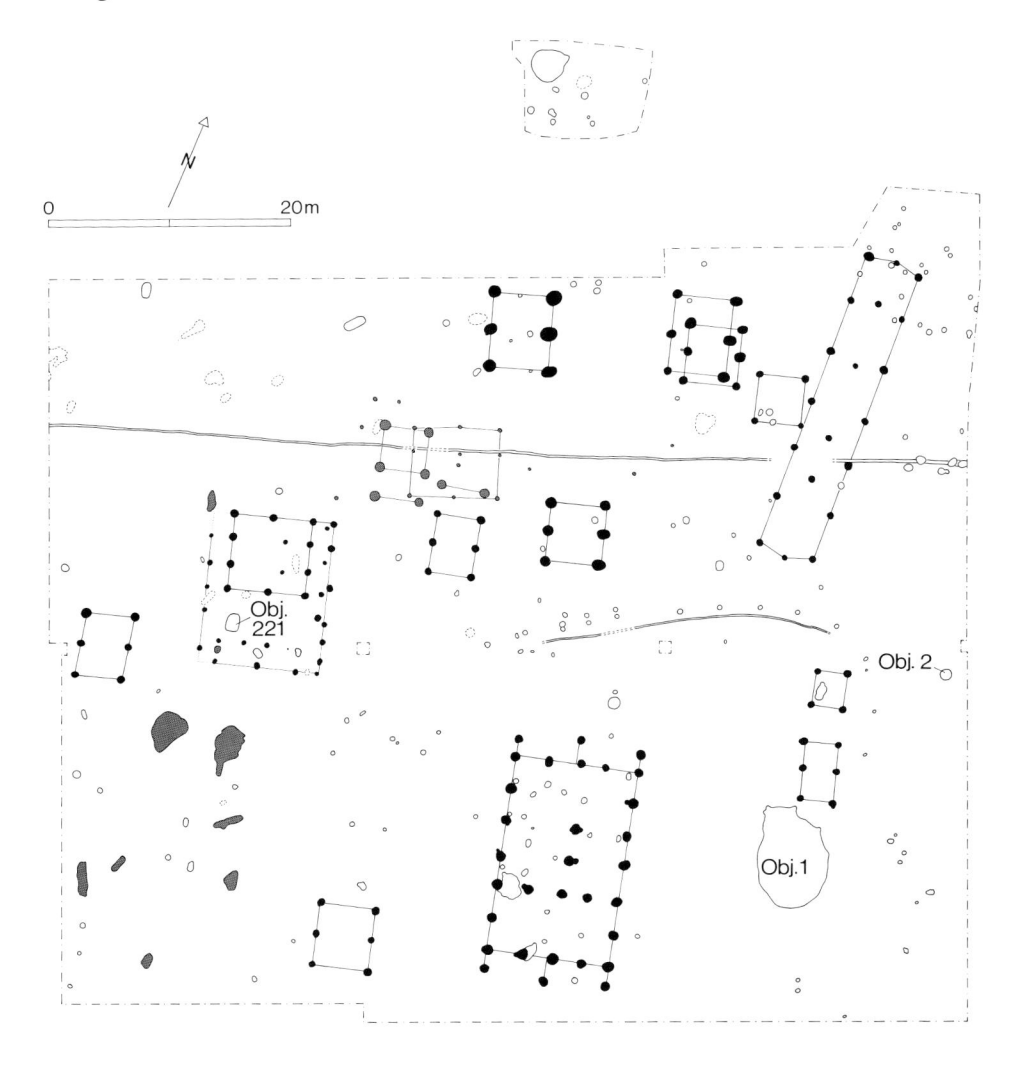

32 *Germering. Plan des Siedlungsareals am Birnbaumsteig. Schwarz: Spätbronze- und Hallstattzeit; grau: Neuzeit.*

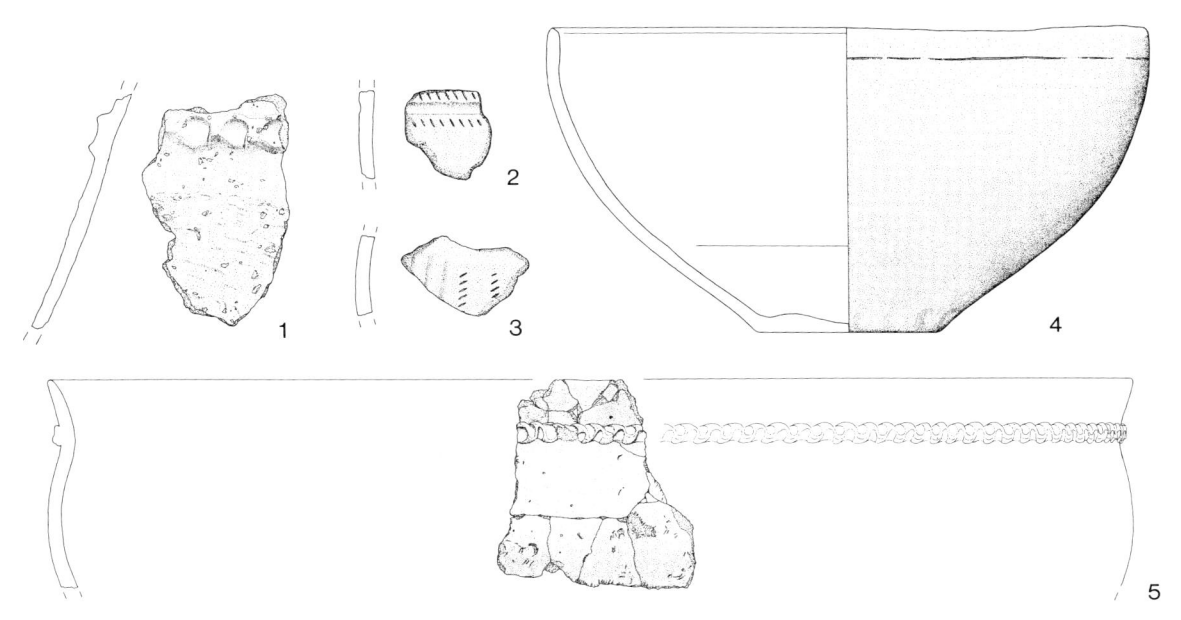

33 *Germering. Siedlungskeramik der späten Bronzezeit (1–3) und der Hallstattzeit (4.5). 1.4 Maßstab 1 : 3; 2.3 Maßstab 2 : 3; 5 Maßstab 1 : 4.*

sche Kreis Germering unter wissenschaftlicher Leitung eine kleine Ausgrabung an dieser Stelle durch.

Schon bald zeigte sich, daß die Befundmenge wesentlich größer war, als das Luftbild hatte vermuten lassen. Andererseits stand an einigen Stellen bereits unmittelbar unter dem Humus der Kies an, was darauf zurückzuführen ist, daß leichte Erhebungen im einst feinen Relief der Schotterebene durch die maschinelle Bodenbearbeitung weitgehend nivelliert wurden und daher der ganze Unterboden (sog. Rotlage) mitsamt seiner archäologischen Substanz fehlte. Trotzdem hatten sich am Birnbaumsteig Hausgrundrisse in seltener Klarheit erhalten. In der zwölfwöchigen Kampagne konnte schließlich eine Fläche von etwa 0,5 ha mit rund 350 Objekten freigelegt werden. Für paläobotanische Untersuchungen (Dr. H. Küster) entnahmen wir aus jedem Objekt Erdproben.

Wie der Plan (Abb. 32) zeigt, kamen auf dem untersuchten Areal 15 Gebäudegrundrisse, zwei Zaungräbchen, ein Brunnen und mehrere Gruben aus vier Zeitabschnitten zum Vorschein. In die frühe Bronzezeit (Bz A) gehört nach derzeitigem Kenntnisstand die Grube Objekt 2, in der sich Teile einer weitmundigen, großen Schale mit einschwingendem Rand und Nuppen fanden. Eine Datierung des nord-südorientierten Langhauses in die späte Bronzezeit (Bz D) legen die Feinkeramik mit feinen Kerbreihen (Abb. 33,2.3) und die dünnwandige Grobkeramik (Abb. 33,1) nahe, die außer im Haus selbst auch sekundär eingelagert in mehreren Objekten späterer Zeitstellung vorkam. Das Gebäude ist bei einer Länge von 27 m nur 4,75 m breit und gleicht damit weitgehend den undatierten und unvollständigeren Häusern am Rande des spätbronzezeitlichen Gräberfelds von Augsburg-Haunstetten. Eine konstruktive Verwandtschaft besteht auch mit den Langbauten vom Typ Straubing-Öberau, wie sie nur etwa 2 km südwestlich des Grabungsfläche an der Krippfeldstraße gefunden wurden. Vermutlich zugehörig ist das kurvig verlaufende Zaungräbchen mit einer Reihe begleitender Pfostenstellungen auf der dem Haus zugewandten Nordseite.

Höchstwahrscheinlich aus der Hallstattzeit stammen die beiden einheitlich nordnordwest-südsüdost-ausgerichteten rechteckigen Großbauten, acht Sechs- und zwei Vierpfostenbauten, das schnurgerade etwa im rechten Winkel zu den Hausachsen verlaufende Zaun- oder Palisadengräbchen sowie der Brunnen. Das 20 × 10 m große Haupthaus mit seinen giebelseitigen Vorbauten ist in seiner Art bisher einmalig. Entfernte Ähnlichkeit besteht mit einem ebenfalls in die Hallstattzeit datierten, aber schlechter erhaltenen Haus aus Eching. Die detaillierte Aufnahme der Grundrißmerkmale wird eine weitgehende Rekonstruktion des stattlichen Gebäudes erlauben, das mitten auf einer der oben angesprochenen leichten Geländeerhebungen errichtet worden war.

Außergewöhnlich ist auch das andere größere Gebäude nordwestlich vom Haupthaus. Um einen 41 m² großen, quadratischen Kernbau verlaufen auf drei Seiten Pfostenreihen, die offenbar eine Art Vorhof bilden. Dort war seitlich eine Grube angelegt (Objekt 221), die durch Hitzeeinwirkung verfärbte, teilweise gesprungene, große Kieselsteine und holzkohlegeschwärzte Erde enthielt. Möglicherweise ist dieser Bau dem kultischen Bereich zuzuweisen. Der Brunnen (Objekt 1) östlich vom Haupthaus präsentierte sich zunächst als riesige ovale Grube mit einem rechteckigen Annex im Nordwesten, die sich erst in rund 2 m Tiefe trichterförmig zum eigentlichen Brunnenschacht verengte. Dieser liegt exzentrisch unter der Südhälfte des Ovals, mißt etwa 2 × 1,20 m und wurde bis in eine Tiefe von 4 m unter der heutigen Oberfläche erforscht. Dann mußten wir die Arbeiten hier aus verschiedenen Gründen einstellen. Wenn in naher Zukunft auf den Anschlußflächen weitergegraben wird, ist eine nochmalige Öffnung des Brunnens fest eingeplant. Aus der Verfüllung des Schachts stammen Teile einer Schale (Abb. 33,4), die sich, wie auch die Reste eines Großgefäßes aus einer anderen Grube (Abb. 33,5), zwanglos in das Formenspektrum der hallstattzeitlichen Siedlungskeramik einreihen.

Auch wenn nicht alle Nebengebäude unbedingt zeitgleich sind, kann man beobachten, wie das schnurgerade Zaungräbchen an der einzigen Stelle verläuft, an der keiner der Bauten im Weg steht. Dies und die Tatsache, daß auf den umliegenden Feldern im Luftbild noch einige, zum Teil auch größere Brunnen zu erkennen sind, läßt vermuten, daß das Gräbchen die Grenze zwischen zwei Hofarealen darstellte. Mehrere solche Höfe, jeweils mit Hauptgebäude, Nebengebäuden und Brunnen, scheinen also hier in der Schotterebene eine weilerartige Siedlung gebildet zu haben.

In die Neuzeit schließlich datieren, wie das Vorkommen glasierter Keramik belegt, mehrere Gruben unbekannten Verwendungszwecks, eine Art leichte Feldscheune (?) und ein quadratisches Bauwerk, begleitet von zwei separaten Pfostenpaaren. Letzterer Befund wurde schon an der Krippfeldstraße beobachtet und auch dort als zweifelsfrei neuzeitlich erkannt.

W. Leitz

Literatur

St. Winghart, Arch. Jahr Bayern 1983, 65 ff. – M. M. Rind, Siedlungen und Hausbau in Bayern während der Metallzeiten. In: Bauern in Bayern. Von den Anfängen bis zur Römerzeit. Kat. Gäubodenmus. Straubing 19 (Straubing 1992) 107 ff.

Ein umfriedeter »Tempelbau« der älteren Eisenzeit beim Erlachhof

Gemeinde Kösching, Landkreis Eichstätt, Oberbayern

Im Frühjahr 1992 begann die Gesellschaft für Grundstücksverwaltung »Terreno« auf einem etwa 2 km² großen Gelände südlich von Kösching, wo sich auch die heute stillgelegte Shell-Raffinerie befindet, mit Erschließungsarbeiten für einen geplanten Gewerbepark (In Ter Park). Der Abtrag des Oberflächenerdreichs erfolgte in einzelnen Abschnitten mittels eines Baggers mit Humusschaufel, wobei sich schon bald Bodenverfärbungen von großer Dichte und Vielfalt zeigten. Im Zuge der mehrmonatigen Rettungsgrabungen konnten wir einen Großteil der aufgedeckten Befunde untersuchen und zahlreiche Funde bergen.

Nur wenige Stunden nach Beginn der Arbeiten wurde ein schnurkeramisches Grab mit Vierfachbestattung freigelegt (s. S. 44 f.). Bei der Flächenerweiterung zeichnete sich eine kreisförmige Grabenanlage mit zentraler Innenbebauung ab, die für die Hallstattzeit Süddeutschlands bislang völlig einmalig ist (Abb. 34; 35). Bereits nach dem maschinellen Abtrag des Oberbodens waren im hellen Untergrund deutlich zwei annähernd runde, humos verfüllte Gräben mit etwa U-förmigem Querschnitt zu erkennen. Der Durchmesser des äußeren Grabens betrug gut 30 m, jener der Innenfläche knapp 20 m. In den teilweise metertief erhaltenen Grabenverfüllungen lagen zahlreiche Keramikscherben, darunter auch vollständige Gefäße, sowie Tierknochen und die kalzinierten Reste verbrannter Knochen. Bei der im Süden

34 *Kösching. Blick von Norden auf die Grabenanlage. Bayer. Landesamt für Denkmalpflege Luftbildarchäologie, Aufnahmedatum 28. 5. 1992, Fotograf K. Leidorf, Archivnr. 7334/275a-2, Dia 6658-2.*

des inneren Grabens festgestellten Erdbrücke dürfte es sich um den ehemaligen Zugang handeln.

Im Zentrum der Grabenanlage zeigten sich Pfostenspuren eines rechteckigen Gebäudes von 6,30 × 7,50 m Grundfläche, das von den bekannten Grundrissen der älteren Eisenzeit deutlich abweicht. Mit einer Datierung in die späte Hallstattzeit könnte es ein frühes Zeugnis eines in sakralem Kontext stehenden Bauwerks sein. Ohne detaillierte Auswertung läßt sich allerdings weder über die Funktion noch über das mögliche Aussehen dieses »Tempels« allzuviel sagen. Denkbar wäre jedoch, daß die äußeren, fast metertiefen, starken Pfosten das tragende Gerüst darstellten, während die inneren, deutlich geringer eingetieften zu einer »Cella« gehörten (Abb. 36).

Im Süden schließt ein von Gräben und Palisaden umgebener Bezirk an, der deutlich Bezug auf das Grabenwerk nimmt. Die dort zu beob-

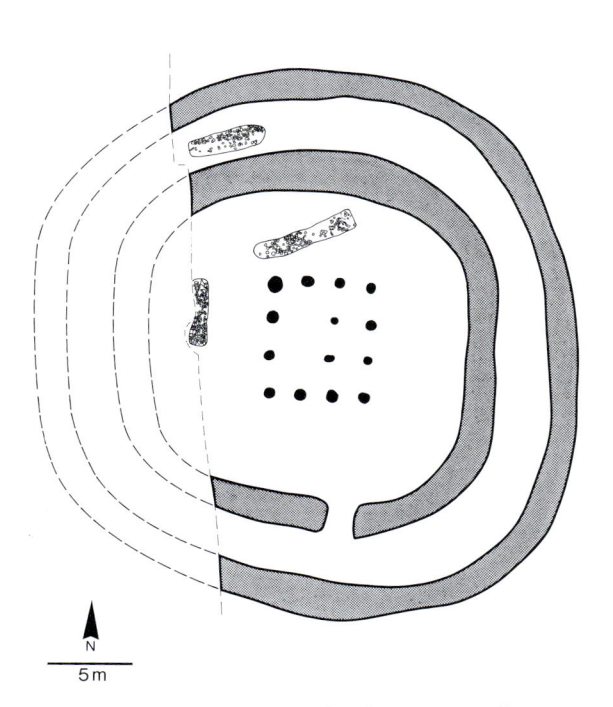

35 *Kösching. Plan des umfriedeten »Tempelbaus«.*

achtenden Gräben waren mehrfach durch Erdbrücken unterbrochen. Der Durchmesser der gesamten Anlage in nordsüdlicher Richtung beträgt rund 80 m. Möglicherweise stellt diese Erweiterung eine jüngere Bauphase dar, der wohl vier Brandopferstellen zuzuordnen sind. Es handelt sich dabei um langrechteckige, durchschnittlich 4 bzw. 6 m lange und 1 m breite, mit Kalksteinen gefüllte Gruben, von denen eine nord-süd- und drei ost-west-orientiert waren. Kalksteine und Gruben zeigten Spuren starker Hitzeeinwirkung. Drei dieser mutmaßlichen Opferaltäre liegen innerhalb des nördlichen Grabenwerks, einer im südlichen Eingangsbereich der Erweiterung.

Eine abschließende Bewertung des Befunds kann zum gegenwärtigen Zeitpunkt freilich noch nicht erfolgen. Im Vergleich mit den bekannten Grabenanlagen der Hallstattzeit finden sich keine Parallelen. Der von zwei Gräben eingefaßte, nahezu quadratische Gebäudegrundriß sowie die als Brandopferaltäre deutbaren Steinpackungen legen eine Interpretation als Kultstätte zumindest nahe, wofür auch topographische Kriterien sprechen. Der Platz liegt nämlich zentral in einer beckenartigen, sehr fruchtbaren Siedlungskammer von nur wenigen Kilometern Durchmesser, an deren Rand bislang sieben zum Teil befestigte Siedlungen der Hallstattzeit durch Luftbilder und Begehungen nachgewiesen werden konnten. Er ist von all diesen Siedlungsstellen aus einsehbar. In unmittelbarer Umgebung befinden sich mehrere ehemalige Karstquellen, die zum Köschinger Bach hin entwässern. Nur wenige Meter nördlich der Anlage beginnt ein Niedermoor mit mehrere Meter mächtigen Torfablagerungen, wo bei maschinellen Erschließungsarbeiten Tierknochenfunde und Eichenhölzer zutage gekommen waren. Das Grabenwerk erfüllt durch seine Nähe zu den Quelltöpfen, zum Moor und zu einem zentralen Gewässer die Kriterien eines »heiligen Platzes«. Quellen, Moore und Gewässer sind vielfach belegte Opferstätten für die Götter der Unterwelt.

Während der mehrmonatigen Ausgrabung im Bereich der Straßentrassen konnten wir auch Befunde und Funde anderer Zeitstellung dokumentieren: Steinwerkzeuge der Altsteinzeit, einen Karstquelltopf mit Fundmaterial der Linearbandkeramik, Siedlungsbefunde der Münchshöfener Gruppe, der Bronze-, Urnenfelder- und Hallstattzeit, Brandgräber der Urnenfelderzeit, ferner umfangreiche römische Bau- und Siedlungsreste sowie eine Siedlung der Völkerwanderungszeit.

Die archäologischen Untersuchungen im Gelände des In Ter Parks kamen unvermittelt und waren nicht vorauszuplanen. Anfängliche Terminvorgaben von nur wenigen Wochen Grabungseinsatz ließen Schlimmstes befürchten. Personal im Rahmen von Arbeitsbeschaffungsmaßnahmen war wegen fehlender Mittel nicht einsetzbar. Dank der finanziellen Unterstützung durch die Gesellschaft »Terreno« konnten wir Asylbewerber beschäftigen, für deren Transport weitgehend der Markt Kösching sorgte. Die Arge In Ter Park stellte die nötigen Gelder für einen wissenschaftlichen Grabungsleiter zur Verfügung, den Einsatz studentischer Hilfskräfte ermöglichten Sondermittel des Bayer. Staatsministeriums für Unterricht, Kultus, Wissenschaft und Kunst. Der Markt Kösching übernahm die gesamte Abrechnung.

36 *Kösching. Rekonstruktion des umfriedeten »Tempelbaus«.*

Die bislang untersuchte Fläche stellt allerdings nur einen geringen Teil des Gesamtareals dar, auf dem mit weiteren bedeutenden archäologischen Befunden zu rechnen ist. Für 1993 stehen voraussichtlich erneut keine ABM-Mittel zur Verfügung, auch ist eine finanzielle Unterstützung durch die »Terreno« und die Erschließungsfirmen aller Voraussicht nach nicht mehr in spürbarer Höhe zu erwarten. Trotz alledem bleibt die Hoffnung auf den sprichwörtlichen Silberstreif am Horizont sowie auf die Einsicht und das Wohlwollen der zukünftigen Partner.   K. H. Rieder

Ein hallstattzeitlicher Grabhügel bei Lohma

Stadt Pleystein, Landkreis Neustadt a. d. Waldnaab, Oberpfalz

In der Nähe der bayerisch-tschechischen Grenze wurde im August und September 1992 die Ausgrabung eines hallstattzeitlichen Grabhügels fortgesetzt, der schon allein wegen seiner Lage in einer bisher weitgehend fundleeren Region besonderes Interesse hervorgerufen hat. Er liegt in einer mit nur drei Grabhügeln sehr kleinen Nekropole in einem Waldstück nahe der kleinen Oberpfälzer Ortschaft Lohma.

Erst 1989 hatte der Pleysteiner Heimatforscher S. Poblotzki die bis dahin in keiner topographischen oder archäologischen Karte verzeichneten Hügel entdeckt. Die Lage der Grabgruppe an der seit dem 16. Jahrhundert zunehmend genutzten Hauptverbindung Nürnberg–Prag belegt diesen Verkehrsweg nach Böhmen, wie bereits seit längerem angenommen, auch für vorgeschichtliche Zeiten. Das bisher äußerst spärliche Fundaufkommen in diesem Gebiet dürfte nicht nur auf die landschaftliche Ungunst, sondern ebenso auf mangelnde Fundgelegenheiten und eingeschränkte Beobachtungstätigkeit zurückgehen.

Während die beiden Hügel 1 und 3 mit mehr als 2 m Höhe und zwischen 12 und 16 m Durchmesser noch sehr gut erhalten sind, war Hügel 2 durch einen von forst- und landwirtschaftlichen Maschinen genutzten Weg bereits so stark abgetragen, daß Kreisheimatpfleger P. Staniczek und seine neunte Hauptschulklasse unter Leitung des Bayer. Landesamts für Denkmalpflege, Außenstelle Regensburg, im Jahr 1990 mit einer ersten Sondage der direkt unter der Lehmschicht liegenden Steinpackung im Wegbereich begannen. Hatte man zunächst eher an einen Lesesteinhaufen gedacht, so zeigten 1991 erste Keramik- und Leichenbrandfunde bei erneuten, allerdings von äußerster Mittel- und Personalknappheit geprägten Grabungen, daß es sich tatsächlich um einen hallstattzeitlichen Grabhügel handelte. Bei der grabungstechnisch nicht unumstrittenen Anlage eines Profilgrabens stieß man zudem auf erste Spuren von kompakteren verbrannten Holzresten. Der Hügel wurde daraufhin 1992 bei deutlich verbesserter finanzieller und personeller Ausstattung durch das Bayer. Landesamt für Denkmalpflege und ein Fachstudententeam der Universität Regensburg untersucht.

In der Mitte des noch bis 1,60 m hohen und 15–16 m Durchmesser großen Erdhügels befand sich direkt unter der Lehmüberdeckung eine abgerundet viereckige, etwa 3,80 × 4,20 m messende und 80–90 cm mächtige Steinpackung, von der bereits beträchtliche Teile durch den Weg abgetragen worden waren. Darunter lagen verbrannte und kompakt erhaltene Holzbalken (Abb. 37,B 1–11), die einen etwa 3 × 3 m großen, rechteckigen Brandschüttungsbereich mit mehreren Leichenbrand- und Gefäßdeponierungen begrenzten. Bis auf die bereits weitgehend korrodierten Reste eines auf dem Leichenbrand niedergelegten Eisenmessers kamen in dem für Eisenobjekte ohnehin sehr ungünstigen Boden keine Metallbeigaben zutage.

Im Norden und Westen des zentralen Bereichs zeigten sich zahlreiche Asche- und Holzkohleflecken sowie zwei Brandstellen. Im Osten legten wir in einer muldenartigen Vertiefung von etwa 0,60 m Durchmesser eine Brandnachbestattung frei, die als einzige Beigabe ein Gefäß enthielt. Teile der zerscherbten Keramik waren von einem flachen Stein abgedeckt.

Trotz des stark nässestauenden Pseudo-Gley-Bodens hatten sich leider nur verbrannte bzw.

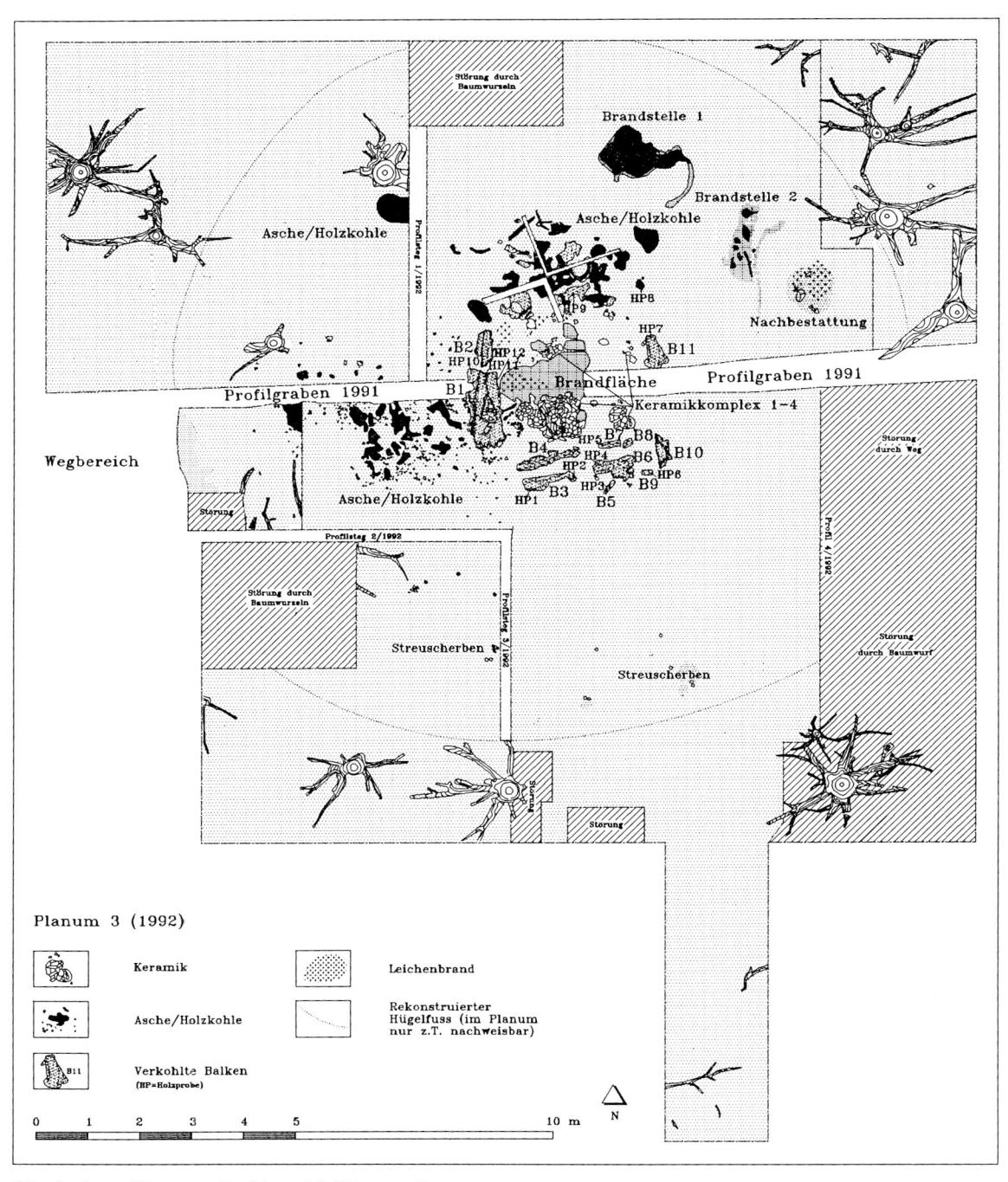

37 *Lohma. Plan von Grabhügel 2 (Planum 3).*

verkohlte Hölzer im Boden erhalten. Immerhin kann man aus diversen kleinen Beobachtungen einen vielschichtigen Bestattungsablauf rekonstruieren, der sich an dieser Stelle nur summarisch skizzieren läßt. Eine 0,5–1 cm tiefe, rot verziegelte Fläche im Hügelzentrum mit zahlreichen verkohlten Hölzern legt nahe, daß sich hier der Scheiterhaufen befand, der nach dem Auslesen des Leichenbrands offenbar säuberlich ausgeräumt wurde. Die »ausgeräumten« Reste zeigten sich als zahllose verstreute Asche- und Holzkohlespuren im Norden und Westen der Brandfläche. Auf diesem so für die eigentliche Bestattung vorbereiteten Platz deponierte man – zum Teil auf dem verkohlten Balken – die nicht sekundär verbrannten Gefäße (Abb. 37,B 1) und den ausgelesenen Leichenbrand. Die beiden Brandstellen nordöstlich der Hauptbestattung weisen auf weitere »rituelle« Handlungen im Hügel hin.

Leider konnten an der Hügelperipherie bzw. zwischen den Grabhügeln nur einige kleine

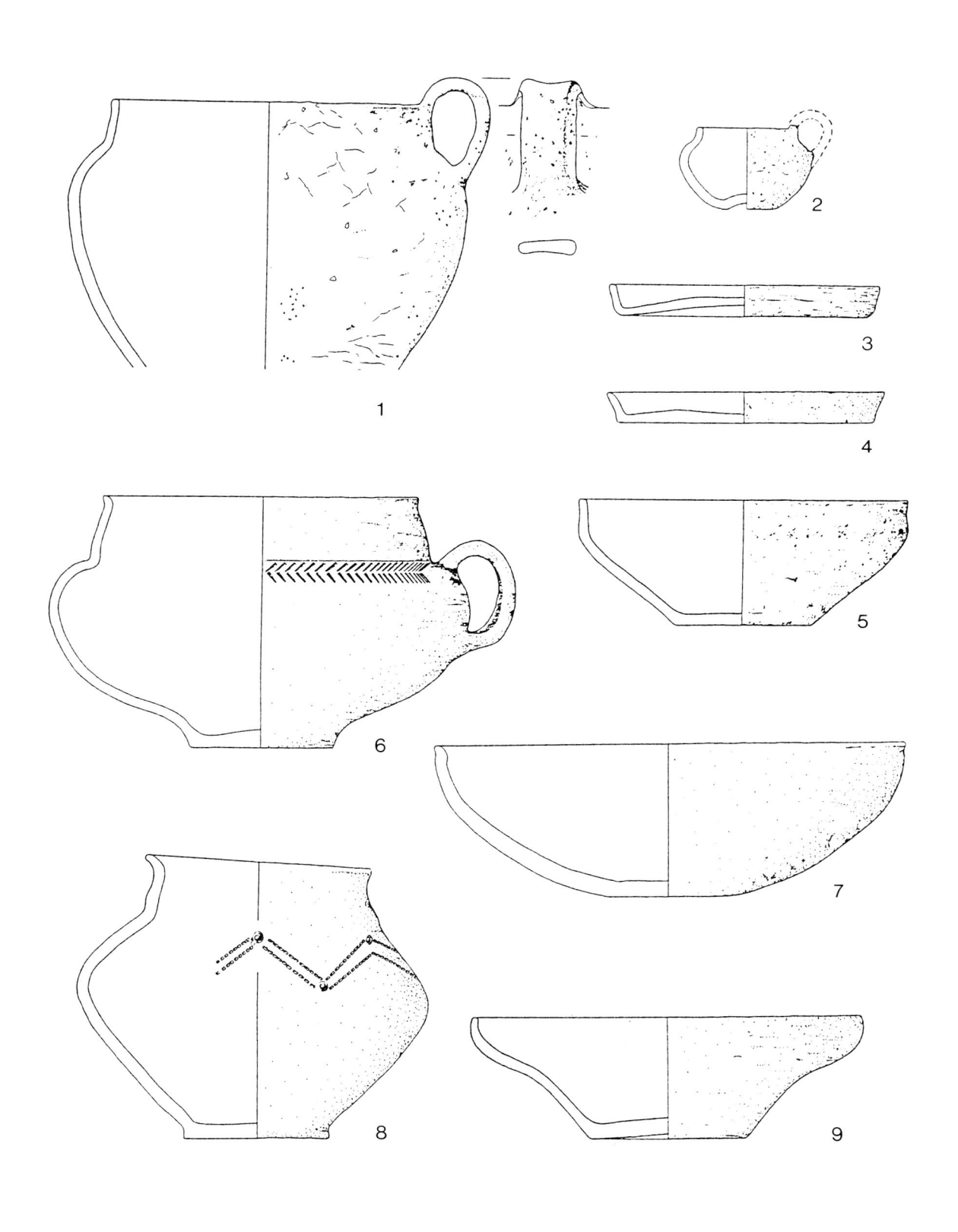

38 *Lohma. Auswahl von Gefäßbeigaben aus Grabhügel 2. Maßstab 1 : 3.*

Suchflächen angelegt werden, die befundlos blieben, doch lassen die Nachbestattung sowie weit streuende Scherben auch in Lohma die mittlerweile vielfach nachgewiesenen »kleinen Brandgräber« zwischen den Hügeln möglich erscheinen.

Von den über 20 in der Regel dunkel- bis lederbraun gebrannten, grob gemagerten und zum Teil stark graphitierten Gefäßen wurde erst ein Teil restauriert und gezeichnet (Abb. 38). Ebenso liegen von den zahlreichen Boden- und Holzproben (Buche, Nadelholz) bisher keine Bestimmungen vor, wie auch die anthropologische Untersuchung der Leichenbrände noch aussteht. Das keramische Fundmaterial von Lohma bietet jedenfalls neben beeinflußten auch »echte« böhmische Gefäßtypen, die wir aus der Oberpfalz bislang nur von einigen neueren Fundplätzen im Naab- und Schwarzachtal kennen. Für die nicht ganz unproblematische Feindatierung bleibt die vollständige Restaurierung abzuwarten. Soweit bisher beurteilbar, sind die Gefäße eher der Stufe Hallstatt D zuzuweisen.

Die Ausgrabung wurde sowohl vor Ort als auch bei der noch nicht abgeschlossenen Auswertung der Grabungsergebnisse umfänglich durch EDV-Einsatz seitens der Firma ArcTron, Regensburg, unterstützt. Zum Einsatz kam ein komplexes System über Schnittstellen gekoppelter CAD-Grafik (Computer Aided Design), verschiedener Datenbankanwendungen und einer Photoverwaltung. Die hier erzielten Ergebnisse erlauben es, bereits während oder direkt nach Ende der Grabungen zahlreiche Aspekte der Dokumentation im Computer verfügbar und überprüfbar zu halten, was nicht nur für die Interpretation und schnelle Befund- bzw. Fundsichtung neue Bearbeitungsmöglichkeiten eröffnet.

M. Schaich

Literatur

V. Šaldová, Die westböhmischen späthallstattzeitlichen Flachgräber und ihre Beziehung zu den zeitgleichen westböhmischen Hügelgräbern (Das Gräberfeld von Nynice und Žákava-Svárec). Památky Arch. 62, 1971, 1 ff. bes. 108 ff. (deutsche Zusammenfassung). – W. Torbrügge, Die Hallstattzeit in der Oberpfalz I. Auswertung und Gesamtkatalog. Materialh. Bayer. Vorgesch. A 39 (Kallmünz 1979). – D. Koutecký, Die hallstattzeitliche Besiedlung in Nordwestböhmen. Bronze-, hallstatt- und frühlatènezeitliche Funde im Raum von Kadaň (I und II). Arch. Rozhledy 40, 1988, 49 ff. 254 ff.

Drei Sonderbestattungen von der Ehrenbürg

Schlaifhausen, Gemeinde Wiesenthau, Landkreis Forchheim, Oberfranken

In Zuge unserer seit 1989 währenden Siedlungsgrabung innerhalb der 36 ha großen frühlatènezeitlichen Befestigungsanlage gelang es immer wieder, einige außergewöhnliche Befunde freizulegen.

Im vergangenen Jahr untersuchten wir nun eine Grube (Abb. 39,1), auf deren Boden das Skelett einer Frau mit unnatürlich umgebogenen Beinen lag, die offenbar eines gewaltsamen Todes gestorben war. Man hatte die Tote, wohl um sie in der Grube zu bannen, mit großen Steinen zugedeckt. Außerdem enthielt die Grube 62 vielleicht absichtlich zerscherbte hallstattzeitliche Keramik und drei Spinnwirtel (mit Amulettcharakter?). Die Frau war mit einem hohlen Steigbügelarmring, einem Fingerring und zwölf Ohrringen aus Bronze geschmückt, die den Befund in die späte Hallstattzeit datieren (Abb. 40,1–14). Hierbei kann es sich natürlich nicht um eine reguläre Bestattung handeln, da diese einerseits innerhalb einer Siedlung lag, andererseits während der Hallstattzeit eine gestreckte nord-süd-orientierte Körperlage in Grabhügeln üblich war. Vielmehr muß man an ein Opfer in einem Schacht (!) denken, das vielleicht als eine Art Bauopfer zu Anfang der eisenzeitlichen Besiedlung der großen Befestigungsanlage dargebracht wurde. Hierfür spricht auch die durchaus festliche Ausstattung der Toten.

Bereits 1991 konnten wir die Grube 16 (Abb. 39,2) untersuchen, auf deren Boden die untere Hälfte eines männlichen Skeletts auf dem Bauch lag. Quer zum Becken hatte man den linken Unterarm mit der Hand gelegt. Da diese Grube nur eine Länge von 1,60 m besaß, han-

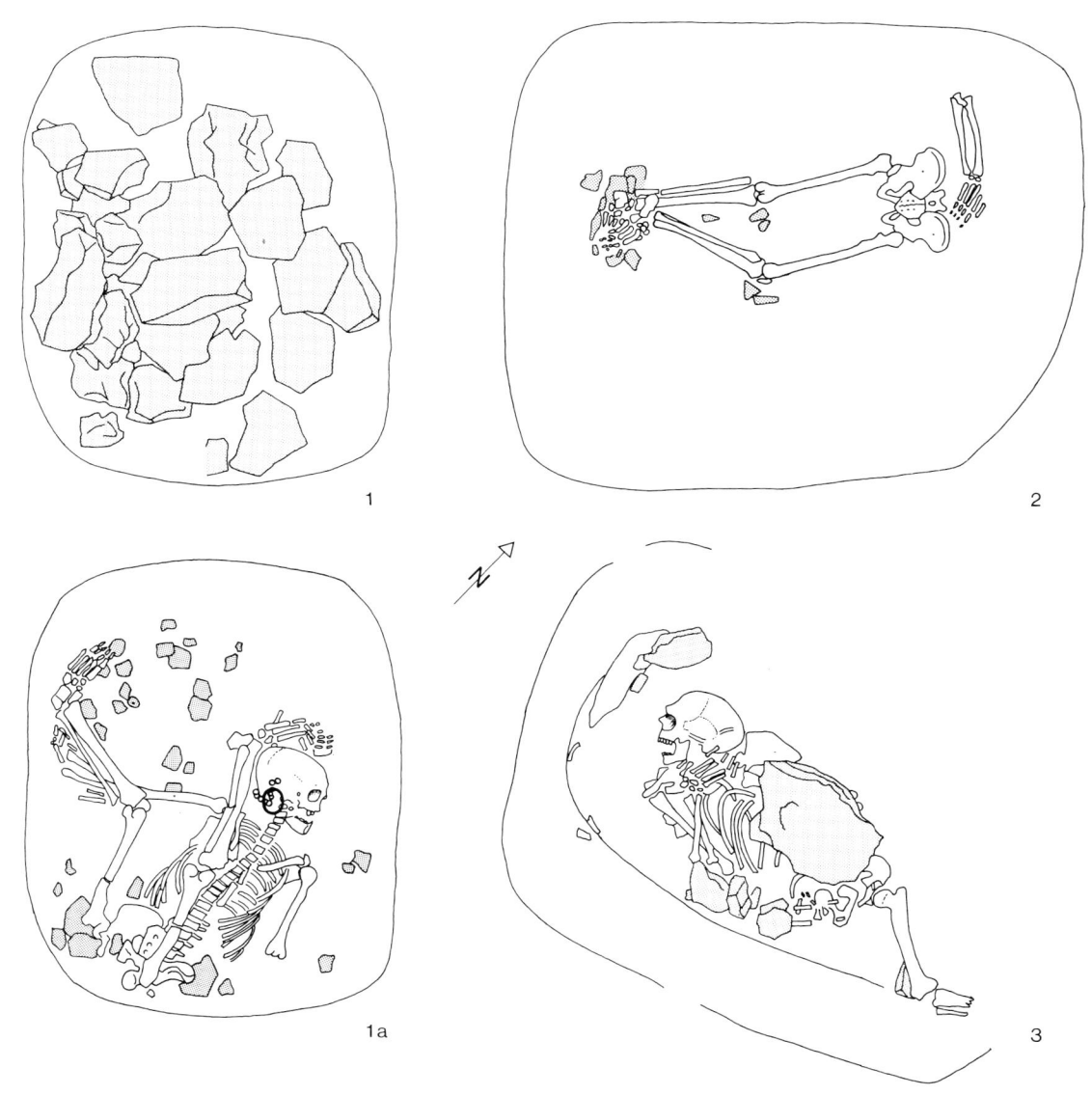

39 *Ehrenbürg. Pläne der Gruben 62 (1), 16 (2) und 19 (3). Maßstab 1 : 20.*

delt es sich hier um eine Teilbestattung kultischen Charakters. Vielleicht wollte man die Gefahr, die von der Person ausging, durch die Zerteilung bannen. Eine etwa 30 cm über dem Skelett gefundene, zusammengebogene frühlatènezeitliche Lanzenspitze aus Eisen (Abb. 40,15) könnte wegen ihrer wohl absichtlichen Beschädigung zu dem Toten gehört haben, obwohl der Befund hier keine eindeutige Aussage erlaubt. Da es sich jedoch nicht um eine regelhafte Bestattung handelte, hatte man die Lanze, nachdem sie unbrauchbar gemacht worden war, vielleicht einfach in die Grube geworfen.

Im selben Jahr wurde die zeitgleiche Grube 19 ausgegraben, in deren oberem Teil ein männliches Skelett ohne Beigaben lag. Das Skelett wies keine Verletzung auf, außer daß man dem Toten das linke Bein abgenommen hatte (Abb. 39,3). Dem Befund nach war er hastig und wenig liebevoll auf dem Bauch in die Grube geschleift und mit einem großen Stein beschwert worden. Man gewinnt geradezu den Eindruck einer Notbestattung eines wohl »gefährlichen« Menschen, vor dem man sich auch nach dessen Tod noch schützen mußte, worauf das Entfernen eines Beins, das Beschweren des Körpers mit einem Stein und die Bauchlage hinweisen. Die ^{14}C-Datierung (freundliche Bestimmung Dr. B. Kromer, Institut für Umweltphysik der Universität Heidelberg) ergab ein kalibriertes Alter von 398–385 v. Chr., was recht nahe an das Ende der frühlatènezeitlichen Befestigung heranreicht.

Die Gruben markieren somit Anfang und Ende der frühkeltischen Besiedlung der Ehrenbürg, einerseits mit einem Bauopfer, das vielleicht

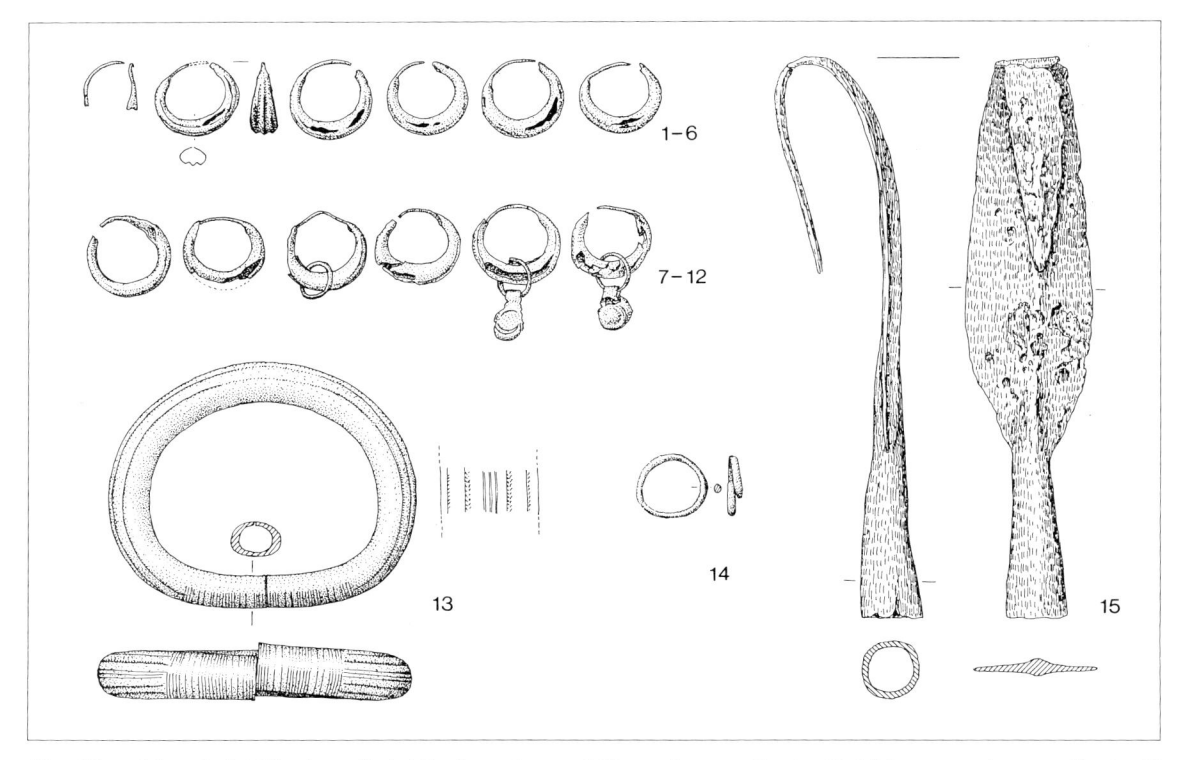

40 *Ehrenbürg. 1–14 Ohrringe, Steigbügelarmring und Fingerring aus Grube 62; 15 Lanzenspitze aus Grube 16. Maßstab 1 : 2.*

den Segen der Götter für die neu gegründete Siedlung beschwören sollte, andererseits mit dem Verscharren eines »gefährlichen« Mannes und der Teilbestattung eines zweiten innerhalb der Befestigungsanlage, was an sich schon ungewöhnlich ist und auf eine unstabile politische Ordnung schließen läßt (kriegerische Auseinandersetzungen, soziale Spannungen), die dem nahen Ende der Mittelpunktssiedlung vorausgeht.

Das Bestatten innerhalb der Siedlung bzw. in Siedlungsgruben entspricht, wie wir gesehen haben, nach dem derzeitigen Forschungsstand nicht dem regulären Grabritus der Hallstatt- und Latènezeit Nordbayerns. Zur Deutung der Skelettfunde aus den Gruben 16, 19 und 62, die von praktisch-hygienischer Körperbeseitigung (»Notbestattung«) bis zum Opfer reicht, soll eine anthropologische Untersuchung beitragen, deren Ergebnisse im folgenden kurz angezeigt werden.

Grube 16 enthielt das Teilskelett (oberes Ende der rechten Speiche, linke Unterarm- und Handknochen; 5. Lendenwirbel, Becken- und untere Extremitätenknochen) eines ältererwachsenen, ungefähr 166 cm großen Mannes (Körperhöhe nach Breitinger aus der Länge der Oberschenkelknochen). Die Knochen zeigen keine Spuren irgendwelcher Manipulationen, etwa Anzeichen einer Abtrennung des Unterkörpers vom Rumpf bzw. der Unterarme im Ellbogengelenk.

In Grube 19 fand man das unvollständige Skelett (das ganze linke Bein fehlt) eines erwachsenen (spätadulten), nach Breitinger rund 170 cm großen Mannes mit langförmigem Schädel und hoch-schmalförmigem Gesicht (robust-leptodolichomorpher Typus). Erwähnenswert erscheinen zwei Anomalien, nämlich zwei überzählige obere Schneidezähne und der vollkommen offene Sakralkanal. Fugenbildungen in der Dornfortsatzreihe der oberen Kreuzbeinwirbel (Spina bifida) sind relativ häufige Entwicklungsstörungen leichter Art, die meist keine Schmerzen verursachen. Im Bereich des linken Ellbogengelenks fallen alte Knochenabtragungen auf (sicher keine Grabungsdefekte), deren Entstehung unklar ist.

Das ziemlich vollständige Skelett eines erwachsenen (spätadulten oder frühmaturen), ausweislich der Beigaben offenbar weiblichen Individuums aus Grube 62 zeigt bei einigen der üblicherweise zur Geschlechtsbestimmung am Schädel und an den langen Extremitätenknochen herangezogenen Robustizitätsmerkmale durchaus »männliche« Ausbildung (große Warzenfortsätze, Humerusschaftumfänge und Femurkopfdurchmesser; kräftige Sehnen- und

Muskelansätze). Diese ungewöhnlich robuste Frau mit langförmigem Schädel und nahezu hoch-schmalförmigem Gesicht erreichte (nach Bach) eine Körperhöhe von ungefähr 160 cm (kraniotypologisch robust-leptodolichomorph). Während bei den Männern aus den Gruben 16 und 19 jeglicher Hinweis auf die Todesursache fehlt, weist das linke Scheitelbein der Frau im Winkel zwischen Pfeil- und Lambdanaht einen alten Lochdefekt mit radialen Bruchlinien auf (der Schädel wurde später durch Bodendruck leicht verformt), der an einen Tod durch stumpfe Gewalt denken läßt. Der »schlimme Tod«, etwa durch Gewalteinwirkung oder bestimmte Krankheiten, der oft zur Erklärung von »Sonderbestattungen« herangezogen wird, hinterläßt leider nur in seltenen Fällen eindeutige Spuren an den Knochen.

B.-U. Abels und P. Schröter

Literatur

L. Pauli, Keltischer Volksglaube. Münchner Beitr. Vor- u. Frühgesch. 28 (München 1975) 140 ff. – B.-U. Abels, Archäologischer Führer Oberfranken. Führer Arch. Denkmäler Bayern. Franken 2 (Stuttgart 1986) 195 ff. – Ders., Überblick über die Besiedlung der Ehrenbürg in vorgeschichtlicher Zeit. Ber. Bayer. Bodendenkmalpflege 30/31 (im Druck).

Eine Siedlung der Späthallstattzeit auf dem Kapellenberg bei Marktbreit

Landkreis Kitzingen, Unterfranken

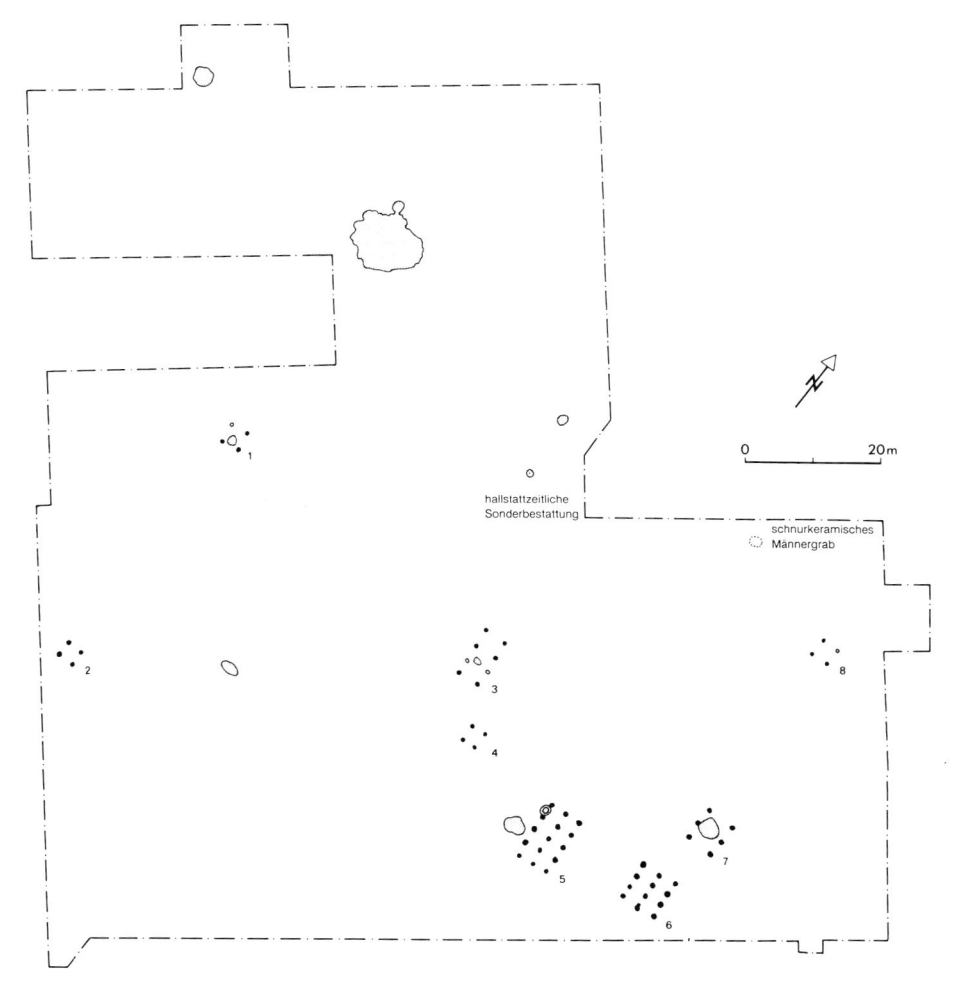

41 *Marktbreit. Plan der hallstattzeitlichen Befunde im Bereich der zentralen römischen Lagerbauten (Fläche 9, 13, 15 und 16).*

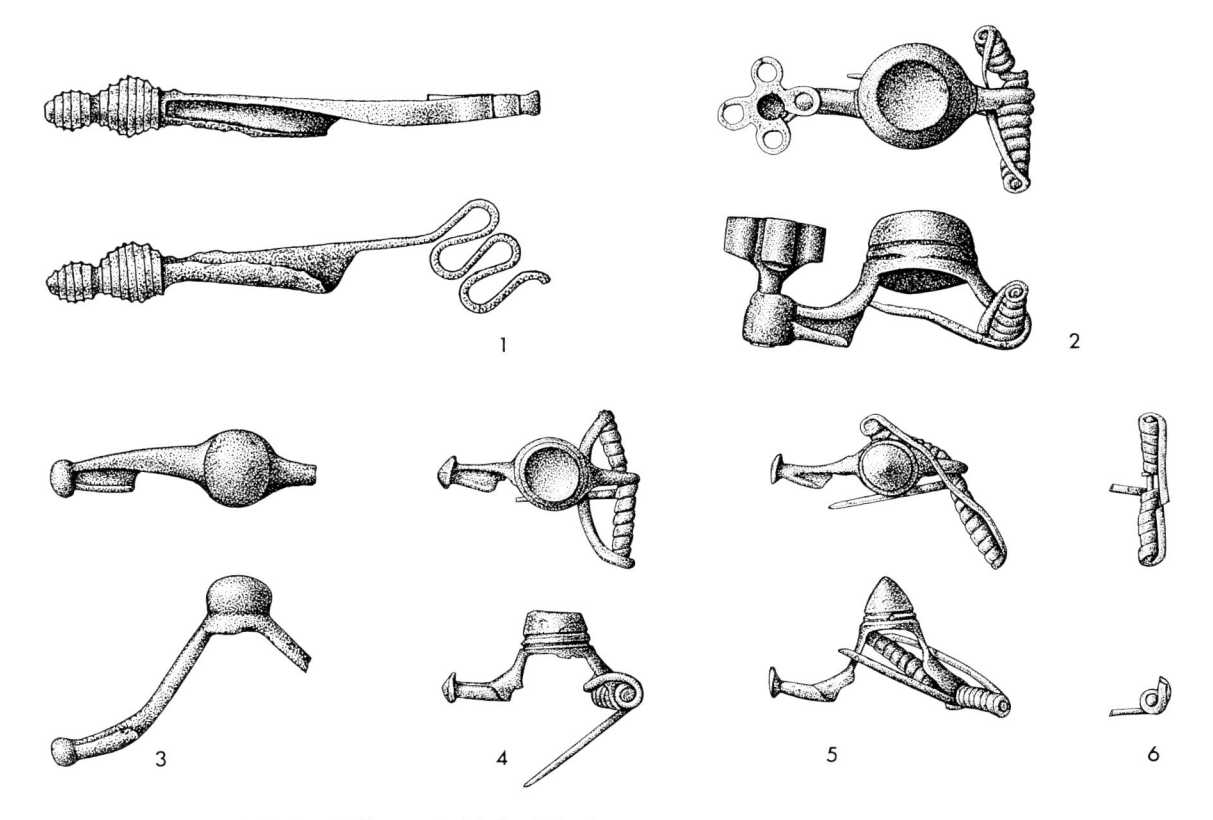

42   Marktbreit. Fibeln der Hallstattzeit. Maßstab 1 : 1.

Nach Beendigung der archäologischen Untersuchungen im augusteischen Legionslager auf dem Kapellenberg (s. S. 93 ff.) begann die Auswertung der in den Jahren 1986 bis 1992 ebenfalls ergrabenen vorrömischen Befunde und Funde. Dabei zeigte sich, daß das fruchtbare Plateau in der Vorgeschichte aufgrund seiner günstigen Lage oberhalb des Mains immer wieder von Menschen aufgesucht worden war. So weisen einzelne Lesefunde von Steingeräten bereits ins Mittelpaläolithikum und ins Altneolithikum, während an das Ende dieser Epoche eine schnurkeramische Bestattung gehört.

Daneben fanden sich aber auch Gruben und Pfostenlöcher einer hallstattzeitlichen Siedlung wahrscheinlich der Stufen D 1 bis D 2/3 (Abb. 41). Ob die im Bereich des römischen Nordosttors gelegenen, vor allem aus frühneolithischen Siedlungen bekannten Schlitzgruben ebenfalls in der Hallstattzeit angelegt wurden, läßt sich ebenso wie ihre Funktion bislang nicht klären. In der näheren Umgebung kamen jedoch mehrere Gruben mit hallstattzeitlichen Funden zutage.

Im Areal der zentralen römischen Lagergebäude konnten mehrere, zum Teil kegelstumpfförmige Gruben sowie die Pfostenspuren von acht nord-süd-orientierten Wohnhäusern und Speicherbauten dokumentiert werden. Die Zahl der Pfosten lag zwischen vier (kleinere Speicherbauten) und 12 bis 15 (Wohngebäude), ihre Grundflächen betrugen 5,70 bis 45 m².

Eine hallstattzeitliche Siedlungstätigkeit zwischen dem Nordosttor, wo sich zwar Gruben, aber keine Spuren von Pfostenbauten fanden, und den Principia ist bislang nicht gesichert. Da keine Hinweise auf sich überschneidende Pfostenlöcher oder gar Gebäudegrundrisse vorliegen, scheint es sich bei den untersuchten Flächen um Siedlungsbereiche von relativ kurzer Nutzungsdauer gehandelt zu haben. Die Verbreitung der Fibeln (Abb. 42) könnte darauf hindeuten, daß im Laufe der Späthallstattzeit eine Verlagerung des Siedlungsschwerpunkts vom Bereich des Nordosttors zum etwa 300 m südwestlich davon gelegenen Areal der späteren römischen Zentralbauten stattgefunden hat.

Nähere Aufschlüsse über das Leben und die Wirtschaftsweise der hallstattzeitlichen Menschen auf dem Kapellenberg soll die Bearbeitung des Fundmaterials durch den Verfasser im Rahmen einer Magisterarbeit der Universität Marburg erbringen.   A. Posluschny

Ein besonderer Hausbefund der frühen Latènezeit in Altdorf

Landkreis Landshut, Niederbayern

Die Außenstelle Landshut des Bayer. Landesamts für Denkmalpflege unterhält seit Januar 1992 auf der Basis eines Vertrags über gemeinsame wissenschaftliche Zusammenarbeit freundschaftliche Beziehungen zum Institut für Archäologie und Ethnologie der Polnischen Akademie der Wissenschaften in Warschau. Eine erste greifbare Frucht dieser Kooperation stellt die von Mitgliedern des Warschauer Instituts durchgeführte archäologische Untersuchung der Fundstelle »Am Friedhof« in Altdorf dar. Nicht unerwähnt soll hier auch die Gemeinde Altdorf bleiben, die auf vielfältige Weise die Ausgrabung unterstützte.

Die Fundstelle liegt unmittelbar östlich und südöstlich des Friedhofs an der Frauenkirche im östlichen Teil von Altdorf am Fuß der Isarhauptterrasse. Obwohl von dem betreffenden Gelände keine archäologischen Funde bekannt waren, erhielt die Gemeinde im Zuge einer geplanten Friedhofserweiterung die Auflage, drei jeweils 80 m lange Suchschnitte mit dem Bagger quer über das Areal ziehen zu lassen. Eine im westlichen Schnitt deutlich unterhalb des Pflughorizonts angetroffene Kulturschicht weckte schon bald unser Interesse.

Östlich dieser Sondage wurden zwei kleinere Flächen geöffnet, um nähere Aufschlüsse über den Befund zu erhalten. Fläche I, von der im folgenden berichtet wird, deckte man nahe dem Nordende des Suchschnitts, noch innerhalb des Terrassenfußes und knapp vor dem steilsten Anstieg der Terrasse auf. Nach der Entfernung von Humus und oberer Schwemmlößschicht zeigten sich die Spuren eines frühlatènezeitlichen Hauses, dessen Überreste in einer dunklen, mit Holzkohle und Hüttenlehm durchsetzten Schicht lagen. Unsere besondere Aufmerksamkeit galt einem etwa rechteckigen, rund 1,30 m breiten Paket aus verziegeltem Hüttenlehm mit den Abdrücken von Zweigen, schmalen Spaltbohlen und größeren Balken. Es handelte sich dabei um die Nordwand eines Hauses, die wohl abbrannte und dann ins Gebäude-

43 *Altdorf, »Am Friedhof«. Nordostteil des frühlatènezeitlichen Hauses mit umgefallener Lehmflechtwand.*

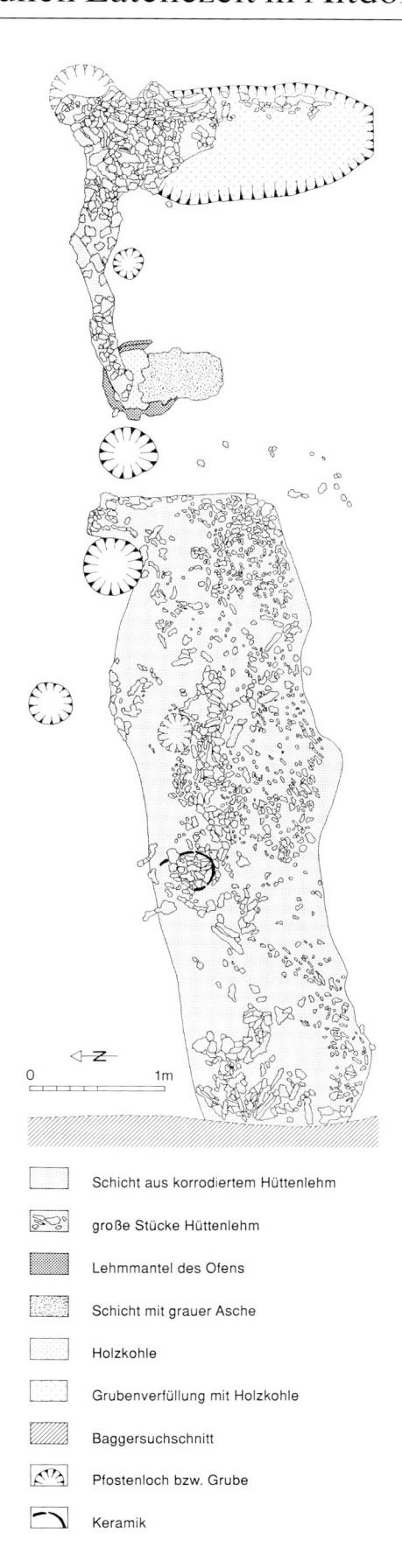

Schicht aus korrodiertem Hüttenlehm
große Stücke Hüttenlehm
Lehmmantel des Ofens
Schicht mit grauer Asche
Holzkohle
Grubenverfüllung mit Holzkohle
Baggersuchschnitt
Pfostenloch bzw. Grube
Keramik

innere stürzte (Abb. 43). Nur der glückliche Umstand, daß Schwemmerde die Wandüberreste sehr schnell zudeckte, konservierte den seltenen Befund. Neben der Lehmflechtwand gehörten zum Haus auch größere Pfosten, die das Dach trugen. Spuren dieser Konstruktion fanden sich in Gestalt einer Pfostenlochreihe unmittelbar nördlich des Hüttenlehmpakets. Auch im Hausinneren zeichneten sich die Spuren hölzerner Ständer ab, deren verwirrende Vielfalt jedoch zum gegenwärtigen Stand der Auswertung noch kein klares Konstruktionsprinzip erkennen läßt.

Bis jetzt konnte nur der nordöstliche Teil des Baus mitsamt einer Hausecke auf einer Länge von 8 m freigelegt werden. Die Westseite war durch den Baggerschnitt weitgehend zerstört worden. Hüttenlehmanreicherungen im Profil dieses Schnitts sowie die Ergebnisse von Bohrungen zeigten jedoch, daß das Gebäude in westlicher Richtung noch über die Sondage hinausreichte und insgesamt vielleicht eine Länge von 12 m hatte. Wie Befunde von Köfering bei Regensburg belegen, sind Häuser von solcher Größe für die frühe Latènezeit nicht ungewöhnlich.

Ein weiteres, freilich kleineres Paket aus diesmal stark verwittertem Hüttenlehm und Flußgeröllen im Ostteil von Fläche I könnte die umgefallene östliche Hauswand anzeigen. Ebenso wäre aber auch an die Reste eines verziegelten Lehmfußbodens im Eingangsbereich des Gebäudes zu denken.

In diesem Teil des Hauses stießen wir auf einen leicht in den Boden eingetieften, etwa 0,50 × 0,50 m großen, rundlichen Ofen, der eine nach Süden ausgerichtete Beschickungsöffnung in

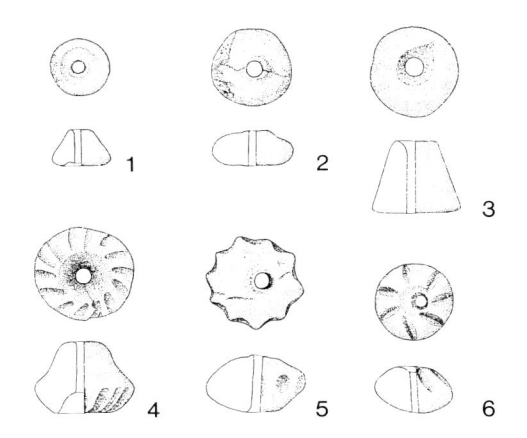

44 *Altdorf, »Am Friedhof«. Spinnwirtel aus dem frühlatènezeitlichen Haus. Maßstab 1 : 3.*

einem gewölbten Aufbau aus Lehm besaß. Die geringe Anzahl von Holzkohlestückchen sowie die dünne Ascheschicht lassen auf eine nur kurzfristige Benutzung des Feuerplatzes schließen. Schwierig zu interpretieren ist die Beobachtung, daß in der Umgebung des Ofens Wandspuren ausblieben. Vielleicht war die Wand hier unterbrochen, um einen besseren Rauchabzug zu ermöglichen, oder sie besaß eine andere Konstruktion, die sich nicht erhalten hat.

Unter der dunklen, inhomogenen Zerstörungsschicht des Hauses fanden sich mehrere Gruben und Gräbchen, deren Verfüllung mit Hüttenlehm durchsetzt war. So kamen nahe der Nordostecke auf dem Grund einer länglichen, etwa 0,70 m tiefen Grube zahlreiche Hüttenlehmbrocken zum Vorschein. Unter diesen Überresten der zusammengebrochenen Wand lagen in dunklem, mit Holzkohle vermischtem

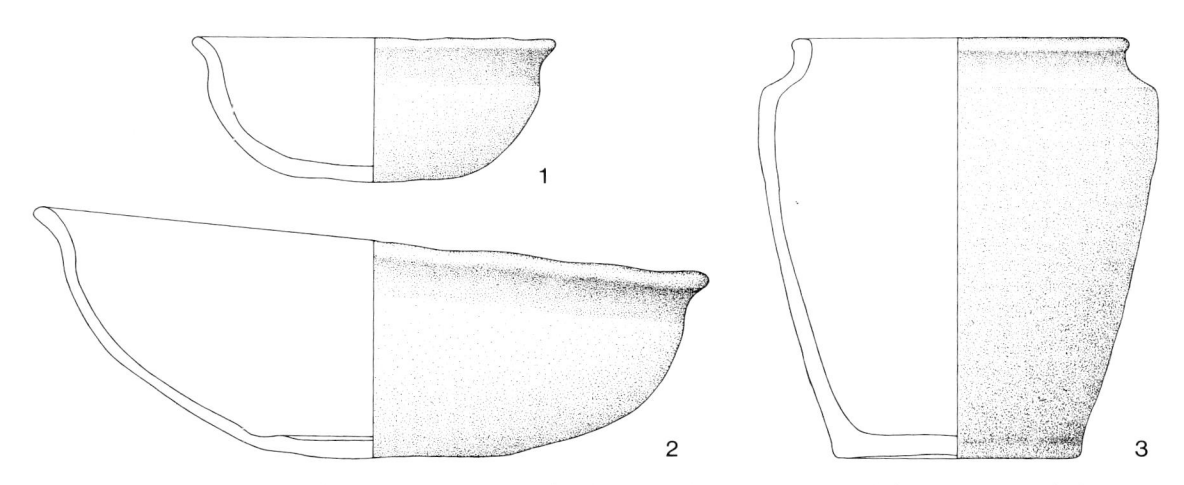

45 *Altdorf, »Am Friedhof«. Keramik aus dem frühlatènezeitlichen Haus. 1.2 Schüsseln aus rötlichem Ton; 3 Topf aus Graphitton. Maßstab 1 : 3.*

Erdreich viele Keramikfragmente, so beispielsweise ein zerbrochener Tontrichter unbekannter Funktion, wie wir ihn auch aus zeitgleichen Siedlungen im Raum zwischen Baden und Böhmen kennen. Im südlichen Teil der Fläche und noch innerhalb des Hauses fanden sich zwei fast parallele, schmale und flache Gräben und eine Reihe größerer Pfostenlöcher. Die Deutung dieser Befunde steht noch aus, sie könnten vielleicht mit einer Innengliederung des Hauses in Zusammenhang stehen. Erwähnt sei hier schließlich noch eine große, birnenförmige Vorratsgrube von 1 m Durchmesser und 0,50 m Tiefe im Zentralbereich des Gebäudes, auf deren Boden große Fragmente einer dünnwandigen, dunkeltonigen Schüssel lagen.

Es gibt Belege für eine nicht nur kurzfristige Besiedlung des Platzes. So schneidet zum Beispiel die oben erwähnte Vorratsgrube eine der mit Hüttenlehm gefüllten Gruben. Eine andere wiederum wurde offenbar beim Bau der Nordwand zerstört. Hinweise auf eine deutlich ältere Besiedlungsphase ergab eine unter dem Ofen gelegene Grube mit urnenfelder- oder hallstattzeitlicher Keramik.

Aus der Zerstörungsschicht des Hauses stammt eine größere Anzahl von Gefäßscherben, darunter auch Graphittonkeramik (Abb. 45,3). Die nicht wenigen Spinnwirtel (Abb. 44) könnte man als Zeugen des Hausfleißes ansehen. Zu den interessantesten Funden gehören zwei Schüsseln (Abb. 45,1.2), die ineinanderstehend von der umgestürzten Nordwand begraben worden waren.

Bohrungen im Gelände östlich der Fläche I brachten den Beweis für das Vorhandensein von mindestens einem weiteren Gebäude. Auch westlich der Grabungsfläche, im heutigen Friedhof, stieß der Totengräber gelegentlich schon auf Hüttenlehmanreicherungen. Dies läßt an eine kleine Siedlung denken, die sich am Terrassenfuß entlang der 393-m-Höhenlinie auf einer Länge von rund 200 m erstreckte.

B. Engelhardt, Z. Kobyliński, D. Krasnodębski

Literatur
U. Osterhaus, Arch. Jahr Bayern 1987, 81 ff. – H. Koch, Die keltischen Siedlungen vom Frauenberg über Kloster Weltenburg, Stadt Kelheim, und von Harting (Neubaugebiet Süd), Stadt Regensburg. Internat. Arch. 3 (Buch a. Erlbach 1991).

Vorgeschichtliche Siedlungsbefunde in Nördlingen

Landkreis Donau-Ries, Schwaben

Mit dem Titel »Steinzeit und Hochtechnologie im Einklang« stellte die Firma »Schwaben-Präzision« aus Nördlingen in einer Broschüre ihren neuen Werkshallenkomplex an der Nürnberger Straße vor. Auf diesem Gelände hatten aufgrund hier vermuteter vorgeschichtlicher Siedlungsspuren bauvorgreifende Ausgrabungen stattfinden müssen, an deren Kosten sich die Firma ganz im Sinne des Verursacherprinzips maßgeblich beteiligte. Nach Abschluß der Bauarbeiten soll eine Dokumentationsvitrine in der Werkshalle über die Ergebnisse der archäologischen Untersuchungen informieren.

Die im Auftrag des Bayer. Landesamts für Denkmalpflege, Außenstelle Augsburg, auf einer Fläche von 40 × 120 m durchgeführte Grabung konnte trotz der zeitweilig widrigen Witterungsverhältnisse innerhalb von drei Monaten termingerecht abgeschlossen werden.

Das Siedlungsareal liegt in der flachen Riesebene auf einer der ausgedehnten Lößlehmzungen, die sich im Südwestries bis an die Talauen der Flüsse heranschieben. Rund 200 m nördlich des Fundplatzes verläuft der Roßweidgraben. Damit weist das Gelände alle Merkmale auf, die es als bevorzugtes Siedlungsgebiet seit der Linearbandkeramik kennzeichnen.

Neben einer Reihe von Vorrats- und Materialentnahmegruben sowie zahlreichen Pfostenspuren konnten wir Hausgrundrisse zweier vorgeschichtlicher Zeitphasen dokumentieren (Abb. 46). Zur frühesten Bebauung gehört ein charakteristischer vierschiffiger Hausgrundriß mit umlaufendem Wandgräbchen im Nordwestteil, der sich noch auf einer Länge von 13 m verfolgen ließ. Die Funde aus umliegenden Gruben datieren das Gebäude in den älteren Abschnitt der linearbandkeramischen Kultur.

Eine einzelne linksseitige, nordwest(Kopf)-südost-orientierte Hockerbestattung, deren Beigaben lediglich aus einer Silexklinge und einem Abschlag bestanden, läßt sich zeitlich bislang nicht genauer einordnen. Denkbar erscheint eine Datierung in die Linearbandkeramik oder aber in das Endneolithikum bzw. die Frühbronzezeit.

Von einer weiteren Siedlung, die aus der jüngeren Latènezeit stammt, haben sich die Reste zweier Grubenhäuser und fünf einfacher Ständerbauten erhalten. Die Untersuchung von Haus 1 in Quadratmeterschnitten ermöglichte eine genaue Beobachtung der Bauspuren und Fundverteilungen. Das annähernd rechteckige, nordost-südwest-ausgerichtete Gebäude mit einer Grundfläche von 2,26–2,40 × 4,65 m wies eine Tiefe von 30 cm auf. Als einziges Konstruktionselement konnte ein Firstpfosten dokumentiert werden, der sich 1 m von der nordöstlichen Schmalseite entfernt auf der Längsachse des Hauses befand. Dieser für latènezeitliche Grubenhäuser nicht ungewöhnliche Befund läßt an ein bodenständiges Giebeldach denken. In den ebenen Hausboden war in der Nordecke eine Grube eingetieft; im Ostteil lag eine runde Feuerstelle, von der sich eine 15 cm dicke, rot verziegelte Lehmschicht erhalten hatte. Eine 0,50 × 1 m große Kiesrollierung entlang der südwestlichen Schmalseite könnte wie auch ein ähnlicher Befund von Berching-Pollanten auf einen Eingang hindeuten. Aus dem Grubenhaus stammt eine größere Anzahl von Gefäßscherben, die an mehreren Stellen, unter anderem im Bereich des Feuerplatzes, zutage kamen. Geriefte Graphittonkeramik und Reste einiger scheibengedrehter Gefäße gehören ebenso zum Fundspektrum wie das Fragment eines profilierten Gagatarmrings. Neben zahlreichen Tierknochen sind das Bruchstück eines gerieften Bronzearmreifs und das Fehlen von Spinnwirteln als Beleg dafür zu werten, daß die kleinen Grubenhäuser der Latènezeit nicht nur als Webhütten Verwendung fanden, sondern auch Wohnzwecken dienten.

Das zweite, 3 × 4,85 m große Grubenhaus, dessen östlicher Teil in eine ältere Grube eingetieft worden war, hatte noch eine Tiefe von bis zu 0,90 m und wies außer zwei Firstpfosten in der Längsachse keine weiteren Befunde im Inneren auf. Neben jüngerlatènezeitlicher Keramik kamen hier Muschelfragmente zutage, die wohl Bestandteile von Schmuck darstellten.

Aus den Pfostenlöchern der fünf Ständerbauten konnten wir keine datierbare Keramik bergen, doch zeigt beispielsweise der Plan des spätkeltischen Oppidums von Manching, daß Vierpfostenbauten in latènezeitlichen Siedlungen durchaus geläufig waren.

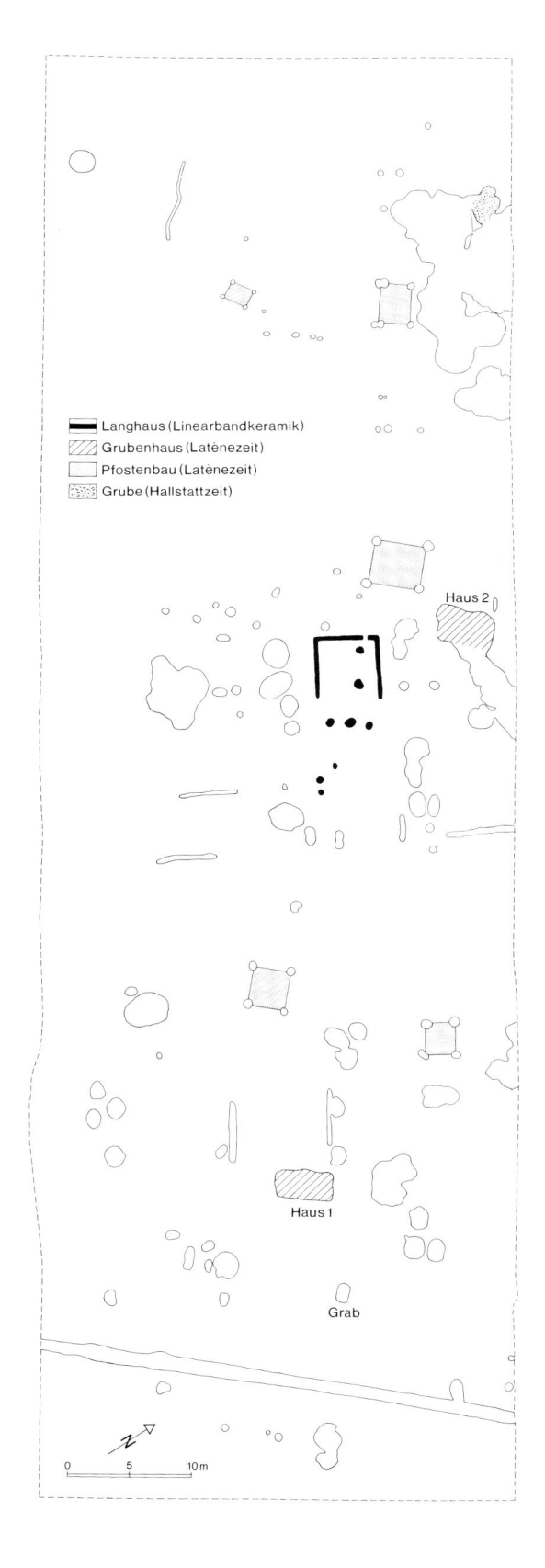

46 *Nördlingen, Nürnberger Straße. Plan der vorgeschichtlichen Siedlungen.*

Kurz vor Abschluß der Arbeiten wurde an der nordöstlichen Grabungsgrenze ein großer, amorpher Grubenkomplex angeschnitten, der sich jenseits des freigelegten Areals fortsetzt. Nach einer ersten Übersicht stammt aus einem Teilbefund (Grube 55,1) ausschließlich oder überwiegend hallstattzeitliche Keramik, die in der untersuchten Fläche sonst fehlt. Möglicherweise haben wir hier den westlichen Rand einer Siedlung der Hallstattzeit erfaßt; Lesefunde vorgeschichtlicher Keramik sowie römischer Ziegel liegen von den nordöstlich an die untersuchte Fläche angrenzenden Ackerfluren jedenfalls bereits vor. Da die Firma »Schwaben-Präzision« auch auf dem benachbarten Gelände Fabrikhallen plant, sind weitere Aufschlüsse zur vorgeschichtlichen Besiedlung an der Nürnberger Straße zu erwarten. A. Zeeb

Literatur

Th. Fischer/K. Spindler, Arch. Jahr Bayern 1981, 128 f. – I. Stork, Keltische Siedlungen in Großsachsenheim, Stadt Sachsenheim, Kreis Ludwigsburg. Arch. Ausgr. Baden-Württemberg 1982, 67 f. – F. Maier, Vorbericht über die Ausgrabung 1984 in dem spätkeltischen Oppidum von Manching. Germania 63, 1985, 17 ff.

Neue Beobachtungen an einer keltischen Viereckschanze bei Gilching

Landkreis Starnberg, Oberbayern

Im Jahr 1959 veröffentlichte K. Schwarz ein umfangreiches Kartenwerk zu den keltischen Viereckschanzen in Bayern, in dem er 150 durch Vermessungspläne dokumentiert.
In Oberbayern, das mit 55 obertägig erhaltenen Anlagen wesentlichen Anteil an den noch heute sichtbaren Viereckschanzen hat, ergänzen mittlerweile 48 aus der Luft entdeckte, vollständig verebnete Denkmäler unseren Kenntnisstand. Neben der Suche nach unbekannten Schanzen bietet die Luftbildarchäologie auch die Möglichkeit einer gezielten Kontrolle bekannter Objekte, wodurch sich auf einfache Weise Veränderungen dokumentieren lassen.
Ein Befliegungsprojekt des letzten Jahres hatte zum Ziel, im Vergleich mit den 1959 publizierten Plänen den heutigen Zustand der Anlagen zu erfassen. Besonders in Regionen mit intensiver Landwirtschaft sind manche Objekte im Laufe der Zeit vollständig verebnet oder in ihrer Gestalt mittlerweile stark verändert. Durch den sehr trockenen »Höchstsommer« 1992, der auf ein feuchtes Frühjahr folgte, war es darüber hinaus möglich, Bewuchsmerkmale in seltener Klarheit zu beobachten. Daß Luftbilder auch bei vermeintlich gut dokumentierten, obertägig erhaltenen Anlagen noch neue Erkenntnisse bringen können, zeigt eine keltische Viereckschanze nordwestlich von Gilching.
Die Anlage gehört zu einer Gruppe von vier Viereckschanzen, von denen jeweils zwei in unmittelbarer Nachbarschaft zueinander liegen.

Die beiden Schanzen bei Gilching wurden an einem flach nach Süden abfallenden Hang errichtet. Nördlich davon verläuft ein Teilstück der Römerstraße Augsburg–Salzburg, das heute vollständig von einem Feldweg überdeckt wird. Nur wenige Meter weiter südlich befindet sich die Anlage, deren Aussehen wir mit Hilfe des Luftbilds jetzt vollständig rekonstruieren können.
Den Erhaltungszustand der Viereckschanze im Gelände gibt der Vermessungsplan von 1950 (Abb. 47 oben) wieder. Aufgrund intensiver landwirtschaftlicher Nutzung sind weite Teile der Umwehrung nur mehr schwach zu erkennen. Vom östlichen Wallzug hat sich ein etwa 60 m langes Stück mit flacher Innen- und hoher Außenböschung erhalten. Geringe Spuren des Nordwalls mit den Resten des zugehörigen Grabens zeigen einen zweiten Teil der Umwehrung an, den noch heute eine Flurgrenze markiert. Die Schanze besaß ehemals eine fast quadratische Grundfläche mit etwa 90 m Seitenlänge. Diese Angaben, die sich auf das Erscheinungsbild im Gelände beziehen, können jetzt durch das Luftbild ergänzt werden. Außer den beiden Wallseiten, die bereits im Inventar der obertägigen Geländedenkmäler beschrieben sind, erscheinen nun auch die anderen, vollständig verebneten Wallzüge. Der Graben (Abb. 47 unten, 1) zeichnet sich auf drei Seiten als scharf umrissenes, dunkles Band ab. Im Inneren der Schanze verläuft parallel zum ehemaligen Gra-

89

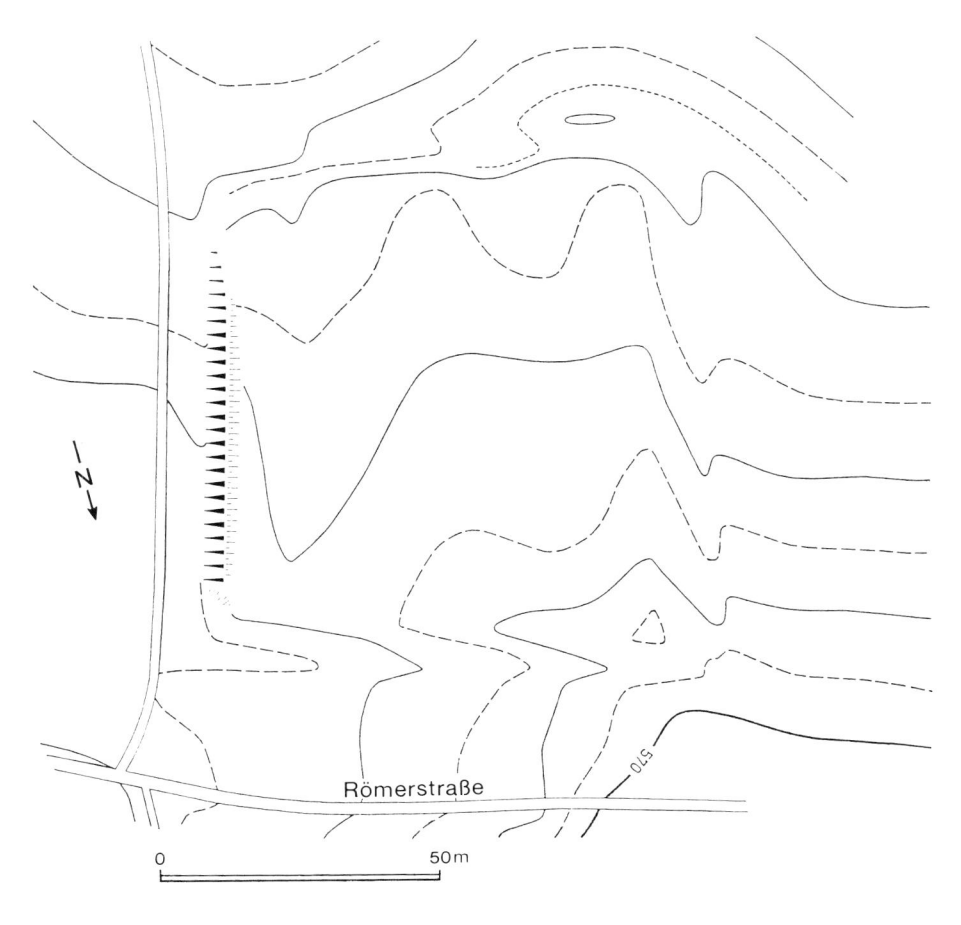

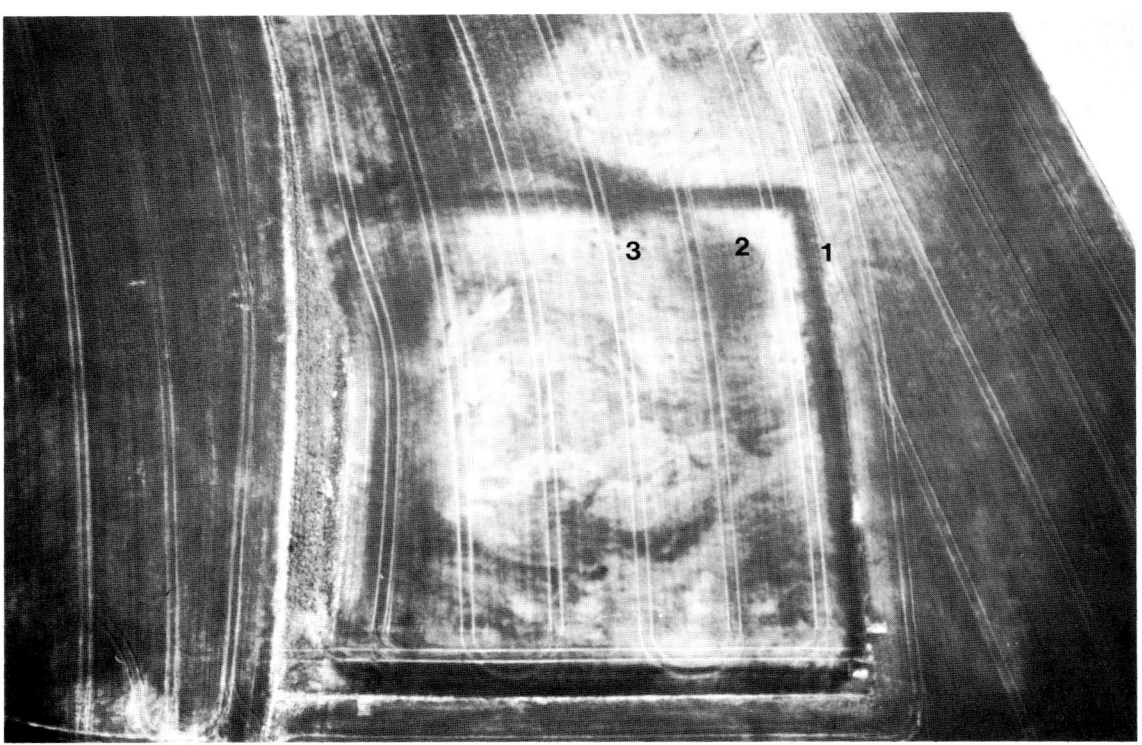

47 Gilching. Oben: Vermessungsplan K. Freiberger 1950. Unten: Blick von Norden auf die Viereckschanze. 1 Graben; 2 Wall; 3 Torbau. Am linken Bildrand zeichnet sich der Feldweg ab. Bayer. Landesamt für Denkmalpflege Luftbildarchäologie, Aufnahmedatum 31. 5. 1992, Fotograf K. Leidorf, Archivnr. 7932/020-1, SW 6221-36a.

ben ein breiter, heller Streifen (Abb. 47 unten, 2). Besonders an der südwestlichen Ecke ist die gerundete Wallinie, die den Übergang zum eigentlichen Innenraum kennzeichnet, deutlich zu sehen. Das helle Band zeigt den verebneten Wall, für dessen Errichtung das Material des Grabenaushubs Verwendung fand. Im südlichen Wallzug ließen sich zudem Spuren von Pfostenstellungen beobachten. Zwei parallel angeordnete Reihen mit jeweils drei bzw. vier sichtbaren Pfostengruben unmittelbar am inneren Wallfuß sind Teile des Torbaus über dem ehemaligen Eingang (Abb. 47 unten, 3). Vergleichbare Grabungsbefunde mit Torbauten, die ebenfalls parallele Reihen von Pfostengruben aufweisen, lassen sich aus Baden-Württemberg anführen. Wie mehrere Untersuchungen ergaben (Altheim-Heiligkreuztal, Esslingen-Oberesslingen, Pliezhausen-Rübgarten), markieren die Pfostengruben rechteckige Gebäude unterschiedlicher Größe.

In Gilching wie auch den erwähnten Beispielen aus Baden-Württemberg lag der Torbau parallel zu Wall und Graben. Die Rekonstruktion der Befunde läßt vermuten, daß sich der Baukomplex aus mehreren Teilen unterschiedlicher Funktion zusammensetzt; die eigentliche Torgasse befand sich in der Mitte zwischen zwei Gebäudetrakten. Den unmittelbar vor dem Tor verlaufenden Graben mußte eine Brücke überspannen.

Aus Bayern lassen sich bisher keine entsprechenden Befunde anführen. Bei der Ausgrabung einer keltischen Viereckschanze in Holzhausen südlich von München gelang es, außer einer mehrphasigen Umwallung auch die Innenbebauung mit einem Umgangstempel und den zu verschiedenen Zeiten wohl kultisch genutzten Schächten nachzuweisen. Als Eingang hatte die Anlage in der jüngsten Ausbauphase zwar auch einen parallel zum Wall-/Grabensystem liegenden Torbau, doch unterschied er sich in seiner Gestaltung vom Gilchinger Beispiel. Das Gebäude mit U-förmigem Grundriß bildete eine über 5 m lange Gasse.

Wie Untersuchungen zur Orientierung der Tore in Bezug auf die Himmelsrichtungen gezeigt haben, sind in Bayern immerhin 65 Prozent nach Osten orientiert, während Tore in Richtung Westen und Süden seltener, im Norden sogar völlig unbekannt sind. Zur Gruppe mit einer eindeutigen Südorientierung des Tors gehört die Gilchinger Viereckschanze, deren Eingang sich zum gewellten Hügelland hin öffnet. Die Errichtung der Viereckschanze an einem flachen Hang läßt vermuten, daß diese herausgehobene Lage bewußt gewählt wurde. Keltische Funde aus nächster Umgebung belegen, daß die Viereckschanze als Teil einer Siedlungslandschaft gesehen werden muß.

W. Irlinger

Literatur

K. Schwarz, Atlas der spätkeltischen Viereckschanzen Bayerns. Kartenband (München 1959). – Ders., Ein Bezirk keltischer Heiligtümer an der mittleren Isar bei Holzhausen und Deisenhofen. In: Miesbach, Tegernsee, Bad Tölz, Wolfratshausen, Bad Aibling. Führer Vor- u. Frühgesch. Denkmäler 18 (Mainz 1971) 258 ff. – K. Bittel/S. Schiek/D. Müller, Die keltischen Viereckschanzen. Atlas Arch. Geländedenkmäler Baden-Württemberg 1 (Stuttgart 1990).

Ein spätkeltischer Umgangstempel bei Zuchering

Stadt Ingolstadt, Oberbayern

Im Vorfeld der geplanten Verlegung der Bahnlinie Ingolstadt–Neuburg a. d. Donau und der Bundesstraße 16 finden südlich von Ingolstadt seit 1987 archäologische Untersuchungen statt, die 1992 einen Streckenabschnitt von etwa 2 km Länge und 40 m Breite zwischen Zuchering und Oberstimm betrafen. Zwar hatten Luftbilder aus den frühen achtziger Jahren bereits Hinweise auf ein römisches Truppenlager und ein frühmittelalterliches Gräberfeld gegeben, doch lieferte der Grabungsbefund ein weit differenzierteres Bild dieses Platzes.

Das untersuchte Areal wird von der mittelkaiserzeitlichen Donau-Südstraße durchzogen, die durch einen aufgekiesten, abschnittsweise von Gräben begleiteten Straßenkörper gekennzeichnet ist. Der Kies entstammt Gruben von beiden Seiten der Trasse.

Unmittelbar neben der Römerstraße konnten wir den Grundriß eines Pfostenbaus aufdecken, der im Luftbild nicht erkennbar war. Zahlreiche Keramikscherben aus den Pfostengruben ermöglichen eine Datierung in spätkeltische Zeit, die Blütezeit des Oppidums von Manching. Die erste Analyse des komplizierten Grabungsbefunds ergab einen annähernd nord-süd-orientierten Sechspfostenbau mit einer Grundfläche von etwa 10 × 7 m (Abb. 48). Die noch 1 m tiefen Gruben, in denen sich zumeist die etwa 40 cm starken Pfosten abzeichneten, hatten einen Durchmesser von durchschnittlich 1,20 m.

Den Kernbau umgab im Abstand von etwa 2,50 m ein Gräbchen, das die Schwellhölzer einer Wandkonstruktion andeutet, für deren wohl hölzerne Ausführung mehrere Möglichkeiten denkbar erscheinen. An den Ecken sowie in der Mitte der Seiten oder auch mehrfach war das Gräbchen von Pfostenstellungen unterbrochen, die wohl eine einfache Überdachung trugen (Abb. 48 Mitte). Nach einer Brandkatastrophe wurde das Gebäude in fast identischer, geringfügig vergrößerter Form leicht versetzt erneuert (Abb. 48 unten). Wie in den Pfostengruben gefundene Flechtwerkabdrücke belegen, hatte man die Wände der inneren Konstruktion in Lehmfachwerk ausgeführt.

Im weiteren Umfeld konnten wir keine gleichzeitigen Gebäude, etwa von einer Siedlung, beobachten. Im Laufe des Sommers 1992 zeigten sich jedoch im Luftbild des anschließenden Getreidefelds Bewuchsmerkmale eines weiteren Bauwerks dieser Art. Aufgrund ihrer Lage an einer topographisch exponierten Stelle dürften die Bauten eine Funktion als Landmarke besessen haben. Von hier aus war es möglich, die umgebende Landschaft kilometerweit nach allen Richtungen zu überblicken. Umgekehrt konnte das, nach der Mächtigkeit der Pfostengruben zu urteilen, sicher hochaufragende Gebäude auch von weit her gesehen werden. Diese besondere topographische Situation bestätigen weitere archäologische Befunde aus demselben Areal, so ein frührömisches Kastell und ein spätrömischer Burgus. Ebenfalls in der Nähe liegt ein ausgedehntes frühmittelalterliches Reihengräberfeld. Bei der Platzwahl all dieser Anlagen und des Friedhofs lassen sich Traditionen erkennen, die deutlich auf die Topographie des Geländes Bezug nehmen.

Unter Berücksichtigung dieser Gegebenheiten sei bei dem keltischen Befund der Gedanke an einen Sakralbau erlaubt. Hinzu kommt, daß seine Konstruktion nahezu identisch mit der Tempelanlage in der Viereckschanze von Holzhausen südlich von München ist. Lediglich in der Dimension übertrifft er die dortigen Bauten um etwa ein Drittel. Freilich ist damit kein Nachweis geführt, doch sollte diese nicht unbegründete Spekulation zur Kenntnis und in die Diskussion gebracht werden.　　　　K. H. Rieder

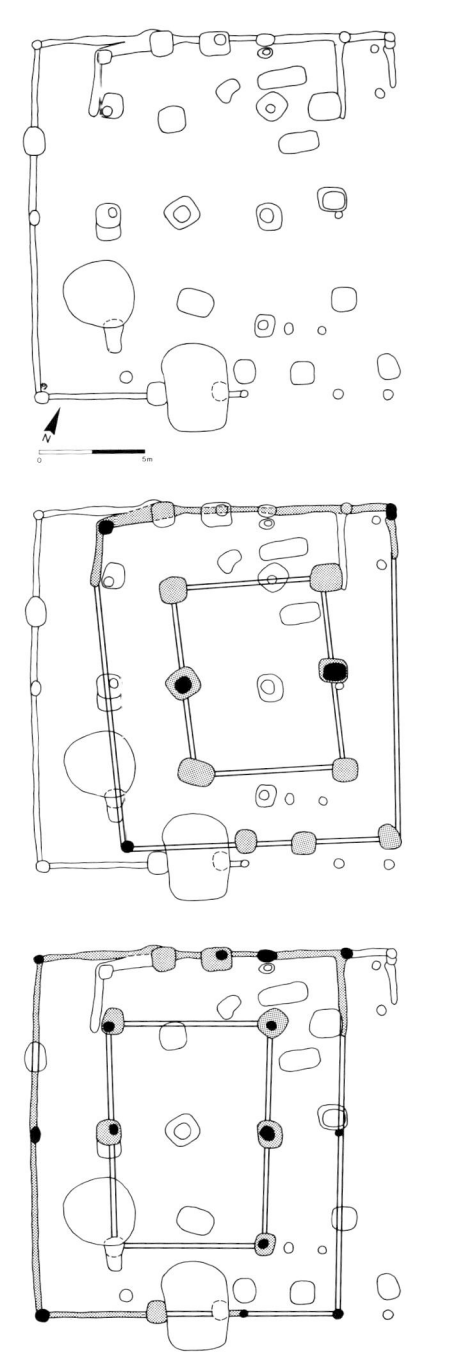

48 *Zuchering. Oben: Befundplan des Umgangstempels. Mitte: Grundriß der ersten Bauphase. Unten: Grundriß der zweiten Bauphase.*

Literatur

K. Schwarz, Spätkeltische Viereckschanzen. Ergebnisse der topographischen Vermessung und der Ausgrabungen 1957–1959. Ein Vortrag, gehalten am Bayerischen Vorgeschichtskurs 1960 in Bamberg. Jahresber. Bayer. Bodendenkmalpflege 1960, 7 ff.

Abschließende Untersuchungen im augusteischen Legionslager Marktbreit: die zentralen Verwaltungsgebäude

Landkreis Kitzingen, Unterfranken

Die seit 1986 jährlich unternommenen archäologischen Ausgrabungen im augusteischen Legionslager Marktbreit fanden mit dem planmäßigen Auslaufen der Förderung durch die Deutsche Forschungsgemeinschaft 1992 ihren vorläufigen Abschluß (s. S. 83 f.). Durch die interdisziplinäre Zusammenarbeit von Luftbildarchäologie (O. Braasch, K. Leidorf) und Magnetometerprospektion (H. Becker, J. Faßbinder) war es in den letzten Jahren gelungen, den Verlauf der weitläufigen Umwehrung zu klären und große Teile der Innenbebauung zu erfassen (Abb. 49). Gezielte Grabungen (L. Wamser, M. Pietsch) erbrachten dann zwei Toranlagen (Fl. 6; 7), einen wichtigen Speicherbau (Fl. 2), Kopfbauten von Mannschaftsbaracken (Fl. 2; 10; 11) sowie Teile der weitläufigen zentralen Kommandogebäude (Fl. 9; 13; 15). In der jüngsten Kampagne wurde das bereits im Magnetogramm erkannte Stabsgebäude, die Principia, untersucht. Auf der etwa 6000 m² großen Grabungsfläche konnten wir darüber hinaus Teile des Praetoriums (Abb. 50,II) und eines großen Wohnkomplexes (Abb. 50,V.VI) freilegen.

Die Principia erreichte man an der Nordwestseite über einen weit in die Via principalis vorgeschobenen Eingang, der vielleicht auch die Groma, den Lagermittelpunkt, erfaßte (Abb. 50,I). Der große Peristylhof war an drei Seiten von 5,40 m tiefen Portiken eingefaßt. Durch die

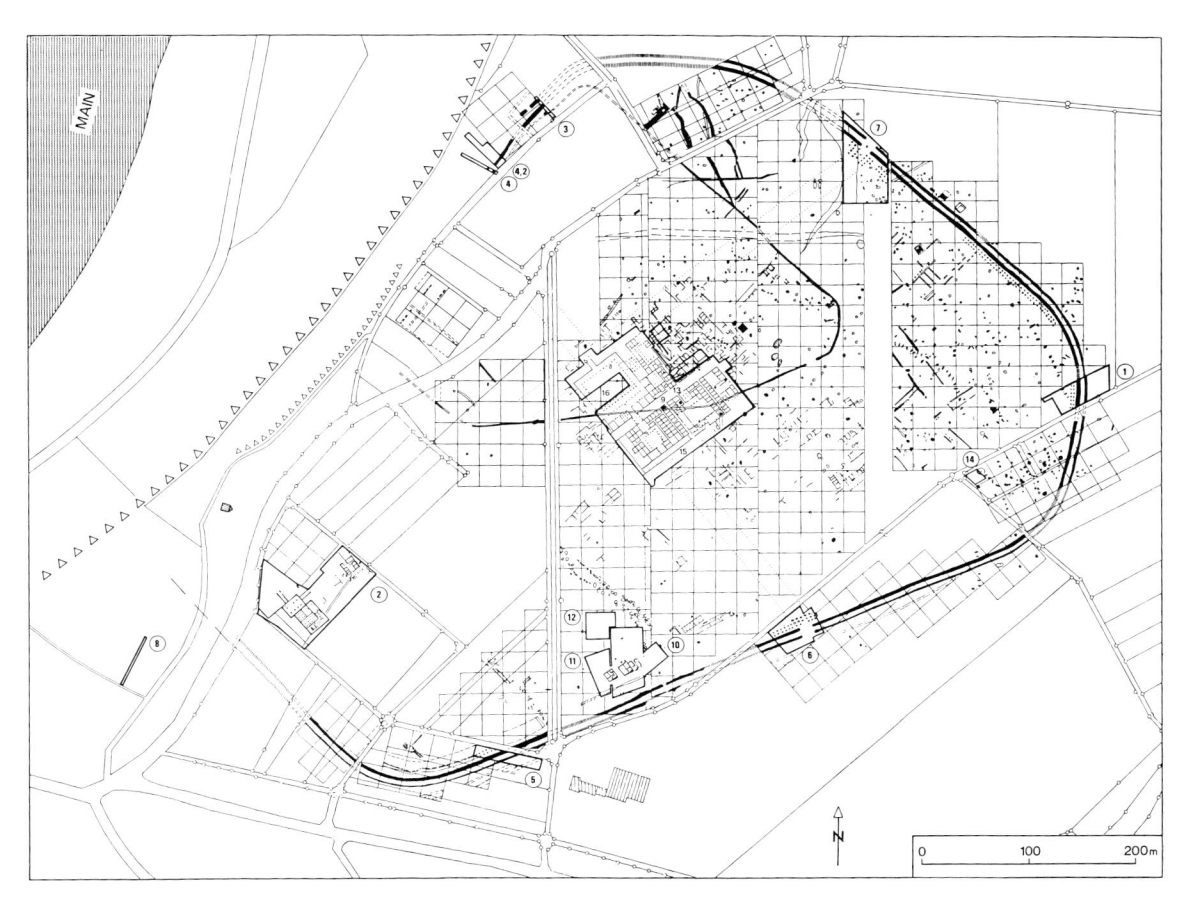

49 *Marktbreit. Gesamtplan des Legionslagers auf der Grundlage der kombinierten Auswertung von Luftbild (gefederte Linien), magnetischer Prospektion (Gitterflächen) und Ausgrabung (gerahmte Flächen 1–16). 2 Mannschaftsbaracke und Speicherbau; 6 Südtor; 7 Nordosttor; 9.13.15 Zentralgebäude; 10.11 Kopfbauten der Mannschaftsbaracken; 16 Principia. Stand der Erforschung Winter 1992/93.*

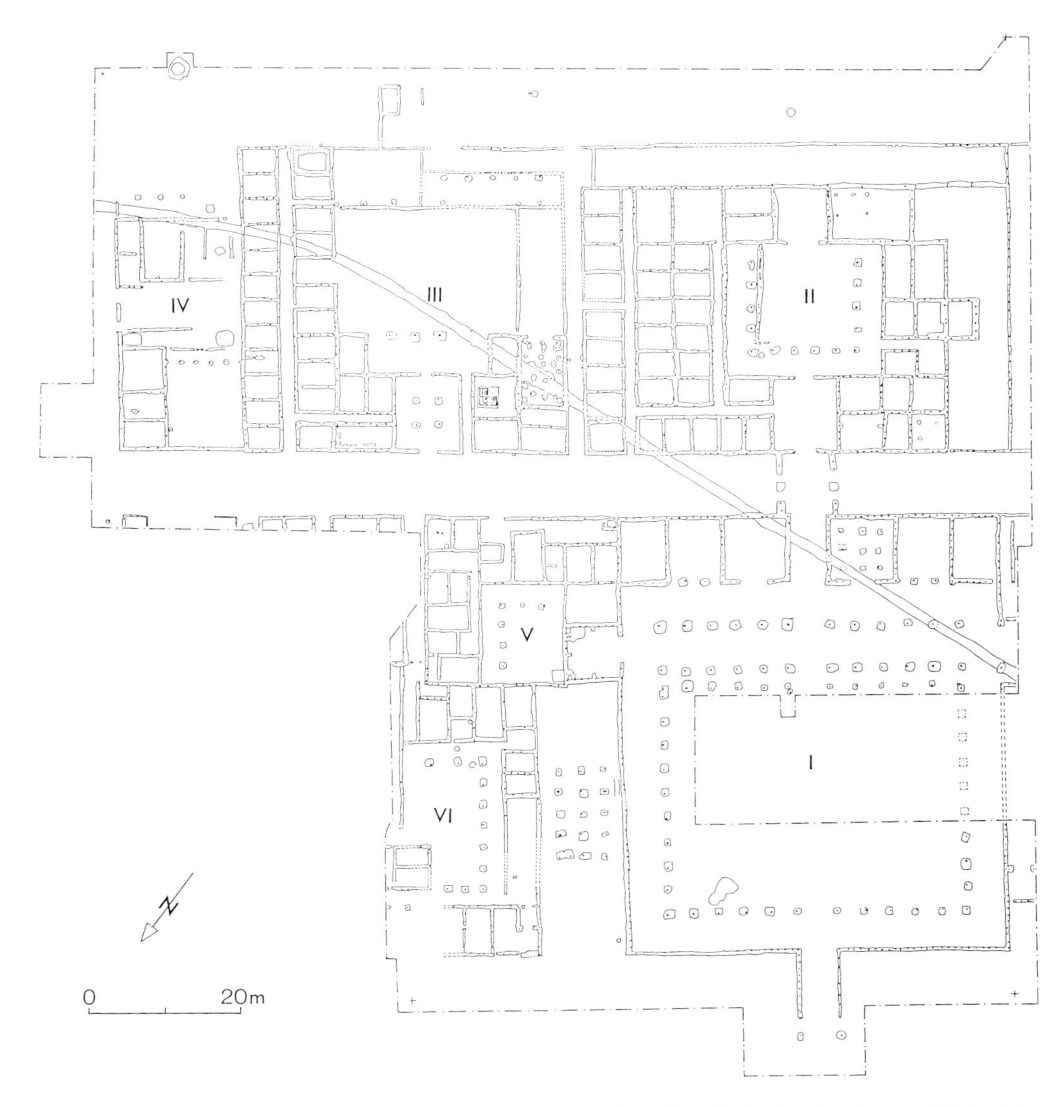

50 *Marktbreit. Befundplan der zentralen Verwaltungs- und Wohngebäude des Legionslagers. I Principia; II Praetorium; III Verwaltungsgebäude mit Anbau IV; V.VI Wohngebäude.*

hintere Portikus von nur halber Tiefe gelangte man in die im Erdgeschoß offene Basilika. Der 5,40 m breite Haupteingang in die zweischiffige, überhöhte Halle lag auf der Symmetrieachse und war wohl architektonisch besonders hervorgehoben. Überraschenderweise sind auch die Seitenwände an den Enden der Basilika offen. Bei dem Raum im Nordosten mit seinem breiten Eingang handelt es sich wohl analog zu zivilen Vorbildern um das Tribunal. Die regelmäßig angeordneten und flach fundamentieren Vorlager für Bänke oder Podien können diese These stützen. Die symmetrisch angelegten Räume der hinteren Raumflucht gaben ihren Charakter als Schau- und Kulträume durch zum Teil breite Eingänge zu erkennen. Auf der Symmetrieachse liegt hier überraschend anstatt des Fahnenheiligtums ein Durchgang. Dieser setzt sich in einem gedeckten Übergang über die Straße fort und stellt so eine bauliche und funktionelle Verbindung mit dem dahinterliegenden Gebäude II her.

In dem Marktbreiter Stabsgebäude fassen wir jetzt zusammen mit den gleichzeitigen Principia von Haltern und Neuss, Lager C, einen frühen Bautyp, der sich von den entwickelten kaiserzeitlichen Legions- und Auxiliarprincipia durch seine geringe Größe, einen Durchgang an der Stelle des dort üblichen Fahnenheiligtums und das Fehlen hofumgreifender Raumfluchten auszeichnet.

Das bereits 1991 teilergrabene Praetorium (Abb. 50,II) bezieht sich eindeutig auf die Principia: Unverstellt zieht die Symmetrieachse über 100 m vom Principiaeingang bis in den repräsentativen Mittelraum der rückwärtigen Raumflucht. Während kaiserzeitliche Legionspraetoria keinen einheitlichen Grundriß zeigen, haben wir in Marktbreit ein breites Peristylhaus mit Eingangshalle, Peristylhof und tief fundamentiertem, repräsentativem Raum im Abschluß der Achse vor uns. Interessanterweise gleicht es nicht den jüngst ausgegrabenen Praetoria von Oberaden und Anreppen, wo man die in der Legionsarchitektur später nicht mehr übliche Bauform des Atriumhauses noch erkennen kann. Vielmehr finden sich Parallelen in etwa gleichartigen und gleichgroßen Wohnhäusern ritterlicher Offiziere der großen Legionslager von Xanten und Nijmegen. Für das repräsentative Wohnhaus des Legionskommandeurs erscheint dieser Bau etwas klein, auch die vier schematisch angeordneten Kammerreihen entsprechen nicht den individuellen Wohnbedürfnissen des Legionslegaten. Vielleicht waren in diesem Trakt Diensträume, ein Teil der Garde oder andere nach Pseudo-Hygin beim Stab stationierte Soldaten untergebracht. So möchte man in diesem Praetorium nicht nur das private Wohngebäude des Legaten sehen, sondern aufgrund seines engen Bezugs zu den Principia ein Praetorium, in dem Dienst- und Wohnfunktion noch zusammenliegen, wie es für republikanische Marschlager beschrieben wurde.

Das schon früher vorgestellte, nordöstlich anschließende Gebäude (Abb. 50,III) ähnelt dem Praetorium in der Anlage sehr. Ihm fehlen jedoch weitgehend die Wohnräume, ein von Portiken eingefaßter Peristylhof und ein repräsentativer Raum im Achsenabschluß; dafür weist es im Nordosten einen Anbau auf (Abb. 50,IV). Wenn es sich nicht um ein Wohngebäude handelt, so möchte man an dieser Stelle neben dem Praetorium nach der Überlieferung antiker Militärschriftsteller einen Verwaltungsbau in der Art eines Quaestoriums oder das Amtsgebäude des Legionspräfekten erwarten.

Nach dem bis 1991 ergrabenen Ausschnitt konnte man in Bau V nach Größe, Lage und Grundrißform ein Tribunenhaus sehen. Jetzt aber ist sein unvollständiger Grundriß zu erkennen: In das Gebäuderechteck ragt der als Tribunal angesprochene Raum der Principia hinein, die westliche Ecke fällt ganz aus, und ein eigener Eingang in der Symmetrieachse fehlt. Das Haus stößt direkt an Bau VI, bei dem zum Teil ungleichmäßige Raumfluchten einen langrechteckigen Peristylhof umgeben. Bei beiden Gebäuden handelt es sich um randliche Teile eines großen Wohnkomplexes, das die gesamte Insula östlich der Principia eingenommen haben dürfte. Ein etwa 12 m breiter Freiraum zwischen Bau VI und dem Principiagebäude weist in seinem mittleren Drittel eine großzügige, regelmäßige Säulenstellung auf, in der wir eine offene Halle sehen können.

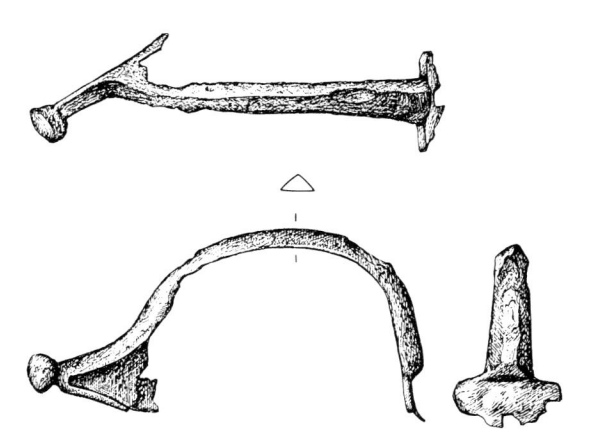

51 *Marktbreit. Eiserne Aucissafibel. Maßstab 1 : 1.*

Wie in den letzten Jahren blieben auch diesmal Funde weitgehend aus. Neben einem Topf mit ausbiegendem Rand und einem bronzenen Schlüssellochbeschlag fand sich zum ersten Mal in Marktbreit eine Fibel, die gut in den augusteischen Zeithorizont paßt (Abb. 51).

Die überraschende Fundarmut und bestimmte Befunde lassen darauf schließen, daß dieses 37 ha große Lager wohl nie voll oder über längere Zeit belegt war. Daß man es trotzdem als Standlager mit einem bestimmten politisch-militärischen Auftrag konzipiert hatte, zeigt sein fortgeschrittener Ausbau mit Nutzungsspuren. Wie weit dieser bereits gediehen oder gar abgeschlossen war, können nur großflächige Untersuchungen klären. Durch entsprechende Funde konnten als Besatzung Legionseinheiten und germanische Hilfstruppen nachgewiesen werden. Bestimmte Münzen und ein Ateius-Stempel verdeutlichen außerdem, daß dieses Lager der fortgeschrittenen Phase der augusteischen Germanenkriege, dem sog. Haltern-Horizont (5 v. Chr.–9 n. Chr.), angehörte.

Unter Beachtung seiner Lage und der historischen Überlieferung (D. Timpe) läßt sich die Aufgabe dieses Legionslagers mehr als nur schemenhaft erkennen: Einerseits die Sicherung römischer Macht in der Einflußzone rechts des Rheins in uns bis jetzt noch nicht greifbaren Formen und andererseits die Funktion als wichtiges, wenn nicht wichtigstes Etappenlager für den gut vorbereiteten Feldzug 6 n. Chr. gegen die Markomannen in Böhmen. Die Tatsache, daß es nicht zu einer Eroberung, Besetzung und Umwandlung in eine römische Provinz Marcomannia gekommen ist, nimmt dem Marktbreiter Lager seine kurzfristig erhöhte Bedeutung wieder. Die Diskrepanz zwischen der großartigen Anlage und den mangelhaften Nachweisen für eine entsprechende Belegung wird so verständlich. M. Pietsch

Literatur

M. Pietsch/D. Timpe/L. Wamser, Das augusteische Truppenlager Marktbreit. Bisherige archäologische Befunde und historische Erwägungen. Ber. RGK 72, 1991, 263 ff. – M. Pietsch, Die Zentralgebäude des augusteischen Legionslagers von Marktbreit und die Principia von Haltern. Germania 71, 1993 (im Druck).

Ein frühgermanischer Fundkomplex aus Schwebheim

Stadt Burgbernheim, Landkreis Neustadt a. d. Aisch-Bad Windsheim, Mittelfranken

In den achtziger Jahren wurde westlich von Schwebheim auf einer flachen Lößzunge nördlich des Ensbachs mehrmals vorgeschichtliche und germanische Keramik aufgesammelt. Neben einzelnen Graphittonscherben keltischer Drehscheibenware fielen besonders Scherben von handgemachten Tongefäßen mit meist keulenförmig verdickter Randlippe auf, deren Randzone durch eine scharfe Kehle von der Schulter abgesetzt ist. Ihre Oberfläche zeigt auf der Außenseite eine extreme Glättung, teilweise ist sie sogar glänzend schwarz poliert.

Derartige Keramik kennen wir von germanischen Siedlungsplätzen der frühen Kaiserzeit in Mainfranken und aus dem germanischen Elbe-Saale-Gebiet. Die chronologische Einordnung bestätigen auch drei Wandscherben eines bauchigen Feingefäßes (Abb. 52), das unterhalb eines schmalen Halswulsts eine mehrzonige Verzierung aus feinen Linien und Punkten trägt. Der Dekor besteht aus langgestreckten Rechtecken, wobei man feine Linien vorritzte, die auf beiden Seiten von zierlichen Punkteindrücken begleitet werden. In der untersten Zone wechseln sparrenartig stehende bzw. diagonal überkreuzte Punktreihen ab. Wie an dieser Stelle mit Hilfe einer Lupe zu erkennen ist, hatte man die Punkte offensichtlich nicht einzeln eingedrückt, sondern hierfür ein schmales Rollrädchen mit nur einer Reihe zierlicher Zähne benutzt. Im horizontalen Zierband überschneiden sich teilweise die Punktreihen ein wenig. Feinkeramik mit gleichartiger Verzierung, oft Mäandermotiven, ist typisch für den Großromstedter Zeithorizont der frühesten römischen Kaiserzeit, fällt also zusammen mit dem Auftreten der Markomannen und ihrer Übersiedlung nach Böhmen unter König Marbod.

Da wir in Mittelfranken bis jetzt von keinem weiteren Platz solche frühgermanische Keramik kennen und bei mehreren Begehungen der Stelle außer Tongefäßscherben immer wieder einzelne ausgepflügte menschliche Skelettreste beobachtet wurden, führte G. Bund nach Absprache mit der Außenstelle Nürnberg des Bayer. Landesamts für Denkmalpflege im Frühjahr 1992 eine Notbergung durch. Auf einer Fläche von 17 m² konnte er dicht unter dem Pflughorizont mehrere ineinandergehende Gruben aufdecken (Abb. 53). Außer weiteren Keramik-

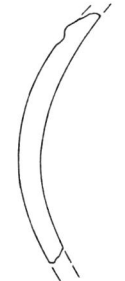

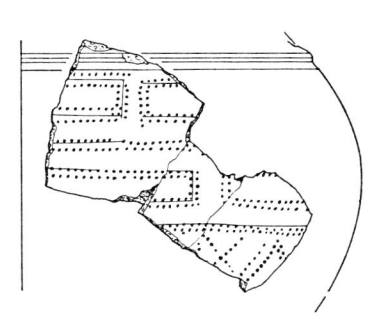

52 *Schwebheim. Rollrädchenverzierte Keramik der Großromstedter Gruppe. Maßstab 1 : 2.*

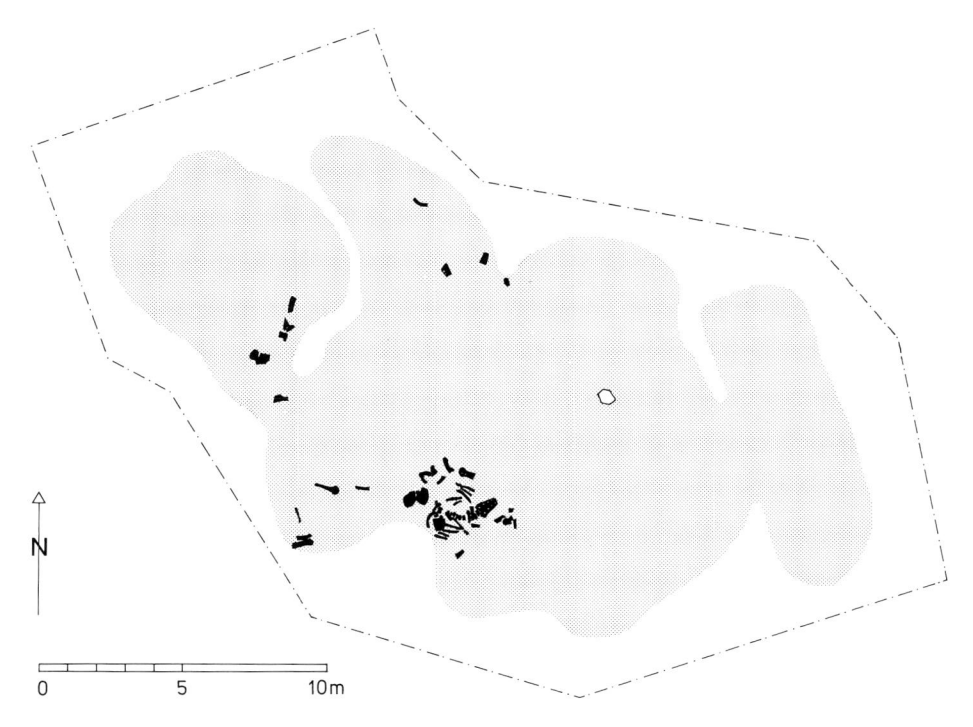

53 *Schwebheim. Befundplan des Grubenkomplexes der älteren römischen Kaiserzeit.*

bruchstücken, darunter einer Wandscherbe des oben erwähnten verzierten Gefäßes, und Tierknochen kamen menschliche Skelettreste zutage, die im folgenden von P. Schröter besprochen werden.

In der Füllung und auf der Sohle der Siedlungsgruben fanden sich zahlreiche unverbrannte Menschenknochen und -fragmente, meist ohne anatomischen Zusammenhang. Vertreten sind alle Körperregionen, wenn auch in unterschiedlichem Erhaltungsumfang. So liegen Schädel und lange Extremitätenknochen lediglich in mehr oder minder großen Bruchstücken vor. Im Unterschied zu den überwiegend unverbrannten Tierknochen weisen die menschlichen Überreste keine Hack- oder Schnittspuren auf. »Überzählige« Knochen, Robustizitäts- und Altersunterschiede belegen mindestens vier Individuen – drei Erwachsene und ein Kind. Auf der Grubensohle wurde, offenbar noch in anatomischem Zusammenhang, der untere Teil der Wirbelsäule (zehnter bis zwölfter Brustwirbel, die fünf Lendenwirbel und das Kreuzbein) eines erwachsenen Mannes angetroffen. Der rechte Querfortsatz des fünften Lendenwirbels ist gelenkig mit dem Seitenflügel des Kreuzbeins verbunden (einseitiger Übergangswirbel). Menschen mit solchen Anomalien haben oft Kreuzschmerzen. Der Kreuzbeinkanal ist vollkommen offen (Spina bifida), eine leichte Entwicklungsstörung, die im allgemeinen keine Beschwerden hervorruft. Zu diesem Mann gehören sicher zwei der vier geborgenen Hüftbeine und vermutlich ein Großteil der vorhandenen Skelettreste, darunter Schädel- und Unterkieferfragmente, die für adultes, nach dem geringen Abschliff der Zähne wohl frühadultes Sterbealter sprechen. Außer recht kräftigen, »männlichen« Knochen von mindestens zwei Individuen enthält das geborgene Skelettmaterial weniger robuste, »weibliche« sowie einige kindliche Überreste. Soweit beurteilbar, waren die Erwachsenen adult, das Sterbealter des Kindes ist schwer bestimmbar (wohl schon Infans II, etwa sechs bis zehn Jahre).

Zur Deutung der Menschenknochen in der Schwebheimer Siedlungsgrube dürfte die anthropologische Untersuchung kaum beitragen. Leider erlaubt der bruchstückhafte Erhaltungszustand auch keine Beschreibung des morphologischen Erscheinungsbildes dieser »späten Kelten« oder »frühen Germanen«.

R. Koch und P. Schröter

Literatur

Ch. Pescheck, Zum Bevölkerungswechsel von Kelten und Germanen in Unterfranken. Bayer. Vorgeschbl. 25, 1960, 75 ff. – D. Rosenstock, Ein reicher Keramikkomplex der Großromstedter Kultur aus Oberstreu, Landkreis Rhön-Grabfeld. Ein Beitrag zur frühgermanischen Besiedlung in Mainfranken. In: Aus Frankens Frühzeit. Festg. P. Endrich. Mainfränk. Stud. 37 (Würzburg 1986) 113 ff.

Frühe Holzbauten im Bereich der Kleinen Thermen des römischen Kempten-Cambodunum

Stadt Kempten (Allgäu), Schwaben

Als zweiter Abschnitt des Archäologischen Parks Cambodunum APC sollen die Kleinen Thermen der Römerstadt Cambodunum in ihren wesentlichen Teilen unter einem Schutzbau auf Dauer zugänglich gemacht werden. Im Vordergrund steht dabei der Steinbau der Thermenanlage als *das* charakteristische Beispiel römischer Zivilisation. Das archäologisch-historische Interesse gilt jedoch in erster Linie der den Thermen vorausgehenden älteren Bebauung des Areals, die einen Einblick in die Frühzeit des römischen Cambodunum gewährt. Diese wiederum, insbesondere die Art der Siedlung und Eingrenzung ihrer Größe, sowie die zeitliche Abfolge verschiedener Siedlungsphasen oder -perioden versprechen Erkenntnisse zur frühen Geschichte der Provinz Raetien, die durch das weitgehende Fehlen schriftlicher Quellen in vielen Aspekten ungeklärt ist.

Durch die zum Teil kontroverse Diskussion zur Form und Ausdehnung des Schutzbaus über

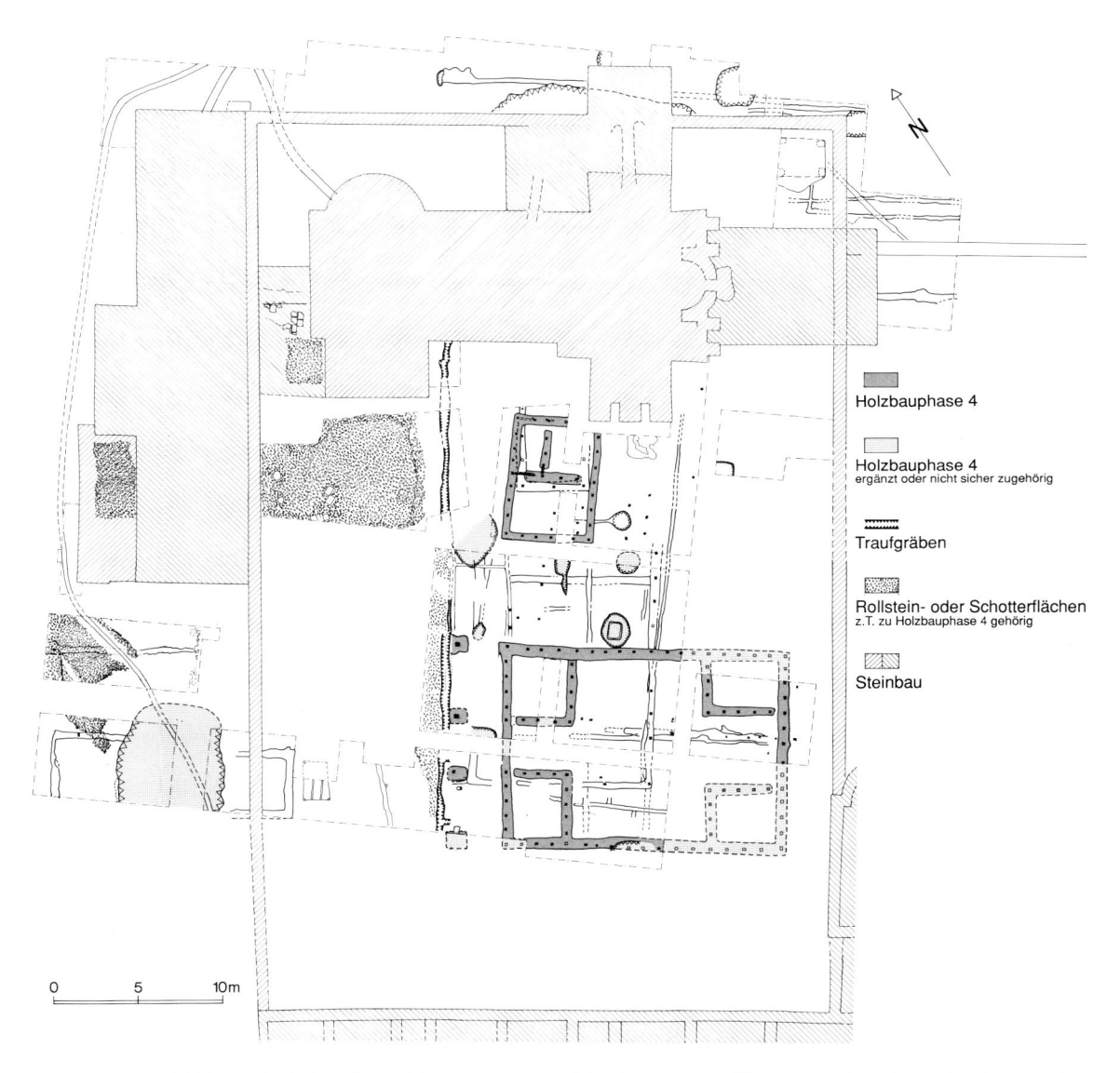

54 *Kempten (Allgäu). Steinbau der Kleinen Thermen mit Palästra (schraffiert). Von den älteren Holzbaubefunden ist die frühestens in spättiberischer Zeit beginnende vierte Bauphase graphisch hervorgehoben.*

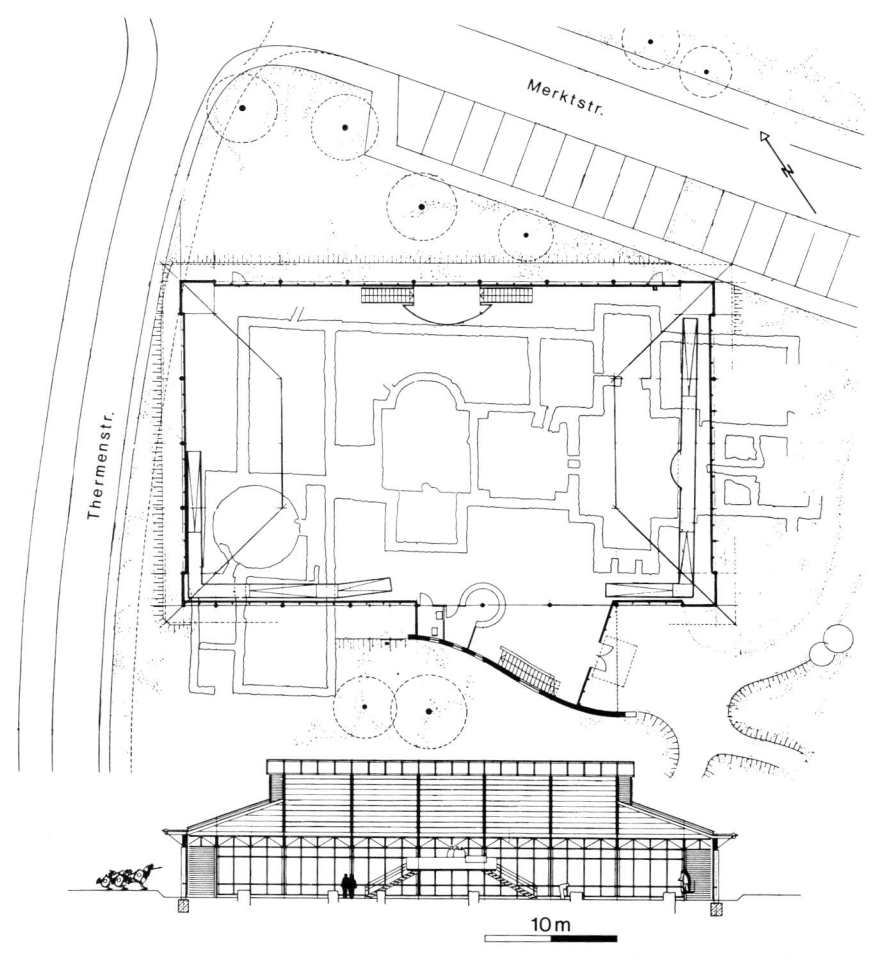

55 *Kempten (Allgäu). Schutzbau über den Kleinen Thermen in Grundriß und Längsschnitt. Der Kernbereich der Thermen wird durch einen Rundweg und erhöhte Aussichtsebenen erschlossen. Verschiedene Informationsträger sollen zudem die älteren Holzbauten unter und im Umfeld der Thermenanlage erläutern.*

der steinernen Thermenanlage verzögerten sich die Arbeiten am zweiten Abschnitt des APC um mehrere Jahre, was jedoch einer genaueren Klärung der älteren Bebauung im Umfeld der Thermen zugute kam.

Nachfolgend seien erste Erkenntnisse zur Abfolge und Art der frühen Holzbauten vorgestellt, allerdings noch ohne Berücksichtigung der umfangreichen Kleinfunde (in Abb. 54 sind nur die Befunde von Phase 4 graphisch hervorgehoben). Angaben zur absoluten Datierung basieren fast ausschließlich auf der Münzreihe von derzeit 173 Stücken. Die 170 antiken Prägungen setzen mit zwei keltischen Kleinbronzen der ersten Hälfte des 1. Jahrhunderts v. Chr. sowie acht Asses der römischen Republik ein und enden mit vier Folles bzw. Nummi von Constantinus I. und wohl Constans (337/346 n. Chr.). Die Bestimmung der Münzen übernahmen dankenswerterweise Dr. Mechthild und Prof. Dr. Bernhard Overbeck. Ein detaillierterer Vorbericht unter Einbeziehung der Münzreihe ist an anderer Stelle geplant.

Die einzigen vorgeschichtlichen Spuren ließen sich durch eine am Institut für Umweltphysik der Universität Heidelberg vorgenommene ^{14}C-Datierung von Tierknochen der Urnenfelder- oder frühen Hallstattzeit zuweisen (1240–660 v. Chr., kalibriert).

Zu den frühesten römischen Befunden (Abb. 54) gehören 10–20 cm schmale Gräbchen, zum Teil auch Doppelgräben, die fast parallel zum Meßsystem der Grabungsflächen verlaufen. Ursprünglich müssen sie größere Areale begrenzt haben, erinnern aber gleichzeitig an die ältesten Holzbauspuren in den eng parzellierten Siedlungsflächen der Ausgrabungen von L. Ohlenroth und W. Krämer im Nordteil des zentralen Stadtgebiets. Die frühesten Bruchstücke italischer Terra sigillata geben keinen Anlaß, den Beginn dieser Phase deutlich vor das 2. Jahrzehnt n. Chr. zu setzen.

Zum Teil nur schwer voneinander trennbar sind die beiden folgenden Holzbauphasen. Die 20–50 cm breiten, abschnittsweise mit verziegelten Hüttenlehmresten verfüllten Fundamentgräben lassen mitunter Pfostenstellungen – meist als Hohlräume – in Achsabständen von etwa 150 cm erkennen.

Am klarsten zeichnet sich eine vierte Holzbauphase ab (Abb. 54). In den 50–60 cm breiten, teilweise mit verziegeltem Lehm verfüllten Fundamentgräben standen bis zur Grabensohle reichende, im Durchschnitt 10 cm starke, quadratische Pfosten in Achsabständen von etwa 90 cm. Einige Wände wurden offensichtlich erneuert, ohne ihre Grundkonstruktion zu verändern. Am deutlichsten zu erkennen ist ein rechteckiges, 12,30 × 17 m großes Gebäude mit drei, vielleicht vier Eckräumen. Der Schmalseite im Nordwesten vorgelagert sind vier massive Pfosten einer im Lichten 2,70 m breiten Portikus. Davor verläuft ein Trauf- bzw. Straßengraben, der bereits in Phase 3, vielleicht auch schon in Phase 2, angelegt war. Auf dem hier anscheinend weit über 20 m breiten Platz befand sich eine gut 3 m tiefe Grube, die unter anderem zahlreiche Holzreste in Furnierstärke enthielt und noch in der Entstehungszeit der Bauten von Phase 4 offen gestanden haben dürfte. 6 m nordöstlich des beschriebenen Hauses liegt ein weiteres Gebäude, von dem sich bislang drei Räume abzeichnen.

Die nächsten Parallelen zum Gebäude mit der vorgelagerten Portikus finden sich in den von Ohlenroth am Nordrand der »zweiten Querstraße« und südlich des Gallorömischen Tempelbezirks untersuchten Parzellenbauten. Sie werden als einfache Wohn- und Handwerkerhäuser gedeutet. Auch im Umfeld des hier behandelten Holzbaus fanden sich Belege für metall- und holzverarbeitendes Handwerk.

Hervorzuheben ist im Unterschied zu den von Ohlenroth und Krämer untersuchten Holzbauten, daß sich im Bereich der Kleinen Thermen bislang keine bleibenden Parzellengrenzen abzeichnen. Auch die Gebäudeart scheint sich innerhalb der vier Bauphasen zumindest zweimal deutlich gewandelt zu haben.

Der wohl einschneidendste Wandel aber wird mit der Einplanierung des Geländes und der gleichzeitigen Anlage der ersten steinernen Thermen vollzogen. Einige noch in die Planierschicht der Palästra eingreifende jüngste Befunde müssen der ersten Thermenbaustelle, dem wohl nordwestlich an den Apsisbau des Frigidariums anschließenden Apodyterium, und einer zweiten Baustelle zum Umbau und zur Erweiterung der Anlage im 2. Jahrhundert zugerechnet werden.

Der bislang nach einem großflächigen neronischen Stadtbrand angenommene Neubau der Kleinen Thermen in frühflavischer Zeit ließe sich nach der bisherigen Stratifizierung der Fundmünzen auch schon in spätclaudischer oder neronischer Zeit annehmen. Die jüngste Prägung der Planierschicht der Holzbauphase stellt ein verbrannter As des Claudius dar. Mindestens zwei weitere Asses des Claudius fanden sich in dem lehmfarbenen Deckplanum der Palästra, das von den Fundamentgräben des Thermenbaus stammt. Der erste vespasianische As (77/78 n. Chr.) lag auf bzw. über der ersten Steinbauschicht. Ein im Vierkaiserjahr 69/70 n. Chr. angenommenes Schadenfeuer ließ sich weder zeitlich klarer eingrenzen noch in einer größeren Ausdehnung im Bereich der Kleinen Thermen stratigraphisch nachweisen.

Nachdem nunmehr der sechste Entwurf für einen Schutzbau über den Kleinen Thermen (Abb. 55) trotz der sehr angespannten Haushaltslage sowohl in den fachlichen als auch in den politischen Gremien eine breite Zustimmung fand, kann dessen Rohbau noch Ende 1993 entstehen. Im Herbst 1994 dürfte dieser zweite Abschnitt des Archäologischen Parks Cambodunum so weit fertiggestellt sein, daß innerhalb des Schutzbaus nicht nur die Thermenanlage in ihrer Baugeschichte und Funktion erklärt, sondern auch ein kleiner Einblick in die Zeit der frühen Holzbauten in der Römerstadt Cambodunum gegeben werden kann.

G. Weber

Literatur

L. Ohlenroth, Cambodunum: 19. Grabungsbericht. Holzbaureihenhäuser an der mittleren zweiten Querstraße 1939–1942. Allgäuer Geschfreund. N. F. 53, 1952, 1 ff. – W. Krämer, Cambodunumforschungen 1953-I. Materialh. Bayer. Vorgesch. 9 (Kallmünz 1957). – G. Weber, Arch. Jahr Bayern 1987, 102 ff.

Ein römischer Steinkeller und Kalkbrennofen in Altheim

Gemeinde Essenbach, Landkreis Landshut, Niederbayern

Als die Außenstelle Landshut des Bayer. Landesamts für Denkmalpflege sich entschloß, im Bereich des bekannten Reihengräberfelds von Altheim weitere Ausgrabungen durchzuführen, erwartete man die Fortsetzung des frühmittelalterlichen Friedhofs, von dem bislang 375 Gräber freigelegt werden konnten. Bei der Untersuchung zweier noch unbebauter Gartengrundstücke kamen 1992 noch 17 weitere Bestattungen zutage.

Die Überraschung war groß, als man auf den Steinkeller einer bislang unbekannten römischen Villa und einen Kalkbrennofen stieß (Abb. 56). Stark verbrannte Sigillatascherben und Glasfragmente der mittleren Kaiserzeit, die 1976 etwa 1500 m nordwestlich davon aufgelesen wurden, deuten auf das zugehörige Brandgräberfeld hin.

Der aus Kalktuffsteinen errichtete Keller besitzt die übliche rechteckige Form mit Innenmaßen von 3,60 × 3,00 m; der südwestliche Mauerzug ist um 2,10 m verlängert und bildet mit der gegenüberliegenden Wand einen schmalen Kellerhals (Abb. 57). Am Ende dieses Korridors markieren rechteckig behauene Schwellsteine den Eingang, von dem Steinstufen nach oben führten. Für den Bau des Kellers hatte man im gewachsenen Lößboden eine Grube ausgehoben und die aus Kalktuff und Mörtellagen aufgezogenen Mauern gegen die Lößwand gesetzt. Die Innenwände wurden sorgfältig mit weißem Kalkmörtel verputzt. Im Kellerraum war der Estrich vollständig erhalten, im 15 cm tiefer gelegenen Kellerhals dagegen durch Brandeinwirkung größtenteils ausgebrochen.

Zur Nivellierung des Untergrunds hatte man vor der inneren Südostwand eine dicke Schicht aus Scherben, Tuffstein- und Ziegelbrocken aufgetragen. Von der Keramik lassen sich nur Sigillatascherben der Form Drag. 24/25 etwa auf die Mitte des 1. Jahrhunderts n. Chr. eingrenzen (Abb. 59,1), die übrigen Funde (Abb. 59,3.4) können bis ins 2. und 3. Jahrhundert n. Chr. vorkommen.

Im Keller fand sich Bauschutt mit angebrannten Verputzteilen und verkohlten Holzresten. Die unterste Einfüllschicht war in der Mitte des

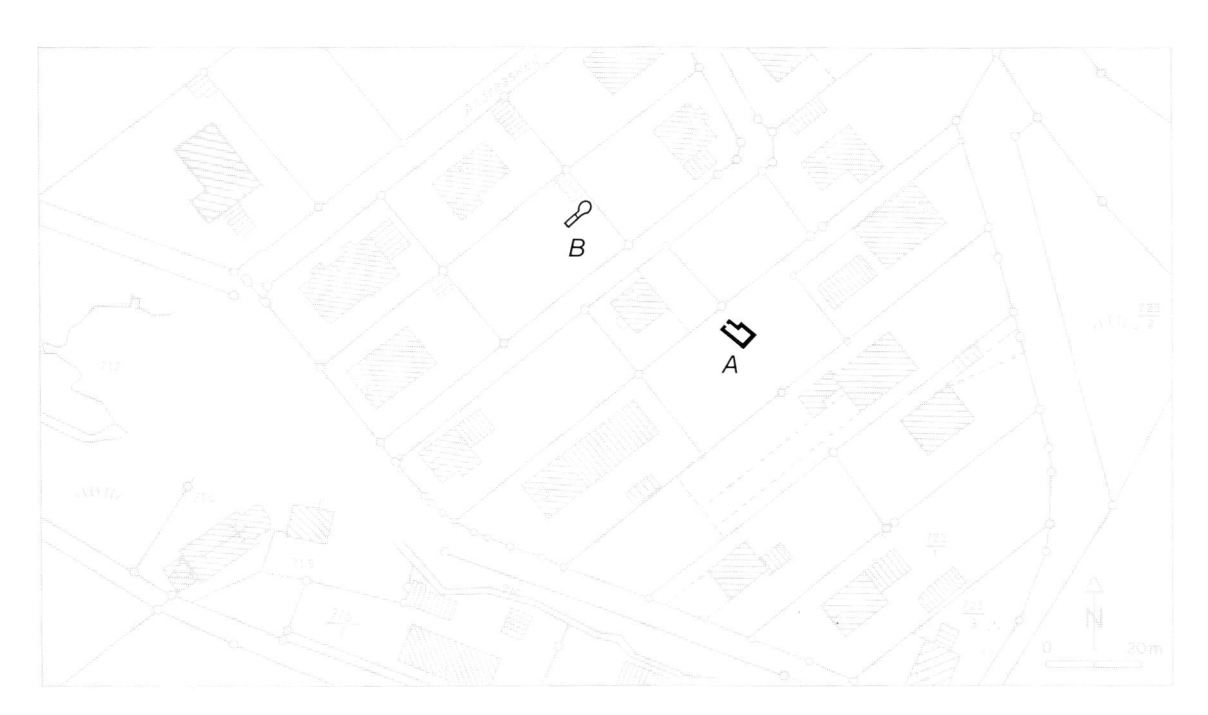

56 *Altheim. Lage des Steinkellers (A) und des Kalkbrennofens (B) in den beiden untersuchten Gartengrundstücken. Kartengrundlage: Flurkarte 1 : 1000, NO 22-20-4. Wiedergabe mit Genehmigung der Gemeinde Essenbach.*

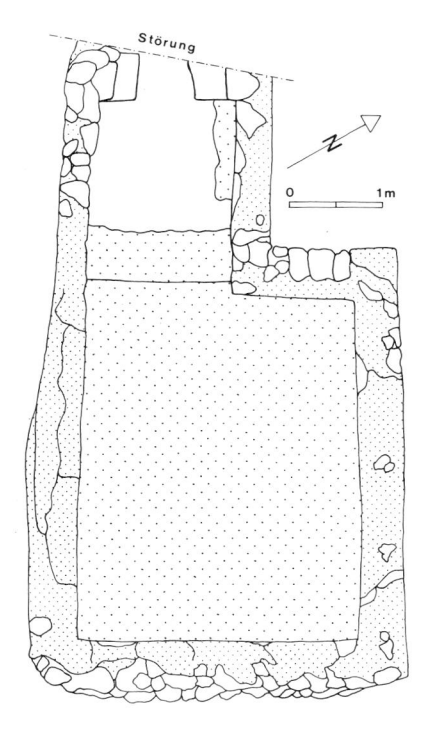

57 *Altheim. Römischer Keller.*

Raums muldenförmig eingetieft und stieg zu den Wänden hin an. Unmittelbar über den Estrich zog sich flächendeckend eine dicke Holzkohleschicht, darüber lagen große Estrichplatten mit Beimengung von Ziegelkleinschlag. Es dürfte sich hier um die bei einem Brand eingestürzte Holzdecke und den Estrich des Fußbodens vom Erdgeschoß handeln. Einzelne Scherben sog. raetischer Ware der Form Drexel II a (Abb. 59,6) erlauben eine Datierung ins 2. Jahrhundert n. Chr., während sich die restliche Keramik nur allgemein der mittleren Kaiserzeit zuordnen läßt (Abb. 59,2.8).

Fragmente von rot, gelb, blau und grün bemaltem Wandverputz, darunter ein Stück mit figürlicher Darstellung, zeugen von der besonderen Ausstattung des Wohnhauses. Eine Säulenbasis aus Muschelkalk im Kellerhals dürfte bei der Zerstörung der Portikus in den Keller gestürzt sein. Verbrannte Holzreste, teilweise mit anhaftenden Eisenbeschlägen, sowie ein Schloßriegel und ein Schloßblech stellen wohl Überreste der hölzernen Kellertür dar.

Die darüberliegenden Schuttschichten, die sich über die ausgebrochenen Mauern ins Kellerinnere zogen und mit eingeflossenem Lößsand vermischt waren, wurden nachträglich in den Keller eingebracht. Auch die Keramik dieser Einfüllung entspricht dem mittelkaiserzeitlichen Formenspektrum, so beispielsweise eine Randscherbe Drag. 33, Reste von raetischer Ware, der Boden eines Sigillatatellers mit Ratterdekor der Form Niederbieber I c (Abb. 59,5) sowie tongrundige Flaschenhälse und Töpfchen. Hinzu kommen Scherben von handgemachter Grobkeramik.

Obwohl keine weiteren Bauspuren nachgewiesen werden konnten, vermitteln Funde und Bauweise des Kellers einen Eindruck von der Qualität dieses römischen Landsitzes der mittleren Kaiserzeit, der wohl einer Brandkatastrophe zum Opfer fiel. Vielleicht bestand die Villa in anderer Form aber auch schon während des 1. Jahrhunderts n. Chr.

In unmittelbarer Nähe liegt das zweite untersuchte Grundstück mit den Überresten eines Kalkbrennofens (Abb. 56), der zum Wirtschaftsbereich der Villa rustica gehörte. Von dem in den gewachsenen Lößboden eingetieften Ofen (Abb. 58) hatte sich noch die bis zu 1 m hohe, schräg aufsteigende Wand erhalten. Der im oberen Teil annähernd kreisrunde Schacht wies einen Durchmesser von maximal 2,60 × 2,70 m auf. Die Ofenwand bestand im

58 *Altheim. Römischer Kalkbrennofen. Blick auf den runden Ofenschacht und das mit Kalk gefüllte Schürloch (Hintergrund) sowie den langrechteckigen Bedienungsraum (Vordergrund).*

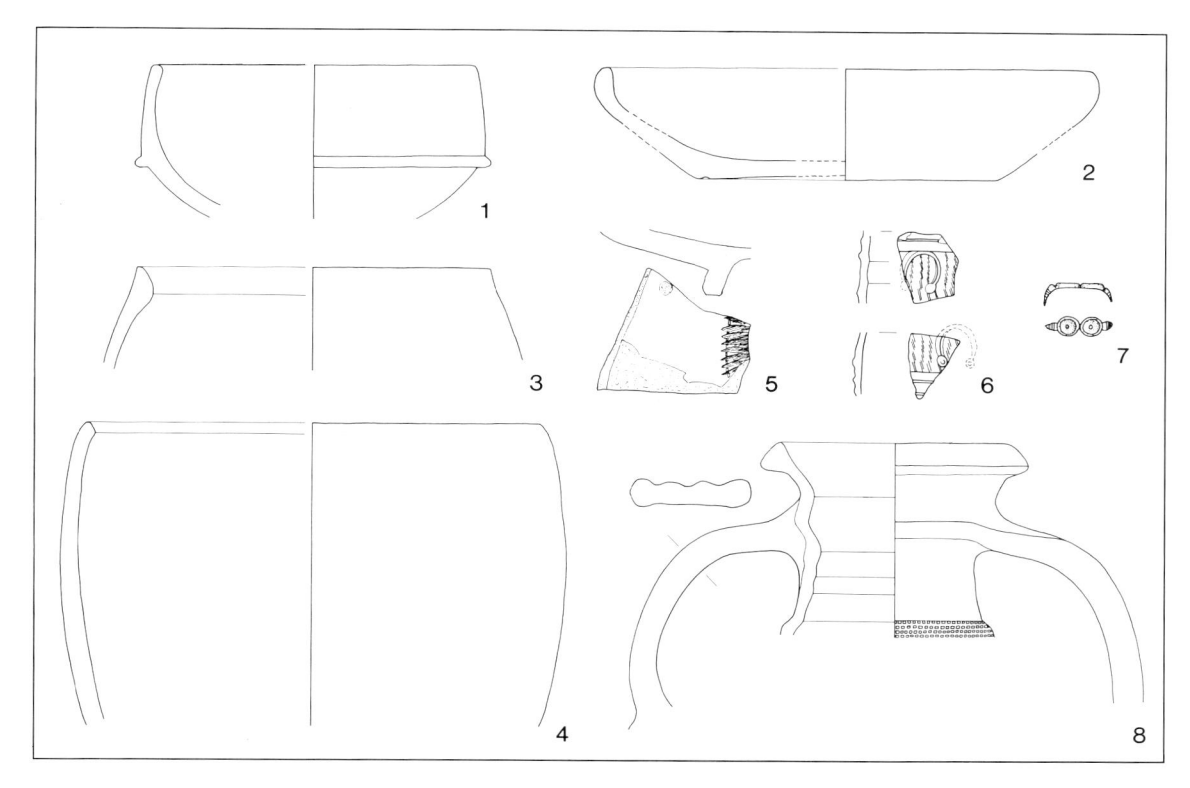

59 *Altheim. Funde aus dem Steinkeller (1–6.8) und dem Schacht des Kalkbrennofens (7). 7 Maßstab 1 : 2, sonst 1 : 3.*

äußeren Bereich aus einem 15–30 cm starken, tieforange durchgeglühten Lößboden, der innere Mantel war bei einer Stärke von 4–10 cm hart verziegelt und von hellerer Farbe. An den Wänden konnte man senkrecht und schräg verlaufende Abstichspuren erkennen. Der Ofenboden ruhte auf einem Fundament aus Kalktuffsteinen; in der Mitte befand sich ein länglicher, etwa 60 cm breiter, eingetiefter Brennraum, der in seiner Verlängerung als Schürkanal in südwestlicher Richtung auf den Bedienungsraum hinausführte. Die Sohle des Schürkanals lag 2,50 m unter der heutigen Oberfläche und war wie der Brennraum etwa 2 cm stark verziegelt und von einer dicken Ascheschicht bedeckt. Das Schürloch hatte eine Überdachung sowie zum Bedienungsraum hin eine schwache trichterförmige Erweiterung. Schürkanal und Schürloch enthielten mit grau durchgebrannten Tuffsteinbrocken vermengten, gelöschten, weißen Kalk. Vor dem Schürloch erstreckte sich der Bedienungsraum, ein langrechteckiger Platz von 2,60 m Länge und etwa 1 m Breite, der mit dem Schürkanal auf gleicher Höhe lag und den eine dünne, schwarze, humose Schicht mit sehr hohem Holzkohleanteil bedeckte. Vom Ende des Platzes führte schließlich eine Rampe mit fest gestampftem Boden auf den Laufhorizont. Pfostenspuren von einer Überdachung ließen sich nicht feststellen.

Nach dem letzten Brennvorgang hatte man den Ofen nicht mehr ausgeräumt, sondern den noch heißen Kalk sofort mit Erde bedeckt und den Ofenschacht mit Abfall aufgefüllt. Aus dieser Füllung liegt kaum datierbares Material vor. Von einem Teller Drag. 32 haben sich nur kleine Reste erhalten. Ein bronzenes Fingerringfragment (Abb. 59,7) läßt sich nicht genau datieren, es würde aber einer Einordnung in die mittlere Kaiserzeit nicht widersprechen.

Weitere Ausgrabungen auf dem Gelände der Villa rustica von Altheim sind aufgrund der Bebauung nicht zu erwarten. In der Zukunft könnte jedoch das nahe gelegene Brandgräberfeld Ziel einer archäologischen Untersuchung sein.

C. Nagler

Literatur

R. Christlein, Ausgrabungen und Funde in Niederbayern 1976. Verhandl. Hist. Ver. Niederbayern 102, 1976, 75. – Th. Fischer, Ein Keller mit Brandschutt aus der Zeit der Markomannenkriege (170/175 n. Chr.) aus dem Lagerdorf des Kastells Regensburg-Kumpfmühl. Ber. Bayer. Bodendenkmalpflege 24/25, 1983/84 (1986) 24 ff. – E. Schallmayer, Ein römischer Kalkbrennofen in Neckarburken, Gemeinde Elztal, Neckar-Odenwald-Kreis. Arch. Ausgr. Baden-Württemberg 1991, 123 ff.

Rettungsgrabungen vor der Stadtmauer von Augusta Vindelicum

Stadt Augsburg, Schwaben

Nahezu fünf Jahre lang bildete eine großflächige Rettungsgrabung an der Heilig-Kreuz-Straße den Schwerpunkt der zahlreichen gleichzeitig durchzuführenden archäologischen Notuntersuchungen der Augsburger Stadtarchäologie. Zwischen 1988 und 1992 wurde hier auf knapp 5000 m² das Vorgelände der römischen Stadtmauer im Südwesten der raetischen Provinzhauptstadt ausgegraben, da auf dem Areal des Annakollegs eine ausgedehnte Wohnanlage mit Tiefgarage entstehen sollte. Zum ersten Mal ergab sich damit in Augsburg Gelegenheit, die Wehrgräben vor der antiken Befestigungsmauer auf einer großen Fläche zu erforschen.

Die Stadtmauer selbst war zwischen 1986 und 1988 weiter nördlich an der Langen Gasse auf knapp 70 m Länge aufgedeckt worden (Abb. 60). Dabei zeigten sich unter der im Mittelalter vollständig abgetragenen Wehrmauer ältere Siedlungsbefunde des späten 1. und des 2. Jahrhunderts n. Chr., die dem Bau der Stadtbefestigung vorausgingen. Als Zeitraum für ihre Errichtung im Zusammenhang mit den »Markomannenkriegen« zeichnen sich die 70/80er Jahre des 2. Jahrhunderts ab. Mit einer verbrannten Münze aus einem Brunnenschacht unter der Stadtmauer liegt als Terminus post quem das Datum nach 145 n. Chr. fest (Prägung für Faustina II. oder Lucilla, nicht weiter bestimmbar).

Bei den Ausgrabungen an der Heilig-Kreuz-Straße 24–26 stand die Freilegung der römischen Wehrgräben im Vordergrund; die Stadtmauer selbst befindet sich direkt hinter der Grenze der östlich anschließenden Nachbarparzelle. In mehreren Schnitten konnten wir fünf verschiedene Verteidigungsgräben dokumentieren, die vor der Mauer nacheinander nach außen vorgeschoben wurden und sich dabei überlagerten (Abb. 62). Der älteste Wehrgraben, mit einer kurzen Berme unmittelbar vor der Stadtmauer eingetieft, entstand gleichzeitig mit dieser um 170/180 n. Chr. Dessen Verfüllschichten überschneidend, zeigte der im unteren Bereich nahezu fundleere Graben 2 in der oberen Einfüllung ein dickes Schichtpaket aus Brandschutt mit Fundmaterial der Mitte des 3. Jahrhunderts. Offensichtlich verfüllte man den zweiten Graben mit dem Zerstörungsschutt (darin auch menschliche Skelettreste) der Alamannen-/Juthungeneinbrüche der Zeit um 260/275 n. Chr. Der folgende, wohl aus dem späten 3. Jahrhundert stammende Graben 3 wurde in der Spätantike von einem mächtigen Doppelgraben überdeckt, dessen äußerer mit 7 m Breite und etwa 4 m Tiefe rund 25–30 m vor der Stadtmauer lag. Ein solch differenziertes, zeitlich gestaffeltes Wehrgrabensystem hatten wir nicht erwartet. In Verbindung mit den Grabungen an der Langen Gasse liegt nun ein vollständiger Querschnitt durch die römische Stadtmauer und die aufwendigen Grabenwerke vom späten 2. bis zum frühen 5. Jahrhundert vor.

Wie an der Langen Gasse fanden sich an der Heilig-Kreuz-Straße umfangreiche Siedlungsreste ab der Mitte des 1. Jahrhunderts n. Chr., die aus der Zeit vor Errichtung der Wehrbefestigung stammen. Gruben, Keller, Zisternen und Brunnen belegen eine dichte Besiedlung

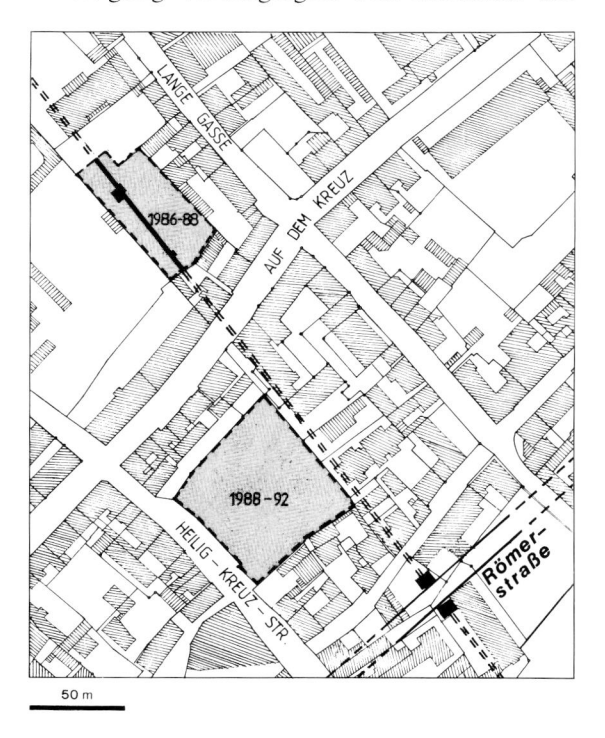

60 Augsburg. Ausschnitt aus dem Katasterplan mit den Grabungsflächen an der römischen Stadtmauer »Lange Gasse« und »Heilig-Kreuz-Straße«.

61 Augsburg, Heilig-Kreuz-Straße 24–26. Acht Münzförmchen aus Ton. Vier einseitig abgeformte Model für Münzen des 2. Jahrhunderts (links) und vier beidseitig genutzte Förmchen für Denare der ersten Hälfte des 3. Jahrhunderts (rechts). Maßstab 1 : 1.

62 Augsburg, Heilig-Kreuz-Straße 24–26 (1991). Überschneidung der Wehrgräben 1 und 2. In der oberen Verfüllung des Grabens 2 befindet sich eine dickere Brandschuttschicht.

63 *Augsburg, Heilig-Kreuz-Straße 24–26 (1989). Blick auf einen Brunnenschacht mit Skelett in der Verfüllung.*

am Rande der Römerstadt, die vor ihrer Ummauerung offenkundig nach Westen eine wesentlich größere Ausdehnung hatte. Zwar fehlten Gebäudespuren – das antike Geländeniveau war nicht mehr vorhanden –, doch weisen zahlreiche Funde auf Handwerker und Händler an diesem Platz hin.

Rohglas, Glasabfälle, Ofenreste und Schlacken zeugen hier von einer umfangreichen Glasproduktion im 2. Jahrhundert, die mit der bisher nur in Italien vermuteten Werkstatt des Salvius Gratus in Verbindung stehen dürfte (über zwanzig Bodenmarken auf Vierkantkrügen). Auffällig im Fundbestand erscheinen weit über hundert »preußische« Augenfibeln aus den letzten Jahrzehnten des 1. und dem Beginn des 2. Jahrhunderts. Vielfach nur mit ihren bei der Produktion abgebrochenen Nadeln dokumentiert, belegen sie die Herstellung dieses »germanischen« Fibeltyps am westlichen Rand der Augusta Vindelicum. Germanische Siedler, die vielleicht aus dem östlichen Elberaum stammten, dürften hier gelebt und gearbeitet haben. Acht Münzfälscherförmchen für Silberprägungen des 2. und der ersten Hälfte des 3. Jahrhunderts, die den Stücken aus Eining, Rottweil und Pachten entsprechen, bezeugen zum ersten Mal in Augsburg auch dieses »illegale« Gewerbe (Abb. 61).

Mit über 8500 Fundkomplexen, darunter 300 Münzen, liegt von der Heilig-Kreuz-Straße der umfangreichste Materialbestand aus einer Grabung in Augsburg vor, dessen Auswertung noch Jahre in Anspruch nehmen wird. Zu den herausragenden Einzelfunden zählen zwei bronzene Götterstatuetten für Bacchus und den keltischen Sucellus sowie ein hierher verschlepptes Grabmalrelief mit Darstellung des Weintransports durch ein Ochsengespann.

In mehreren Brunnen und Kellergruben kamen menschliche Skelette zutage. Sie waren im Zuge der Einebnung dieses Siedlungs- und Handwerkerbereichs für den Bau der Stadtumwehrung dort hineingeworfen worden (Abb. 63). Allem Anschein nach handelt es sich nicht um bei der Auseinandersetzung mit den »Markomannen« Getötete, sondern um Opfer der zur gleichen Zeit in Obergermanien, Raetien und den Donauprovinzen grassierenden Seuchen (Kaiser Marc Aurel starb 180 n. Chr. während der Abwehrkämpfe an der Donau an der »Pest«). Neben der Aufdeckung der Grabenbefestigungen machte die mehrjährige Untersuchung im Vorfeld der Stadtmauer der Augusta Vindelicum deutlich, wie die Bedrohung durch die Markomannen schon vor dem Ende des 2. Jahrhunderts zur Aufgabe von Randbereichen und damit zur Verkleinerung der Stadt geführt hat, die fortan bis zu ihrem Ende um 420/450 n. Chr. durch eine aufwendige Wehranlage aus Mauer und Verteidigungsgräben geschützt werden mußte.

Zu vielfältigem Dank weiß sich die Augsburger Stadtarchäologie am Römischen Museum dem Architekten und der Bauherrschaft, dem Evangelischen Siedlungswerk, verpflichtet. Mit großem Interesse und Verständnis wurden die Grabungen begleitet und unterstützt sowie im Winter 1991/92 durch die Übernahme von Personalkosten gefördert. Das Augsburger Arbeitsamt gewährte dankenswerterweise für den gesamten Zeitraum Arbeitsbeschaffungsmaßnahmen, ohne deren Hilfe die Untersuchungen in diesem Umfang nicht hätten erfolgen können.

L. Bakker

Literatur

L. Bakker, Arch. Jahr Bayern 1988, 120 ff. (Lange Gasse). – Ders. ebd. 1990, 108 ff. (Faßwagenrelief). – Ders. ebd. 1991, 124 ff. (Bronzestatuetten).

Neues zum römischen Eining

Stadt Neustadt a. d. Donau, Landkreis Kelheim, Niederbayern

Seit den ersten Ausgrabungen des Stadtpfarrers W. Schreiner in Eining sind mehr als hundert Jahre vergangen. Zahlreiche Grabungskampagnen haben unser Wissen über das antike Abusina in der Zwischenzeit vermehrt. Ziel vieler Besucher ist heute vor allem das mittelkaiserzeitliche Auxiliarkastell, dessen Ruinen am Ostufer der Donau zwischen Neustadt a. d. Donau und Kelheim liegen. Weniger bekannt sind dagegen die römischen Befunde in der unmittelbaren Umgebung von Eining: die zum Kastell gehörende Zivilsiedlung (Vicus), das zweite Römerlager im sog. Unterfeld, das Mars-Victoria-Heiligtum auf dem Weinberg und die Gräber.

Von den Fundverlusten durch Sondengängerei hier einmal abgesehen, zeigte sich 1992 in Eining nahezu das gesamte Spektrum zerstörerischer Maßnahmen an archäologischer Substanz, wie Gebäudesanierung, Straßenbau und Landwirtschaft. Die drei Grabungskampagnen im Vexillationslager, im Kastellvicus und in einem Friedhof seien im folgenden kurz vorgestellt.

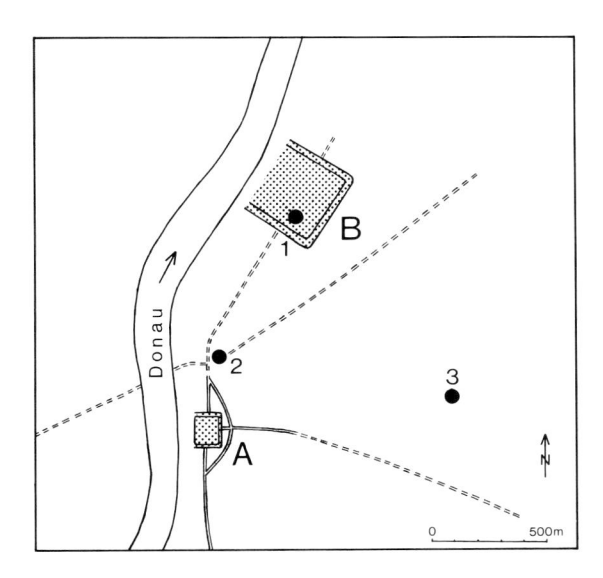

64 *Eining während der mittleren Kaiserzeit. A Auxiliarkastell (1.–5. Jahrhundert n. Chr.); B Vexillationslager im Unterfeld (um 170 n. Chr.). 1–3 Lage der Grabungsflächen von 1992 (1 Unterfeld; 2 Abusinastraße 2; 3 Höllenberg).*

Eining, Unterfeld (Abb. 64,1)
Im Zuge der Erneuerung des alten Fahrbahnbelags der Landstraße, die quer durch das Lager der 3. italischen Legion aus der Zeit um 170 n. Chr. verläuft, wurde im August 1992 auch ein neuer Straßengraben angelegt. Dabei stieß man auf einen parallel zur Fahrbahn verlaufenden, 7 m langen und 0,70 m breiten Mauerzug, der am südlichen Ende rechtwinklig abbiegt, also von der Straße überlagert wird. Demnach kann der antike Straßenverlauf nicht dem heutigen entsprechen, sondern muß weiter westlich zu suchen sein, wofür auch die Lage der Principia spricht. Dieser Befund stellt die Annahme, im Lagerinneren hätten sich nur sehr wenige Steingebäude befunden, erneut in Frage. Auf Luftbildern geben sich zwar stets nur die Principia und der Legatenpalast zu erkennen, aber alten Grabungsnotizen zufolge sind auch immer wieder einmal Steinfundamente angeschnitten worden. Nach wie vor bleibt unsicher, ob das Lager nicht doch vollständig in Stein ausgebaut wurde und sich hier späte Bauphasen verbergen, die mangels gezielter Grabungen nur noch nicht nachzuweisen waren.

Eining, Abusinastraße 2 (Abb. 64,2)
Beim Umbau eines Hauses am südlichen Ortsrand von Eining ließen sich in einem Kanalisationsgraben die Reste eines aus Bruchsteinen gemauerten Gebäudes beobachten, das zum mittelkaiserzeitlichen Kastellvicus gehört. Da die weit über 1 m hoch erhaltenen Mauern unter einer mehr als 1 m mächtigen neuzeitlichen Aufschüttung liegen, kann man nördlich und nordöstlich des Kastells auf Luftbildern keine Bebauungsspuren erkennen. Obwohl die untersuchten Ausschnitte sehr klein sind, lassen die guten Erhaltungsbedingungen für kommende Grabungen reiches Fundmaterial erwarten.

Eining, Höllenberg (Abb. 64,3)
Bisher waren nur an zwei Stellen neben den mutmaßlichen Römerstraßen unmittelbar östlich und südlich des Kastells Spuren von römischen Brandgräbern festzustellen; lediglich ein einziges Grab ist fachmännisch ausgegraben. Bereits 1991 machte ein Sammler auf angeackerte Gräber etwa 1 km östlich des Eininger

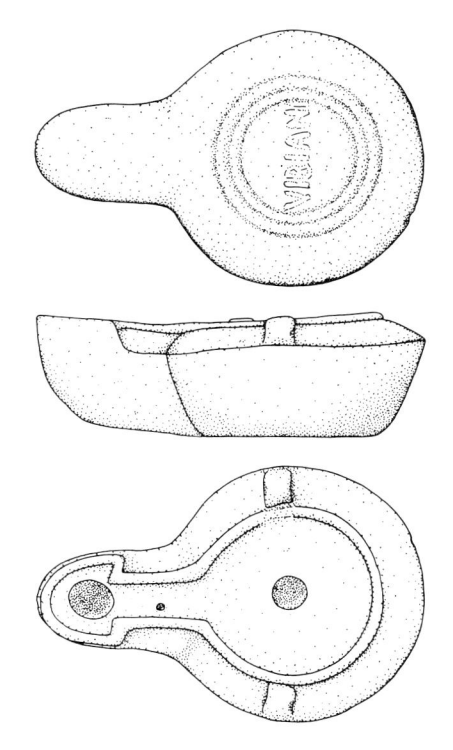

65 *Eining, Höllenberg. Römische Öllampe mit Firmenstempel VIBIANI aus Grab 2. Maßstab 1 : 2.*

Kastellvicus (nördlich der heutigen Straße nach Abensberg) aufmerksam. Eine kleine Sondagegrabung und ergänzende regelmäßige Befliegungen zeigten, daß hier mit einer größeren Nekropole zu rechnen ist. Auf einer Fläche von insgesamt rund 170 m² konnten wir 1991/92 neben einigen schwer zu deutenden Gruben vier gesicherte Brandschüttungsgräber und ein Urnengrab der mittleren Kaiserzeit dokumentieren, von denen zwei wegen des ungewöhnlichen Befunds bzw. der Funde vorgestellt werden sollen.

Grab 1 ist von einem annähernd rundlichen, gemörtelten Steinfundament mit 2,70 m Durchmesser umgeben. Aus der nur noch wenige Zentimeter hoch erhaltenen, maximal 0,50 m breiten Fundamentierung hat der Pflug besonders im Süden die Plattenkalke aus dem Mauerverband herausgerissen. Im Inneren des Steinmonuments ließen sich noch drei Verfärbungen feststellen, von denen die annähernd zentral gelegene die eigentliche Bestattung, ein Brandschüttungsgrab, enthielt. Die Hoffnung, hier wegen des repräsentativen Grabbaus besonders reiche Beigaben zu finden, erfüllte sich nicht. Außer einigen Eisennägeln, sehr wenig Leichenbrand und verbrannten Bronzeblechfragmenten barg das Grab Wandscherben einer tongrundigen Urne (?), das Bodenstück einer Öllampe, Reste eines Tellers von etwa 20 cm Durchmesser und einige Scherben von mindestens drei Terra-sigillata-Gefäßen (Drag. 32, 37 und 49?).

Grab 2, ein maximal 1 m tiefes und 1 m breites Brandschüttungsgrab, enthielt ein reiches Repertoire an verbrannten Beigaben. Neben verschmolzenen Bronze- und Eisenresten fanden sich Stücke einer gläsernen Rippenschale, eine Reibschale, mehrere tongrundige Teller, ferner ein Räucherkelch, ein unverzierter, gestempelter Sigillatateller (Drag. 31) und eine Öllampe mit Firmenstempel VIBIANI (Abb. 65). Diese importierten, hauptsächlich in Pannonien und Raetien verbreiteten Firmalampen des Vibianus haben ihre nächsten Parallelen im Regensburger Gräberfeld und lassen sich in das späte 2. bzw. frühe 3. Jahrhundert n. Chr. datieren, womit die Zeitstellung des Eininger Gräberfelds angedeutet ist.

M. M. Rind

Literatur

W. Schreiner, Eining und die dortigen Römer-Ausgrabungen (Landshut 1886). – S. v. Schnurbein, Das römische Gräberfeld von Regensburg. Materialh. Bayer. Vorgesch. A 31 (Kallmünz 1977) 55 ff. – Th. Fischer/K. Spindler, Das römische Grenzkastell Abusina-Eining. Führer Arch. Denkmäler Bayern. Niederbayern Bd. 1 (Stuttgart 1984).

Römische Siedlungsspuren in der Donauniederung bei Kagers

Stadt Straubing, Niederbayern

Die ländliche Besiedlung im Umland des römischen Kastellorts Sorviodurum-Straubing ist bislang weitgehend unerforscht. Außer der Villa rustica am Alburger Hochweg kennen wir noch zwei weitere Villen durch die zugehörigen Friedhöfe, während sich die meisten aufgrund von Lesefunden nur grob lokalisieren lassen. Nahezu alle Siedlungen befinden sich auf der lößbedeckten Hochterrasse entlang den Bachläufen, die den Gäuboden zur Donau hin entwässern. Lediglich eine Fundstelle liegt im Auegebiet der Donau und ist in Verbindung mit der hier nachgewiesenen Donau-Südstraße zu sehen.

Im Jahr 1991 wurde in der Donauniederung bei Kagers mit dem Bau der neuen Straubinger Westtangente begonnen. Da die Luftbildprospektion im Trassenbereich Bodendenkmäler ergeben hatte, mußten wir das betroffene Gebiet 1991/92 bauvorgreifend untersuchen. Während die meisten der im Lufbild erkennbaren Verfärbungen auf rezente Bodeneingriffe zurückgingen, erwiesen sie sich am Südende der Trasse und in einem südwestlich davon angelegten Erweiterungsschnitt als Teile eines urnenfelderzeitlichen Gräberfelds.

Auf einer Fläche von 80 × 30 m kamen zwischen den Bestattungen und zuweilen diese überschneidend römische Siedlungsspuren zutage, die durch die intensive landwirtschaftliche Nutzung teilweise beträchtlich gestört waren. Aus den zahlreichen Pfostensetzungen ließ sich nur in einem Fall ein kleiner Bau von 3 × 4 m Grundfläche rekonstruieren. Neben den Resten von Balkengräben konnten wir auch mehrere Gruben freilegen.

Besondere Beachtung verdienen die Funde aus Grube 61, die im folgenden vorgestellt werden

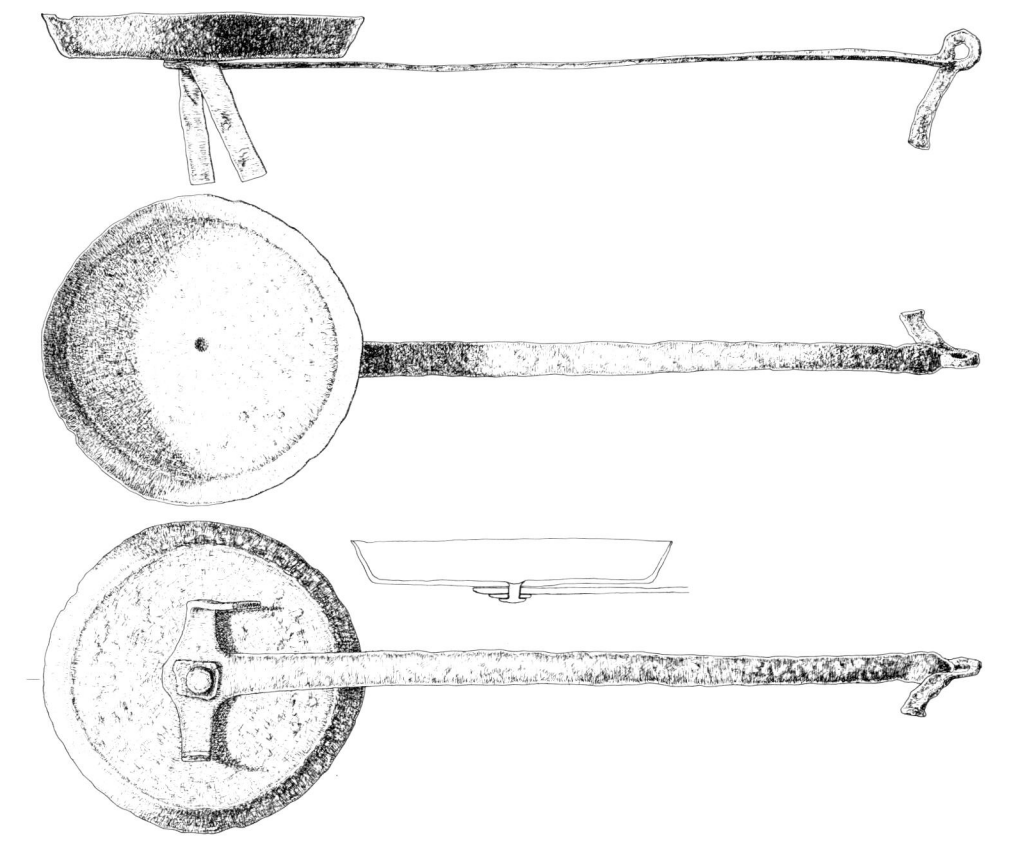

66 *Kagers. Eiserne Pfanne. Maßstab 1:4.*

sollen. Die rechteckige, 3,40 m lange und 2,10 m breite Grube mit einer Verfüllung aus dunkelbraunem, humosem Lehm hatte leicht geböschte Seitenwände und eine Tiefe von noch 0,50 m. In ihrer Nordhälfte kam knapp unter dem Planum eine vollständig erhaltene eiserne Pfanne zutage (Abb. 66). Der Pfannenteller weist einen Durchmesser von 17 cm auf, die Höhe der Wandung beträgt 2,5 cm. Unter dem Boden ist ein 34 cm langer, bandförmiger Griff angenietet, von dessen T-förmigem Ende die Arme senkrecht herabgebogen sind, so daß sie mit dem ebenfalls umgeschmiedeten vorderen Griffende einen Dreifuß bilden. Die Pfanne konnte daher direkt ins Feuer gestellt werden, wie deutliche Spuren von Feuereinwirkung an ihrer Unterseite zeigen.

Etwa 20–30 cm unter Planum fanden sich in der Nordwestecke der Grube etliche Eisenbeschläge von der Vorderseite einer hölzernen Truhe: sechs Ziernägel (Abb. 67,4–9), eine Zierscheibe (Abb. 67,10), ein Lunulabeschlag (Abb. 67,11), zwei gewölbte Blechscheiben (Abb. 67,13.14), drei kleine Nägel (Abb. 67,12), ein Schloßblech

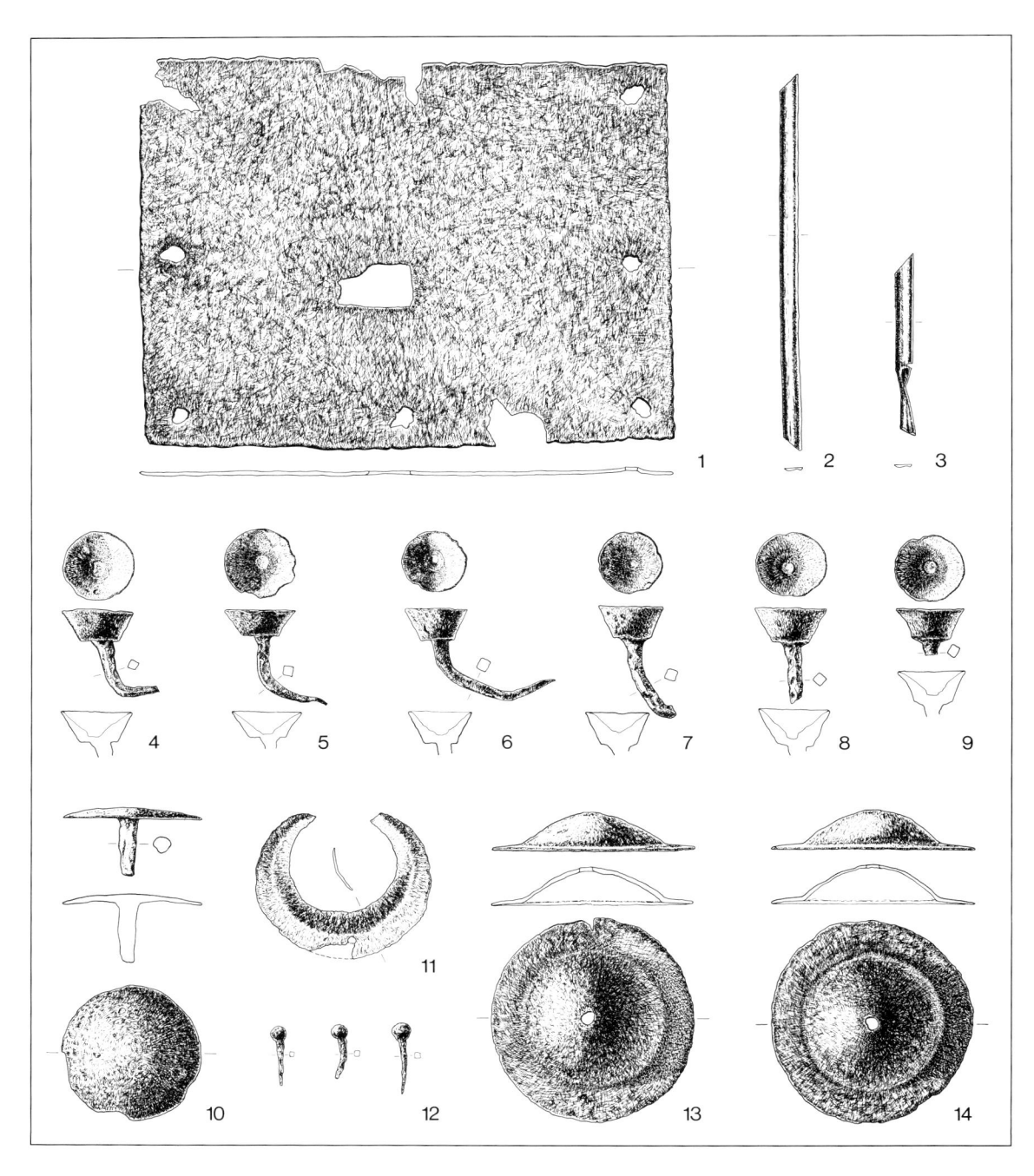

67 *Kagers. Beschläge einer hölzernen Truhe. 2.3 Bronze, sonst Eisen. Maßstab 1 : 3.*

mit L-förmigem Schlüsselloch und acht Befestigungslöchern (Abb. 67,1) sowie eine vollständige und eine fragmentarisch erhaltene Bronzeleiste (Abb. 67,2.3). Das ursprünglich von den aufgelöteten profilierten Bronzeleisten eingefaßte, 24,5 × 18 cm große Schloßblech war mittels der Ziernägel an der Truhe befestigt worden. Zwei Nägel mit rechtwinklig umgeschlagenem Schaft erlauben die Rekonstruktion eines 2 cm starken Bretts. Die Anordnung der übrigen Beschläge ließ sich nicht mehr eindeutig bestimmen.

In den anderen Gruben fanden sich größere Mengen Hüttenlehm, Keramik und ein Eisenmeißel. Da fast alle Keramikscherben starke sekundäre Brandspuren aufweisen, dürfte der in der Talaue gelegene und wohl auf Vieh- und Weidewirtschaft ausgerichtete ländliche Betrieb zumindest teilweise einem Schadenfeuer zum Opfer gefallen sein. Aufgrund der wenig aussagekräftigen Funde läßt sich dieses Ereignis mit aller Vorsicht ins ausgehende 2. Jahrhundert n. Chr. datieren.   J. Prammer

Flugbeobachtungen zu einigen Villae rusticae in Bayern

Das Flugjahr 1992 könnte man in Bayern das Jahr der Villae rusticae nennen, denn der trockene Mai bescherte der Luftbildarchäologie ungewöhnlich viele und bemerkenswerte Aufnahmen römischer Gutshöfe. Der Durchschnitt der letzten zwölf Flugjahre über Bayern versprach die Entdeckung von »nur« 6,8 neuen Befunden zu römischen Bauernhöfen, eine Erwartung, die mit 20 Luftbildbefunden zwischen Mai und September 1992 um ein Mehrfaches übertroffen wurde. Außerdem zeichneten sich einige bereits bekannte Villen in ungewohnter Klarheit im Getreide ab, die zudem viele neue Details erkennen ließen.

Die wiederholte Befliegung von Villenplätzen erbrachte zahlreiche Informationen zur Baugeschichte. Als Beispiel für einen Zugewinn dieser Art mag die Anlage von Bergheim im Landkreis Dillingen a. d. Donau dienen, wo klar zwei Hauptgebäude zu erkennen sind (Abb. 68 oben). Die beiden rechtwinklig zueinander angeordneten Bauten legen die Vermutung nahe, daß hier nach der Errichtung eines ersten Hauptgebäudes (am unteren Bildrand mit Innenhof) später daneben ein zweites, komfortableres Wohnhaus entstand. Beide Hauptfronten sind nach Süden orientiert, wobei der jüngere Bau seinem Vorgänger ein wenig Sonnenlicht nimmt.

Besondere Aufmerksamkeit verdient ein weiterer Befund zu einem bereits vor mehreren Jahren fotografierten Fundplatz, der 1992 anstelle der bisher nicht genauer definierbaren Verfärbungen des Bodens die deutlichen Spuren einer Villa rustica erkennen ließ. Im Gegensatz zu den älteren Bildern war aber jetzt auch eine akute Gefährdung des nun eindeutig identifizierbaren Gutshofs durch ein Baugebiet zu beobachten.

Ein ähnlicher Befund von einer bisher nicht näher anzusprechenden Fundstelle liegt bei Kicklingen im Landkreis Dillingen a. d. Donau vor, ohne daß hier jedoch die Villa durch ein Bauvorhaben unmittelbar gefährdet ist. Das Hauptgebäude des römischen Landguts zeichnete sich schon am 26. Mai ungewöhnlich detailreich im heranreifenden Getreide ab.

Am Rande des neu ausgewiesenen Industriegebiets von Niedererlbach im Landkreis Landshut wurde schon im vergangenen Jahr die lang gesuchte Hofanlage zu dem bereits seit 1980 bekannten Grabmal der Gutsbesitzerfamilie entdeckt. Am letzten Maitag des Jahres 1992 gelang nun die Lokalisierung eines Gebäudes (Bad?) dieses römischen Gutshofs auf einem ostwärts zum Wasser geneigten Hang. Eine anschließende Begehung des Platzes erbrachte auch entsprechendes Fundmaterial.

Ein großer Teil einer weiteren Villa rustica konnte am gleichen Tag erstmals in der Nähe von Finsing im Landkreis Erding aus der Luft lokalisiert und fotografiert werden. Auf einem leicht nach Westen abfallenden Hang zeigten sich im heranwachsenden Getreide die Grundrisse mehrerer Gebäude als helle Streifen (Abb. 68 Mitte). Einzelne als helle Flächen aufscheinende Räume lassen sogar eine Fußbodenheizung erkennen, die vor knapp 2000 Jah-

68 *Luftbilder von römischen Gutshöfen aus Bergheim (oben), Finsing (Mitte) und Pettenhofen (unten). Bayer. Landesamt für Denkmalpflege Luftbildarchäologie, Fotograf K. Leidorf. Bergheim: Aufnahmedatum 27. 7. 1992, Archivnr. 7328/160-1, SW 6290-18; Finsing: Aufnahmedatum 31. 5. 1992, Archivnr. 7736/197-2, SW 6217-4; Pettenhofen: Aufnahmedatum 21. 7. 1992, Archivnr. 7332/101-4, SW 6276-28.*

ren den Bewohnern Wärme spendete. Bei der weiteren Beobachtung dieses römischen Landguts gelang sechs Wochen später die Neuentdeckung einer keltischen Viereckschanze in nur knapp 2 km Entfernung. Auch hier wurde wieder deutlich, daß nach intensiver Befliegung der letzten zwölf Jahre in der Gegend um Finsing noch weit mehr Bodendenkmäler zu vermuten sind.

Wie ein Grundrißplan eines Architekten zeigte sich im Juli eine Villa rustica nordwestlich von Pettenhofen auf dem Gebiet der Stadt Ingolstadt, die nach Hinweis eines Fliegerkollegen im Anflugbereich des Flugplatzes Egweil eine erste fotografische Dokumentation aus der Luft erfuhr (Abb. 68 unten). Die einzelnen Gebäude sind auch hier erstmals eindeutig zu lokalisieren.

Bei Oberlaichling im Landkreis Regensburg gibt es ebenfalls die Neuentdeckung eines römischen Gutshofs zu vermelden. Allerdings liegen hier bislang nur erste Anzeichen vor, so daß weitere Befliegungen notwendig sind, um die Lage einzelner Gebäude genauer dokumentieren zu können.

Das vom Wetter begünstigte Flugjahr 1992 erbrachte allerdings nicht nur Befunde zu römischen Landgütern, denn unter den etwa 650 neu hinzugekommenen Fundstellen sind nahezu alle Zeitstufen vertreten. Einige neue Luftbildbefunde zu römischen Bestattungen geben ebenfalls indirekte Hinweise auf ländliche Siedlungen, denen bei weiteren Befliegungen nachgegangen werden muß.

K. Leidorf

Eine römische Schnellwaage aus einer Villa rustica in Pichl

Gemeinde Manching, Landkreis Pfaffenhofen a. d. Ilm, Oberbayern

Die römische Besiedlung des südlichen Donautals bei Ingolstadt ist erst durch großflächige Bauvorhaben der letzten Jahren besser bekannt geworden. Um den Kastellort Oberstimm, der bis in die zwanziger Jahre des 2. Jahrhunderts n. Chr. militärisch besetzt war, entstanden zahlreiche römische Gutshöfe entlang der wichtigen West-Ost-Straßenverbindung südlich der Donau.

In einem Gewerbegebiet bei Pichl, 1,5 km östlich von Oberstimm, zeigten sich beim maschinellen Humusabhub dunkle Verfärbungen. Hinweise auf ein archäologisches Denkmal an dieser Stelle durch Funde oder Luftaufnahmen gab es nicht. Beim ersten Abgehen der Fläche kamen Teile einer römischen Schnellwaage zutage, was auf eine Villa rustica hindeutete. In Zusammenarbeit von Grabungsbüro Ingolstadt des Bayer. Landesamts für Denkmalpflege und Außenstelle Ingolstadt der Römisch-Germanischen Kommission konnten die bereits stark gestörten Befunde auf der etwa 0,5 ha großen Baustelle innerhalb weniger Tage mit freiwilligen Helfern dokumentiert werden.

Im Grabungsareal lagen zahlreiche schwarzbraune Verfärbungen von Gruben, Herdstellen, Gebäuden und Pfostengruben mit römischen, bronzezeitlichen und neolithischen Funden. Die römischen Befunde gehörten zu einem Brunnen und drei Gebäuden einer Villa rustica, die wie andere jüngst bekannt gewordene Gutshöfe dieser Gegend in Holzbauweise errichtet waren. In einem kleinen ziegelgedeckten Fachwerkbau kamen Reste eines hellen Estrichbodens zutage; unweit davon lagen in einer flachen Grube noch weitere Teile der eisernen Schnellwaage (Abb. 69).

Zwei Gebäude standen etwa 25 m entfernt auf einem leicht erhöhten Kiesrücken. Eines war vermutlich eine Darre, vom anderen hatten sich nur eine leicht eingetiefte Grube und einige Pfostenspuren erhalten. Unter den zahlreichen Pfostengruben der näheren Umgebung könnte sich ein weiterer römischer Hausgrundriß verbergen. Bei den aufgedeckten Gebäuderesten handelt es sich um Wirtschaftsgebäude; das Wohnhaus der Villa rustica ist außerhalb des Grabungsareals zu suchen.

Zwischen dem Gebäude mit Estrichboden und der Darre lag ein etwa 2,80 m tiefer Brunnen, in dem noch Reste des hölzernen, quadratischen Brunnenkastens erhalten waren. Der Grundwasserspiegel liegt auch heute noch in Höhe der ehemaligen Sohle.

Unter den wenigen römischen Funden befanden sich einige Scherben von Terra-sigillata-

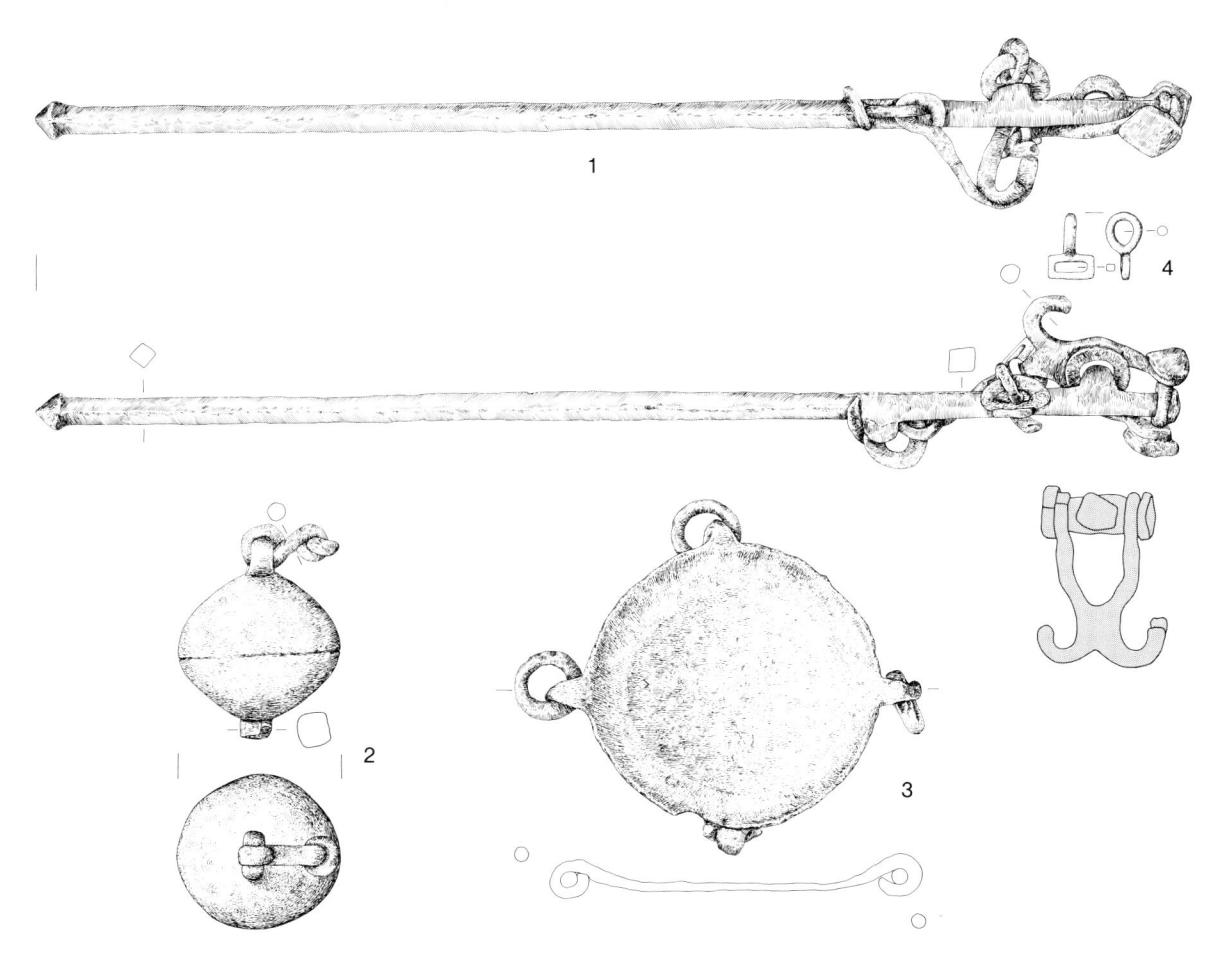

69 *Pichl. Römische Schnellwaage aus Eisen. 1 Waagbalken; 2 Laufgewicht; 3 Waagschale; 4 Doppelöse aus Bronze. Maßstab 1:3.*

Gefäßen, wie Teller Drag. 18/31 und eine Reibschüssel Drag. 43, die den Gutshof ins 2./3. Jahrhundert n. Chr. datieren.

Den interessantesten Fund aus der Hofanlage stellt die römische Schnellwaage dar. Aus Raetien sind bislang nur acht annähernd vollständige Exemplare publiziert worden. Teile von Waagen kommen allerdings in jeder römischen Siedlung mit umfangreicherem Fundmaterial vor. Aus Oberstimm kennen wir bronzene Gewichte und aus dem Oppidum von Manching einen römischen Depotfund mit eiserner Schnellwaage.

Römische Schnellwaagen hat man entweder ganz aus Metall (Bronze und/oder Eisen) oder – seltener – mit einem hölzernen Waagarm hergestellt. Das Stück aus Pichl ist aus Eisen geschmiedet, nur die Aufhängeösen für die Ketten der Waagschale sind aus Bronze. Das kugelige Laufgewicht besteht aus einem Eisenmantel mit Bleikern und wiegt noch 1120 g.

Der 45,6 cm lange Waagbalken besitzt drei Aufhängeösen am Lastarm. Die Drehpunkte teilen die Gesamtlänge des Waagbalkens in drei verschiedenen Verhältnissen und erlauben so das Wiegen mit nur einem Laufgewicht in drei Wägebereichen. In jeder Lage befindet sich eine andere Kante des im Querschnitt quadratischen Balkens oben, auf dem die Aufhängung des Gewichts verschoben wird und in noch schwach erkennbaren Kerben einrasten kann. Den kleinsten Wägebereich – bis etwa 10 römische Pfund (1 römisches Pfund = 327,45 g) – ermöglichte die innere Aufhängung. Durch Umhängen des Waagbalkens über den mittleren zum äußeren Aufhängepunkt konnten – bei sich überschneidenden Wägebereichen – Lasten bis über 50 römische Pfund gewogen werden. Skaleneinteilungen durch Markierungen und Zahlzeichen, wie sie auf anderen eisernen Waagarmen erhalten sind, gingen durch Korrosion verloren, so daß sich die mit dem zugehörigen Laufgewicht empirisch geeichten Wägebereiche nicht mehr genauer ermitteln lassen.

Am hinteren Ende des Waagbalkens ist ein Zweifachhaken zum Einhängen der Ketten für die Waagschale bzw. eines Warenbündels befestigt. Der Doppelhaken hängt an einem in zwei Ebenen drehbaren (kardanischen) Gelenk, was ein Umhängen des Lastarms zusammen mit dem Lastgeschirr problemlos ermöglicht. Die kleine Waagschale mit 11,5 cm Durchmesser und vier Aufhängeösen ist bis auf kleine Korrosionsschäden komplett. Sie konnte wohl nur für den kleinsten Wägebereich verwendet werden. Bei größeren Lasten benutzte man wahrscheinlich ein Kettengeschirr zum Einhängen eines Warenbündels.

Man kann sich vorstellen, daß diese praktische Schnellwaage beim Verkauf der auf dem Gutshof produzierten landwirtschaftlichen Erzeugnisse im Vicus von Oberstimm oder an Durchreisende auf der nahe gelegenen Donau-Südstraße gute Dienste leistete.   C.-M. Hüssen

Literatur

H. Schönberger/H.-J. Köhler/H.-G. Simon, Neue Ergebnisse zur Geschichte des Kastells Oberstimm. Ber. RGK 70, 1989, 243 ff. – C.-M. Hüssen, Arch. Jahr Bayern 1991, 122 ff. – E. Grönke/E. Weinlich, Römische Laufgewichtswaagen. Bayer. Vorgeschbl. 57, 1992, 189 ff.

Nach hundert Jahren: wieder Hölzer der Limes-Palisade bei Mönchsroth

Landkreis Ansbach, Mittelfranken

»Im dritten Arbeitsjahre, 1893, gelang es Kohl am Limes unweit Mönchsroth-Wittenbacher Straße (WP. 3/4) erstmals wohlerhaltene Reste von Palisaden aufzufinden, eine Entdeckung von weittragender Bedeutung, die überaus befruchtend auf die ganze übrige Limesforschung gewirkt hat.« So schrieb die Reichslimeskommission über die 1893 durchgeführten Grabungen Wilhelm Kohls bei Mönchsroth. Nun kamen dort, fast genau hundert Jahre danach, erneut Reste der Palisade zutage. Die Neuanlage eines Fischteichs an der Limesstrecke 13, zwischen den ehemaligen Wachtposten 2 und 3, sorgte Ende 1992 für dieses archäologische Jubiläum in Mittelfranken.

Der Limes ist dort nicht mehr oberirdisch zu erkennen, weshalb wir seine Lage im Gelände mittels eines Suchschnitts erkundeten. Durch den erfolgreichen Nachweis gelang es, die Planung etwas abzuändern, so daß der Limes von den Bodeneingriffen verschont blieb. Ein 3 m breiter Baggerschnitt wurde rechtwinklig zum vermuteten Limesverlauf auf 10 m Länge gezogen, wobei starke Regenfälle und ein hoher Grundwasserstand die Arbeiten erschwerten.

Unter einer dunklen, streifenförmigen Verfärbung kam in 0,90 m Tiefe eine Reihe von senkrecht im Boden steckenden Baumstämmen zum Vorschein – die Überreste der Palisade (Abb. 70). Die sechs Nadelholzstämme waren oben abgefault, im Grundwasserbereich aber sogar noch mit Rinde erhalten. Ihre unteren, durch Fällkerben abgeschrägten Enden ließen jeden Beilhieb erkennen. Sie reichten bis in 1,60 m Tiefe und standen in Abständen von maximal 10 cm in einem 0,60–0,70 m breiten Graben mit senkrechter Wandung und ebener Sohle.

Die größte Anzahl Jahresringe, nämlich 191, wies ein Stamm von 64 cm Durchmesser auf. Eine dendrochronologische Untersuchung (Planungsbüro H. und A. Tisje, Neu-Isenburg) er-

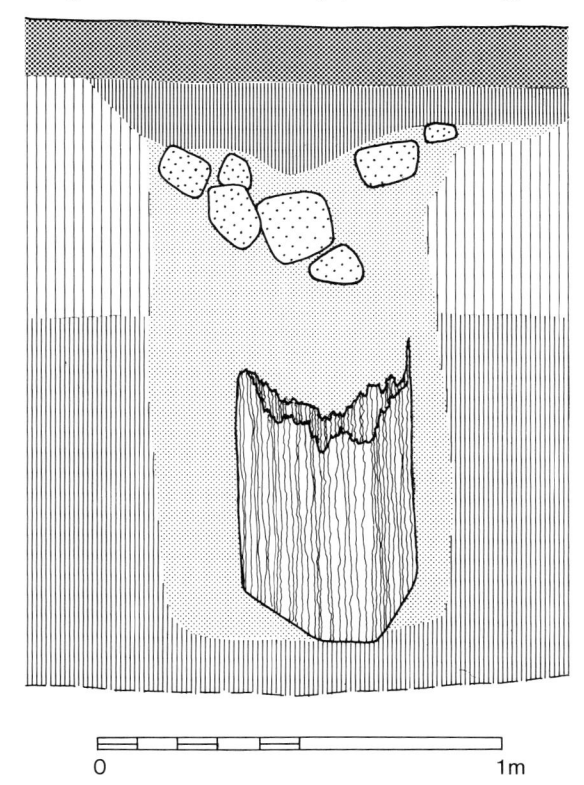

70 *Mönchsroth. Schnitt durch den Graben der Limespalisade mit Holzrest.*

gab das Jahr 239 n. Chr. für den letzten erhaltenen Jahrring, zwei andere Stämme erbrachten die Daten 235 und 237 n. Chr. Diese Abweichungen lassen sich wohl auf den schlechten Zustand der äußeren Holzschicht zurückführen. Die Daten sind insofern überraschend, da man bisher ein etwas höheres Alter der Palisade annahm. Allerdings wurden bis in die neuste Zeit im mittelfränkischen Bereich des Limes keine Hölzer dendrochronologisch untersucht, so daß die tatsächliche Baugeschichte der Palisade weitgehend unbekannt ist. Möglicherweise könnte das späte Datum der Stämme von Mönchsroth mit den Germaneneinfällen im Jahr 233 n. Chr. zusammenhängen. Hier wäre eine Reparatur an der Grenzlinie, aber auch eine Erneuerung der Pfähle infolge Abfaulens der Stämme im feuchten Boden denkbar.

Sicher erfolgte der Bau des Limes nicht überall nach dem gleichen Schema und im gleichen Umfang. Daß es regional und zeitlich verschiedene Abschnitte gab, scheint auch die unterschiedliche Lage der Limesmauer im Gebiet von Mönchsroth anzudeuten. Kohl fand sie an einer Stelle 1,75 m hinter der Palisade, an einer anderen dagegen 6,50 m davon entfernt. In unserem Suchschnitt war bis 10 m hinter der hölzernen Grenzbefestigung keine Mauer vorhanden, doch lagen in der dunklen Verfärbung über dem Palisadengraben eine Anzahl von Sandsteinbrocken, die sicher nicht in unmittelbarem Zusammenhang mit der Palisade standen. Sofern es sich hierbei um Reste der ausgebrochenen Mauer handelt, müßte diese über der Palisade errichtet worden sein. Die im Boden steckenden unteren Enden der Hölzer könnten nach Entfernung der oberen Teile durchaus als Pfahlfundamente für die Mauer Verwendung gefunden haben. An anderen ähnlich feuchten Geländestellen legte man für die Fundamente der Mauer Pfahlroste an. Das erneute Auffinden der Palisade bei Mönchsroth wirft damit eine Reihe von Fragen auf, die zeigen, daß der Bau des Limes komplexer ist, als es bisher den Anschein hatte. F. Leja

Literatur

ORL A Strecke 13, 22 Taf. 11,1.

Das Siegesdenkmal zur Juthungenschlacht des Jahres 260 n. Chr. aus Augusta Vindelicum

Stadt Augsburg, Schwaben

Ende August 1992 wurde bei der Verspundung einer Baustelle in der Augsburger Jakobervorstadt, Gänsbühl 11–13, ein Altar aus Jurakalkstein in etwa 3–4 m Tiefe im Kies eines ehemaligen Lecharms angetroffen und von der Augsburger Stadtarchäologie geborgen (Titelbild). Die Fundstelle liegt ungefähr 350 m östlich der raetischen Provinzhauptstadt auf der Lech-Niederterrasse. Eine kurz danach entdeckte Platte aus Kalkstein, ehemals Unterleger für den Weihestein, sowie die Fundumstände lassen vermuten, daß das Monument in römischer Zeit in unmittelbarer Nähe des Fundplatzes gestanden hat und damals hier ein Lechübergang existierte.

71 *Augsburg, Gänsbühl. Das Schriftfeld des Siegesdenkmals zur Juthungenschlacht von 260 n. Chr. Höhe 0,84 m.*

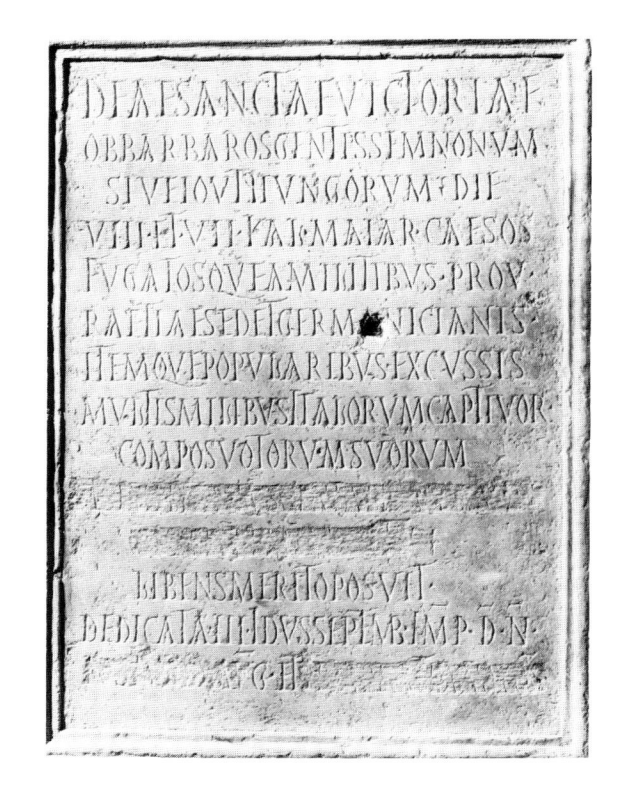

Die Inschrift dieses Altars zählt zu den historisch bedeutendsten Zeugnissen aus Raetien (Abb. 71):

1 IN · H(onorem) · D(omus) · D(ivinae) ·
2 DEAE SANCTAE VICTORIAE ·
3 OB BARBAROS GENTIS SEMNONVM ·
4 SIVE IOVTHVNGORVM · DIE
5 VIII · ET · VII · KAL(endarum) · MAIAR(um) · CAESOS
6 FVGATOSQVE A MILITIBVS · PROV(inciae) ·
7 RAETIAE SED ET GERMANICIANIS ·
8 ITEMQVE POPVLARIBVS · EXCVSSIS
9 MVLTIS MILIBVS ITALORVM CAPTIVOR(um) ·
10 COMPOS VOTORVM SVORVM
11 [[M(arcus) SIMPLICINIVS GENIALIS V(ir) · P(erfectissimus) A(gens) V(ices) P(raesidis) ·]]
12 [[CVM EODEM EXERCITV]] ·
13 LIBENS MERITO POSVIT ·
14 DEDICATA · III · IDVS SEPTEMB(res) · IMP(eratore) · D(omino) · N(ostro) ·
15 [[POSTVMO · AV]]G(usto) · ET · [[HONORATIANO · CO(n)S(ulibus) ·]]

»Zu Ehren des göttlichen Kaiserhauses. Der geheiligten Victoria wegen der Barbaren des Stammes der Semnonen oder (vielmehr) Jouthungen, am achten und siebten Tag vor den Kalenden des Mai, niedergemacht und in die Flucht gejagt von den Soldaten der Provinz Raetien, aber auch von in Germanien stationierten [Truppen], und gleichwohl durch Landsleute, wobei viele Tausende gefangener Italer herausgerissen wurden. Eingedenk (mächtig) seiner Gelübde [hat] Marcus Simplicinius Genialis, Angehöriger des Ritterstandes, handelnd anstelle des Statthalters, mit demselben Heer freudig nach Gebühr [das Denkmal] aufgestellt. Geweiht am dritten Tag vor den Iden des Septembers, als der Herrscher, unser Herr, Postumus Augustus und Honoratianus Konsul waren.«

Die beiden Schmalseiten des altarförmigen Steindenkmals tragen Reliefbilder des Kriegsgotts Mars, dargestellt in seiner Rüstung mit Helm, Lanze und Schild, sowie der geflügelten Victoria mit Kranz und Palmzweig über einem gefesselten Barbaren, hier dem besiegten Juthungen (Abb. 72).

Wie sich aufgrund der Inschriften ergibt, hatte man den Altar zweifach verwendet: Von einer älteren Weihung blieb über dem Gesims die Einleitungsformel IN H D D in klassischer Kapitalis erhalten. Einige Buchstabenreste in der obersten Zeile des eigentlichen Schriftfelds könnten auf eine Nennung des Kaisers Severus Alexander (222–235 n. Chr.) hinweisen. Für die zweite Nutzung des Steins war diese Inschrift nahezu völlig beseitigt und in die geglättete Fläche ein vierzehnzeiliger Text in Rustica-Schrift eingemeißelt worden. Auf der Oberseite des Monuments muß sich ein (bronzener?) Aufsatz befunden haben.

Überliefert ist in der Inschrift eine zweitägige Schlacht am 24./25. April gegen die mit ihrem älteren Namen Semnonen bezeichneten Juthungen, einem zu den Sueben gehörenden Germanenstamm. Sie waren, von einem erfolgreichen Beutezug nach Italien mit »vielen Tausenden gefangener Italer« auf dem Rückweg in ihre Heimat, von den Soldaten aus Raetien und vermutlich Obergermanien sowie »Landsleuten« besiegt worden, wobei die aus Italien verschleppten Gefangenen aus der Hand der Juthungen befreit wurden. Voraus ging im Herbst/Winter ein Durchbruch dieses mehr als zehntausend Kämpfer umfassenden Heerhaufens durch den raetischen Limes mit sicherlich schweren Verwüstungen und Opfern. Der seine Gelübde erfüllende Statthalter M. Simplicinius Genialis übte als Ritter sein Amt mit dem Titel »in Vertretung des Praeses« aus. Wahrscheinlich hatte ihn noch der rechtmäßige Kaiser Gallienus in das Statthalteramt eingesetzt. In seinem Heer ist die Regensburger *legio III Italica* nicht genannt: diese war wohl mit ihrem Kern von Gallienus zur Auseinandersetzung gegen den Thronrivalen Ingenuus in die mittleren Donauprovinzen abgezogen worden.

Genialis ließ das Siegesmonument erst am 11. September weihen, rund viereinhalb Monate nach der Schlacht gegen die Juthungen. Kurz zuvor hatte sich im römischen Köln der Offizier Postumus zum Kaiser gegen Gallienus (253–268 n. Chr.) und dessen Sohn Saloninus ausrufen lassen. Mit der Konsulatsangabe des Kaisers Postumus und des Honoratianus zeigt der Statthalter als Parteigänger des Gegenkaisers, daß die Provinz Raetien zu dieser Zeit zum Gallischen Sonderreich gehörte. Dies ist der erste Beleg, daß Raetien zum »Postumus-Reich« zählte: bislang hatte man Raetien und sogar den südlichen Teil der Provinz Germania superior stets zum Machtbereich des Gallienus gerechnet. Da in der Inschrift keine Iteration in der Konsulatsnennung des Postumus angegeben ist, muß es sich um den ersten Konsulat des Postumus handeln, also um das Jahr 260. Die Weihung des Altars erfolgte demnach am 11. September 260 n. Chr. Die Usurpation des Postumus (zuletzt in der Forschung für den Herbst des Jahres 260 angenommen) muß also vorher, vielleicht schon im Juni/Juli, spätestens aber Anfang August 260 in Köln erfolgt sein. Damit besitzt die Augsburger Inschrift auch eine besondere Bedeutung für die Chronologie der Machterhebung des Postumus, ja sogar für die Datierung der ihr vermutlich vorausgehenden Niederlage des Kaisers Valerian (Vater und Mitkaiser des Gallienus) im Osten des Reichs gegen die Perser. Schon kurze Zeit nach der Weihung dieses Siegesdenkmals wurden die Namen des Statthalters Genialis, des Kaisers Postumus und seines Mitkonsuls aus der Inschrift bis auf schwach lesbare Reste getilgt (Zeilen 11, 12 und 15). Offensichtlich war die Provinz Raetien noch während des Gallischen Sonderreichs, das bis 274 n. Chr. existierte, zurück an den Kaiser in Rom gefallen, vielleicht auch schon 264/265 n. Chr. während einer militärischen Auseinandersetzung zwischen Gallienus und Postumus. Um 267/270 scheint Raetien erneut zum Reich der gallischen Usurpatoren gehört zu haben.

Mit dem jetzt ältesten Zeugnis der suebischen Juthungen, der sonst in keiner Quelle überlieferten großen Schlacht in Raetien (nahe dem Fundort?) sowie den Hinweisen auf das Gallische Sondereich besitzt das Augsburger Siegesdenkmal als zeitgenössisches Dokument des Jahres 260 n. Chr. einzigartigen Rang. Es wirft

72 *Augsburg, Gänsbühl. Das rechte Seitenrelief des Siegesdenkmals zeigt den Kriegsgott Mars (rechts), das linke die triumphierende Victoria, zu deren Füßen ein gefesselter Barbar kauert (links). Höhe 1,56 m, Sockelbreite 0,75 m.*

neues Licht auf den Untergang des obergermanisch-raetischen Limes, die wechselvolle Geschichte unserer Provinz, die Stammesbildung von Juthungen und Alamannen, aber auch auf die von ständigen Thronkämpfen der Soldatenkaiser geprägte Krise des Römischen Reichs in der Mitte und zweiten Hälfte des 3. Jahrhunderts.

Außerordentlicher Dank gilt der Bauherrschaft Firma Ottens & Zott Hausbau GmbH für die Hilfe bei der Bergung des Weihesteins, vor allem aber dafür, daß sie Siegesmonument und Basisplatte dem Römischen Museum der Stadt Augsburg übereignet hat. L. Bakker

Literatur

H.-P. Kuhnen (Hrsg.), Gestürmt – geräumt – vergessen? Der Limesfall und das Ende der Römerherrschaft in Südwestdeutschland. Württemberg. Landesmus. Stuttgart, Arch. Slg. Führer u. Bestandskat. 2 (Stuttgart 1991). – I. König, Die gallischen Usurpatoren von Postumus bis Tetricus. Vestigia 31 (München 1981). – L. Bakker, Arch. Jahr Bayern 1984, 110 ff. (Grabinschrift mit gleichem Schriftbild).

Ein kaiserzeitlicher Depotfund vom Reißberg bei Burgellern

Stadt Scheßlitz, Landkreis Bamberg, Oberfranken

Der Reißberg (ursprünglich Reinsberg) ist ein nach Westen vorgeschobener, nahezu inselförmiger Sporn der Fränkischen Alb, der die Ellerbachniederung um etwa 200 m überragt. Die flaschenhalsartige Verengung zwischen Albhochfläche und Reißberg wird an zwei Stellen von Wällen überquert. Der innere ist ein Teil der Ringwallanlage, wohingegen der äußere Wall mit seinem vorgelagerten Halsgraben lediglich eine Abschnittsbefestigung darstellt. Im Süden der Befestigungssysteme biegen die Wälle parallel zur Hangkante um und bilden so die antiken Torflanken. Im Zuge einer Baumaßnahme der Bundespost fand bereits 1983 am Westhang dieses markanten Bergs eine Ausgrabung statt, bei der es gelang, die Reste einer spätkaiserzeitlichen Befestigung nachzuweisen. Zahlreiche keramische Funde und qualitätvolle Metallgegenstände rundeten das Bild ab.

Da in den folgenden Jahren immer wieder Funde von dem Berg eingeliefert wurden, sahen wir uns genötigt, das ganze Areal systematisch von einer Vertrauensperson absuchen zu lassen. Diese nunmehr abgeschlossene Prospektion führte zu fünf kleinen amtlichen Ausgrabungen, bei denen wir jeweils nur Objekte der römischen Kaiserzeit entdeckten. Ein Fundplatz innerhalb der Wehranlage erbrachte eine Siedlungsgrube, in der unter anderem zusammengeknüllte Blechfragmente eines Bronzekessels und der Griff einer römischen Kasserolle zutage kamen. An einer anderen Stelle fand sich lediglich ein mächtiges Paket zusammengepreßter Bronzekesselteile, die man hier wohl deponiert hatte.

Überrascht wurden wir von einem Fundplatz, der auf einem terrassenartigen Gelände wenige Meter außerhalb der Befestigung lag. Unter einer etwa 30 cm starken Abdeckschicht stießen wir in einer 60 cm breiten und 50 cm tiefen, natürlichen Mulde auf ein aus mehreren Gegenständen bestehendes Depot (Abb. 73): einen Kupferkessel mit Eisenring und teilweise tordiertem Eisenhenkel (Abb. 73,1), ein punziertes Bronzeband, das wohl ein Holzgefäß umschlossen hatte (Abb. 73,2), einen stark beschädigten Bronzekessel mit einer originalen und einer angeflickten Eisenattasche (Abb. 73,3), ein römisches zylindrisches Kettenschloß aus Eisen, das ursprünglich von einem Silberband eingefaßt war (Abb. 73,4), und eine Eisenschere (Abb. 73,5).

Die beiden Kessel, besonders wohl aber das römische Schloß, zu dem es ein Vergleichsstück im Kastell Stockstadt gibt, stellten sicherlich einen großen Wert dar. Den Boden des Bronzekessels hatte man in ähnlich dilettantischer Weise geflickt wie die zweite Eisenattasche. Man begnügte sich, an seinem Boden Bronzebleche lückenhaft anzunieten, konnte nun aber in ihm keine Flüssigkeit mehr aufbewahren.

Da die Niederlegung der Wertsachen an keinem exponierten Platz wie einem Berggipfel, einer Quelle oder einem Felsklotz erfolgte, ist wohl eine kultische Deponierung auszuschließen. Hingegen spricht ihre Lage in unmittelbarer Nähe der Befestigung, die auch bei

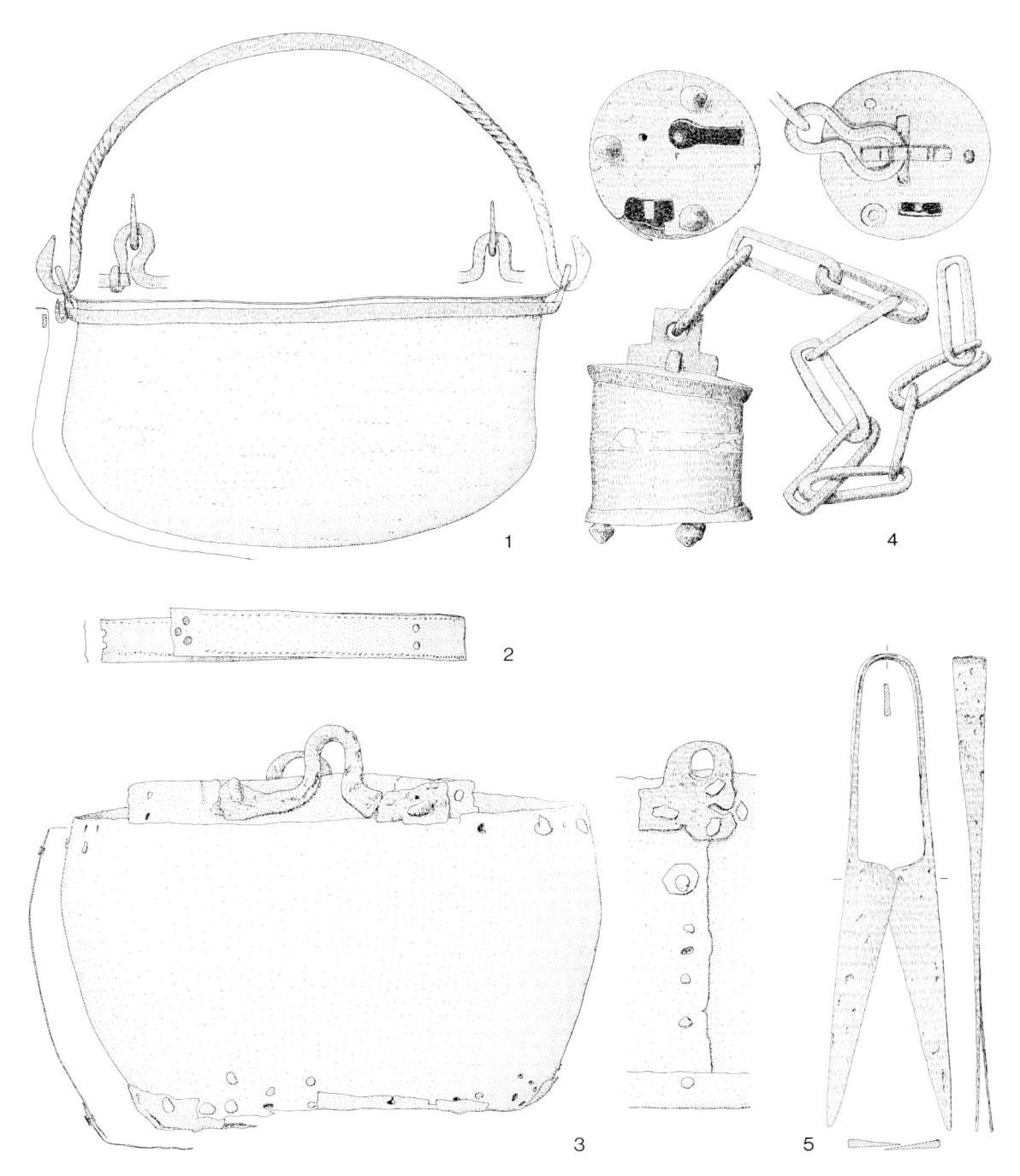

73 *Burgellern. Kaiserzeitlicher Depotfund vom Reißberg. Maßstab 1 : 3.*

dem aus zusammengepreßtem Bronzeblech bestehenden Hort zu beobachten war, am ehesten für einen Verwahrfund, der zu einem späteren Zeitpunkt wieder geborgen werden sollte. Diese Materialhorte, die vielleicht Eigentum von Bronzeschmieden darstellten, dürften zu Beginn des 5. Jahrhunderts, also zu dem Zeitpunkt, als man die germanische Befestigung aufgab, vergraben worden sein.

B.-U. Abels

Literatur

Ch. Pescheck, Die germanischen Bodenfunde der römischen Kaiserzeit in Mainfranken. Münchner Beitr. Vor- u. Frühgesch. 27 (München 1978). – B.-U. Abels, Archäologischer Führer Oberfranken. Führer Arch. Denkmäler Bayern. Franken 2 (Stuttgart 1986) 166 ff. – B.-U. Abels/H. Roth, Die Ausgrabungen auf dem Reißberg in Burgellern, Ldkr. Bamberg. Bayer. Vorgeschbl. 54, 1989, 189 ff.

Neue Ausgrabungen in der germanischen Siedlung von Eggolsheim

Landkreis Forchheim, Oberfranken

Von April 1991 bis zum Frühjahr 1992 wurden erneut bauvorgreifende Ausgrabungen in der schon 1981/82 teilweise untersuchten Siedlung der späten römischen Kaiserzeit in Eggolsheim durchgeführt. Da eine großflächige Grabung nicht möglich war, beschränkten wir uns auf einen kleinen, besonders gefährdeten Ausschnitt.

In der Kampagne 1991 gelang es, eine über Jahrhunderte hinweg mehrmals bebaute »Hofstelle« nahezu vollständig freizulegen. Ein 1992 in Richtung des heutigen Ortskerns angelegter Suchschnitt von etwa 2 m Breite und fast 100 m Länge erbrachte keine Begrenzung des ausgedehnten Siedlungsareals.

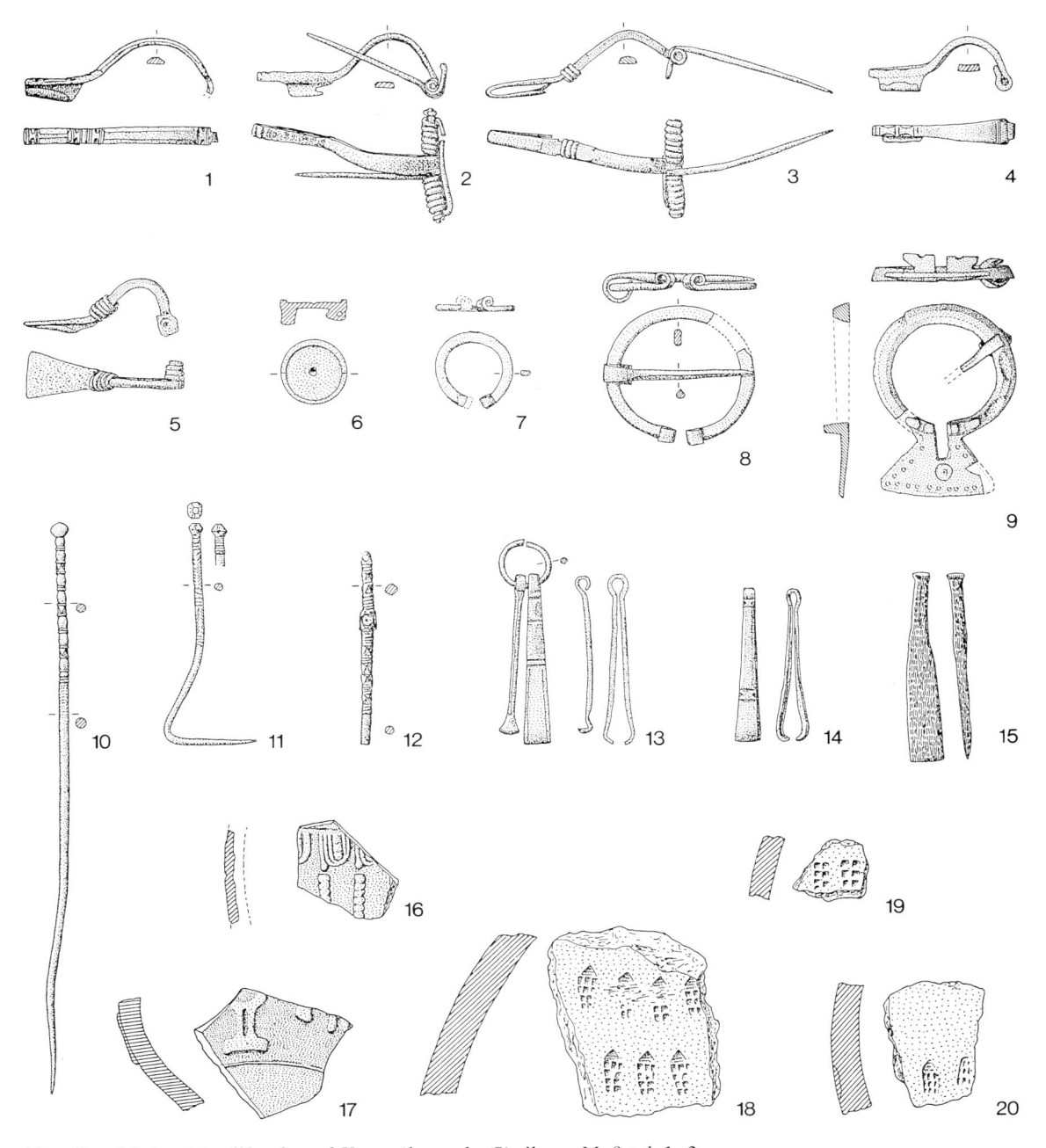

74 *Eggolsheim. Metallfunde und Keramik aus der Siedlung. Maßstab 1 : 2.*

Die Befunde wie Pfostenstandspuren von mindestens zwei Gebäudegrundrissen und Abfallgruben mit Tierknochen, Keramik und anderen Kleinfunden zeichneten sich meist erst an der Unterkante der zum Teil ungewöhnlich starken Kulturschicht ab. Nur für wenige Pfosten waren Steinverkeilungen nachzuweisen. Mehrere Packungen stark verziegelten Lehms lassen sich wohl als Herdstellen, vielleicht auch als Hüttenlehm interpretieren. Schlacken, verziegelter Lehm, Flußspatreste und durchgeglühte Sandsteinbrocken könnten auf kleine Schmelzanlagen hindeuten. Die Verarbeitung von Eisen und Buntmetall bezeugen auch mehrere Herdkuchen, Schnittabfälle von Buntmetallgegenständen, Halbfabrikate und Werkzeuge. Ein in frühgeschichtlicher Zeit in unmittelbarer Nähe verlaufender Bach und die gute Lage des Platzes mit einfallenden Westwinden stellten günstige Voraussetzungen für die Metallverarbeitung am Ort dar.

Die Kleinfunde der beiden Kampagnen sind außerordentlich zahlreich, wobei stark zerscherbte Gefäßreste überwiegen. Neben römischer Gebrauchskeramik, Terra sigillata und germanischer Feinware verdient eine andere Keramikgattung besondere Erwähnung, die sich in Formenspektrum und Machart deutlich von den Gefäßen der späten Kaiserzeit unterscheidet. Es handelt sich dabei um frühslawische Ware, die ihre besten Vergleichsstücke in der Keramik vom sog. Prager Typ hat. Sie stammt ausnahmslos aus dem Bereich eines Grubenhauses, das damit etwa in das 7. Jahrhundert datiert werden kann. Hier fanden sich auch erstmals für den Siedlungsraum an Regnitz und Obermain stempelverzierte merowingerzeitliche Gefäßscherben (Abb. 74,18–20).

Die übrigen Funde aus dem Grabungsareal gehören nach einem ersten Überblick mit wenigen Ausnahmen in die späte römische Kaiserzeit. Dies gilt sowohl für die Keramik, bei der grobe, handgeformte Ware mit kumpf- und schalenartigen Formen bei weitem überwiegt, als auch für die anderen Kleinfunde.

Zu den ungewöhnlich vielen Metallgegenständen zählen Trachtbestandteile, Werkzeuge sowie einige Waffenfragmente. Hinzu kommen Spinnwirtel, Teile von Dreilagenkämmen, bearbeitete Geweihstücke, Glasperlen und eine kleine Kupfermünze des 4. Jahrhunderts.

Von den Trachtbestandteilen sind verschiedene Fibeln und Fibelfragmente aus Bronze hervorzuheben (Abb. 74,1–9). Mit Ausnahme einer Scheiben- und dreier Ringfibeln, handelt es sich um Armbrustfibeln. Bemerkenswert erscheinen auch einige bronzene Haarnadeln (Abb. 74,10–12), die teils punzverzierte, teils in polyederförmige Zonen gegliederte Schäfte aufweisen. Unter den Toilettegeräten befindet sich ein wohl vollständig erhaltenes Besteck – ein Bronzering mit Pinzette und Ohrreiniger (Abb. 74,13). Bronzegefäßfragmente, zahlreiche Nähnadeln unterschiedlicher Größe, Eisengeräte und Bruchstücke von Bein- und Knochengeräten vervollständigen das typische Fundspektrum einer spätkaiserzeitlichen Siedlung.

Aus dem fortgeschrittenen 5. Jahrhundert stammt die Randscherbe eines Glasbechers mit »Vogelfedermuster«, wie er auch in Gräbern der Stufe Flonheim-Gültlingen belegt ist (freundlicher Hinweis Dr. U. Koch). Eine kleine eiserne Riemenzunge mit zwei Bronzenieten läßt sich chronologisch nur schwer einordnen. Ihre Herkunft aus dem Bereich des Grubenhauses erlaubt jedoch möglicherweise eine Datierung in das 7. Jahrhundert. Da an Obermain und Regnitz der Zeitraum vom späten 5. bis zum beginnenden 7. Jahrhundert im Fundgut außergewöhnlich schwach repräsentiert ist, kommt der Eggolsheimer Siedlung besondere Bedeutung zu. Die Entdeckung weiterer Funde dieser Zeitstellung in Eggolsheim, wo späte Kaiserzeit und Karolingerzeit bereits gut vertreten sind, könnte dazu beitragen, Lücken in der frühgeschichtlichen Chronologie Oberfrankens zu schließen.
J. Haberstroh

Literatur

Ch. Pescheck, Die germanischen Bodenfunde der römischen Kaiserzeit in Mainfranken. Münchner Beitr. Vor- u. Frühgesch. 27 (München 1978). – B.-U. Abels, Arch. Jahr Bayern 1982, 98 f. – B.-U. Abels/W. Sage/Ch. Züchner, Oberfranken in vor- und frühgeschichtlicher Zeit (Bamberg 1986).

Neue Ausgrabungen im alamannischen Gräberfeld von Unterthürheim

Gemeinde Buttenwiesen, Landkreis Dillingen a. d. Donau, Schwaben

Die archäologische Erforschung des seit Ende letzten Jahrhunderts bekannten Reihengräberfelds von Unterthürheim stand stets in Zusammenhang mit Baumaßnahmen der Grundeigentümer. Bevor das Bayer. Landesamt für Denkmalpflege 1968 mit planmäßigen Grabungskampagnen begann, waren bereits wiederholt einzelne Gräber zerstört oder undokumentiert geöffnet worden.

Als der geplante Bau einer Halle für landwirtschaftliche Maschinen erneut einen Teil des Friedhofs gefährdete, führte im Frühjahr 1992 das Römische Museum/Stadtarchäologie Augsburg in Absprache mit dem Bayer. Landesamt für Denkmalpflege eine Rettungsgrabung durch. In dem knapp 100 m² großen Areal konnten wir 23 Bestattungen freilegen, mit denen sich die Zahl der bekannten Gräber auf über 280 erhöht.

Die im Vergleich zu früheren Kampagnen relativ wenigen Bestattungen erlauben keine wesentlich neuen Aussagen über die Alters- und Geschlechterverteilung. Es fällt lediglich auf, daß der Anteil der antik beraubten Gräber deutlich niedriger lag. Dreizehn Gräber waren völlig ungestört, zwei dagegen durch moderne Eingriffe in Mitleidenschaft gezogen. Auch ihre Ausstattung fügt sich in das bisher bekannte Bild ein. In einigen Gräbern wurden nur wenige Beigaben angetroffen, etwa ein Eisenmesser (Grab 243 und 249) oder eine bronzene Gürtelschnalle. Den beiden Mädchen in Grab 241 A/ 241 B hatte man Perlenketten und eine beinerne Zierscheibe mit Zirkelornamentik mitgegeben. Doch auch in den antik beraubten Gräbern blieben Gegenstände zurück, und zwar Bernsteinperlen und Fragmente eines Beinkamms in Grab 239/244 bzw. Reste von Keramikgefäßen. Ein Sax und eine vielteilige Gürtelgarnitur gehören zum Inventar von Grab 251, außerdem ein Messer und eine kleine bronzene Schnalle, die vielleicht von einer Gürteltasche stammt. In Grab 253 fand sich lediglich ein Sax. Zur Tracht des noch jugendlichen Individuums in Grab 258 zählen zwei Bronzeohrringe, zwei Perlen sowie eine eiserne Gürtelschnalle; am Fußende stand ein kleiner Knickwandtopf mit Stempeldekor.

Trotz der kleinen Fläche barg der neu ergrabene Gräberfeldausschnitt einige Überraschungen. So konnten wir ein weiteres Pferdegrab (250), ausgestattet mit Ringtrense und Zaumzeug, aufdecken. Im Gegensatz zum Pferdegrab 48 aus einer früheren Kampagne war das Skelett noch vollständig erhalten und lag ohne Spuren von Gewaltanwendung in einer sehr engen Grube. Der Besitzer könnte der südlich dieser Bestattung in einem Baumsarg beigesetzte Spathaträger sein, dessen Grab (255) eine Tiefe von über 2 m aufwies (Abb. 75). Zu seiner Ausrüstung gehörten außerdem Schild, Lanze und Kurzsax sowie ein Messer und zahlreiche noch nicht restaurierte Eisengeräte, die er wohl in einer Gürteltasche getragen hatte. Am Fußende der fast 3 m langen Grabgrube stand ein handgefertigtes, nachgedrehtes bauchiges Gefäß

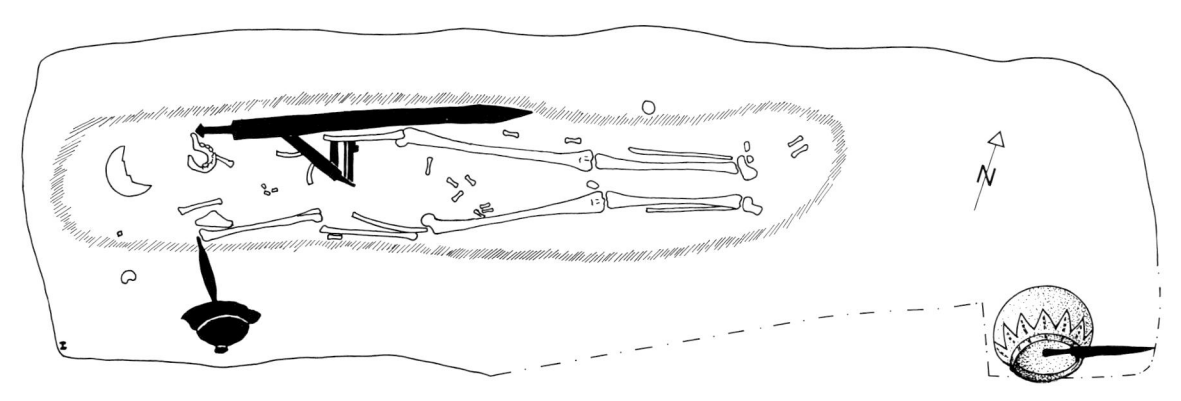

75 *Unterthürheim. Grab 255. Maßstab 1 : 20.*

76 *Unterthürheim. Keramik aus den Gräbern 252 (rechts) und 255 (links). Höhe des linken Gefäßes 15 cm.*

(Abb. 76 links), in dessen Halszone zwischen je drei umlaufenden Rillen senkrechte Strichgruppen eingeritzt sind. Die Schulter bedecken hängende, mit Strichgruppen gefüllte Dreiecke. Vergleichbare Dekore findet man in östlichen Reihengräberkreis, so beispielsweise im böhmischen Gräberfeld von Jiřice (Grab 15), was ebenso wie einige andere Beigaben östlicher Herkunft in Unterthürheim auf Siedler aus diesem Raum hindeutet. Ein ganz ähnlicher, jedoch etwas kleinerer Topf mit gleicher Verzierung (Abb. 76 rechts) wurde in dem nordwestlich des Pferdegrabs gelegenen, beigabenarmen Frauengrab 252 angetroffen. Seine Lage sowie die im Gräberfeld singuläre Keramik lassen auf eine verwandschaftliche Beziehung zu dem mutmaßlichen Pferdebesitzer schließen.

Am Ende der Grabungskampagne kam mit dem Frauengrab 260 eines der reichsten Gräber des gesamten Friedhofs zutage. Die sehr tiefe Grube wurde von zwei jüngeren Bestattungen überlagert und blieb vielleicht deshalb von Grabräubern verschont. Die Tote war im westlichen Teil des überlangen Grabschachts beigesetzt und trug am Hals eine dreireihige Perlenkette, bestehend aus 71 Perlen, einer doppelkonischen Goldblechperle, einem filigranverzierten Goldanhänger sowie einem in Gold gefaßten Glastropfen. An der rechten Schulter und auf der Brust lag je eine silberne Scheibenfibel mit Almandineinlagen, im Bauchbereich fand sich ein Tonwirtel. Zu dem mit kleinen gepunzten Silberblechen verzierten Gürtelgehänge, dessen Abschluß eine große eiförmige Glasperle bildete, gehörten zwei silbervergoldete Bügelfibeln und ein Eisenmesser. Ein 53 cm langes Webschwert hatte man mit der Griffangel nach unten neben den linken Arm der Toten gelegt, darunter – in Kniehöhe – eine Bügelschere, einen Feuerstahl, einen zweireihigen Kamm mit Futteral und ein schon fast zerfallenes Beinamulett. Vielleicht handelt es sich hierbei um den Inhalt einer Tasche. Am Ostende der Grabgrube fanden sich schließlich noch eine Rinderrippe und Eierschalen. Das Frauengrab wurde um die Mitte bis zweite Hälfte des 6. Jahrhunderts angelegt und gehört mit den benachbarten Gräbern 250, 252 und 255, die wohl noch einige Jahrzehnte älter sind, zu den ersten Bestattungen dieser Zeitstellung, die im westlichen Teil der Nekropole liegen. Für eine genauere Datierung bleibt die Restaurierung der Grabinventare, besonders der Waffen, abzuwarten. Obwohl der neu untersuchte Friedhofsausschnitt sehr klein ist, deuten sich Korrekturen der bisherigen Erkenntnisse bezüglich der Belegungsabfolge des auch jetzt noch nicht vollständig freigelegten Gräberfelds an.

Für die allseits freundliche Unterstützung während der Grabungsarbeiten gilt der Dank der Stadtarchäologie den Grundeigentümern, ebenso der Prähistorischen Staatssammlung München für die Mithilfe bei der Restaurierung der Funde. M. Hermann

Literatur

R. Christlein, Arch. Jahr Bayern 1980, 160 f. – Ch. Grünewald, Das alamannische Gräberfeld von Unterthürheim, Bayerisch-Schwaben. Materialh. Bayer. Vorgesch. A 59 (Kallmünz 1988).

Ein Reitergrab des 7. Jahrhunderts aus Petting

Landkreis Traunstein, Oberbayern

Seit 1991 untersucht das Bayer. Landesamt für Denkmalpflege in einem Neubaugebiet am Ortsrand von Petting südlich des Waginger Sees ein größeres Reihengräberfeld, das allein schon aufgrund seiner ortstopographischen Situation Interesse weckt. Zweifelsohne handelt es sich um den Bestattungsplatz des ältesten Pettinger Siedlungskerns, der nur 150 m westlich dieses Gräberfelds und fast 500 m östlich der heutigen Ortsmitte in Gestalt der Pfarrkirche St. Johannes d. Täufer fortlebt.

Bislang kamen 715 Gräber zutage. Um die Nekropole vollständig zu erfassen, steht nur noch die Untersuchung einer bislang nicht zugänglichen Fläche mit höchstens etwa zwei Dutzend Bestattungen aus.

Rund die Hälfte der Gräber ist alt beraubt. Betraf dies zu Beginn der Belegung im mittleren 6. Jahrhundert nur wenige Bestattungen, blieb gegen Belegungsende um 700 n. Chr. kaum ein Grab verschont. Trotz dieser Ungunst ermöglichen die Pettinger Grabinventare schon jetzt Einblicke in einen sozioökonomischen Wandel innerhalb der Bevölkerung. Nach bescheidenen Anfängen kam um 600 ein großer Teil der Bewohner zu durchaus solidem Wohlstand. Gegen Mitte des 7. Jahrhunderts erreichte eine kleine Personengruppe einen rechtlichen und materiellen Status, der nach seinen im Rupertiwinkel bisher beispiellosen äußeren Erscheinungsformen als frühe Nobilität bezeichnet werden kann (eigenes Bestattungsareal innerhalb des Gräberfelds unabhängig vom allgemeinen Belegungsablauf, aufwendiger Grabbau, Beigabe von Pferdegeschirr, Prunktextilien).

Einen Eindruck von diesem Vorgang soll exemplarisch Grab 507 vermitteln. Es handelt sich um eine 2,80 m lange und 2,30 m breite Grabkammer, die mit 2,80 m mehr als doppelt so tief wie durchschnittlich ausgestattete Gräber war. Auch dieses Grab ist der zeitgenössischen Beraubung nicht entgangen: Vom Toten selbst und seiner persönlichen Ausstattung (Leibgürtel, Bewaffnung) fand sich bis auf geringe, in unterschiedlicher Tiefe verstreute Skelettreste nichts mehr. Völlig unangetastet hingegen blieben im Südosten der Grabgrube Sattel- und Zaumzeug. Der Befund deutet darauf hin, daß man den Sattel mit seitlich herabhängenden Steigbügeln auf dem Kammerboden abgestellt und darauf das Zaumzeug gelegt hatte. Unter dem Sattelzubehör (Abb. 77,1–11) fällt vor allem das exotische, ungleiche Steigbügelpaar aus Bronze auf (Abb. 77,3.4), dem sich zwei Eisenschnallen (Abb. 77,1.2) zum Verstellen der Steigbügelriemen zuweisen lassen. Zu dem überwiegend aus organischen Materialien bestehenden Sattel selbst gehören einige Eisenbeschläge (Abb. 77,5–7). Vom Riemenwerk, das den stabilen Sitz des Sattels gewährleistete, ist lediglich ein eisernes, bichrom tauschiertes Ensemble des Hinterzeugs – ein Beschlag und drei Riemenzungen (Abb. 77,8–11) – vertreten, das in seiner Zusammensetzung einem geläufigen Schema entspricht.

Dem Zaumzeug sind folgende Bestandteile des Kopfgeschirrs zuzuordnen: eine Bronzeschnalle mit Riemenschlaufe (Abb. 77,12.13), ein bichrom tauschierter Eisenbeschlag (Abb. 77,16) und drei bronzene Preßblechriemenzungen mit erhaltenen Eibenholzkernen (Bestimmung Prof. Dr. D. Grosser, Institut für Holzforschung der Universität München; Abb. 77,17). Ein eiserner Riemendurchzug (Abb. 77,15) dürfte einst mit der Trense (Abb. 77,18) verbunden gewesen sein, wie einander entsprechende, identisch vernietete Riemenreste an beiden Stücken nahelegen. Während die 33 Bronzezierniete mit Ösen (Abb. 77,14) in diesem Inventar eher antiquiert anmuten, lassen die Tauschierarbeiten (Abb. 77,8–11.16), deren Erzeuger wohl auch mit der Herstellung jüngerer vielteiliger Gürtelgarnituren bestens vertraut gewesen sein muß, und die Trense an eine Grablegung in der Zeit nach 640 denken.

Die aufwendige Konstruktion der Eisentrense war für D. Reimann Anlaß zu einem praktischen Versuch. In der Werkstatt des Bayer. Landesamts für Denkmalpflege fertigte Restaurator H. Neff zunächst eine originalgetreue Kopie an. Es handelt sich bei dem Stück um eine Zangentrense, so benannt nach den zangenartig um das Pferdemaul herumgreifenden Gebißstangen.

Für einen Reitversuch mit der Kopie fiel die Wahl auf den zierlichen Araberhengst Nagar (Abb. 78), da die frühmittelalterlichen Pferde mit durchschnittlich 1,40 m Widerristhöhe etwa

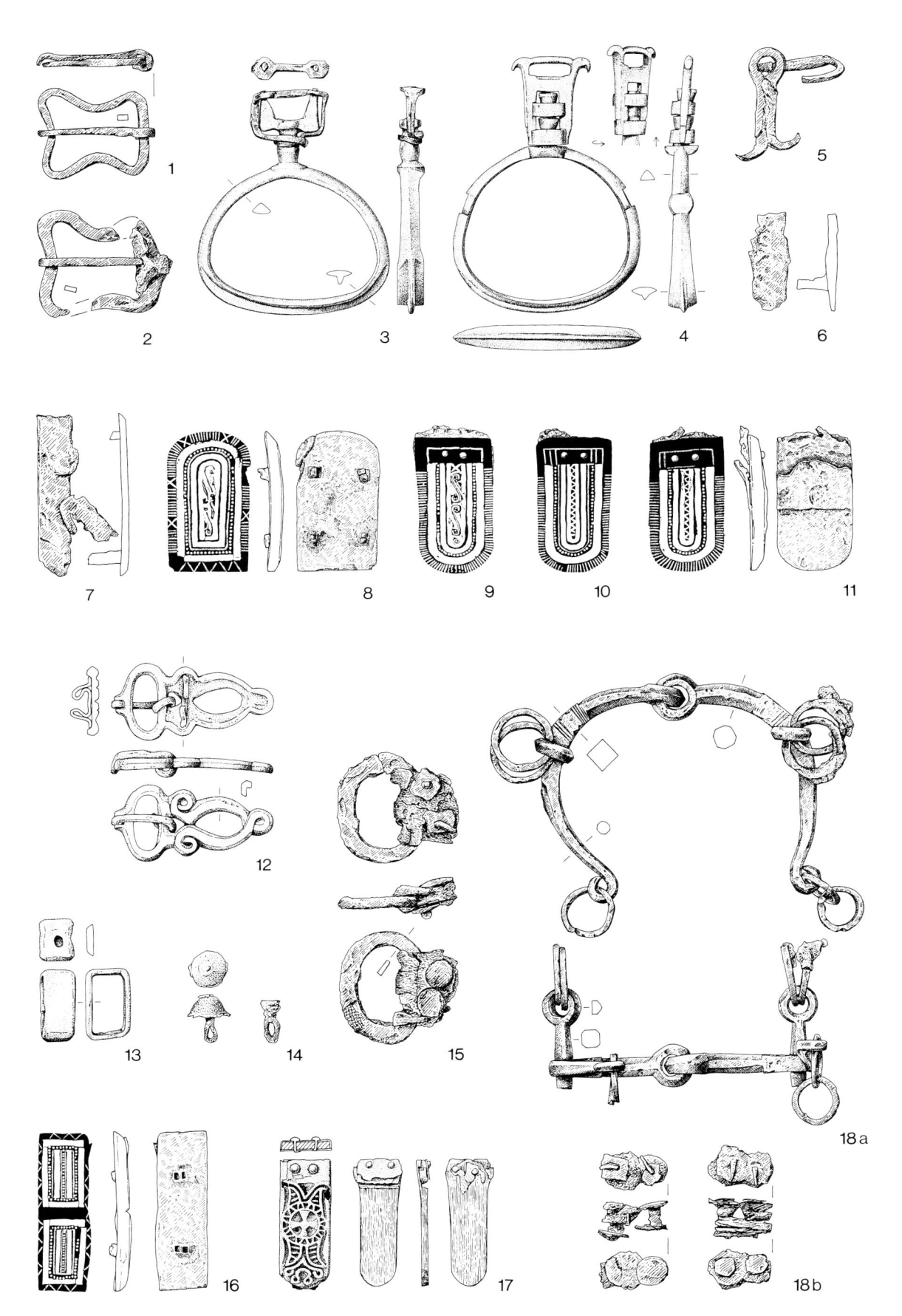

77 Petting. Auswahl von Beigaben aus Grab 507. 3.4.18a Maßstab 1 : 3, sonst 1 : 2.

78 Araberhengst Nagar, aufgezäumt mit der Kopie einer merowingischen Zangentrense.

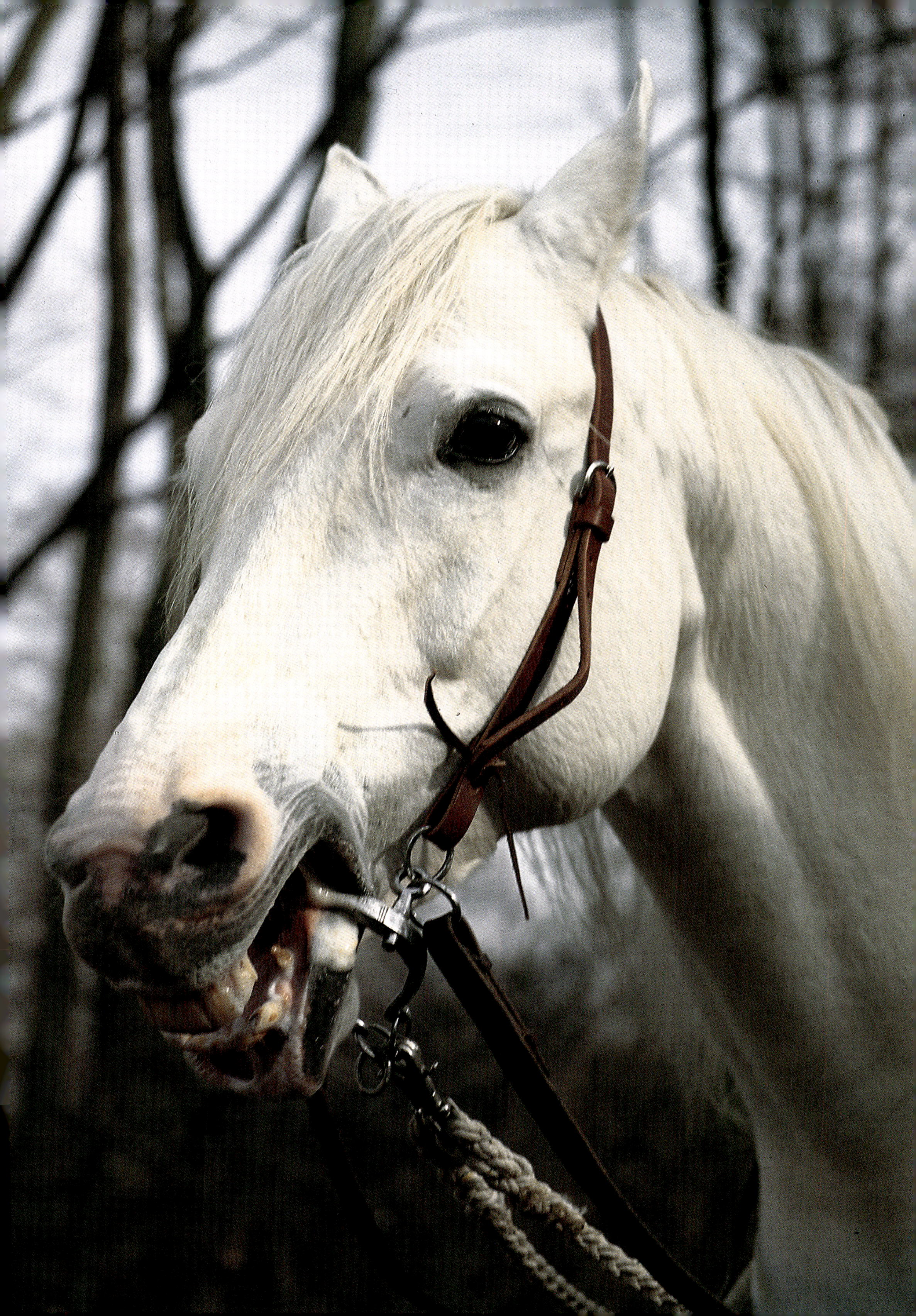

20–30 cm kleiner waren als die heutigen Tiere. Der Besitzer von Nagar, Stallmeister H. Draga von der Universitätsreitschule München, stellte freundlicherweise ein einfaches Kopfgestell zur Verfügung, in das er die Zangentrense einschnallte. Backenriemen und Zügel wurden in den Ringen befestigt, die wiederum in den drehbaren Ösenstiften hingen. Die Zangenenden waren ursprünglich durch die Ringe verbunden, die wohl die Funktion einer Kinnkette hatten. H. Draga hängte in die Ringe einen Führstrick aus Hanf ein. Anschließend unternahm er mit dieser Zäumung einen Reitversuch, der sich als erfolgreich erwies. Dabei blieb allerdings unklar, warum die Ösenstifte drehbar konstruiert sind. Ein zweiter Versuch, bei dem er die Zügel an der Kinnkette befestigte, verlief insofern weniger positiv, als sich der Reiter darüber beklagte, zu wenig Einwirkung auf das Pferdemaul zu haben.

Somit dürften wohl auch in bajuwarischer Zeit die Zügel an den in den Ösenstiften hängenden Ringen befestigt gewesen sein, an der Kinnkette dagegen ein Führstrick oder ein Stoßzügel, der ein Kopfschlagen des Pferds verhinderte. Möglicherweise gehörte zu diesem Hilfszügel der eiserne Riemendurchzug (Abb. 77,15). Entsprechende Durchzüge finden sich fast bei allen merowingischen Zaumzeugen, ohne daß sich ihnen bislang eine Funktion zuweisen ließ.

Mit der Pettinger Zangentrense liegen inzwischen mehr als ein Dutzend Exemplare dieses Typs vor, der vorwiegend in Südwestdeutschland und Bayern in einer nur kurzen Zeitspanne in die Gräber gelangte. Es handelt sich um eine äußerst eigentümliche Gebißform nordalpiner Produktion, die keine Vorläufer im Verbreitungsgebiet aufweist. Vergleichbare Trensen sind nur aus Gräberfeldern des 4. bis 6. Jahrhunderts im Sudan und in Ägypten bekannt. Aufgrund der hervorragenden Erhaltungsbedingungen konnten die Ausgräber feststellen, daß dort die Zügel an der Kinnkette befestigt waren.

Unklar bleibt bislang, wie die Zangentrensen von der östlichen Peripherie des Mittelmeergebiets ihren Weg nach Norden fanden, ganz zu schweigen von der Zeitdiskrepanz von etwa hundert Jahren. Immerhin läßt sich auch eine Einfuhr wohl arabischer Pferde mitsamt Trense in den nordalpinen Raum in Erwägung ziehen, ein Gedanke, den der Araberhengst Nagar aufs trefflichste illustrieren dürfte.

R. Knöchlein und D. Reimann

Literatur

K. Löbl, Kurzgefaßte Zäumungs-Lehre gewidmet den P. T. Angehörigen der k. k. Armee (Komorn 1879). – W. A. van Es/R. S. Hulst, Das merowingische Gräberfeld von Lent. Nederlandse Oudheden 14 (Amersfoort 1991). – J. Oexle, Studien zu merowingerzeitlichem Pferdegeschirr am Beispiel der Trensen. Germ. Denkmäler Völkerwanderungszeit A 16 (Mainz 1992).

Zwei neue Grabfunde aus dem merowingerzeitlichen Gräberfeld von Hellmitzheim

Stadt Iphofen, Landkreis Kitzingen, Unterfranken

Eine geplante Bahnüberführung im Bereich des altbekannten merowingerzeitlichen Gräberfelds von Hellmitzheim erforderte im August und September 1991 eine Präventivuntersuchung durch die Außenstelle Würzburg des Bayer. Landesamts für Denkmalpflege. Schon beim Bau der Eisenbahnlinie in der zweiten Hälfte des 19. Jahrhunderts und im Zuge des Gipsabbaus waren hier Gräber zum Vorschein gekommen. Erste systematische Ausgrabungen führte Ortspfarrer G. Wilke aus Hellmitzheim in den Jahren 1892 bis 1901 durch, wobei er 31 Gräber bergen konnte. 1969 wurde erneut ein Grab (32) bei Kabelverlegungen am Südrand der Bahnlinie angeschnitten.

Ein Ausgreifen des Gräberfelds über die Trasse nach Norden kann nach sorgfältigen Untersuchungen des Geländes als ausgeschlossen gelten. Bei der Überprüfung des Bereichs südlich der Bahnlinie, der den ehemaligen, jetzt verfüllten und teilweise eingeebneten Steinbruch Langmann einschließt, fanden sich in Suchschnitten ein Frauen- und ein Männergrab. In etwa 1,20 m Tiefe unter der heutigen Oberfläche lag die ungestört erscheinende Bestattung einer Frau in gestreckter Rückenlage in einem engen Bohlen- oder Baumsarg (Grab 33; Abb. 79). Im Halsbereich hatten sich einige polyederförmige Bernsteinperlen und zwei winzige grüne, röhrenförmige Perlen erhalten. Eine eiserne Schnalle mit enger silberner Streifentauschierung am linken Becken (Abb. 79,1), ein Bronzering (Abb. 79,2) und eine kleine rechteckige Bronzeschnalle (Abb. 79,3) waren wohl Bestandteile eines Gürtelgehänges, zu dem verschiedene Gegenstände gehörten, die sich unter dem linken Oberschenkel und zwischen den Beinen befanden: ein eisernes Messer (Abb. 79,9), die Hälfte einer Schere mit Aufhängevorrichtung, die möglicherweise sekundär bearbeitet und wiederverwendet wurde, ein längliches Objekt, vielleicht ein Schlüssel, und weitere stark korrodierte Eisenteile (Abb. 79,10). Ob diese Gegenstände lose herabhingen oder zum Teil mit dem Dreilagenkamm in einer Tasche Platz fanden, ist nicht zu entscheiden. Den unteren Abschluß des Gehänges bildete ein doppelkonischer, hellolivgrüner gläserner Wirtel mit eingeschmolzenen weißlichen Fäden im Rosettenmuster, der unterhalb der Knie zwischen den Beinen der Frau lag (Abb. 79,5). Am rechten Knie fand sich eine bronzene Kleinfibel (Abb. 79,4). Ein eisernes Webschwert (Abb. 79,7) und einen Spinnwirtel aus Ton (Abb. 79,8) hatte man auf der rechten Seite außerhalb des hölzernen Sargs, vermutlich zusammen mit anderen Gegenständen aus organischem Material, plaziert.

Das eiserne Webschwert weist die hochgewachsene Frau als Angehörige einer einflußreichen Familie der Dorfgemeinschaft aus. Derartige Webschwerter fanden sich bisher nur im germanisch geprägten Kulturbereich, vor allem in thüringischen, alamannischen und auch bajuwarischen Gräbern des 6. Jahrhunderts. Gläserne Wirtel von etwa gleicher Größe und Farbzusammensetzung, die wohl als Amulett anzusprechen sind, treten nicht nur im gleichen Friedhof (Grab 2) auf, sondern scheinen als Beigaben vor allem in der zweiten Hälfte des 6. Jahrhunderts in naher und weiterer Umgebung beliebt gewesen zu sein (beispielsweise Zeuzleben, Grab 41; Gelchsheim, Grab 1; Niedernberg, Grab 24; Müdesheim, Grab 46; Dittenheim, Grab 17 und 51).

Die in einem Stück gegossene Kleinfibel stellt in ihrer Form ein Unikat dar. Sie ist auf der Oberseite mit eingepunzten Kreisaugen ver-

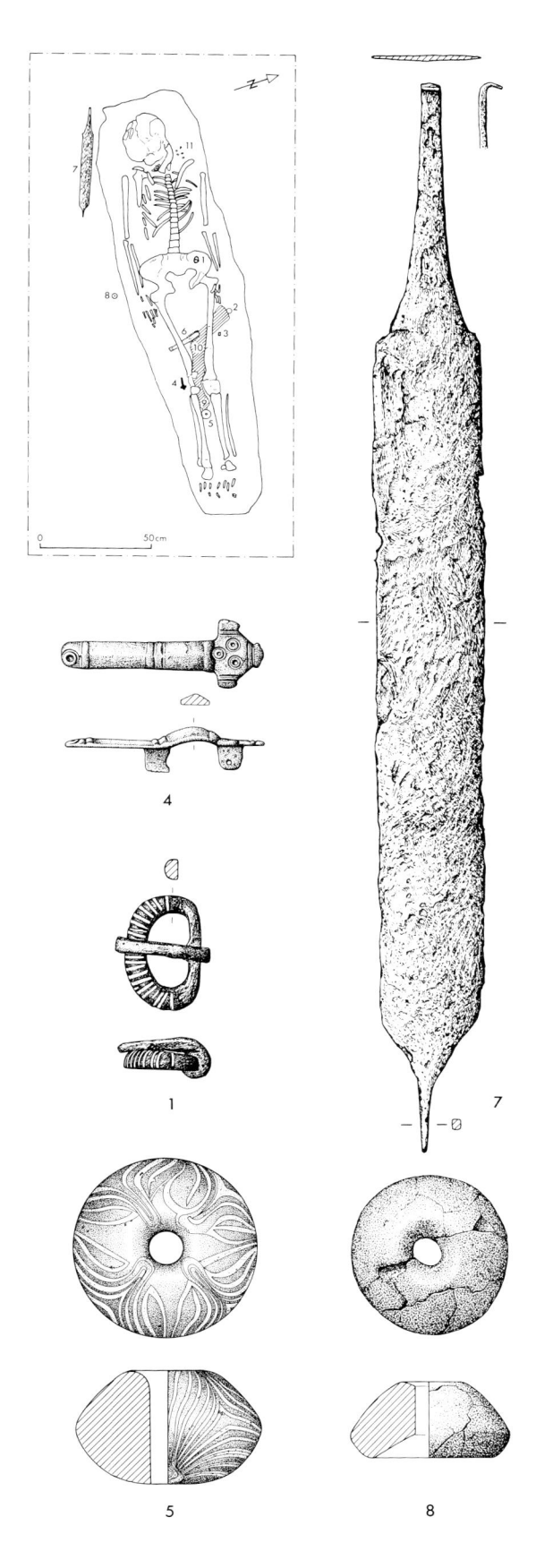

79 *Hellmitzheim, Grab 33. Befundplan mit einer Auswahl von Grabbeigaben. 1.4.5.8 Maßstab 2 : 3; 7 Maßstab 1 : 3.*

ziert – einer Dreiergruppe auf der flachen Kopfplatte und einem einzelnen Kreisauge als Fußabschluß. Die drei flachen, rundlichen Ausbuchtungen der Kopfplatte sowie der flachgewölbte Bügel und das Endstück des Fußes sind jeweils durch zwei flache, parallele Kerblinien abgesetzt. Der Nadelhalter scheint unbrauchbar geworden zu sein, da die Nadelrast fehlt. Die Fibel steht dem Typ Niederflorstadt-Wiesloch nahe, der ins 5. Jahrhundert datiert wird. Da die übrigen Beigaben das Grab in das mittlere Drittel des 6. Jahrhunderts verweisen, lassen Zustand und Lage der Fibel eher auf ein Alt- oder Erbstück schließen, das die Frau in einer Tasche aufbewahrte.

Ein weiteres Grab (34) konnte nordwestlich der Frauenbestattung, dicht unter der heutigen Oberfläche, freigelegt werden. Von dem Skelett des Mannes haben sich nur noch Röhrenknochen und Teile des Schädels erhalten. Quer über dem Unterleib lagen ein Kurzsax und ein Messer. Der Inhalt einer Tasche, der sich aus einer Ahle mit bandförmiger Schlaufe, einem weiteren Messer und einem Feuerstein zusammensetzte, fand sich links davon. Im Oberschenkel- und Kniebereich wurden drei eiserne Pfeilspitzen angetroffen, eine weidenblattförmige mit Holzresten in der geschlitzten Tülle und zwei mit rhombischer Form. Außerhalb von sich undeutlich abzeichnenden Holzspuren, die auf einen Sarg oder auf ein Totenbrett hindeuten, hatte man zu Füßen des Mannes eine Schere niedergelegt.

Eine chronologische Beurteilung des Grabs erlauben diverse Eisenfragmente mit Resten von Silbertauschierung, die in Hüfthöhe auf der linken Seite des Mannes zutage kamen. Die Verzierungselemente auf dem erhaltenen Teil eines rechteckigen Schnällchens, wo außer Punkt- und Streifentauschierung auch ein winziges Kreuz zu erkennen ist, weisen schon in die jüngere Merowingerzeit. Trotz räumlicher Nähe zu dem Frauengrab dürfte der Mann ein bis zwei Generationen nach der Frau bestattet worden sein. H. Lüdemann

Literatur

H. Dannheimer, Fränkische Gräber aus Hellmitzheim, Ldkr. Scheinfeld (Mittelfranken). Germania 36, 1958, 392 ff. – Ders., Hellmitzheim Grab 10. Ebd. 39, 1961, 168 ff. – Ders., Die germanischen Funde der späten Kaiserzeit und des frühen Mittelalters in Mittelfranken. Germ. Denkmäler Völkerwanderungszeit A 7 (Berlin 1962) 202 ff.

Ein alt beraubtes Adelsgrab aus dem frühmittelalterlichen Friedhof von Viecht, »Unterfeld«

Gemeinde Eching, Landkreis Landshut, Niederbayern

Seit der Entdeckung des Reihengräberfelds von Viecht im Jahr 1991 konnte die Außenstelle Landshut des Bayer. Landesamts für Denkmalpflege 237 Bestattungen freilegen. Die nördliche und nordwestliche Grenze des dicht belegten Friedhofs scheint nunmehr erreicht zu sein. Viele der rechteckigen, west-ost-ausgerichteten Gräber zeigten Spuren von Beraubung, außerdem kamen häufig Überschneidungen vor (Abb. 80).

1992 wurde im Westteil der Nekropole eine Grabanlage (Grab 131) aufgedeckt, die sich deutlich von den übrigen Bestattungen unterschied (Abb. 81). Es handelt sich um einen Grabtyp, der sowohl in Separatfriedhöfen als auch in Reihengräberfeldern anzutreffen ist. Ein im Ostnordosten unterbrochener, noch maximal 0,90 m breiter und 0,30 m tiefer Kreisgraben mit einem Durchmesser von knapp 7,60 m umschloß einen nur in Resten erhaltenen Hügel. An seinem Fuß war der im Durchmesser ehemals 4 m große Hügel durch Pfostenstellungen eingefriedet, deren Spuren sich jedoch nur im »Eingangsbereich« nachweisen ließen. Diese Konstruktion diente sicherlich zum Schutz der zentral gelegenen, 3,10 m langen und 1,60 m breiten Grabkammer und stellte darüber hinaus wohl eine Totenmemoria für ein männliches Mitglied der Adelsschicht dar.

Bereits im ersten Planum zeigte sich innerhalb der Grabgrube die amorphe Verfärbung eines Raubschachts, der bis zu dem auf zwei Unterleghölzern stehenden Holzsarg hinunterreichte. Die Grabräuber hatten sich nach dem Öffnen des Deckels anscheinend lediglich auf das Innere des Sargs konzentriert, denn in der Grabkammer waren keine weiteren Störungen zu beobachten (Abb. 83). Nur wenige Skelettei-

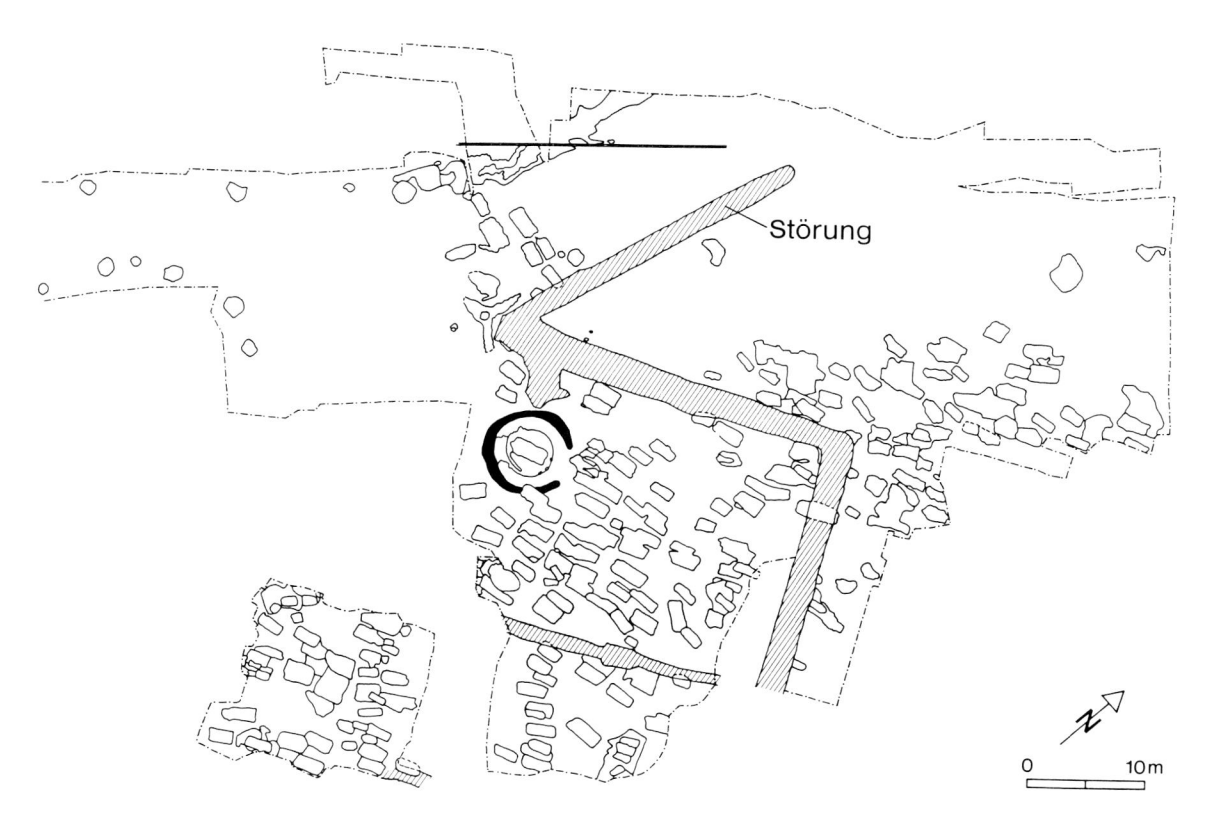

80 Viecht, »Unterfeld«. Plan des frühmittelalterlichen Gräberfelds.

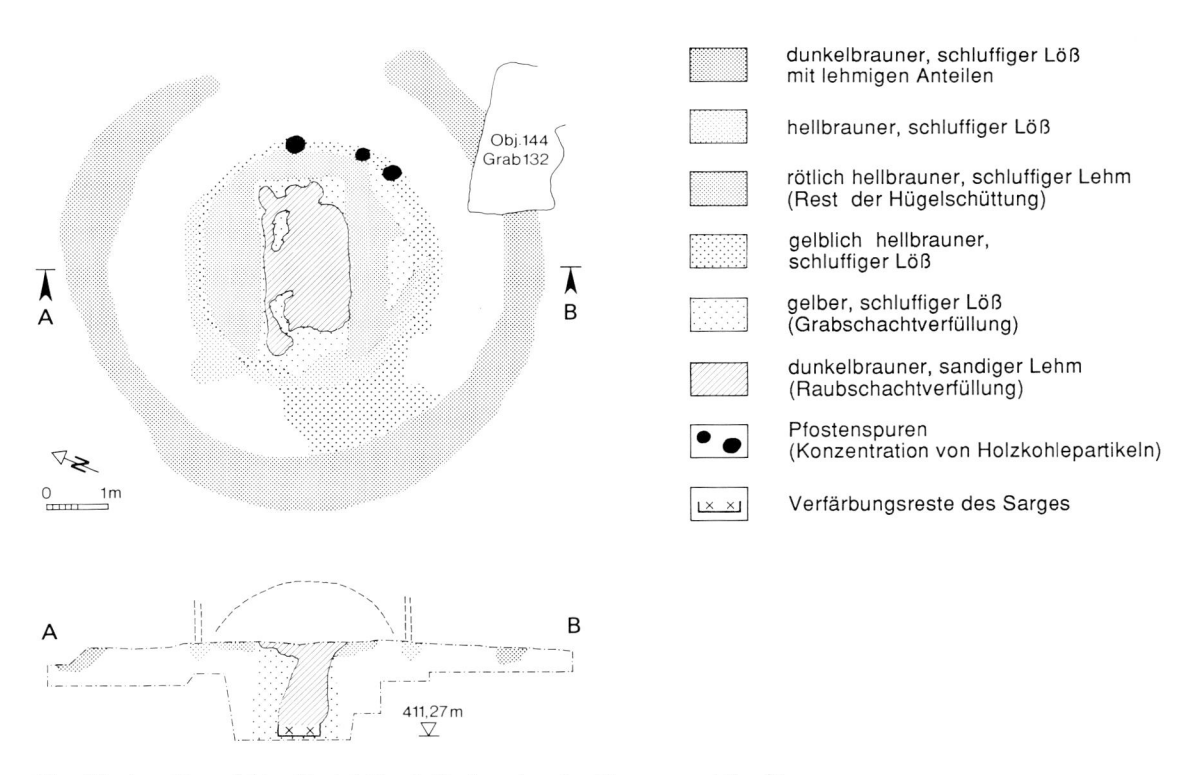

	dunkelbrauner, schluffiger Löß mit lehmigen Anteilen
	hellbrauner, schluffiger Löß
	rötlich hellbrauner, schluffiger Lehm (Rest der Hügelschüttung)
	gelblich hellbrauner, schluffiger Löß
	gelber, schluffiger Löß (Grabschachtverfüllung)
	dunkelbrauner, sandiger Lehm (Raubschachtverfüllung)
● ●	Pfostenspuren (Konzentration von Holzkohlepartikeln)
⌊× ×⌋	Verfärbungsreste des Sarges

81 Viecht, »Unterfeld«. Grab 131 mit Kreisgraben im Planum und Profil.

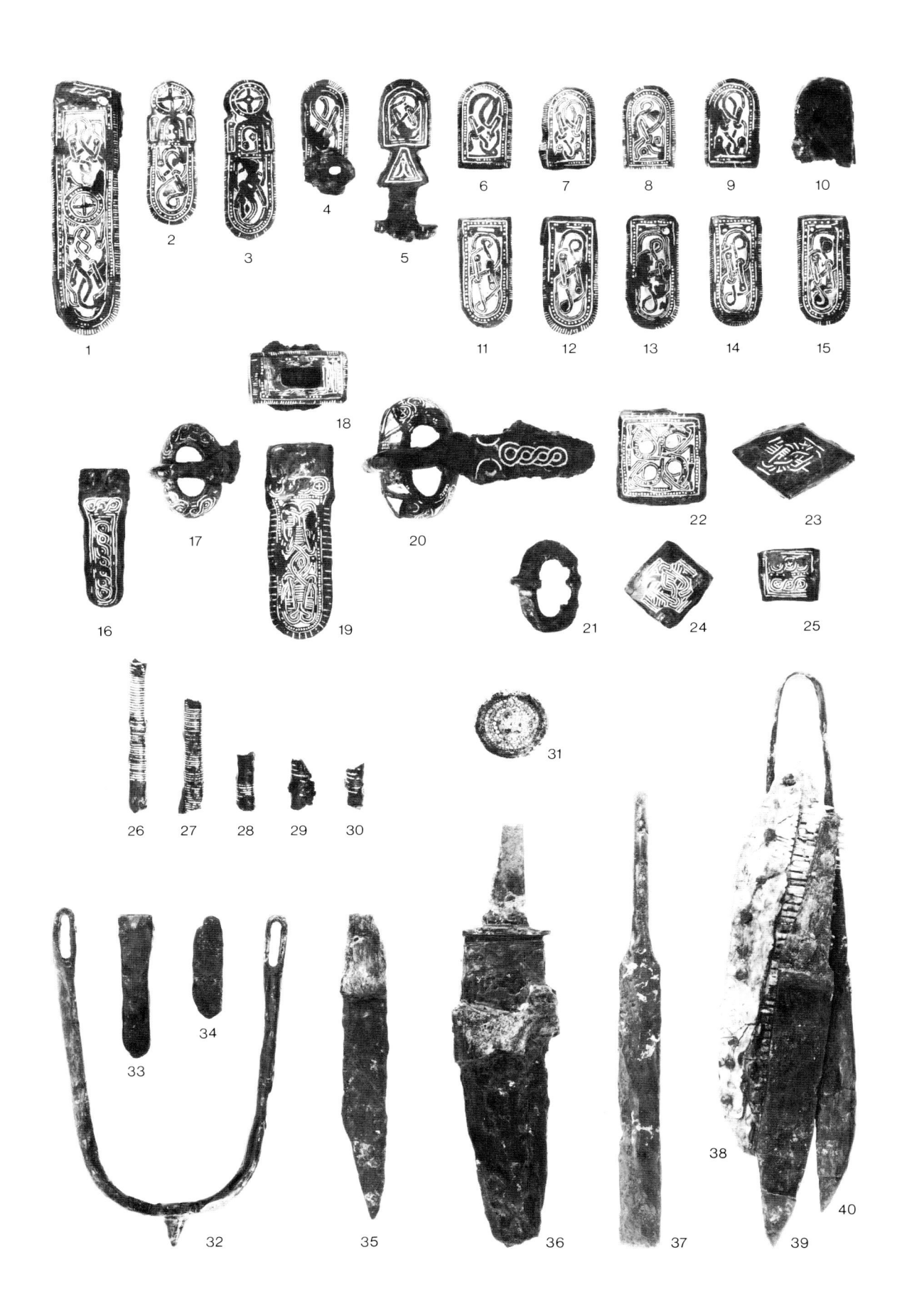

82 Viecht, »Unterfeld«. Beigaben aus dem beraubten Grab 131. Maßstab 1 : 2.

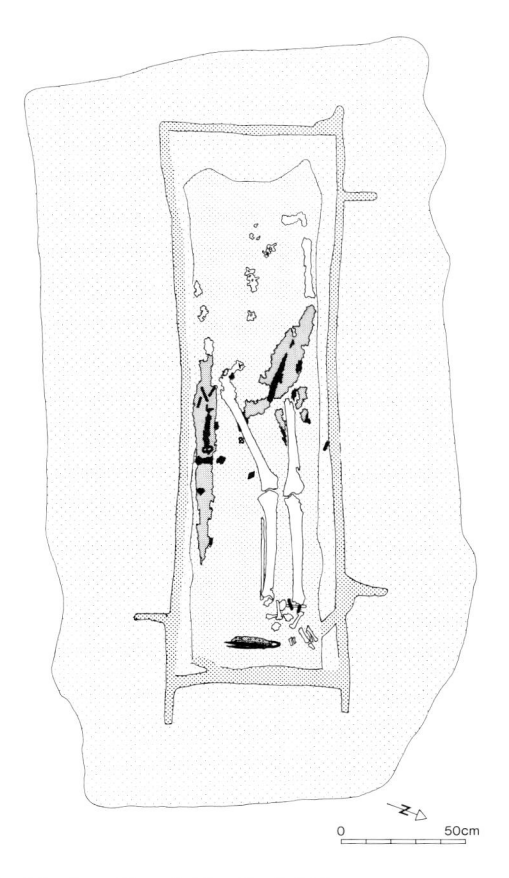

83 *Viecht, »Unterfeld«. Grab 131.*

le verblieben in ihrer ursprünglichen Lage; selbst im Raubschacht fanden sich keinerlei menschliche Reste.

Entsprechend dem hohen sozialen Rang des Bestatteten, die durch die Grabanlage angezeigt ist, hatte der Tote exklusive Beigaben erhalten (Abb. 82). Von Sax und Spatha waren nur noch Verfärbungs- bzw. Holzreste der Scheiden sowie Fragmente der Scheidenrandbeschläge (Abb. 82,26–30) vorhanden. Den einzigen Hinweis auf einen Schild stellt ein kupfervergoldeter Niet dar (Abb. 82,31), dessen Form und Punzverzierung für langobardische Provenienz spricht.

Außer einigen Bestandteilen des Saxgurts (Abb. 82,1–15) fand sich auch eine vielteilige Spathagurtgarnitur vom Typ Civezzano (Abb. 82,16–25). Bis auf eine einfache Eisenschnalle (Abb. 82,21) und einen unverzierten Gürtelbeschlag (Abb. 82,10) handelt es sich durchwegs um silber- und messingtauschierte Schnallen, Riemenzungen und Beschläge. Garnituren des Typs Civezzano, die Tierornamentik und geometrische Muster in bichromer Tauschierung aufweisen, lassen sich nach dem derzeitigen Forschungsstand aus Oberitalien herleiten. Da ihr Verbreitungsschwerpunkt jedoch im süddeutschen Raum liegt, könnte es auch im bajuwarischen Gebiet Produktionsstätten gegeben haben. Die zeitliche Einordnung in das zweite Drittel des 7. Jahrhunderts ist durch mehrere vergleichbare Funde gesichert.

Insgesamt sechs Bestandteile der beiden Gürtelgarnituren zeigen Kreuzmotive (Abb. 82, 1–3.19.20.25), die vielleicht einen Hinweis auf den christlichen Glauben des Trägers darstellen und wahrscheinlich deshalb für die Grabräuber tabu waren.

Zum Inhalt einer mit der Saxscheide verbundenen Tasche dürften wohl zwei Eisenmesser und ein eisernes Webgerät (Abb. 82,35–37) gehört haben; ein weiterer Tascheninhalt – ein Messer, eine Schere und ein einreihiger Beinkamm – fand sich zu Füßen des Toten (Abb. 82,38–40).

Ergänzt wird die Kriegerausstattung durch einen Schlaufensporn und zwei unverzierte Riemenzungen (Abb. 82,32–34), die im Bereich des linken Fußes lagen.

Ein interessanter Befund im Raubschacht läßt sich wohl auf eine magische Handlung der Grabräuber zurückführen: Nach erfolgter Plünderung legten sie in den bereits halb verfüllten Schacht die Kadaver eines Hundes und eines Fuchses nieder, denen die Köpfe fehlten.

Th. Dannhorn

Literatur

U. Koch, Das Reihengräberfeld bei Schretzheim. Germ. Denkmäler Völkerwanderungszeit A 13 (Berlin 1977) 104 f. – Ch. Grünewald, Das alamannische Gräberfeld von Unterthürheim, Bayerisch-Schwaben. Materialh. Bayer. Vorgesch. A 59 (Kallmünz 1988) 33 ff. 137 ff. – Th. Dannhorn, Arch. Jahr Bayern 1991, 139 ff.

Frühmittelalterliche Siedlungsbefunde aus Eußenheim

Landkreis Main-Spessart, Unterfranken

Die ehrenamtliche Tätigkeit der Archäologischen Arbeitsgemeinschaft Karlstadt konzentriert sich in zunehmendem Maße auf die Erforschung mittelalterlicher Siedlungsstrukturen im Landkreis Main-Spessart. Eine der knapp zwei Dutzend Wüstungen des Mittelalters, die in den letzten Jahren entdeckt wurden, befindet sich nahe der Ortschaft Eußenheim in siedlungsgeographisch günstiger Lage oberhalb des Flüßchens Wern in der Flur »Hinterdorf«. Diese abgegangene Siedlung nimmt insoweit eine Sonderstellung ein, als unmittelbar südlich der Wüstung – in klassischer Hanglage – auch das dazugehörige Reihengräberfeld zu lokalisieren war (Abb. 84).

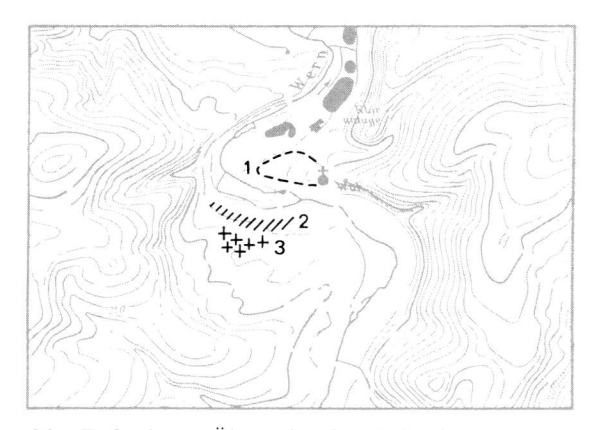

84 *Eußenheim. Übersichtsplan. 1 Ortskern von Eußenheim; 2 Wüstung; 3 Reihengräberfeld. Maßstab 1 : 50 000.*

Die systematische Begehung der beiden unter dem Pflug stehenden Areale erbrachte zahlreiche Lesefunde, so auf dem Gelände des Gräberfelds neben menschlichen Skelettresten auch Scherben merowingerzeitlicher Grabkeramik. Darunter befinden sich sekundär gebrannte Stücke, die vielleicht auf Besonderheiten des Grabritus hindeuten, wie sie im nur 25 km entfernten Reihengräberfeld von Zeuzleben nachweisbar sind, möglicherweise aber auch angeackerte Brandgräber anzeigen. Aus einem vom Pflug zerstörten Körpergrab stammt ferner das Inventar einer Männerbestattung aus dem zweiten Drittel des 6. Jahrhunderts als bislang ältester Beleg der frühmittelalterlichen Besiedlung des »Hinterdorfs« (Abb. 85,A).

Unter den zahlreichen Lesefunden vom Siedlungsareal sind insbesondere drei Fibeln des 9. und 10./11. Jahrhunderts von Interesse (Abb. 85,B), finden sich doch Parallelen zu diesen Stücken auch im Fundmaterial der nur wenige Kilometer entfernten Wüstung »Karloburg«.

Aufgrund der stetigen Fundstellenüberwachung durch die Archäologische Arbeitsgemeinschaft erfuhr das Bayer. Landesamt für Denkmalpflege im Oktober 1992 noch rechtzeitig von geplanten Baumaßnahmen im Bereich des abgegangenen Orts. Durch gute, kooperative Zusammenarbeit mit Bauherren und Gemeinde konnten daher die anfallenden Erdbewegungen von Anfang an überwacht und die angeschnittenen Befunde dokumentiert werden. Unter einer fundleeren, vom Areal des Gräberfelds abgeschwemmten Deckschicht aus Lößlehm zeigten sich zunächst einige Pfostenlöcher und kleinere Siedlungsgruben. Besonderes Interesse erregte eine Konzentration ortsfremder Steine, die sich nach dem Freilegen unschwer als die Oberkante eines trockengemauerten Brunnens interpretieren ließ. Nach Absprache mit allen Beteiligten übernahm das Bayer. Landesamt für Denkmalpflege die nötige Untersuchung (Abb. 86).

Der Innendurchmesser des noch 4 m tiefen Brunnens betrug im oberen Teil 0,70 m, im unteren 1 m. Die Verfüllung bestand aus Lößlehm mit teilweise brandgeröteten Steinen, Tierknochen und wenigen Keramikfragmenten. Unter diesen befanden sich auch Scherben der älteren, grautonigen Drehscheibenware, was für die Auffüllung des Brunnens bereits im frühen Mittelalter spricht. Demnach dürfte es sich bei dem Eußenheimer Befund um den zweiten dokumentierten frühmittelalterlichen Brunnen Mainfrankens handeln, war dies doch bislang einzig im Stadtgebiet von Würzburg gelungen.

Einige Meter entfernt wurde beim Ausheben eines Kanalgrabens ein Grubenhaus angeschnitten und von Mitgliedern der Archäologischen Arbeitsgemeinschaft dokumentiert. Das Haus besaß vermutlich eine Grundfläche von rund 3 × 4,50 m, allerdings ist die Größe wegen der modernen Störung nicht gesichert. Die etwa 0,80 m tiefe Grube enthielt Steine, ge-

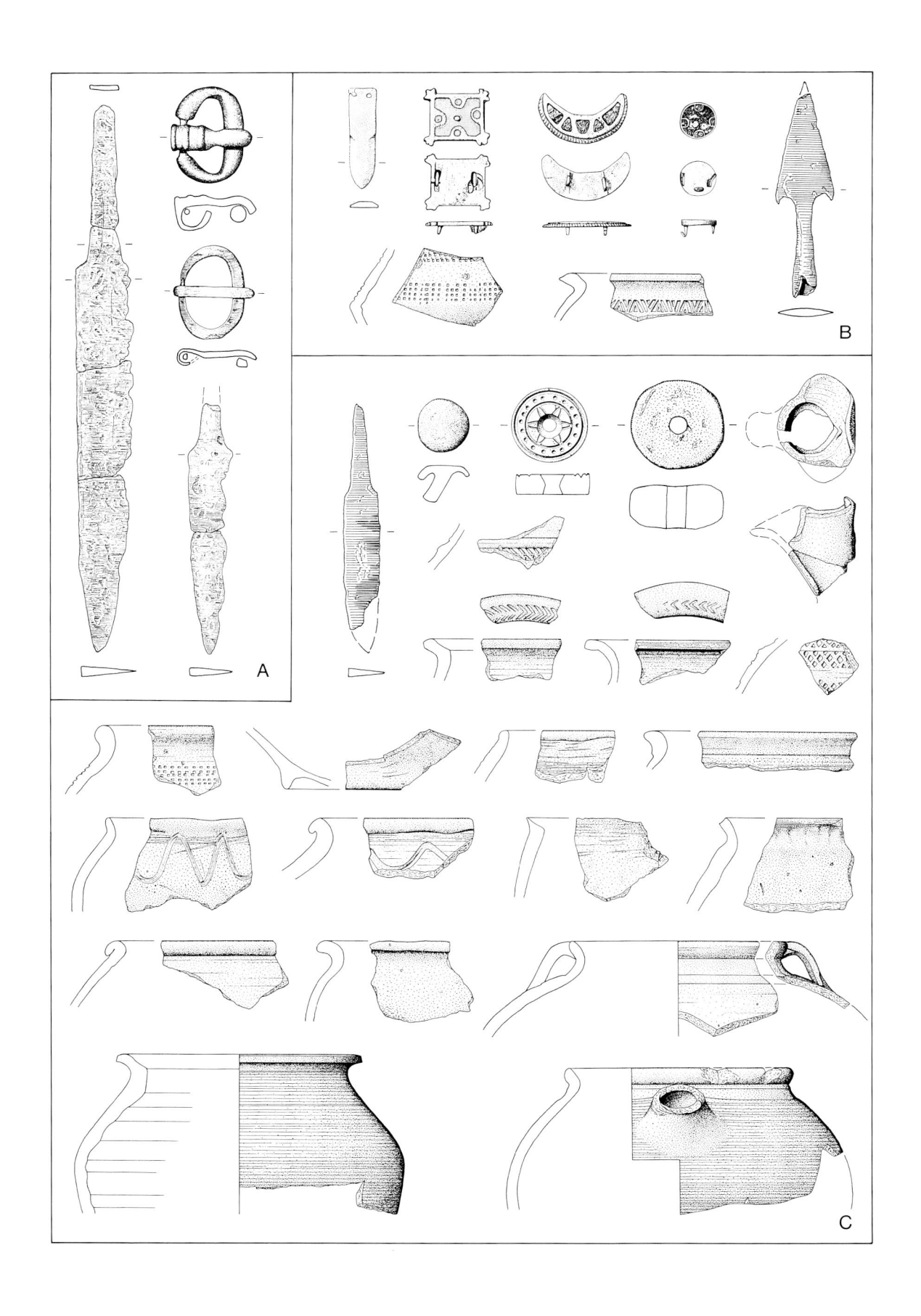

85 *Eußenheim. Funde aus dem Bereich des Gräberfelds (A), der Wüstung (B) und der Verfüllung des Grubenhauses (C). Verschiedene Maßstäbe.*

86 *Eußenheim. Der frühmittelalterliche Brunnen während der Ausgrabung.*

brannte und ungebrannte Webgewichte, einen Spinnwirtel, ferner einige eiserne Nägel, ein Messer, ein Glasperlenfragment, einen bronzenen Saxscheiden(?)beschlag, einen durchbohrten Spielstein (?) aus Hirschhorn sowie zahlreiche Tierknochen und Keramikscherben (Abb. 85,C). Letztere ermöglichen eine Datierung in die Zeitspanne von der jüngsten Merowingerzeit bis in die frühe Karolingerzeit. Weitere Befunde im Kanalgraben konnten wegen der voranschreitenden Bauarbeiten nur unzureichend dokumentiert werden. Lesefunde aus dem Abraum zeigten jedoch, daß mehrere Objekte angeschnitten bzw. zerstört worden sind.

Die frühmittelalterliche Keramik unterscheidet sich auffallenderweise deutlich von derjenigen aus der nahe gelegenen Wüstung bei Karlburg. Während dort Drehscheibenware dominiert, die zu einem nicht geringen Teil wohl importiert wurde, liegt aus dem Eußenheimer »Hinterdorf« ein weit höherer Anteil an handgeformten bzw. nachgedrehten Stücken vor. Dieses Material läßt sich indes gut mit dem Keramikspektrum aus anderen umliegenden Wüstungen vergleichen, so beispielsweise mit Lesefunden aus einem abgegangenen Teil des 3 km entfernten Orts Aschfeld. Die Frage, ob und inwieweit diese Gegebenheiten auf engen wirtschaftlichen Beziehungen der beiden letzteren Siedlungen basieren oder ob sie eine andere soziale Stellung der Bevölkerung als die der mehrheitlich vermögenderen Einwohner »Karloburgs« widerspiegeln, wird die weitere Wüstungsforschung zu klären haben.

R. Obst

Eine Adelsbestattung vom Ende des 7. Jahrhunderts n. Chr. im Kloster St. Emmeram in Regensburg

Oberpfalz

Das frühmittelalterliche Gräberfeld im Bereich des Klosters St. Emmeram ist schon seit dem frühen 19. Jahrhundert bekannt. Der Benediktinerpater Stark hatte 1811 und 1836 Funde aus römischer und frühmittelalterlicher Zeit geborgen, aber Grabzusammenhänge und Zeitstellung nur unzureichend erkannt.

Unsere seit 1985 durchgeführten Ausgrabungen nördlich der Pfarrkirche St. Rupert und östlich der Apsiden der Emmeramsbasilika erbrachten weitere Teile eines agilolfingerzeitlichen Friedhofs, der eine Ausdehnung von wenigstens 150 m in nordsüdlicher und 50 m in ostwestlicher Richtung aufweist. Viele Gräber befinden sich heute noch im Boden oder wurden durch die späteren Kloster- und Kirchenbauten zerstört. Die Bestattungen lassen keine gemeinsame Belegungsrichtung erkennen, denn in allen bisher untersuchten Ausschnitten kamen trotz ihrer räumlichen Entfernung Gräber des 7. Jahrhunderts vor.

Besondere Beachtung verdient Grab 10 mit der Bestattung einer Frau, die aufgrund der Grabanlage und der Ausstattung zu einem frühmittelalterlichen Adelsgeschlecht gehören dürfte. Die Tote wurde in gestreckter Rückenlage mit leicht vom Körper abgewinkelten Armen beigesetzt (Abb. 87). Obwohl keine Störung vorlag, hatte sich das Skelett nicht gut erhalten. Im Gegensatz zu der Mehrzahl der Bestattungen war das Grab durch eine massive, trocken gesetzte Bruchsteinmauer eingefaßt. Von der hölzernen Kammer zeugen nur noch wenige Spuren sowie einzelne eiserne Nägel.

Zu den außergewöhnlichen Beigaben gehört neben zwei goldenen Bommelohrringen vor allem der Halsschmuck (Abb. 88; 89,1.2). Außer einer Kette mit etwa 100 überwiegend rostroten Fritteperlen trug die Tote ein weiteres Collier aus sechs Goldbrakteaten sowie zwei Amethyst- und fünf mandelförmigen Glasperlen (freundliche Bestimmung Dr. H. Marschner, Bayer. Landesamt für Denkmalpflege). Die Brakteaten, darunter fünf modelgleiche Stücke, zeigen einen bärtigen Kopf mit erhobenen Händen, die wohl eine Andachts- oder Gebetshaltung zum Ausdruck bringen. In seiner Kombination dürfte der Halsschmuck nördlich der Alpen bisher einmalig sein.

Der Gürtel wurde mit einer sog. byzantinischen Schnalle aus Bronze geschlossen (Abb. 89,4). Am linken Oberschenkel fanden sich übereinanderliegend eine bronzene punzverzierte, überlange Riemenzunge (Abb. 89,6) und ein ei-

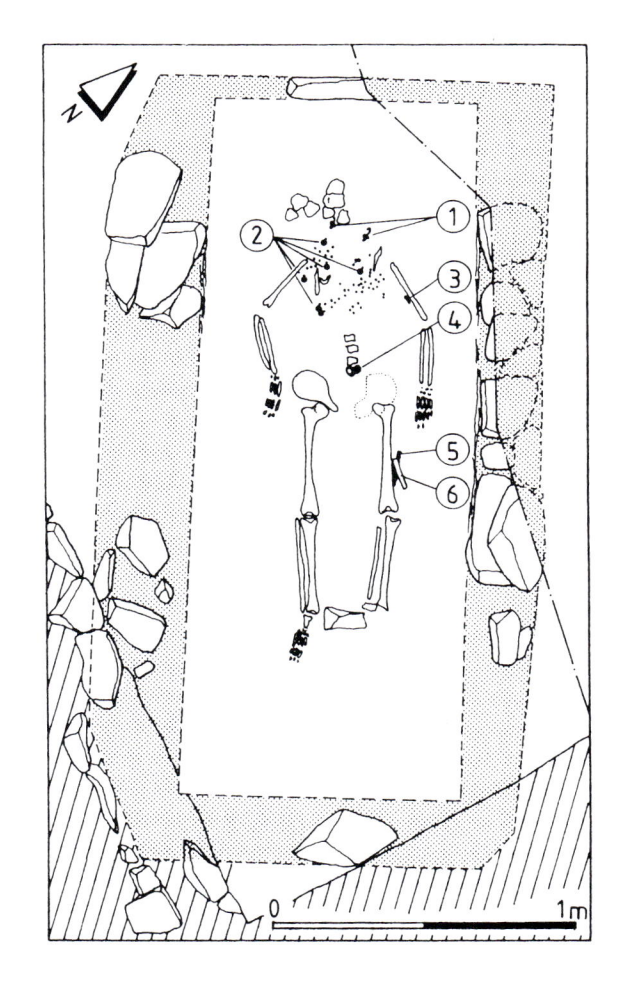

87 *Regensburg, St. Emmeram. Plan von Grab 10. Gerastert: Grabeinfassung aus Bruchsteinmauerwerk; schraffiert: Mauerreste eines römischen Gebäudes.*

88 *Regensburg, St. Emmeram. Bommelohrringe und Collier aus Grab 10.*

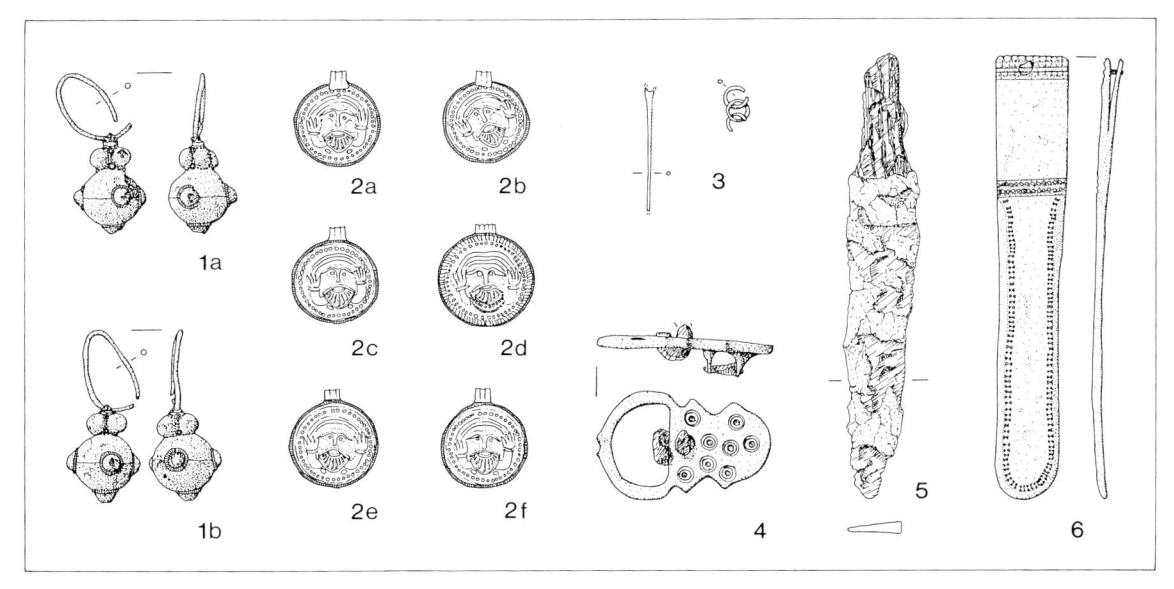

89 *Regensburg, St. Emmeram. Auswahl von Beigaben aus Grab 10. Maßstab 1 : 2.*

sernes Messer (Abb. 89,5), am linken Oberarm eine Nadel und Reste eines Kettchens aus Silber (Abb. 89,3). Wahrscheinlich gehörte auch ein einreihiger großer Knochenkamm, der von einem wenig höher liegenden Planum aus dem Fußbereich stammt, zu diesem Grabensemble.

Alle Beigaben weisen die Tote als eine Hochadlige der Zeit des späten 7. Jahrhunderts aus. Ihre Angehörigen haben für die Bestattung sicher nicht zufällig die Nähe der für das 7. Jahrhundert belegten Georgskapelle gesucht. Man wird das Grab zu den letzten christlich-heidnischen Zeugnissen dieses Friedhofs rechnen dürfen. An dem Goldschmuck läßt sich gut die Umwandlung heidnischer Symbole (Thor, Donar, Odin) zu christlichen Heilszeichen (Christus oder Gottvater) nachvollziehen.

Kurze Zeit später wurde hier ein klösterliches Gemeinwesen gegründet, zu dem auch ein Friedhof gehörte. Diese Entwicklung muß im Zusammenhang mit dem Standort der Georgskapelle und den Ursprüngen des Klosters St. Emmeram gesehen werden.

Die Bestattete stellt sich somit als ein Mitglied einer reichen und einflußreichen Familie dar, die dem Herzogshof Theodos (um 700) sehr nahe stand. Aufgrund ihres Vermögens und ihres politischen Einflusses dürfte diese »Sippe« eine große Rolle bei der Entwicklung des Klosters St. Emmeram gespielt haben.

U. Osterhaus

Literatur

U. Koch, Die Grabfunde der Merowingerzeit aus dem Donautal um Regensburg. Germ. Denkmäler Völkerwanderungszeit A 10 (Berlin 1968) 55 ff. Taf. 85,14.15. – H. Dannheimer, Auf den Spuren der Baiuwaren (Pfaffenhofen a.d. Ilm 1987) 18 Abb. 8. – B. Haas, Ein awarisches Ohrringpaar aus Dittenheim. In: Spurensuche. Festschr. H.-J. Kellner. Kat. Prähist. Staatsslg. Beih. 3 (Kallmünz 1991) 177 ff.

»Elirespach« wiederentdeckt – ein neuer bajuwarischer Haustyp aus Irlbach

Landkreis Straubing-Bogen, Niederbayern

1991 gab es für einige niederbayerische Orte Anlaß, ihr 1250jähriges Bestehen zu feiern. Wie üblich, bezog man sich dabei auf die erste urkundliche Nennung, während das tatsächliche Alter, das durch archäologische Zeugnisse zu ermitteln wäre, dabei kaum eine Rolle spielt.

Eine dieser Gemeinden ist das 1100 Einwohner zählende Irlbach, auf halbem Weg zwischen Straubing und Deggendorf an der Mündung des gleichnamigen Bachs in die Donau gelegen.

Die Archäologie konnte im Jubiläumsjahr eine Fundkarte bieten, auf der alle vorgeschichtlichen Zeitstufen, zwei römische Areale sowie einige Grabfunde von zwei bajuwarischen Friedhöfen als einzige Hinweise auf die frühmittelalterlichen Anfänge des heutigen Dorfs vertreten sind. Einer davon, mit wenigen Funden aus dem späten 7. Jahrhundert, lag am westlichen Ausgang von Irlbach, aber für einen Ortsfriedhof etwas weit vom Zentrum entfernt. Vom zweiten, 400 m südsüdwestlich der Kirche gelegenen ist ein Sax aus dem 8. Jahrhundert bekannt. Damit ließ sich die »archäologische Geburtsurkunde« von Irlbach grob für die Zeit »um 700« ausstellen.

Das der Jubiläumsfeier zugrundeliegende Datum stützt sich auf ein Güterverzeichnis des Klosters Niederaltaich, den sog. »Breviarius Urolfi«. Darin hatte Abt Urolf um 790 den Grundbesitz des Klosters gegenüber den neuen fränkischen Machthabern schriftlich festhalten lassen, nachdem der bayerische Herzog Tassilo III. 788 von Karl dem Großen abgesetzt worden war. Die Güter in Irlbach gehörten zur Gründungsausstattung des vom bayerischen Herzog Odilo 741 (!) gestifteten Klosters Niederaltaich. Die entscheidende Textstelle lautet: »*In villa Elirespach dedit Otilo illam Capellam cum mansos VII. et de ipsa villa Elirespach dedit Paldo per comeatu Otilonis tertia parte ...*« [Im Dorfe Elirespach/Irlbach gab Odilo jene Kapelle mit sieben Mansen (Grundbesitz) und von jenem Dorf Irlbach schenkte Paldo mit Zustimmung Odilos den dritten Teil ...]. Durch diese knappen Worte ist gesichert, daß im Jahr 741 ein Dorf Elirespach mit einer kleinen Eigenkirche des bayerischen Herzogs bestanden hat und ein gewisser Paldo, wohl Lehensnehmer des Herzogs, ein Drittel des Dorfes samt Grundbesitz und Erträgen an das Kloster Niederaltaich schenken konnte.

Als 1250 Jahre später die Gemeinde wieder einmal neues Bauland benötigte, wurde ein 1 ha großer Acker an der Hochterrassenkante, unmittelbar östlich von Kirche und Pfarrhof, ausgewiesen. Aufgrund von Lesefunden, Notbergungen auf benachbarten Grundstücken und der Lage war mit einer intensiven Nutzung dieses Geländes seit Beginn der Jungsteinzeit zu rechnen. Luftaufnahmen zeigten zudem einige wenige unregelmäßige dunkle Verfärbungen von Gruben. Die notwendige archäologische Untersuchung konnte dank frühzeitiger Information und bester Zusammenarbeit mit der Gemeinde im Frühjahr 1992 beginnen und dauerte das ganze Jahr an.

Die Ausgrabung ergab, daß erste Baumaßnahmen schon während der Linearbandkeramik stattgefunden und der Platz auch in allen darauffolgenden Perioden Siedler angezogen hatte. Die größte Überraschung aber boten zwei Reihen mächtiger Pfostengruben in der Nordhälfte der Grabungsfläche. Sie waren in parallelen Fluchten, aber nicht korrespondierend gesetzt und paßten in keines der geläufigen Schemata. Trotz der starken Erosion an der Terrassenkante und der flächigen Störung durch eine frühere Kanalbaustelle gelang es, den ungewöhnlichen Befund komplett freizulegen: Insgesamt 45 Pfostengruben bilden mit zwei regelmäßigen, ineinanderliegenden Rechtecken einen bislang unbekannten Hausgrundriß (Haus A; Abb. 90). Einzelne Scherben ermöglichen eine Datierung des Gebäudes ins 8. Jahrhundert. Der Gesamtbestand der geborgenen frühmittelalterlichen Keramikfunde und ein messingtauschierter Reitersporn weisen jedoch auf die Zeit um 700 hin.

Die Längsseiten des Gebäudes bestanden jeweils aus acht kantig behauenen Ständerbalken, die Schmalseiten aus sechs bzw. sieben, wobei die Eckpfosten doppelt gezählt wurden. Als Außenmaße für das Gebäude A lassen sich 17,50/18 × 13 m im Aufgehenden rekonstru-

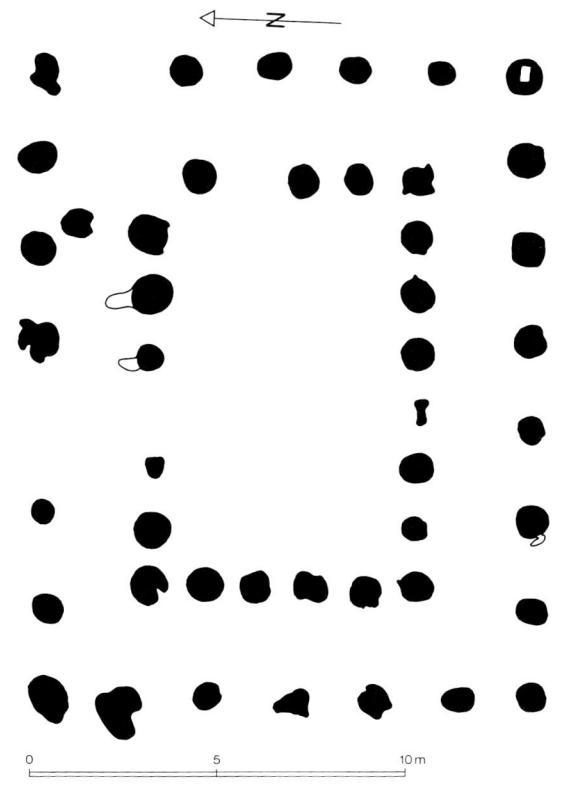

90 *Irlbach. Grundriß von Haus A.*

ieren. Das innere Rechteck formen 21 erheblich dichter gesetzte Pfosten, die einen freien Raum von 10,50 × 6,50 m umschließen. Unregelmäßigkeiten im Bereich der Nordostecke an beiden Gevierten könnten auf einen Zugang hindeuten. Der Befund weicht völlig von den bisher als typisch geltenden, mehrschiffigen bajuwarischen Häusern ab und paßt eher zur Beschreibung eines »inneren« und »äußeren« Hauses in der Lex Baiuvariorum.

Südlich des Hauses A verlief im Abstand von 19 m parallel dazu ein Palisadengräbchen, das in die südwestliche Ecke eines weiteren Gebäudes mündet. Von diesem Haus B kennen wir bisher nur die beiden südlichen Pfostenreihen, die in ihrer Anordnung dem Haus A entsprechen, aber geringfügige Abweichungen bei den Pfostenabständen aufweisen. Sie lassen ein noch größeres Gebäude mit über 20 m Länge erwarten.

Aus der Vielzahl vorgeschichtlicher Befunde an der Südgrenze der Grabung 1992 konnten wir mindestens sieben weitere mächtige Pfostengruben freilegen, von denen mehrere deutliche Standspuren rechteckiger Pfosten von bis zu 56 × 28 cm Mächtigkeit zeigten. Die Front dieses dritten Hauses verläuft exakt parallel zur Südwand von Haus A, nur um 84 m nach Süden versetzt.

Bemerkenswert ist, daß sich der Ort Irlbach in nachkarolingischer Zeit anscheinend mehr ins Tal verlagert hat und der alte Bereich östlich der Kirche wüst wurde. In der frühen Neuzeit bildet der Irlbach die Grenze zwischen den Gerichten Straubing und Natternberg. Auf der nördlichen, der Straubinger Seite liegt vor allem das Schloß, dessen Gründungsdatum unbekannt ist. Es geht wahrscheinlich auf eine (Wasser?-)Burg von Ministerialen der Grafen von Bogen zurück, die urkundlich erst Ende des 12. Jahrhunderts faßbar werden, tatsächlich aber aus einem älteren Geschlecht stammen dürften. Das alte Zentrum mit der Kirche und dem neu entdeckten Gehöft befand sich auf der anderen Seite des Bachs. Größe und Architektur der Gebäude deuten neben dem Fund des Reitersporns auf eine »besser gestellte« Familie hin. Der überraschend geringe zeitliche Unterschied zwischen der überlieferten Schenkung und den archäologischen Befunden legt die Identifikation mit dem »Elirespach« von 741 nahe.

Möglicherweise wurde auch bereits die Apsis der »Capella« dokumentiert. Als nämlich im November 1989 ein umsichtiger Kirchenpfleger den Kreisarchäologen zu einer Baumaßnahme im Altarbereich hinzuzog, konnte ein 55 cm breites, halbrundes Fundament aus vermörtelten Bruchsteinen mit einer lichten Weite von nur 2,50 m aufgedeckt werden. Die Überreste dieser kleinen Kirche lassen sich bisher nicht datieren. Aufgrund einer Reihe anderer Beobachtungen bei Fundamentarbeiten am bestehenden Barockbau ist ein vorromanisches Alter aber nicht auszuschließen. K. Böhm

Literatur

Irlbach. Chronik zur 1250-Jahr-Feier 1991 (Irlbach 1991).

Notgrabungen in der ehemaligen Pfarrkirche St. Martin von Weißenburg i. Bay.

Landkreis Weißenburg-Gunzenhausen, Mittelfranken

Im Herbst 1989 begann der seit längerem geplante Umbau der neugotischen Schranne zu einer Markthalle. Leider hatte man die Außenstelle Nürnberg des Bayer. Landesamts für Denkmalpflege von dem Vorhaben nicht informiert; zudem war bei Beginn der Bauarbeiten zu hören, »auf dieser Baustelle wolle man keinen Archäologen sehen«, eine bedauerliche Einstellung, die manche Schwierigkeiten heraufbeschwor. Sie ist auch deshalb unverständlich, weil vor Ort eigentlich jeder an der Stadtgeschichte Interessierte wußte, daß hier die alte Pfarrkirche St. Martin gestanden hatte, die in der Reformationszeit 1524 zwar profaniert wurde, deren Abriß aber erst 1863 für den Bau der neuen Schranne erfolgte.

Als man im Winter 1989/90 beim Aushub der Fundamentgruben auf zwei Steinplattengräber

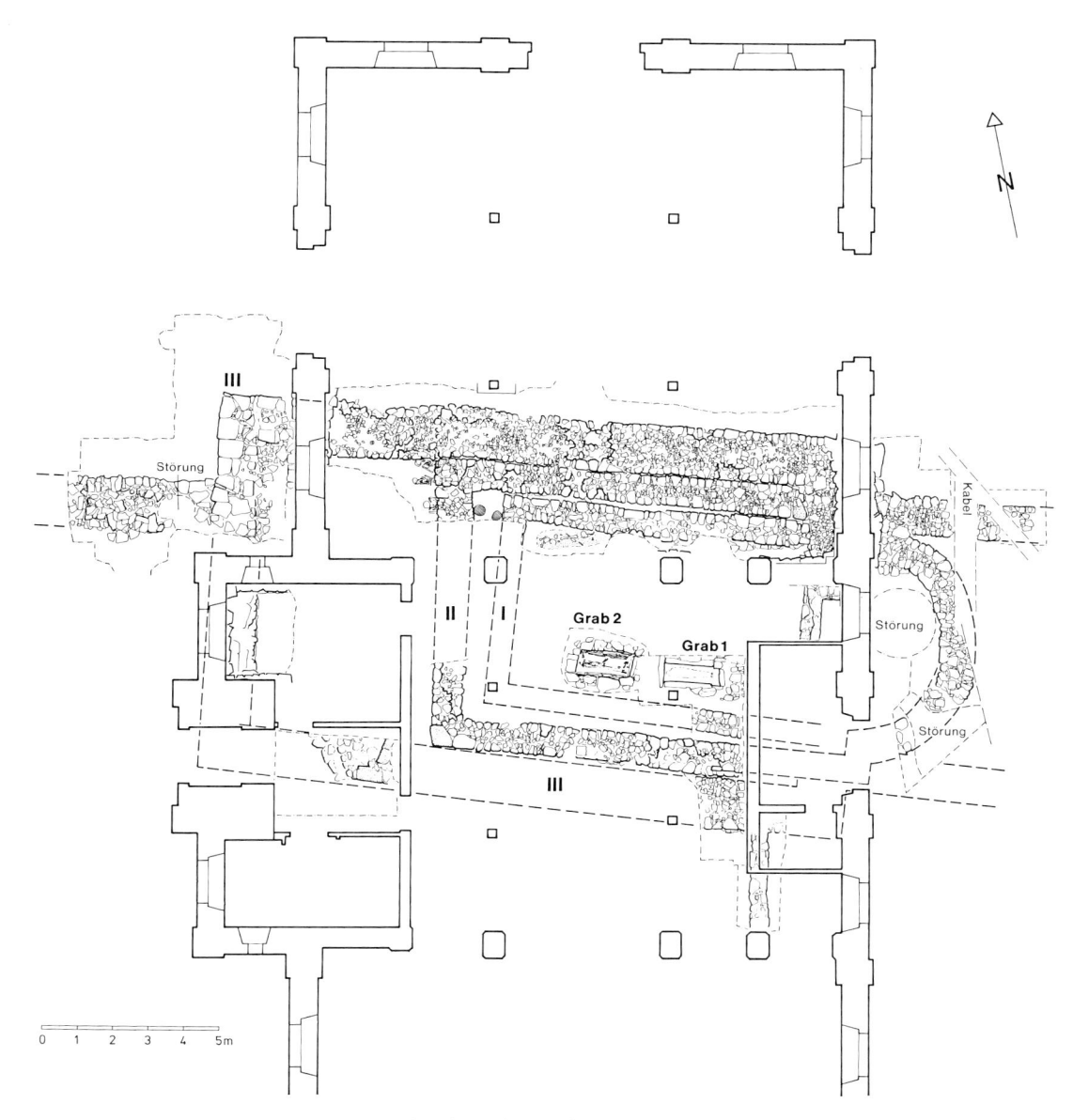

91 *Weißenburg i. Bay. Fundamentreste der ehemaligen Pfarrkirche St. Martin.*

stieß, mußten wir, unterstützt von Mitarbeitern des Römermuseums, doch kurzfristig eine Notgrabung durchführen.

Glücklicherweise fanden sich bereits in Grab 1 (Abb. 91) eine Messerklinge und zwei zierliche eiserne Reitsporen der Zeit um 700, so daß eine Datierung in die späte Merowingerzeit sofort gesichert war. Westlich davon wurden die großen Deckplatten einer zweiten Grabkammer angeschnitten, deren Trockenmauern aus Bruchsteinplatten bestanden. Grab 2 mit der Bestattung eines drei bis vier Jahre alten Kindes enthielt keine Beigaben, dafür aber größere Holzreste, anscheinend von einem aus mehreren Teilen gezimmerten Totenbett mit vierkantigen Eckpfosten.

Die Bearbeitung der Holzreste übernahm dankenswerterweise Frau Dr. S. Bauer vom Labor für Dendroarchäologie des Bayer. Landesamts für Denkmalpflege. Nach einigen aufwendigen Meßverfahren gelang es, bei einem Eichenbrett eine Wuchswertkurve von 133 Jahren zu ermitteln. Als Alter für den jüngsten Jahrring ergab sich das Jahr 650. Da jedoch das Splintholz fehlte, kann der verwendete Baum frühestens um 665 gefällt worden sein (s. S. 171).

Die westlich von Grab 2 angeschnittenen Fundamentreste konnten wir zunächst nur in kleinen Ausschnitten untersuchen. Erst im März 1990 erfolgte dann doch noch eine baubegleitende archäologische Dokumentation. An der Nordseite des ehemaligen Kirchenschiffs kamen fast auf ganzer Länge die Fundamente von drei verschiedenen Steinkirchen zutage. Bei der Erneuerung der zwei älteren Kirchenbauten hatte man die Nordwand teilweise zwiebelschalenartig dicht an die ältere Außenseite angesetzt und das Kirchenschiff nur noch nach Westen vergrößert. Die gleiche Abfolge ließ sich nach Abbau einer Transformatorenstation auch für die Südwand in einer kleinen Testfläche feststellen, obwohl hier der neue Fußboden schon betoniert war.

Erst im Herbst 1991, als die Gassen rings um die Schranne neu gepflastert wurden, konnten wir den Chorbereich und die Nordwestecke von Kirche III untersuchen. Leider hatten alte Versorgungsleitungen die Fundamente bereits sehr stark beschädigt oder ganz zerstört.

Nach den Ausgrabungen stellt sich die Abfolge der drei Bauphasen nun folgendermaßen dar (Abb. 91):

Die älteste Steinkirche (I) war ein 5 m breiter und mindestens 8 m langer Rechtecksaal. Seine Größe ist durch die Nordwestecke und einen Ausschnitt des südlichen Fundaments gesichert. Das Aussehen des Chors kennen wir nicht, da jüngere Bauten diesen Bereich veränderten. Im Innenraum lagen nahe der Südwand die beiden oben erwähnten spätmerowingerzeitlichen Gräber. Ob man deswegen die Steinkirche bereits in die Zeit um 700 datieren darf, muß offen bleiben. Ungeklärt ist auch, ob eine Holzkirche vorausging, da die neuen Umbauarbeiten keine weiteren archäologischen Untersuchungen zuließen.

Die Kirche II hatte ein knapp 7 m breites und mindestens 10 m langes Schiff. Dieser Bauphase lassen sich auch die Reste einer halbrunden Apsis zuordnen. An der Nordwestecke konnten wir bei Ermittlung der Fundamentsohle feststellen, daß die zweite Kirche Gräber eines älteren Friedhofs überdeckte, der um Kirche I angelegt worden war. Bau II kann identisch sein mit einer der zwei Kirchen, die Bischof Gundekar von Eichstätt im 11. Jahrhundert in Weißenburg weihte.

Die ungefähr um ein Drittel größere Steinkirche III hatte eine lichte Weite von 8,80 m und ein etwa 16 m langes Schiff. Vom zugehörigen Chor war nur noch ein 4,50 m langer Rest des nördlichen Fundaments erhalten, der vermutlich einen rechteckigen oder polygonalen Abschluß aufwies. Dieser jüngste Steinbau wird am ehesten in gotischer Zeit entstanden sein.

Trotz der teilweise ungünstigen Umstände und der Notwendigkeit, in kleinen Ausschnitten und in mehreren Zeitetappen arbeiten zu müssen, haben die Untersuchungen dennoch positive Ergebnisse für die archäologische Stadtkernforschung und die frühe Geschichte von Weißenburg i. Bay. gebracht. R. Koch

Literatur
G. Voltz, Chronik der Stadt Weissenburg im Nordgau und des Kloster Wülzburg (Weißenburg 1835, Nachdruck Weißenburg i. Bay. 1985) bes. Taf. 10.

Archäologische Ausgrabungen auf der Insel Wörth im Staffelsee

Gemeinde Seehausen a. Staffelsee, Landkreis Garmisch-Partenkirchen, Oberbayern

Im Jahr 1989 konstituierte sich ein Kuratorium aus Mitgliedern der Gemeinde und Pfarrgemeinde Seehausen a. Staffelsee sowie des LIONS-Clubs Murnau-Staffelsee unter der Schirmherrschaft des Bayerischen Ministerpräsidenten Dr. h. c. Max Streibl mit dem Ziel, das auf der Insel Wörth im Staffelsee vermutete frühmittelalterliche Benediktinerkloster archäologisch zu untersuchen (Abb. 92). Dank eines namhaften Zuschußes der Bayerischen Landesstiftung und zahlreicher Spenden von Institutionen, Firmen und Privatpersonen war es der Prähistorischen Staatssammlung München möglich, im Berichtsjahr mit einer auf drei Jahre konzipierten Grabungskampagne zu beginnen.

92 *Blick von Nordwesten auf den Staffelsee mit der Insel Wörth. Bayer. Landesamt für Denkmalpflege Luftbildarchäologie, Aufnahmedatum 23. 12. 1984, Fotograf O. Braasch, Archivnr. 8332/042, Dia 3792-30*

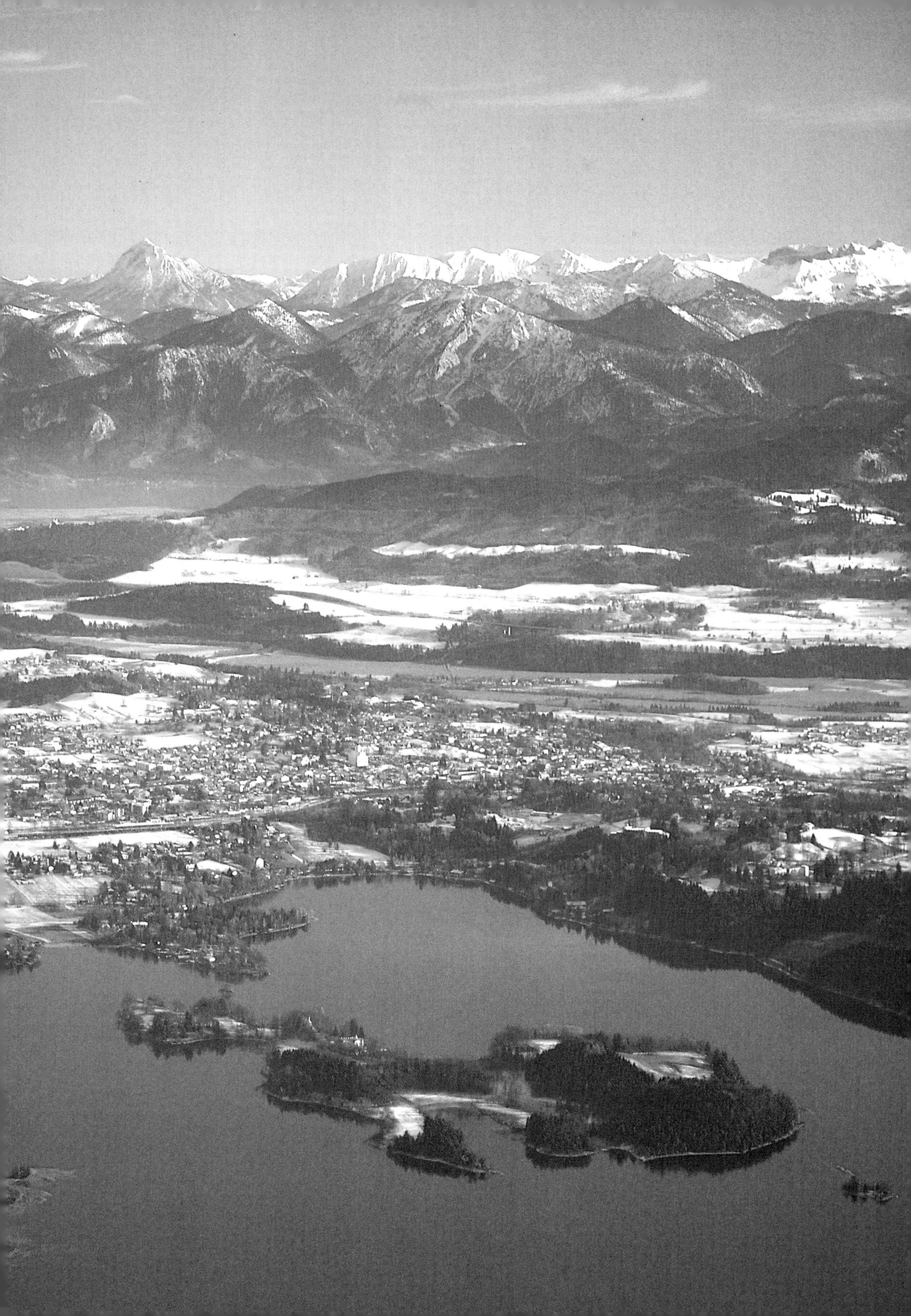

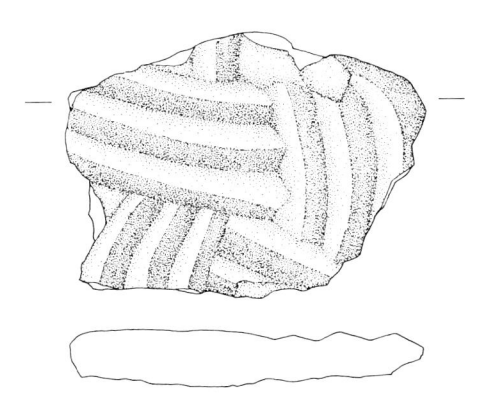

93 *Insel Wörth im Staffelsee. Fragment einer karolingerzeitlichen Chorschrankenplatte. Maßstab 1 : 2.*

Bereits eine Suchgrabung, die 1985 auf dem Kirchenhügel der Insel Wörth durchgeführt wurde, konnte Hinweise darauf geben, daß sich westlich, südlich und nördlich der dort stehenden Kapelle von 1836 ältere Steingebäude befunden hatten. Zudem besitzt der Hügel eine lange kirchliche Tradition, die weit über das Baudatum der heutigen Kapelle hinausgeht. Bis 1773 stand nämlich an dieser Stelle die Pfarrkirche St. Michael der Staffelseeanrainer. Obwohl seinerzeit ein hölzerner Brückensteg die Halbinsel »Burg« mit der Wörth verband, erschien im 18. Jahrhundert der beschwerliche Zugang zum Gotteshaus nicht mehr tragbar. Aus diesem Grund wurde im Winter 1773 die Kirche auf der Insel abgetragen und mit ihrem Abbruchmaterial 1774–1776 die heute noch bestehende Pfarrkirche St. Michael in Seehausen errichtet.

So gut wir über das Ende der Pfarrkirche auf der Insel Wörth unterrichtet sind, so wenig wissen wir über ihre Anfänge. Der Legende nach wurde sie im Jahr 960 vom hl. Ulrich, dem Bischof von Augsburg, geweiht. Ihr erstaunlicher Standort auf einer Insel läßt vermuten, daß die Platzwahl auf einer alten Tradition beruht. Vielleicht hatte hierbei das frühmittelalterliche Kloster Staffelsee eine Rolle gespielt. Nach der in der Mitte des 11. Jahrhunderts aufgezeichneten Gründungsüberlieferung des Klosters Benediktbeuern sollen die adeligen »Brüder« Waldram, Eliland und Landfrid aus dem Geschlecht der Huosi um die Mitte des 8. Jahrhunderts neben Benediktbeuern und anderen Klosteranlagen auch das Kloster im Staffelsee gegründet haben.

Über seine genaue Lage gab es bislang keinen Konsens. Auch die problematische Frage nach dem »Staffelseebistum« ist von historischer Seite aus nicht zu klären. Von diesem Bistum wissen wir nur, weil Bischof Simpert von Augsburg während des letzten Viertels des 8. Jahrhunderts einerseits als *episcopus civitatis novae* und andererseits als *episcopus ecclesiae stafnensis* bezeichnet wird. Aus diesem Grund erhebt auch Neuburg a. d. Donau Anspruch auf einen ehemaligen Bischofssitz, den Simpert noch vor 810 in die Diözese Augsburg eingliederte. Vom Ende des frühmittelalterlichen Klosters Staffelsee ist so gut wie nichts bekannt; es wird das letzte Mal in der Vita des hl. Ulrich 973 erwähnt.

In die eben kurz angerissene Problematik, die sich aus den mangelnden bzw. vieldeutigen historischen Nachrichten über das Staffelseekloster ergibt, vermochte die Ausgrabung doch etwas Licht zu bringen. So konnten wir feststellen, daß der älteste erhaltene Fußboden der Pfarrkirche St. Michael, deren Außenmauern und Vorhaus ergraben wurden, frühestens aus dem 14. Jahrhundert stammt. Nach einer Beschreibung und Grundrißaufnahme zu urteilen, die der Hofbaumeister Leonhard Matthäus Gießl kurz vor ihrem Abbruch anfertigte, handelte es sich bei dieser Kirche um einen etwa 23 m langen und 14 m breiten, dreijochigen Saalbau mit dreiseitigem Schluß und Anbauten an der Südseite. Eine heute noch sichtbare Mauer aus gewaltigen, wenig behauenen Feldsteinen an der Südkante des Kirchenhügels dürfte zeitlich nach diesen Anbauten errichtet und als Friedhofsmauer anzusprechen sein. Ihr Gegenstück an der Nordkante des Hangs konnte 1992 genauso ergraben werden wie insgesamt 18 Bestattungen des 17./18. Jahrhunderts in fragmentarisch erhaltenen Holzsärgen zwischen der Kirchennordmauer und der nördlichen Friedhofsmauer.

Neben diesen Befunden, die in einen unmittelbaren Zusammenhang mit der Pfarrkirche zu bringen sind, gelang jedoch auch der Nachweis älterer Bauspuren. Es handelt sich dabei vermutlich um die Fundamente zweier langrechteckiger, im rechten Winkel zueinander angeordneter Steingebäude, die aus wenig behauenen Geröllsteinen in Trockenmauertechnik errichtet waren. Das zeitliche Verhältnis der beiden Gebäude zueinander, ihre absolute Datierung sowie ihre exakten Ausmaße ließen sich aufgrund der geringen Größe der Grabungsflächen noch nicht ermitteln. Die Vermutung liegt jedoch nahe, in ihnen die Reste einer komplexen mittelalterlichen, eventuell sogar früh-

mittelalterlichen steinernen Anlage auf dem Kirchenhügel zu sehen.
Unter dem Fundmaterial der Grabung 1992 macht jedenfalls die mittelalterliche Keramik, darunter auch Fragmente des 7./8. Jahrhunderts, den Hauptanteil aus. Zahlenmäßig zurück treten demgegenüber Keramikscherben der Urnenfelder-, Latène- und römischen Kaiserzeit, die jedoch zumindest eine Begehung der Insel Wörth in diesen Epochen belegen. Den bedeutendsten Fund der Grabung 1992 stellt das Bruchstück einer flechtwerkverzierten karolingerzeitlichen Chorschrankenplatte (Abb. 93) dar, die im Planierschutt unter dem Fußboden der Pfarrkirche zutage kam. Ziel der folgenden Grabungskampagnen wird es sein, die anhand dieses Fragments indirekt erschlossene frühmittelalterliche Kirche auf der Insel Wörth zu lokalisieren und Aufschlüsse über ihre Baugeschichte sowie über die Lage und Größe der ihr zugeordneten Klostergebäude zu gewinnen.

B. Haas

Ein slawisches Gräberfeld auf dem Barbaraberg bei Speinshart

Landkreis Neustadt a. d. Waldnaab, Oberpfalz

Die Erforschung der frühmittelalterlichen slawischen Besiedlung im nordostbayerischen Raum stellt schon seit mehreren Jahrzehnten einen wichtigen Forschungsschwerpunkt von Geschichtswissenschaft und Archäologie dar. Die Herkunft dieser Slawen, der Zeitpunkt ihrer Einwanderung, ihr Verhältnis zur dort ansässigen Bevölkerung und ihre Assimilierung sind erst in Ansätzen geklärt. Aus diesem Grund darf man von der Ausgrabung des Friedhofs auf dem Barbaraberg bei Speinshart neue Erkenntnisse zur slawischen Besiedlung der Oberpfalz erwarten.

Der Barbaraberg (538 m ü. NN) ist der westliche Ausläufer eines mehrere Kilometer langen Höhenrückens und bestimmt mit seinem steilhangigen Sporn weithin sichtbar das Umland. Auf dem natürlichen Plateau steht die Ruine der 1741 erbauten Wallfahrtskirche St. Barbara, die zur nahen Prämonstratenserabtei Speinshart gehört. Ein Vorgängerbau dieser Barockkirche wird in den Quellen erstmals für das 14. Jahrhundert genannt. Seit dem 19. Jahrhundert gilt dem Berg vor allem deshalb das rege Interesse der Heimatforschung, weil sich mit seiner Hochfläche die Erzählung von der »Mirga«, der sagenhaften Hauptstadt der slawischen Narisker, verbindet.

Daß bei Kanalarbeiten im Umfeld der Kirche am Barbaraberg Skelette zutage kamen, erschien zunächst nicht ungewöhnlich, wäre nicht bekannt gewesen, daß zur Wallfahrtskirche, soweit nachprüfbar, nie ein Friedhof gehört hat.

Im August und September 1992 führte deshalb das Bayer. Landesamt für Denkmalpflege eine archäologische Nachuntersuchung durch, die mit Unterstützung der Gemeinde und des Klosters Speinshart zu einer planmäßigen Ausgrabung ausgeweitet werden konnte (Abb. 94).

Im Südteil einer Grabungsfläche von insgesamt etwa 120 m² gelang es, 37 Gräber freizulegen und die Ostgrenze des Friedhofs zu erfassen. Die Gräber sind ohne Ausnahme west-ost-orientiert, wobei die dichte Belegung auffällt: Die Bestattungen überschneiden sich häufig, die Grabtiefen variieren stark, manche Grabgruben nutzte man sogar mehrfach. Fast drei Viertel der Gräber waren beigabenlos, zehn bargen indessen Trachtzubehör. Es handelt sich dabei um insgesamt 18 sog. Schläfenringe, von denen acht Exemplare paarig, fünf einzeln am rechten Ohr und fünf verworfen aufgefunden wurden. Man kann verschiedene Formen unterscheiden, die sich nicht alle problemlos in das bekannte Spektrum der in diesem Gebiet bisher aufgetretenen Schläfenringe einreihen lassen.

So findet der Silberring aus Grab 6 (Abb. 95,8), der auf einer Seite in einem angedeutetem Knöpfchen, auf der anderen in einer S-Schleife endet, eine gute Entsprechung in einem Stück aus Zultenberg im Landkreis Kulmbach. Die Exemplare aus den Gräbern 8, 18 und 22 (Abb. 95,3.4.6.9) mit einem stumpfen und einem S-Schleifenende lassen sich mit einem kleinen Ring aus dem rund 10 km entfernten Gräberfeld von Neustadt a. Kulm vergleichen. Zahlrei-

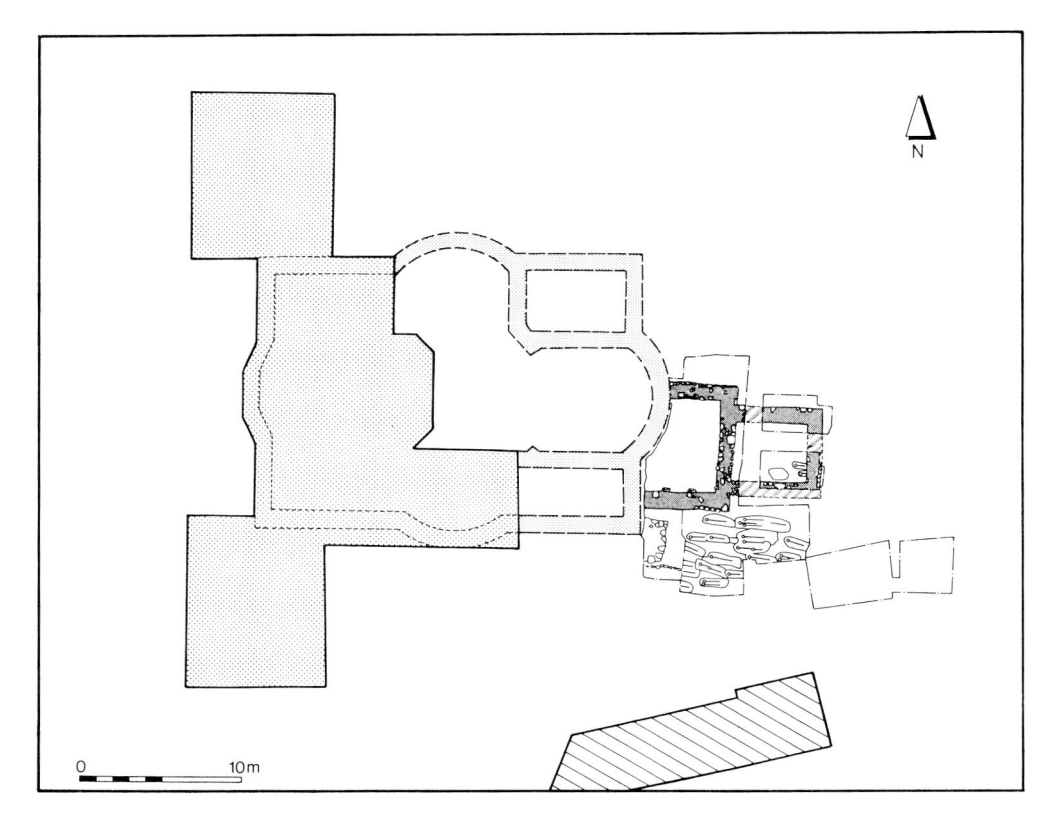

94 *Speinshart, Barbaraberg. Übersichtsplan der Ausgrabung. Wallfahrtskirche St. Barbara von 1741 (grob gerastert: noch stehende Gebäude; fein gerastert: Teile der Kirchenruine) mit freigelegtem Vorgängerbau (dunkel gerastert) und slawischem Friedhof.*

cher begegnet uns diese Form jedoch in Böhmen, so zum Beispiel im slawischen Friedhof der Kaiserpfalz Eger oder im Gräberfeld von Řesanice, Bezirk Pilsen-Süd, wo der angesprochene Typus fast das gesamte Fundmaterial bestimmt. Zwei große Schläfenringe aus Grab 27 (Abb. 95,1.2) heben sich sowohl durch ihr Material (Eisen) als auch durch ihre beträchtliche Größe (5 cm Durchmesser) von den sonst bekannten Stücken ab. Ebenso ungewöhnlich ist ein Exemplar aus Silber mit dreieckig ausgehämmertem Ende aus Grab 6 (Abb. 95,7). Ringe mit stumpfen Enden, wie sie in den Gräbern 23, 30 und 36 vorliegen (Abb. 95,5.10), sind bisher nur außerhalb des nordbayerischen Raums nachgewiesen. Das nicht in situ angetroffene Stück aus Grab 36 (Abb. 95,12) mit seinen spitz zulaufenden Enden ließe sich auch als Fingerring ansprechen, doch wäre dann sein ovaler Querschnitt untypisch.

Bemerkenswerterweise fehlen die in Oberfranken und der Oberpfalz sonst häufig auftretenden zierlicheren Schläfenringe mit gegenseitiger Häkchenöse auf dem Barbaraberg völlig, ebenso Vertreter des sog. Thüringer Typs. Hin-

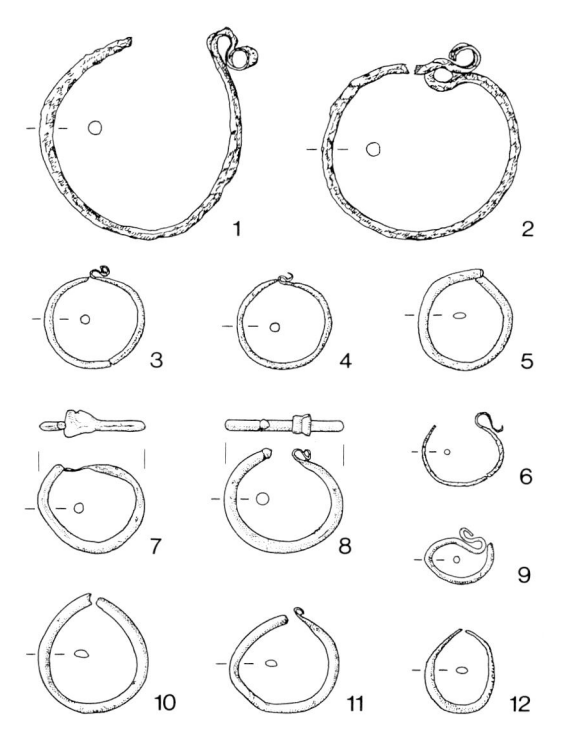

95 *Speinshart, Barbaraberg. Schläfenringe aus dem slawischen Friedhof. 1.2 Grab 27; 3.4 Grab 22; 5 Grab 23; 6 Grab 8; 7.8 Grab 6; 9 Grab 18; 10.11 Grab 30; 12 Grab 36. Maßstab 1 : 2.*

gegen fällt die ausgesprochen massive und kräftige Ausführung aller Stücke auf.

Als einzige weitere Beigabe fand sich in Grab 7 eine zylindrische, blauopake Glasperle mit Resten einer Blattsilberauflage. Ein gleichartiges Exemplar wurde auf dem großmährischen Burgwall Ducove in der Slowakei als Bestandteil einer großen Perlenkette geborgen.

Insgesamt weist das Fundgut vom Barbaraberg weniger in den nordöstlich anschließenden thüringisch-sächsischen Raum, als vielmehr in das benachbarte böhmische und auch weiter östlich gelegene Gebiet. Eine genauere zeitliche Eingrenzung des Gräberfelds ist nicht einfach, da bisher keine sichere Typologie slawischer Schläfenringe vorliegt. Die Bestattungsweise sowie das Fehlen weiterer Beigaben, insbesondere von Keramik, legt den Schluß nahe, daß es sich um eine genuin slawische, jedoch schon christianisierte und stärker assimilierte Bevölkerungsgruppe handelte. Eine Datierung vor das 10. Jahrhundert dürfte daher unwahrscheinlich sein.

Östlich der barocken Kirchenruine erfaßten die Ausgrabungen auch die Fundamente des mittelalterlichen Vorgängerbaus, einer einschiffigen Saalkirche von etwa 8 m Breite mit eingezogenem, rund 5 × 5 m großem Rechteckchor (Abb. 94). Das qualitätvolle Schalengußmauerwerk sowie Hunderte von bemalten Putzfragmenten und Butzenscheibenstücken weisen auf die gehobene Ausstattung des in den Quellen nur als Kapelle erwähnten Gebäudes hin. Eine münzdatierte Planierschicht bestätigt seinen schriftlich überlieferten Abbruch vor dem Neubau im Jahr 1741.

Funde aus dem untersten Estrich sind nach erster Durchsicht ins späte Mittelalter zu datieren. Im Chorbereich überlagern die mittelalterlichen Fundamente drei Kindergräber des slawischen Friedhofs; zudem fanden sich im Mörtel an mehreren Stellen eingegossene Schädelfragmente, die einen klaren Hinweis dafür liefern, daß die Kirche jünger ist als das Gräberfeld. Eine Beziehung zwischen slawischem Friedhof und Wallfahrtskirche läßt sich daher schon aus zeitlichen Gründen ausschließen.

F. Biermann und A. Heidenreich

Literatur

A. Stroh, Die Reihengräber der karolingisch-ottonischen Zeit in der Oberpfalz. Materialh. Bayer. Vorgesch. 4 (Kallmünz 1954) 25 f. – J. Zeman/J. Sláma/M. Buchvaldek, Die späthallstattzeitlichen und slawischen Gräber von Řesanice, Bez. Pilsen-Süd. Památky Arch. 62, 1971, 364 ff. – M. Stloukal/J. Szilvássy/P. Šebesta, Die slawische Grabstätte auf der Kaiserburg in Cheb (Eger). Ebd. 79, 1988, 390 ff.

Ein hochmittelalterlicher Wasserburgstall und eine neuzeitliche Mühle in Unterschleißheim

Landkreis München, Oberbayern

Im Zuge einer geplanten Baumaßnahme am Furtweg in Unterschleißheim erfolgten 1992 auf einem etwa 2 ha großen Areal bauvorgreifende archäologische Untersuchungen. Da das Bayer. Landesamt für Denkmalpflege den Terminvorstellungen des Bauherrn aus personellen und finanziellen Gründen nicht entsprechen konnte, erschien die Vergabe der Arbeiten an eine Grabungsfirma angezeigt. Damit wurde in mehrfacher Hinsicht Neuland betreten. Folgende Fragen waren zu beantworten: Ist eine kommerziell arbeitende Firma in der Lage, sowohl den wissenschaftlichen Ansprüchen der Fachbehörde als auch den wirtschaftlichen Interessen des Bauherrn gerecht zu werden? Werden über den wirtschaftlichen die fachlichen Interessen vernachlässigt? Ist die ständige Kommunikation zwischen Landesamt und Grabungsfirma gewährleistet?

Aufbauend auf einen bei der Durchführung einiger kleinerer Grabungen erworbenen Erfahrungsschatz, konnte das Projekt erfolgreich abgeschlossen werden. Das Bayer. Landesamt für Denkmalpflege erhielt eine seinen wissenschaftlichen und technischen Ansprüchen genügende Dokumentation und das Fundmaterial zur weiteren Bearbeitung. Um für zukünftige Unternehmungen gerüstet zu sein, unterzog eine Runde aus Mitarbeitern des Landesamts und des Grabungsteams die von der Firma ArcSys vorgelegte Dokumentation einer kritischen Erörterung. Das Ergebnis erschien allen Beteiligten so zufriedenstellend, daß beide Seiten eine Fortsetzung des »Modellversuchs« anstreben.

Luftbildbefunde auf dem zur Bebauung vorgesehenen Gelände ließen sich bereits vor der Ausgrabung als Burgstall interpretieren, der offenbar unweit einer alten Furt durch die Moosach errichtet worden war. Nach Abtrag des Oberflächenerdreichs zeichneten sich die Spuren einer ehemals etwa 70 × 70 m großen Anlage mit umlaufenden Wall- und Grabenzügen ab. Aufgrund der Überbauung konnten wir nur einen Teil des Burgstalls untersuchen.

Das Ensemble gliedert sich in einen gut befestigten Kernbereich, den eigentlichen Turmhügel, und einen Außenbereich, der, durch einen Graben geschützt, wohl als Vorburg mit Wirtschaftshof anzusprechen ist (Abb. 96). Das 15 × 15 m messende Turmhügelplateau, auf dem wohl ein hölzerner oder steinerner Wehr- und Wohnbau gestanden hatte, umgaben einst drei wasserführende Gräben und zwei Kieswälle. Von dem Gebäude blieb außer Fundamentresten nichts erhalten. Die beiden etwa 8–9 m breiten, flachen inneren Gräben und ein weiterer, schmaler äußerer Graben mit gerundeter Sohle enthielten in der Verfüllung zahlreiche unglasierte, graue Gefäßscherben, die sich nach einer ersten Sichtung in das 11. Jahrhundert datieren lassen. Unmittelbar an der Kante zwischen Turmhügelplateau und innerem Graben, wie auch teilweise am Übergang zum inneren Wall, konnten wir eine Böschungsverschalung freilegen. Schalbretter aus Weichholz, von runden und vierkantig behauenen, im Abstand von etwa 2 m in den Kiesboden gerammten Pfosten gestützt, sollten offenbar ein Abrutschen des Plateaus nach außen verhindern. Die dendrochronologische Untersuchung von Holzproben aus diesem Befund könnte nähere Aufschlüsse über die Zeitstellung der Anlage geben.

Ein flacher, bogenförmig verlaufender Graben begrenzte die zum Turmhügel gehörige Vorburg, wo zahlreiche Gräben, Gruben und Pfostenlöcher zutage kamen. Inwieweit es sich hier um die Reste eines Wirtschaftshofs handelt, ist bislang noch unklar.

Wenngleich es keine Hinweise auf einen Eingang, auf Begehungshorizonte und die Konstruktion des Gebäudes gab, darf doch der Wasserburgstall als Beispiel eines frühen, einfachen Ministerialensitzes von Angehörigen des niederen Adels oder Dienstadels in dieser Region als Novum gelten.

96 *Unterschleißheim. Blick von Südosten auf den hochmittelalterlichen Wasserburgstall und die Vorburg während der Ausgrabung. Bayer. Landesamt für Denkmalpflege Luftbildarchäologie, Aufnahmedatum 11. 9. 1992, Fotograf K. Leidorf, Archivnr. 7734/150-1; SW 6309-31a.*

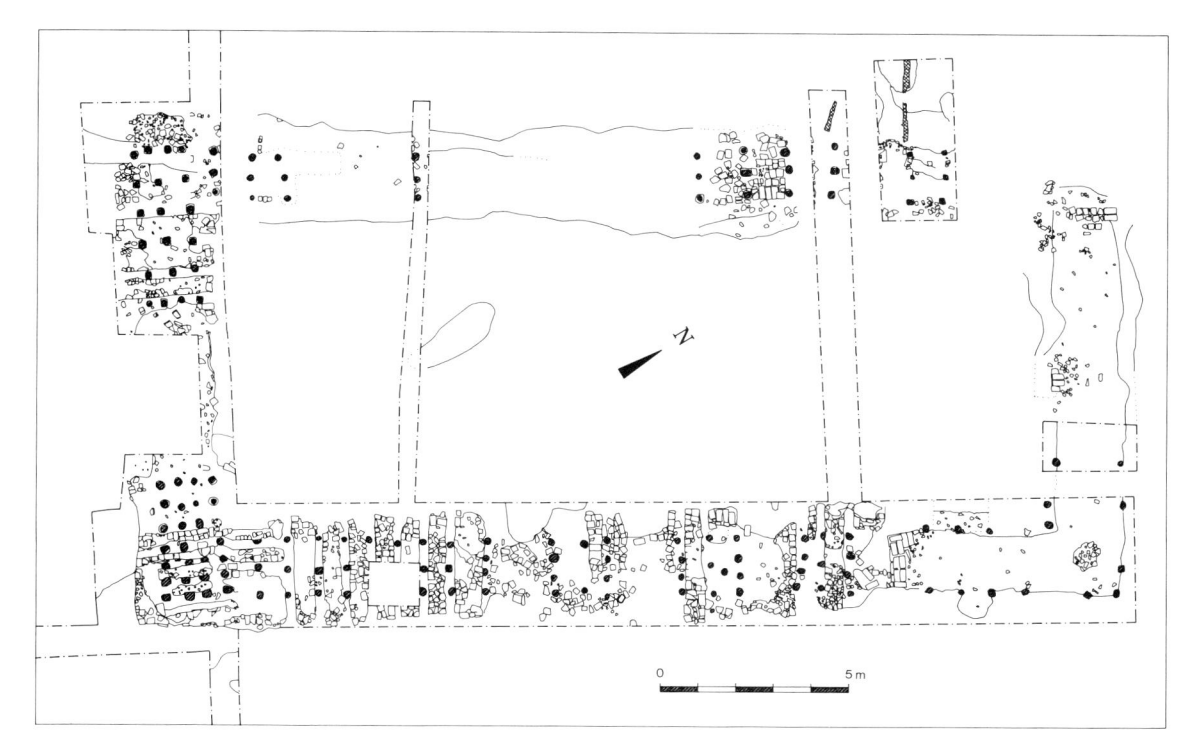

97 *Unterschleißheim. Fundamentreste der neuzeitlichen Mühle.*

An der weitgehend gestörten südöstlichen Flanke des Turmhügels, wo eine große Menge Ziegelschutt und ein dunkles Verfärbungsband zu beobachten waren, erfolgte eine genauere Untersuchung. Ein hier freigelegter, etwa 14 × 26 m großer Gebäudegrundriß zeigte eine ungewöhnliche Fundamentierung aus mehreren Reihen von Pfostensetzungen und Mauerstreifen, die auf eine große Gewichtsbelastung hindeuten (Abb. 97). Die bandförmige Verfärbung zwischen dem Turmhügel und dem rechteckigen Bau erwies sich als Zulaufkanal, der in nördliche Richtung hin entwässerte. Seine Sohle war durch Ziegelmauerwerk eingefaßt. Mehrere Mühlsteinfragmente, aber auch der in das Gebäude integrierte Kanal weisen auf die Nutzung als Getreidemühle hin. Eine Mauerecke aus 28 Ziegellagen mit umlaufendem Sims, die im nördlichen Abschnitt des Kanals zutage kam, läßt zudem Rückschlüsse auf seine Höhe zu. Das ganze Anwesen wurde wahrscheinlich aufgegeben und bis auf die Fundamente abgetragen, das Ziegelmaterial wohl anderorts wiederverwendet. Aufgrund der hier gefundenen Keramik und der Tatsache, daß örtliche Liegenschaftskarten nach 1810 kein Gebäude in diesem Bereich verzeichnen, ist eine Datierung in das 18. Jahrhundert oder davor anzunehmen.

St. Seidel und A. R. Weiser

Sicherungsmaßnahmen und Ausgrabungen auf der Burgruine Flossenbürg

Landkreis Neustadt a. d. Waldnaab, Oberpfalz

Die unweit der tschechischen Grenze gelegene Ruine Flossenbürg (732 m ü. NN) zählt zu den eigenartigsten Burgen Bayerns (Abb. 99). Sie erstreckt sich auf einer Länge von 100 m über die Kuppe des Schloßbergs und wird von der kleinen Gipfelburg auf einem bis 20 m über den Vorburgbereich hochragenden Granitkamm beherrscht. Die wohl um 1100 erbaute und erstmals 1125 als *castrum Flozzen* erwähnte Burg ist vor allem wegen ihres in markanter Lage auf der Bergspitze thronenden Wohnturms bekannt, der mit seinem salierzeitlichen Mauerwerk die älteste erhaltene Bausubstanz aufweist. Bis ins 16. Jahrhundert hinein gestaltete

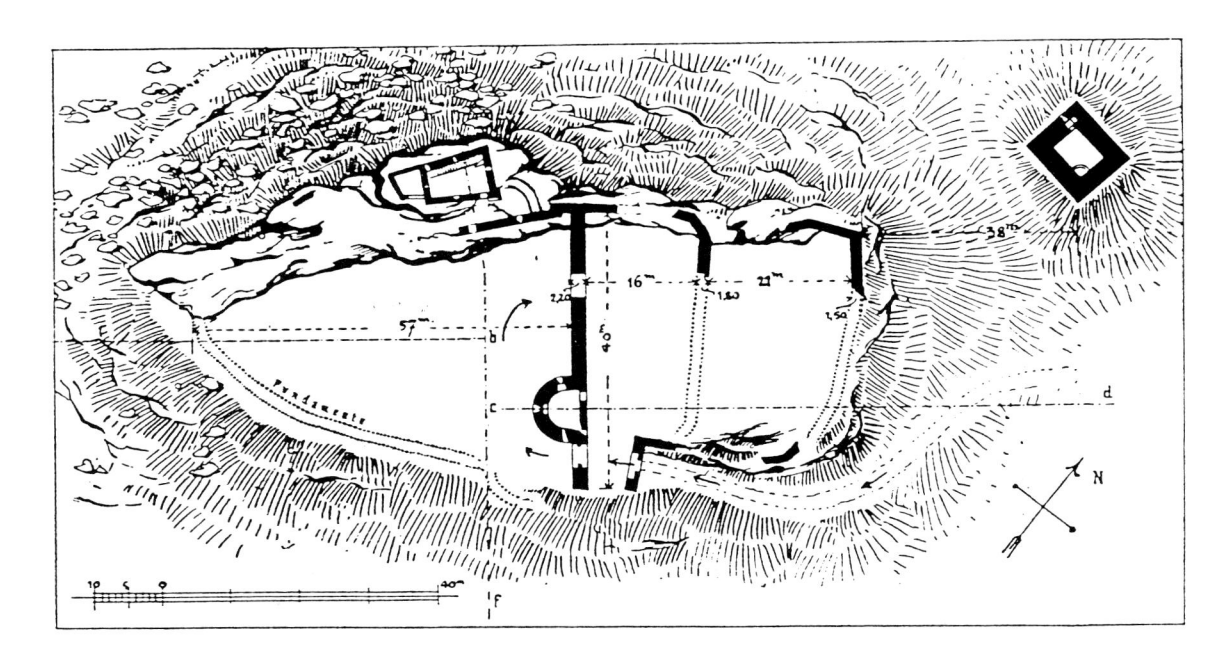

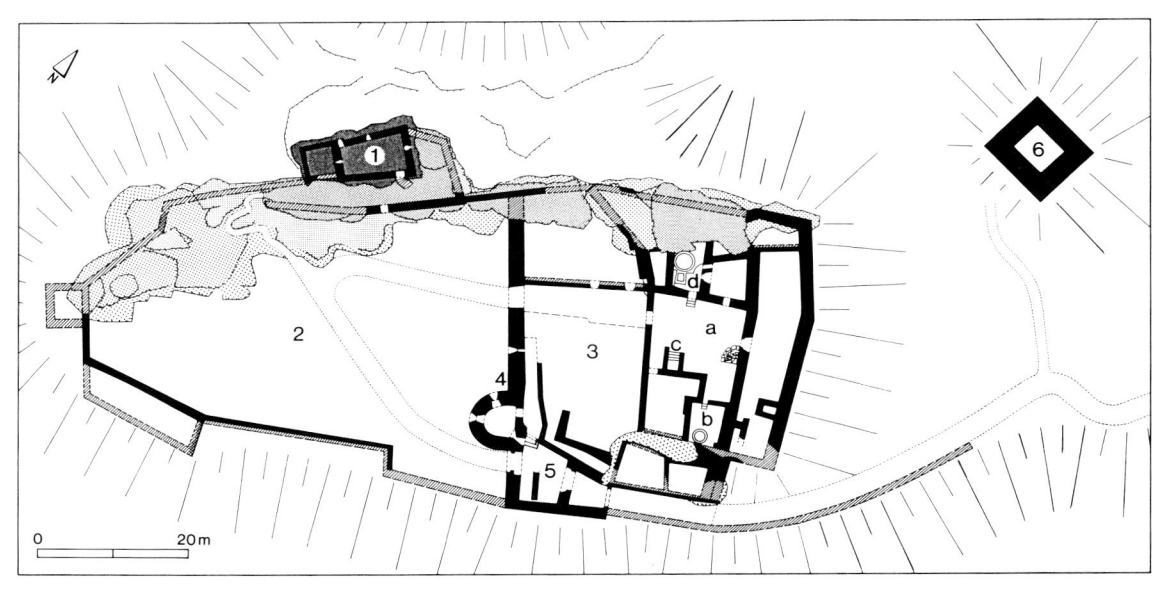

■ freiliegende und ausgegrabene Mauerzüge
▨ in ihrem Verlauf erkennbare Mauern und Fundamente
▨ zu ergänzende und z. T. nach alten Abb. rekonstruierte Mauerzüge

98 *Flossenbürg. Oben: Plan der Burgruine aus dem frühen 20. Jahrhundert. Unten: Aktueller Plan (Stand 1992). 1 Gipfelburg (um 1100); 2 äußerer Hof der Vorburg; 3 Wohn- und Wirtschaftskomplex der Vorburg (im Spätmittelalter ausgebaut), a Innenhof, b Brunnenkammer, c Kellerzugang, d Backstube; 4 Quermauer mit Batterieturm (um 1500); 5 mehrfach umgebaute Toranlage; 6 vorgeschobener Turm (um 1200).*

99 *Flossenbürg. Blick von Norden auf die Burgruine. Bayer. Landesamt für Denkmalpflege Luftbildarchäologie, Aufnahmedatum 15. 5. 1992, Fotograf K. Leidorf, Archivnr. 6340/004, Dia 6623-31.*

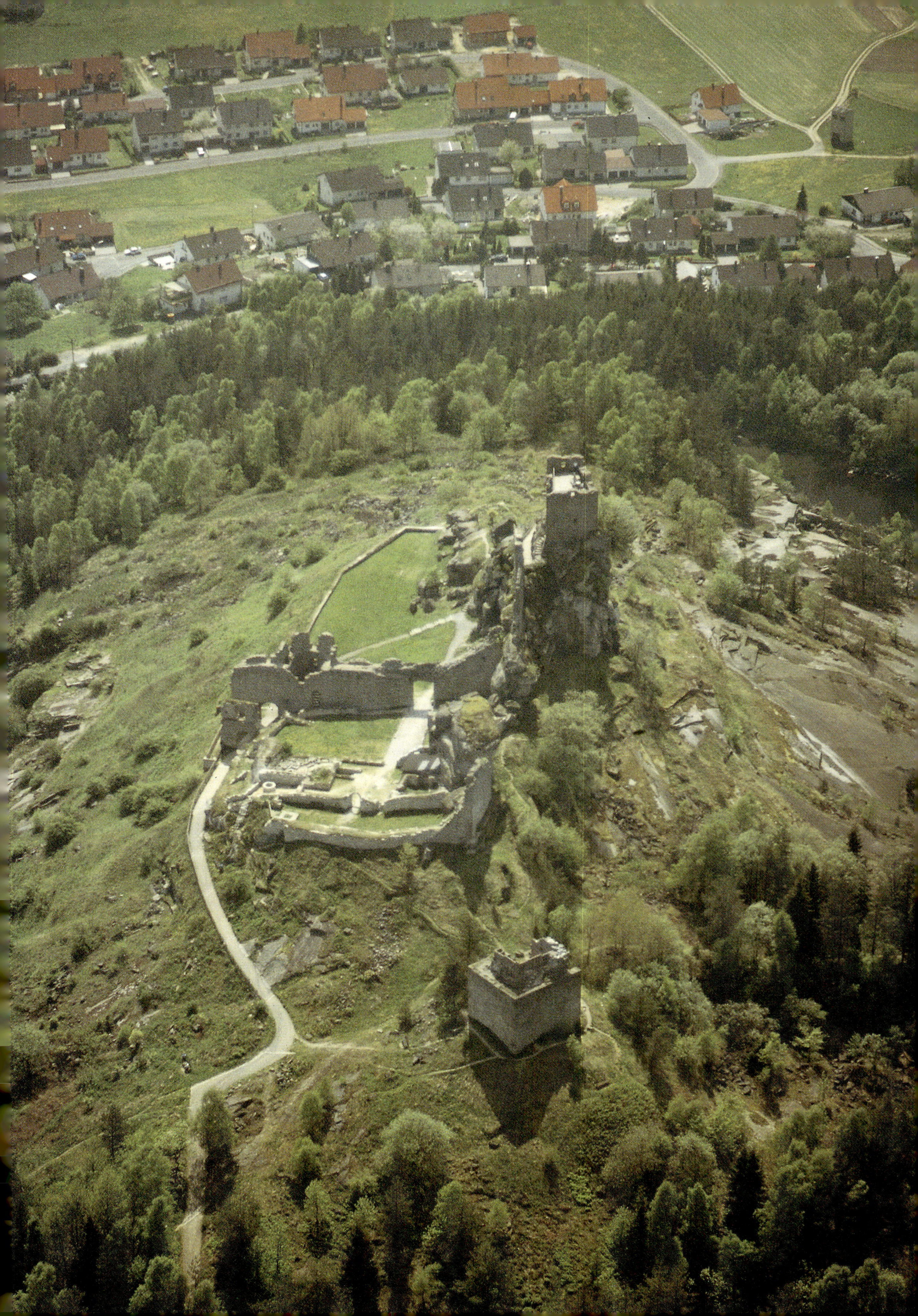

man die ausgedehnte Vorburg mehrfach um. Nachdem die Feste im Jahr 1634 von abziehenden Truppen in Brand gesteckt worden war, verfiel die Anlage völlig, so daß abgesehen von den Ruinen eines freistehenden Turms und der im Spätmittelalter umgebauten Gipfelburg bis vor wenigen Jahren lediglich Teile der Toranlage, der langen Quermauer mit Batterieturm und zweier weiterer Mauern aus dem Versturzschutt herausragten.

Die vom Eigentümer, dem Finanzamt Weiden (in Vertretung des Freistaats Bayern), im Rahmen der Sicherungspflicht getragenen und von seiten des Bayer. Landesamts für Denkmalpflege sowie des Landbauamts Weiden betreuten Sanierungs- und Freilegungsmaßnahmen fanden 1992 ihren vorläufigen Abschluß. In Zusammenarbeit mit der Gemeinde Flossenbürg und dem Oberpfälzer Waldverein führte die Außenstelle Regensburg des Bayer. Landesamts für Denkmalpflege seit 1985 Ausgrabungen durch, die unter anderem der Freilegung verschütteter Mauerreste galten. Dabei ergaben sich, abgesehen von umfangreichem Fundmaterial, sowohl Einblicke in die innere Struktur der Burg als auch Erkenntnisse zum Verlauf des äußeren Mauerbergs. Meterhoher Versturz sowie der teilweise Abbruch von Gebäuden und Wehrmauern hatten zur Folge, daß der Grundriß der gesamten Anlage zu Anfang des 20. Jahrhunderts nur noch unvollständig erkennbar war (Abb. 98 oben).

Demgegenüber zeigt der jüngste Plan (Abb. 98 unten) den Verlauf des Berings recht genau; weitere gänzlich abgetragene Mauerzüge lassen sich nach Topographie und Befestigungskonzeption sowie durch den Vergleich mit alten Ansichten mehr oder weniger exakt ergänzen. Wesentliche Aussagen ermöglichen die Ausgrabungen vor allem zum inneren Aufbau des ausgedehnten spätmittelalterlichen Wohn- und Wirtschaftskomplexes. Obwohl seine Westhälfte bei weitem nicht vollständig untersucht wurde und einige Mauern unter dem Rasen verborgen blieben, gelang es hier, zwei großflächige Pflasterungen aufzudecken und zu sanieren.

Umfassender fiel die Freilegung des östlichen Teils aus. Dort gruppieren sich um einen Innenhof Gebäude unterschiedlichster Funktion. An die nach Ausgrabungsbefunden teilweise wiedererrichtete nördliche Außenmauer angebaut ist ein langgestreckter Wohntrakt, der eine große gemauerte Herdstelle und den Unterbau wohl eines Treppenaufgangs zu den einstigen Obergeschossen aufweist. Interessante Erkenntnisse lieferte die Entdeckung einer südlich anschließenden Brunnenkammer mit intakter, wasserführender Zisterne und eines unter dem Nebengebäude gelegenen Kellers, der teilweise eingestürzt und wie sein Zugang verschüttet war.

Der ehemals mehrgeschossige Trakt auf der Nordwestseite des Innenhofs lag unter einer besonders mächtigen Schuttschicht, so daß sich seine Wände teilweise über 2 m hoch erhalten haben. Vollständig freigelegt wurde ein Raum, der sich im Laufe der Untersuchungen als Backstube erwies. Archäologische Sondagen in den Jahren 1991/92 konnten die Konstruktion der Ofenbasis sowie des Unterbaus klären.

Demnach handelte es sich um einen großen Kuppelbackofen auf einem abgemauerten, etwa 1 m hohen Podest. In Originallage befanden sich noch die untersten Schichten der Kuppel und die Ofenplatte aus Backsteinen. Anhand des Befunds erfolgte im Herbst 1992 der funktionsgerechte Wiederaufbau des Backofens mit einem Innendurchmesser von etwa 2,30 m, wobei sowohl der alte Ofenkranz als auch die originalen Ziegel der Ofenplatte Verwendung fanden. Rekonstruierbar war eine zweischalige Backsteinkuppel in Lehmpackung, dagegen ließ sich die Art des Rauchabzugs archäologisch nicht mehr klären. Um eine neuerliche Nutzung des Ofens zu ermöglichen, erhielt er einen seitlich über die Kuppel ziehenden Rauchkanal, der in einen bewußt modern gestalteten Kamin mündet.

Der Backofen des 15. oder 16. Jahrhunderts war auf einer Wärmedämmschicht aus Quarzsand und Eisenschlacken errichtet worden und hatte an dieser Stelle offenbar keinen Vorgänger. Er überlagert allerdings über einen Felsblock verlaufende gekappte Mauerzüge eines älteren Gebäudes. Ein zwischen ihm und der rückwärtigen Felswand bestehender Spalt diente vormals als Abfallgrube, die wir bei der Untersuchung des Ofenpodests weitgehend ausgraben konnten. Die im Vergleich mit den Tierknochen verhältnismäßig geringen keramischen Reste der Grubenfüllung stammen aus dem Hochmittelalter und dürften eine Besiedlung dieses Bereichs bereits in der ältesten Phase der Burg belegen. Dies ist insofern von Bedeutung, als man das *castrum Flozzen* von 1125 bislang allein mit der Gipfelburg gleichsetzte.

Das heutige Erscheinungsbild der Vorburg prägen jedoch die spätmittelalterlichen Umbauten.

Ältere Grundmauern freizulegen war nicht das Ziel der Sicherungsmaßnahmen, die 1992 mit der vom Landbauamt in Auftrag gegebenen Sanierung des vorgeschobenen Turms aus der Zeit um 1200 ihren Abschuß fanden. Im Frühjahr 1993 wird schließlich die Gemeinde Flossenbürg die provisorische Überdachung des Backofens durch ein Schutzgebäude nach Maßgabe der Baudenkmalpflege ersetzen lassen.

Es steht zu erwarten, daß die Außenstelle Regensburg des Bayer. Landesamts für Denkmalpflege auch noch in Zukunft die Erforschung der Ruine Flossenbürg unterstützen wird. Beste Voraussetzungen dafür bietet die gute Zusammenarbeit mit dem Finanzamt Weiden und dem Weidener Landbauamt in Einklang mit dem stetigen Engagement des Oberpfälzer Waldvereins und vor allem der Gemeinde Flossenbürg, die im Berichtsjahr sogar einen Archäologen anstellte. A. Boos

Literatur

F. Mader, Die Kunstdenkmäler von Oberpfalz und Regensburg 9. Bezirksamt Neustadt a. W.-N. (München 1907; Nachdruck München, Wien 1981) 1 ff. 32 ff. – A. Boos, Die Ruine Flossenbürg. Auferstehung einer Burg des hohen und späten Mittelalters (Weiden 1993).

Die Ausgrabungen im Schloß Alteglofsheim – ein Zwischenbericht

Landkreis Regensburg, Oberpfalz

Schloß Alteglofsheim gehört wegen seiner kunsthistorisch wertvollen Ausstattung – genannt sei nur der sog. Ovalsaal der Brüder Egid Quirin und Cosmas Damian Asam von 1728–1731 – zu den bedeutendsten Schloßbauten Bayerns. Diese bauliche Entwicklung hat es den 1685 in den Grafenstand erhobenen Besitzern aus der Familie Königsfeld zu verdanken, die im 18. Jahrhundert eine wichtige Stellung am kurfürstlichen Hof in München einnahmen. Mit dem Übergang des Schlosses in den Besitz des Fürsten von Thurn und Taxis 1834 begann jedoch der rapide Verfall der Baulichkeiten, die, zuletzt testamentarisch an die Haushälterin des Alteglofsheimer Pfarrers vermacht, 1973 in den Besitz des Freistaats Bayern gelangten.

Im Zuge der Planungsphase für den Umbau des Schlosses Alteglofsheim zu einer Bayerischen Musikakademie mußten in ausgewählten Bereichen archäologische Voruntersuchungen erfolgen. Die von zwei Studenten und einem Arbeiter durchgeführten und vom Universitätsbauamt Regensburg voll finanzierten Ausgrabungen fanden in mehreren Etappen statt: 1991 wurden neben kleineren Schnitten im Außenbereich der seit 1777 als Speisekammer genutzte Raum im Westflügel des Schlosses (Abb. 100,B) und ein Teil des anschließenden Flurs westlich des Bergfrieds untersucht. Die damals erstaunlichste Entdeckung war, daß nicht wie bisher angenommen der Turm das älteste Bauwerk darstellt, sondern einige Mauerzüge westlich davon. Als eindeutiger Beleg hierfür kann die Beobachtung gelten, daß die sehr tief gegründete Mauer, die unmittelbar neben dem Turm verläuft, auf ihrer Westseite keine Baugrube aufweist. Letztere muß an der Ostseite gelegen haben und wurde später mit dem Turm überbaut.

Jener läßt sich aufgrund bautechnischer Details in die Mitte des 13. Jahrhunderts datieren. Die älteren Mauern müßten demnach vom Anfang des 13., wenn nicht sogar aus dem 12. Jahrhundert stammen. Dies legt nahe, daß die urkundlich seit 1138 vornehmlich als Zeugen der Regensburger Bischöfe überlieferten Eglofsheimer schon früh über einen befestigten Ansitz verfügten, der dann erst 1240 als *castrum Egelolfsheim* ausdrücklich genannt wird.

Die Grabungskampagne 1992 brachte weiteres Licht ins Dunkel der Eglofsheimer Burg. Aus dem Gewirr von Mauerzügen aus 500 Jahren Baugeschichte läßt sich auf archäologischem Wege unter Zuhilfenahme von Ergebnissen der Baubefundung folgende Gestalt der mittelalterlichen Anlage rekonstruieren:

Am Anfang der Burgentwicklung stehen zwei massive Steinbauten, die gegeneinander etwas versetzt liegen. Im Norden bestand ein 16 m langes und mindestens 12 m breites Haus (Nordbau, Abb. 100,1), das zumindest in der südlichen Hälfte unterkellert war. Auf seiner neben dem Turm verlaufenden, 1,20 m starken Westmauer hat sich der Abdruck eines Balkenunterzugs erhalten, der den Dielenfußboden des ersten Geschosses trug. Zur Westmauer gehört wegen gleicher Gründung und Flucht ein noch sichtbares Mauerstück im heutigen Keller, in dem sich ein kleines, stark nach außen hin verjüngtes Schlitzfenster befindet. Es dürfte nur wenige Zentimeter über der damaligen Hoffläche gelegen haben und ist demnach als Kellerfenster zu interpretieren (Abb. 101,1). Die erhaltenen Wände im Keller dieses Gebäudes weisen sog. Handquadermauerwerk mit Fugenstrich auf, das im Regensburger Raum nur vor 1250 vorkommt, also durchaus in die Zeit um 1200 oder sogar in die zweite Hälfte des 12. Jahrhunderts zu datieren wäre.

Ein zweiter Bau, der sich etwas versetzt südlich dieses Hauses (Südbau, Abb. 100,2) erstreckte, gehört aufgrund der ähnlichen Mauerstruktur ebenfalls in diese Zeit. Er hatte eine Länge von 16,50 m und liegt zum Großteil unter dem heutigen Südflügel des Schlosses. Im Gegensatz zum Nordbau war er nicht unterkellert. Untersucht ist hiervon die mit Eckverquaderung versehene Nordwestecke, die in der ehemaligen Küche zum Vorschein kam (Abb. 100,C), sowie die im heutigen Keller freiliegende Nordostecke mit der anschließenden Ostwand (Abb. 101,2).

Zu einem späteren Zeitpunkt, aber noch vor dem Bau des Bergfrieds, entstand westlich der beiden Häuser ein in zwei Räume unterteiltes weiteres Gebäude (Wirtschaftsbau), von dem der nördliche Raum eine Herdstelle aufwies (Abb. 100,5). Wegen der schlechteren Ausführung seines Mauerwerks und des einfachen Herds läßt es sich als Gesindewohnung, wohl mit wirtschaftlichen Funktionen, ansprechen.

Den eindrucksvollsten Teil der Alteglofsheimer Burg stellt der heute noch 39 m hohe Bergfried dar, von dem sich bis auf etwa 27 m Höhe mittelalterliche Bausubstanz erhalten hat (Abb. 100,3). Da er unmittelbar an der Innenseite der Westmauer des sog. Nordbaus errichtet ist, kann man davon ausgehen, daß der westliche Teil dieses älteren Gebäudes abgetragen werden mußte. Die Wehrhaftigkeit des Bergfrieds wird durch sein 4 m starkes Mauerwerk ebenso unterstrichen wie durch die Lage seines ur-

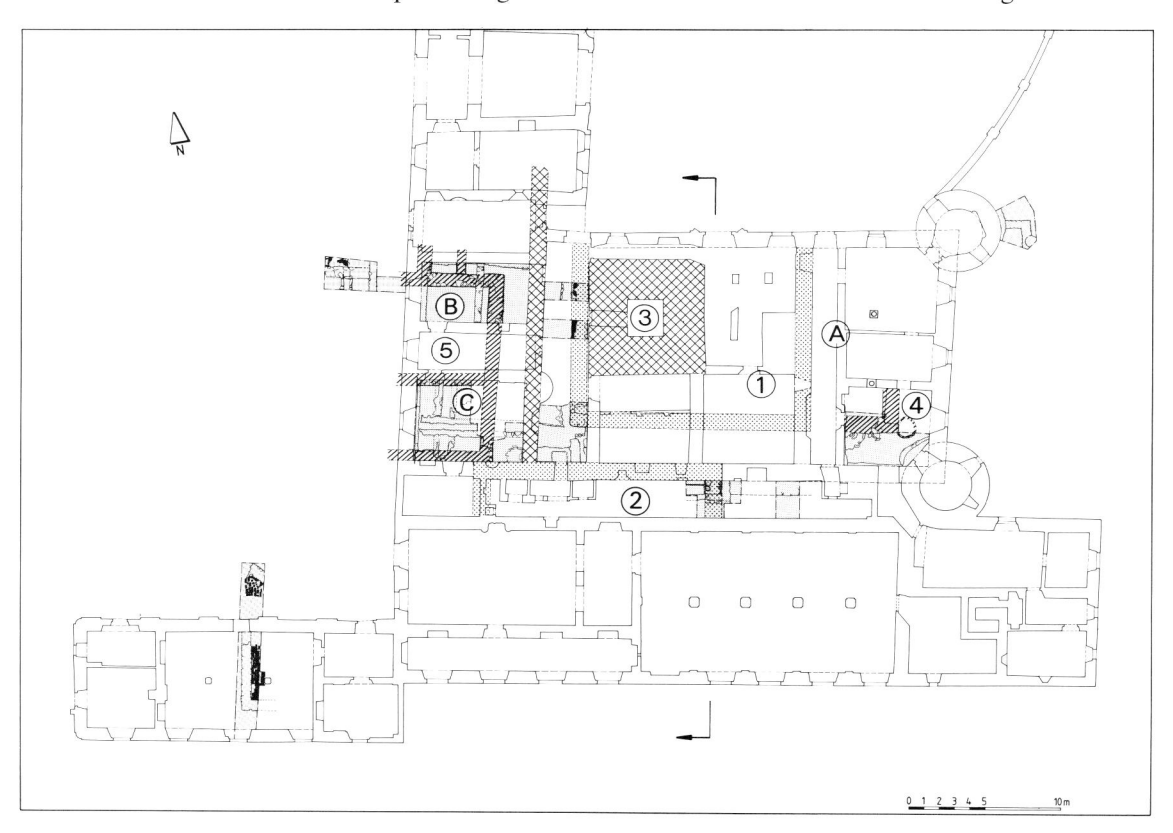

100 *Schloß Alteglofsheim. Grundrißausschnitt mit Eintragung der Grabungsflächen (grau). Mittelalterliche Befunde im Bereich des Altbaus, um 1500 (A), der ehemaligen Speisekammer (B) und der Küche (C): 1.2 Nord- und Südbau, um 1200 (gerastert); 3 Bergfried, Mitte 13. Jahrhundert (kreuzschraffiert); 4.5 Wirtschaftsbauten (schraffiert).*

101 *Schloß Alteglofsheim. Schnitt durch die Schloßanlage mit Rekonstruktion der mittelalterlichen Baukörper von Nordbau (1), Südbau (2) und Bergfried (3).*

sprünglich einzigen Zugangs in 11 m Höhe (Abb. 101,3). Dieser Eingang an der Nordseite deutet darauf hin, daß sich das ursprüngliche Burgareal noch wesentlich weiter nördlich ausdehnte als der heutige, den Bergfried umgebende Schloßbau aus der Zeit um 1500, der sog. Altbau (Abb. 100,A).

Dies legt auch ein wohl in zeitlichem Zusammenhang mit dem Bergfried stehender Mauerzug nahe, der an den Südbau anschließt und sich über die Flucht des sog. Altbaus nach Norden hin erstreckt. Aufgrund seiner Mächtigkeit könnte er zu einer den Bergfried umgebenden Umwehrung gehören. An seiner Westseite begrenzte er einen mit Estrich versehenen Gang entlang dem Wirtschaftsgebäude.

Auch im Osten der Burg scheinen sich Wirtschaftsräume befunden zu haben: In der Flucht des Nordbaus liegt an der Außenecke einer leider schon stark gestörten Mauer ein Ofen (Abb. 100,4), dessen Untersuchung jedoch aus statischen Gründen aufgeschoben werden mußte.

Die bisherigen Ergebnisse lassen für den Burgenbau neue, völlig unerwartete Strukturen erkennen. Aus denkmalpflegerischer Sicht lieferten die Ausgrabungen den eindrucksvollen Nachweis, daß bei allen späteren Schloßumbauten mittelalterliche Mauerzüge, soweit sie nicht störten, nicht nur im Boden belassen, sondern zum Großteil in die Neubauten integriert wurden. So kann sich noch manche Mauer der Burg hinter dem heutigen Putz verbergen. In Absprache mit dem Universitätsbauamt Regensburg werden die archäologischen Beobachtungen auch während der Renovierungs- und Umbauarbeiten fortgesetzt. Es wird exemplarisch für weitere Bauvorhaben dieser Art zu zeigen sein, daß Archäologie und Bauforschung einerseits und Baufortschritt andererseits nicht von vornherein als unüberwindliche Gegensätze anzusehen sind.

S. Codreanu-Windauer

Literatur

P. Morsbach, Schloß Alteglofsheim bei Regensburg. Ungedr. Diss. (Bamberg 1987). – S. Mühlbauer, Befunduntersuchung des Schlosses Alteglofsheim 1990–1991, Bauteil I. Ortsakten Bayer. Landesamt für Denkmalpflege, Abt. A. – A. Boos, Die früh- und hochmittelalterlichen Burgen im Süden der Oberpfalz. Ungedr. Diss. (Regensburg 1993) 118 ff.

Neustadium, oppidum Franconiae parum munitum – Stadtkerngrabung in Bad Neustadt a. d. Saale

Landkreis Rhön-Grabfeld, Unterfranken

Während sich die Stadtkernarchäologie in anderen Teilen West-, Mittel- und Nordeuropas zunächst in den Großstädten entwickelte, scheint die bayerische Mittelalterarchäologie günstige Untersuchungsbedingungen für Stadtkerngrabungen im profanen Bereich vorwiegend in den kleineren Städten anzutreffen. Daß dies kein Nachteil sein muß, soll der folgende Beitrag zeigen.

1992 ermöglichte das gemeinsame Engagement des Bayer. Landesamts für Denkmalpflege und der Stadt Bad Neustadt a. d. Saale die sechsmonatige bauvorgreifende Untersuchung einer über 1000 m² großen Fläche auf dem von Stadt-

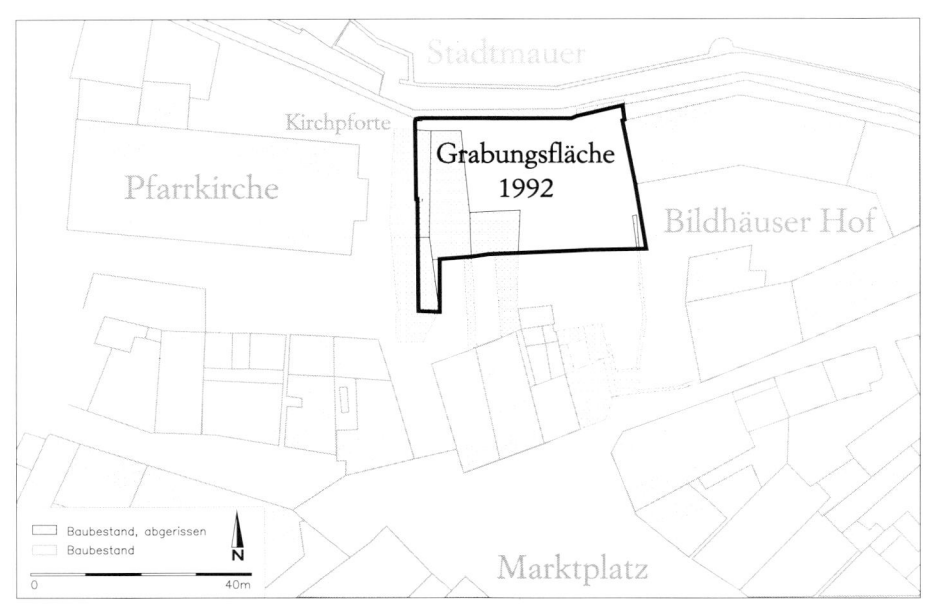

102 *Bad Neustadt a. d. Saale, Kirchplatz. Lage der Grabungsfläche 1992.*

mauer, Marktplatz, Stadthof des Klosters Bildhausen und Stadtpfarrkirche eingerahmten Kirchplatz (Abb. 102). Rasch zerschlug sich die bei Beginn der Ausgrabung mitschwingende Hoffnung, die Archäologie werde an dieser Stelle einen wahren Kern der seit dem 16. Jahrhundert nachweisbaren und neuerdings auch von Historikern wieder ernsthaft propagierten Neustädter Gründungssage an den Tag bringen, die Stadt sei unmittelbar aus der von Karl dem Großen erbauten Königspfalz Salz hervorgegangen.

Das wenigstens 30000 Stücke umfassende und vorwiegend aus Keramik bestehende Fundmaterial bezeugt eine erste Besiedlung des Stadthügels in der Hallstattzeit. Die nachfolgende Lücke wird durch ein einziges, möglicherweise karolingerzeitliches Randstück nicht ausgefüllt (Abb. 103,1). Massiv setzen die Funde mit Topfscherben ein, die sich dem Münzschatzgefäß von Saal a. d. Saale an die Seite stellen und damit ins 13. Jahrhundert datieren lassen. Da eine Durchsicht mehrerer von J. Wabra in früheren Jahren aus Baustellen nördlich, westlich und südlich der Kirche geborgener Fundkomplexe das gleiche Spektrum ergab, ist eine mittelalterliche Siedlungstätigkeit auf dem gesamten Stadthügel vor der Stadtgründung definitiv auszuschließen und diese eng an die Ersterwähnung Neustadts im Jahr 1232 heranzurücken.

Die Mehrzahl der Grabungsbefunde am Neustädter Kirchplatz (spätmittelalterliche Bebauungsreste, Nachweis des Friedhofs, Abwasserentsorgungsanlagen, Zeugnisse von Buntmetall- und Eisenverarbeitung und nicht zuletzt etwa 250 Gruben mit reichhaltigen, dendrochronologisch bzw. durch Münzen und Archivalien datierbaren Fundkomplexen des 13. bis 18. Jahrhunderts; Abb. 103,2–4) kann an dieser Stelle nicht behandelt werden. Herausgegriffen sei lediglich ein Befund, der von überregionalem Interesse sein dürfte.

Schon bald nach Grabungsbeginn zeigte sich, daß die heute noch stehende Stadtmauer nicht aus der Zeit der Stadtgründung stammen konnte, ist sie doch in die älteste, reichlich Keramik des 13. und 14. Jahrhunderts enthaltende Kulturschicht hineingesetzt worden. Ihr Fundament reicht nur zwei Steinlagen, also etwa 50 cm tief in den Boden und befindet sich damit nicht auf dem in 1,50 m Tiefe anstehenden kompakten Kies, sondern im darüberliegenden Lehm. Bei völligem Verzicht auf Mörtel wurde Lehm auch als Füllmaterial zwischen den Steinen verwendet; eine Beobachtung an anderer Stelle macht wahrscheinlich, daß sich die mörtellose Lehm-/Steintechnik ursprünglich sogar im Aufgehenden fortgesetzt hat. Diese Sparbauweise konservierte einen Befund, der bei tiefgründiger Fundamentierung spurlos beseitigt worden wäre: Am Nordostrand der Grabungsfläche zeigten sich nämlich unmittelbar unter der hier leicht abknickenden Stadtmauer zwei von Mitte zu Mitte 3,50 m voneinander entfernte, mindestens 80 cm tiefe Gruben, in deren Verfüllung sich die Spuren jeweils eines etwa 40 cm mächtigen Holzpfostens abzeichneten (Abb. 104; 105). Einige aus Grube 56 stammende Wandscherben und die Ergebnisse der vom Niedersächsischen Landesamt für Bodenforschung durchgeführten ¹⁴C-Messungen an verkohlten Resten des Pfostens (1025–1190 n. Chr. bei 68 % Wahrscheinlichkeit bzw. 1000–1255 n. Chr. bei 95 % Wahrscheinlichkeit) belegen, daß wir hier die Relikte der ältesten Stadtbefestigung vor uns haben. Neustadt a. d. Saale besaß also während der ersten hundert oder mehr Jahre seines Bestehens eine Umwehrung aus Holz.

Ein solcher Befund aus dem 13. Jahrhundert muß in Süddeutschland erstaunen, da hier selbst Zwergstädte und einige bald wieder wüst gefallene Gründungen, sofern sie untersucht wurden, Steinmauern aufweisen. Es sei freilich nicht verschwiegen, daß in Neustadt neben der geringen Fundamenttiefe der Stadtmauer nur die günstigen Bedingungen eine Auffindung der Holzbefestigung ermöglicht haben. Die beiden Pfostengruben unterschieden sich in ihrer Verfüllung nämlich kaum vom anstehenden Lehm und traten erst im von Hand geputzten Profil zutage. Es ist also damit zu rechnen, daß bei sorgfältigen Ausgrabungen auch andernorts gelegentlich hölzerne Stadtbefestigungen des 13./14. Jahrhunderts nachgewiesen werden können.

Die sparsame Ausstattung der Neustädter Befestigung läßt sich zweifellos auf finanzielle Engpässe ihres Gründers, des Bischofs von Würzburg, zurückführen. Wenigstens in einem Fall hat ihre befestigungstechnische Rückständigkeit unmittelbar zu einem militärischen Mißerfolg des Stadtherrn beigetragen. 1242 war Bischof Hermann von Würzburg ausgezogen, um den Bau der steinernen (!) Stadtmauer von Hammelburg a. d. Saale zu verhindern, den Abt Konrad von Fulda in Auftrag gegeben hatte. Er erlitt eine empfindliche Niederlage bei Thulba und wich zunächst in Richtung Nordosten aus. Hier fällt die in der Überschrift dieses Aufsatzes zitierte Bemerkung »*Neustadium, oppidum Franconiae parum munitum*« (freundlicher Hinweis Dr. H. Wagner, Heustreu). Als der Bischof nämlich erkannte, daß sein fuldischer Glaubensbruder ihn hartnäckig verfolgte, wagte er es nicht, sich in Neustadt, dem »zu gering befestigten fränkischen Städtchen«, zu verschanzen, und kehrte in die Mauern seiner »Metropole« Würzburg zurück.

Die beiden Holzpfosten unter der Neustädter Stadtmauer können allerdings nicht Teil einer umlaufenden Palisade gewesen sein, dafür sind sie zu mächtig und stehen zu weit auseinander, auch haben sich trotz weitgehender Freilegung der Fundamentunterkante der Stadtmauer im übrigen Grabungsbereich keine weiteren Pfostenstellungen gleicher Art gefunden. Sie waren vielmehr geeignet, zusammen mit zwei korrespondierenden Hölzern, die nördlich außerhalb der heutigen Stadtmauer zu suchen sind, einen Turm zu tragen (Abb. 105), während die zugehörige durchgängige Palisade in einer weniger aufwendigen Vertiefung unter der Mitte des bestehenden Steinfundaments vermutet werden darf, wo sie sich einer Beobachtung ent-

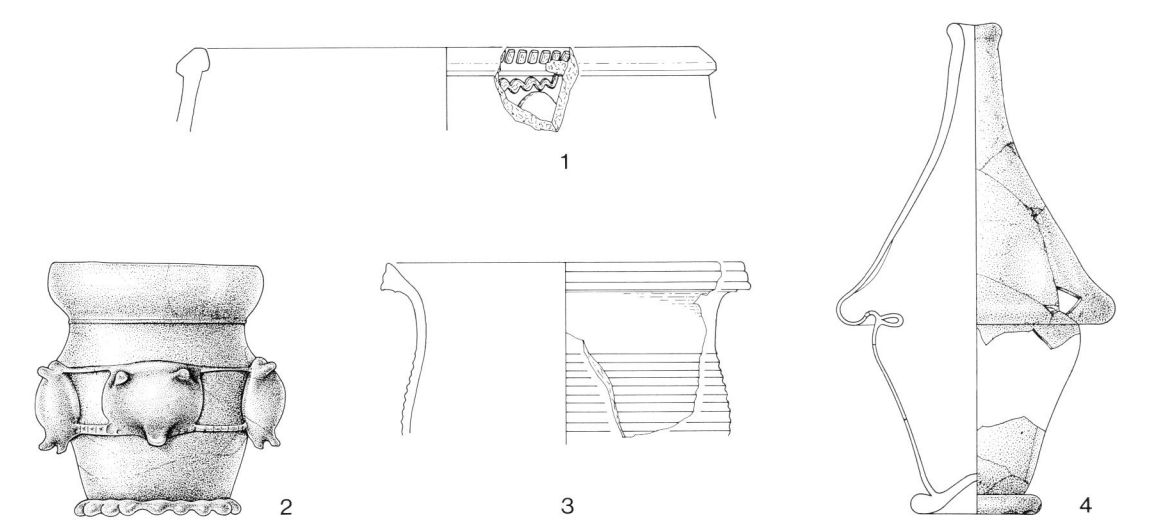

103 *Bad Neustadt a. d. Saale, Kirchplatz. 1 karolingerzeitliche (?) Randscherbe; 2–4 Weinglas, Topffragment und Schnapsflasche aus einer Abfallgrube des Pfarrhauses (um 1500). Maßstab 1 : 3.*

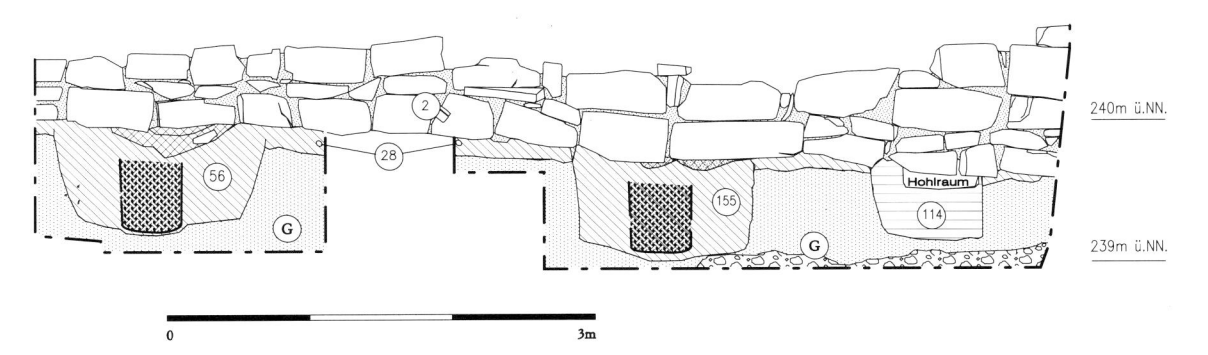

104 *Bad Neustadt a. d. Saale, Kirchplatz. Profil im Bereich des mutmaßlichen Torbaus der ältesten Stadtbefestigung.*

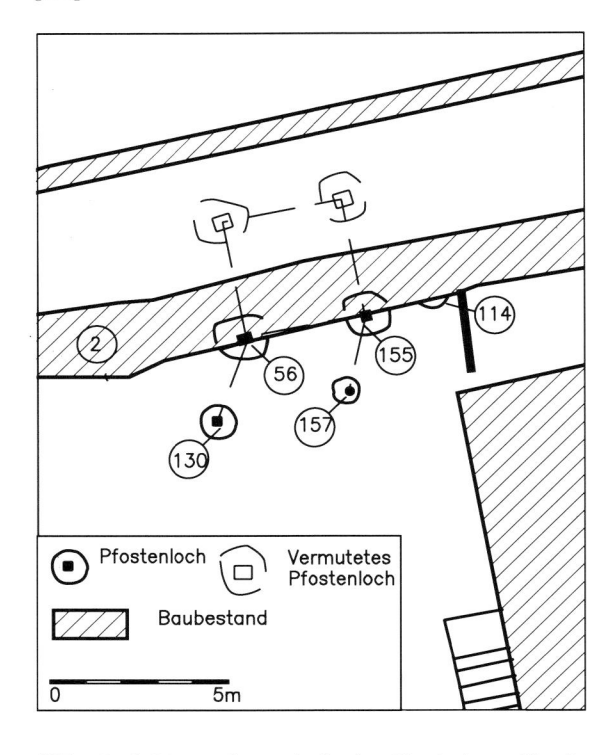

105 *Bad Neustadt a. d. Saale, Kirchplatz. Nordostecke der Grabungsfläche mit mutmaßlichem Torbau der ältesten Stadtbefestigung.*

zog. Nun war im deutschen Befestigungswesen des frühen 13. Jahrhunderts ein in den Mauerverlauf eingebundener Turm nur an Eckpunkten üblich, es sei denn, es handelte sich um einen Torturm. Zwischen den beiden Pfosten 56 und 155 ist daher eine Durchfahrt anzunehmen, wobei die nach Funden und Lage zugehörigen kleineren Pfosten 130 und 157 eine stadteinwärts abgeknickte Torgasse bildeten. Beim Bau der steinernen Stadtmauer in der ersten Hälfte des 14. Jahrhunderts verlegte man den Eingang dicht neben die Kirche, denn zur gleichen Zeit richteten die Zisterzienser von Bildhausen, die soeben die Neustädter Pfarreirechte erworben hatten, an dieser Stelle ihren ausgedehnten Stadthof ein. Die ehemalige Umfassungsmauer des Klosterhofs verzahnt sich mit der neuen Stadtmauer; nur noch ein kleiner Knick in deren Verlauf zeugt vom einstmaligen hölzernen Torturm aus der Zeit der Stadtgründung.

T. Mittelstraß

Literatur

J. F. Schannat, Historia Fuldensis in tres partes divisa... (Frankfurt a. M. 1724) 192. – L. Wamser, Arch. Jahr Bayern 1984, 147 ff. – 1250 Jahre Pfarrkirche in Brendlorenzen (Neustadt a. d. Saale 1992).

Grabungen auf dem Gelände des ehemaligen Clarissenklosters in Bamberg

Oberfranken

Im Zuge der Erweiterung des Amts für Landwirtschaft und der Landwirtschaftsschule fand auf dem Gelände des ehemaligen Clarissenklosters am Schillerplatz eine archäologische Untersuchung statt, bei der wir den westlichen Teil der Klosterkirche sowie den angrenzenden östlichen Kreuzgangflügel freilegen konnten (Abb. 106).

Zwei Töchter aus Bamberger Patrizierfamilien, Katharina Zollner und Kunigunde Hutwan, gründeten 1340 einen Konvent der hl. Clara »außerhalb der mauern unser stat Bamberg in dem grundt oder stat, genant Zinckenwerdt«. Im 15. Jahrhundert wurde die Klosteranlage gegen den Widerstand der Nonnen in die Erweiterung der Stadtbefestigung einbezogen. Die erste Äbtissin und acht Schwestern kamen aus dem Nürnberger Clarissenkloster. Nach eher bescheidenen Anfängen – der erste, offenbar unsolide Kirchenbau stürzte schon 1373 ein – erlebte das Kloster Ende des 15. und Anfang des 16. Jahrhunderts unter der Äbtissin Dorothea von Brandenburg eine Blütezeit. Im Zuge der Säkularisation 1803 mußten die Bamberger Clarissen das Kloster verlassen. Nachdem Gebäude und Inventar versteigert worden waren, übernahm das Militär Kirche und Konventbauten und nutzte diese als Magazin bzw. Kaserne. 1876 vernichtete ein Brand die um den Kreuzgang angeordneten Gebäude; 1939 erfolgte der Abriß der Kirche, da auf dem Gelände monumentale Bauten der NSDAP-Kreisleitung entstehen sollten.

Zum Klosterkomplex gehörte die Kirche, ein langgestreckter 40 × 11,60 m großer Saalbau mit Dreiachtelschluß, acht Achsen und hohen Spitzbogenfenstern, sowie der unmittelbar im Westen anschließende Kreuzgang, um den Sommer- und Winterrefektorium, die Wohnung der Äbtissin, Konventstube, Küche, Schreibstube und Vorratsräume angeordnet waren. Außerhalb der Klausur standen entlang dem »Nonnengraben« das Brauhaus, das Siechhaus sowie verschiedene Wirtschaftsgebäude; der Viehhof und Dienstbotenwohnungen begrenzten den Komplex nach Norden hin.

In einer dreimonatigen Grabungskampagne konnten wir eine Fläche von ungefähr 16 × 20 m bis etwa 2 m unter heutigem Geländeniveau freilegen, mußten aber aus zeitlichen, technischen und finanziellen Gründen auf das Abtiefen bis zur Unterkante der Fundamente (etwa 3,50–4,50 m Tiefe) verzichten.

Bei der Ausgrabung kamen die Grundmauern der Kirchenaußenwände und von Pfeilern der Nonnenempore zutage, ferner Fundamentstreifen und Einzelfundamente von nachträglichen Umbaumaßnahmen (vermutlich nach 1803). Innerhalb und außerhalb der Kirche stießen wir auch auf zahlreiche Gräber. Neben einfachen

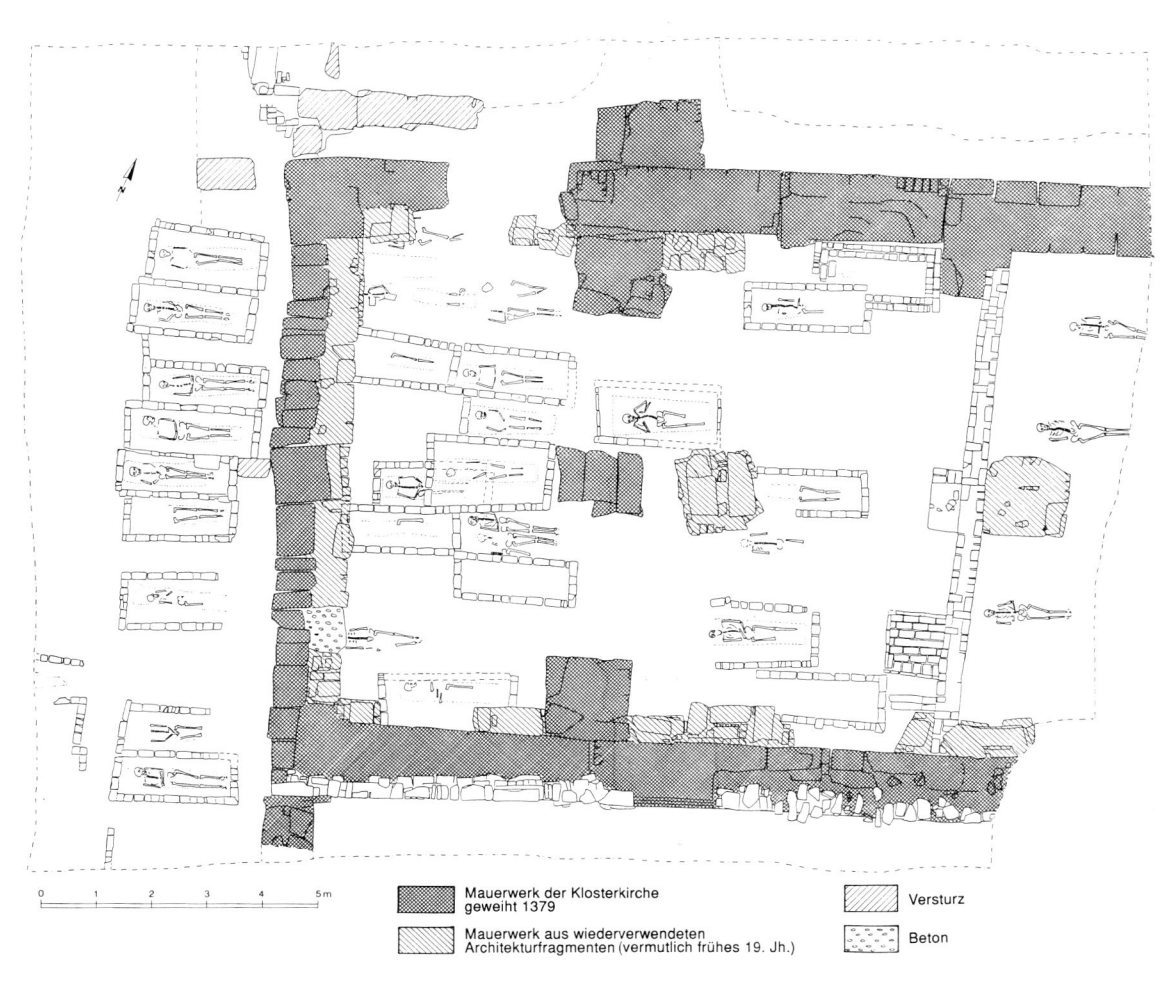

106 *Bamberg, ehemaliges Clarissenkloster. Westteil der Klosterkirche von 1379 mit Bestattungen.*

Körpergräbern fanden sich vor allem Bestattungen in Grabkammern aus Ziegelmauerwerk.

Die Fundamente hatte man vorwiegend aus gelblichem Sandstein aus dem Itzgrund, teilweise auch aus rötlichen Nürnberger Burgsandsteinquadern mit Kalkmörtel gemauert und dabei Höhendifferenzen sowie breitere Fugen mit Ziegelbrocken und -platten ausgeglichen bzw. ausgefüllt. Nachträglich eingesetzte Fundamentstreifen und Einzelfundamente bestanden fast ausschließlich aus wiederverwendetem Material – profilierten Gewölberippen, Säulenvorlagen, Quadern mit Spuren von Bemalung –, das möglicherweise von der beim Umbau in ein »Haferlager« abgetragenen Nonnenempore stammt.

Einige der aus vermörtelten Ziegelsteinen gemauerten Grabkammerwände waren innen verputzt (nur in zwei Fällen bestanden auch die Kammerböden aus Ziegelsteinen), in einer Kammer ließen sich sogar Spuren von schwarzer Bemalung (Kreuze) feststellen. Die recht unterschiedlichen Formate der verwendeten Steine sind möglicherweise für die Chronologie von Bedeutung: Folgende Ziegelformate (Mittelwerte in cm) liegen vor: 30/15/6,5; 28/14/6; 27/14/5; 24/13/5; hinzu kommt als Streufund eine quadratische, vielleicht vom ehemaligen Fußboden stammende Ziegelplatte (22/22/3).

Unter fast allen der geosteten Bestattungen zeichneten sich Holzreste bzw. dunkle Verfärbungen von Totenbrettern oder Särgen ab. Einen sicheren Hinweis auf eine hölzerne Sargabdeckung gab es nur in einem Grab. Einige der Grabstätten hatte man mehrfach belegt, so daß es zu Störungen und Überschneidungen kam. Keramikscherben aus dem 14. bis 20. Jahrhundert wurden in allen Bereichen der lockersandigen Auffüllschichten angetroffen. In den Grabkammern fanden sich auch Beigaben wie Trachtbestandteile und Devotionalien. Es handelt sich dabei vorwiegend um Teile von Rosenkränzen, um Anhänger mit religiösen Motiven, Reliquienkreuze, Totenkronen und Fingerringe, die erst nach genauerer Untersuchung in einen kulturgeschichtlichen Zusammenhang gestellt werden können.

E. Jemiller

Zur Wasserversorgung des Neuburger Stadtbergs im späten Mittelalter

Stadt Neuburg a. d. Donau, Landkreis Neuburg-Schrobenhausen, Oberbayern

Auf dem seit Jahren von umfangreichen Sanierungsarbeiten betroffenen Neuburger Stadtberg wurde 1992 erneut eine mehrere Monate dauernde Ausgrabung durchgeführt. Wie so häufig mußte sich die Archäologie schließlich auf den interessantesten Befund beschränken, um zumindest dort optimale Ergebnisse zu erzielen.

Ort der diesjährigen Untersuchung war eine etwa 20 × 30 m große Hoffläche im Nordosten des Stadtbergs zwischen dem ehemaligen Jesuitenkolleg, dem heutigen Institut der Englischen Fräulein, und dem östlich anschließenden, 1623 errichteten Schulhaus, der heutigen Maria-Ward-Schule.

In diesem Areal waren Überreste des ehemaligen, 1002 von Kaiser Heinrich II. und seiner Gemahlin gestifteten Benediktinerinnenklosters zu erwarten, das zumindest teilweise unter dem 1622 fertiggestellten Jesuitenkolleg liegen mußte. Mit der Ausgrabung in dem kleinen Vorhof hofften wir, Nachweise für die Richtigkeit der überlieferten Urkunden zu erhalten, doch wie so oft deckten wir schließlich Befunde auf, mit denen anfänglich nicht zu rechnen war. Nach dem maschinellen Abtrag der obersten Deckschichten zeichneten sich im Osten der Fläche zahlreiche beigabenlose Bestattungen ab, deren Unversehrtheit darauf schließen ließ, daß der noch heute als Hof genutzte Platz schon seit langer Zeit diese Funktion hatte. Hingegen fand sich im westlichen Teil eine ringförmige, etwa 25–30 cm starke Mauer von etwa 7,50 m Durchmesser, die im nördlichen Bereich aufgrund späterer Baumaßnahmen eine geringfügige Beschädigung zeigte (Abb. 108). Zahlreiche menschliche Skelettreste und einige nur

107 *Neuburg a. d. Donau. Tonscheibe mit griechischer Inschrift aus dem Zisternenschacht. Durchmesser etwa 13 cm.*

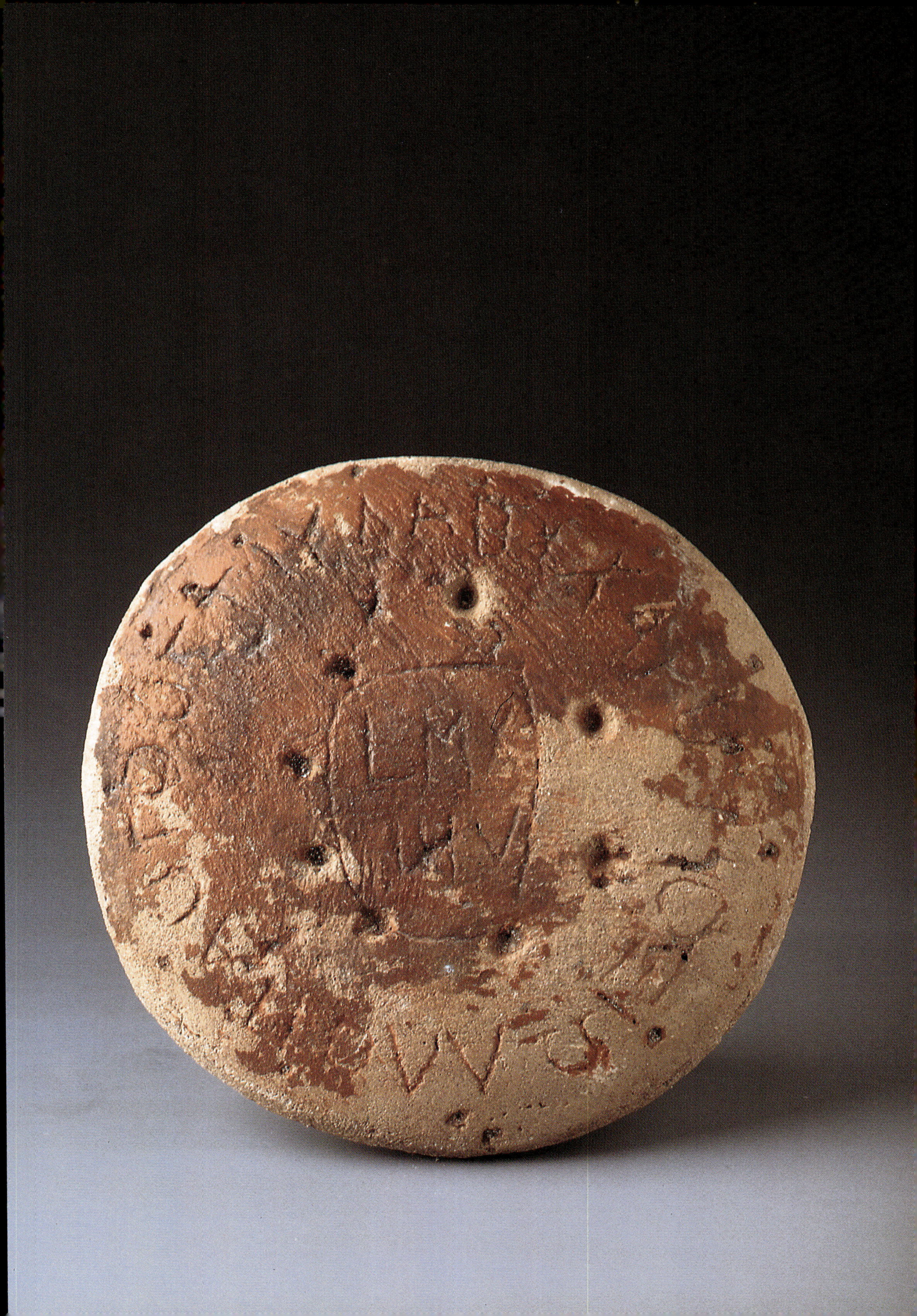

noch teilweise intakte Bestattungen deuteten darauf hin, daß das Gräberfeld vor der Errichtung der Anlage bis in diesen Teil der Fläche gereicht hatte. Zum Innenraum hin war die Mauer vermörtelt, nach außen aber nur an den hier anstehenden, künstlich eingetieften Fels gesetzt. Im Zentrum lag ein mit Bauschutt verfüllter runder Schacht von etwa 1 m lichter Weite, dessen Trockenmauerwerk aus sorgfältig zugerichteten Kalksteinen bestand. Deutlich zu erkennen gaben sich auch zwei steingesetzte, mit Holz ausgekleidete Rinnen im westlichen Teil, die ohne Zweifel Wasserzuflüsse darstellen.

Zwischen Schacht und ringförmiger Umfassungsmauer zeigten sich interessante Details zur Verfüllung. An der Innenseite der Mauer beobachteten wir eine bis zu 20 cm dicke Tonschicht, die offenbar die Anlage nach außen hin wasserundurchlässig machen sollte. Daran schloß sich eine bis zu 40 cm dicke Schicht aus feinem Kies an; die weitere Füllung bis hin zum Schacht bestand dagegen aus grobem Kies. Aufgrund vergleichbarer Konstruktionen auf Schweizer Burgen war nunmehr klar, daß wir eine der im süddeutschen Raum sehr seltenen Filterzisternen zur Gewinnung sauberen Trinkwassers freigelegt hatten. Zwar wurden bereits mehrmals Zisternen auf dem Neuburger Stadtberg angeschnitten, doch war es bisher noch nie gelungen, eine davon auch nur annähernd sorgfältig zu dokumentieren.

Unser besonderes Interesse galt dem inneren Schacht, der in etwa 6,50 m Tiefe auf einem großen Stein gründete. Beim Säubern der Schachtmauer fielen schmale Lücken auf, die man absichtlich freigelassen hatte, damit das gefilterte Wasser ungehindert in den Schacht fließen konnte. Die obersten 4 m des Schachts enthielten Bauschutt des 17. Jahrhunderts, der bei Errichtung des Jesuitenkollegs angefallen war. Im untersten Bereich hingegen wurden feine Sandlagen angetroffen, in denen sich Material aus der Spätphase der Zisternennutzung fand, darunter Keramik, Reste mindestens zweier Holzeimer und ein Gießgefäß aus Kupfer mit angelöteten Zinnfüßen.

Da die Zisterne nicht über architektonische Anbindungen an umliegende Gebäude verfügt, kommt den archäologischen Beobachtungen und den Funden aus der untersten Schachtverfüllung besondere Bedeutung zu. Als Terminus post quem bietet sich das Jahr 1002 an, weil bei der Errichtung der Zisterne das oben erwähnte Körpergräberfeld gestört wurde, von dem wir annehmen, daß seine Belegung spätestens mit der Erbauung des Benediktinerinnenklosters geendet hat. Die Fundstücke aus dem Zisternenschacht sprechen für eine Nutzung der Anlage im 13. und 14. Jahrhundert, was sich weitgehend mit der Datierung vergleichbarer Zisternen auf Schweizer Höhenburgen deckt. Besonders interessant ist ein rundes Tonobjekt von etwa 13 cm Durchmesser mit flacher Unter- und gewölbter Oberseite. Auf letzterer befindet sich eine griechische Inschrift, die sich bisher noch nicht entziffern ließ (Abb. 107).

Bei einem Ortstermin mit den verantwortlichen Bauherren und den leitenden Architekten kamen alle Seiten sehr schnell zu der Übereinkunft, daß dieses beachtenswerte Zeugnis mittelalterlicher Wasserbaukunst erhalten werden muß.

A. Tillmann

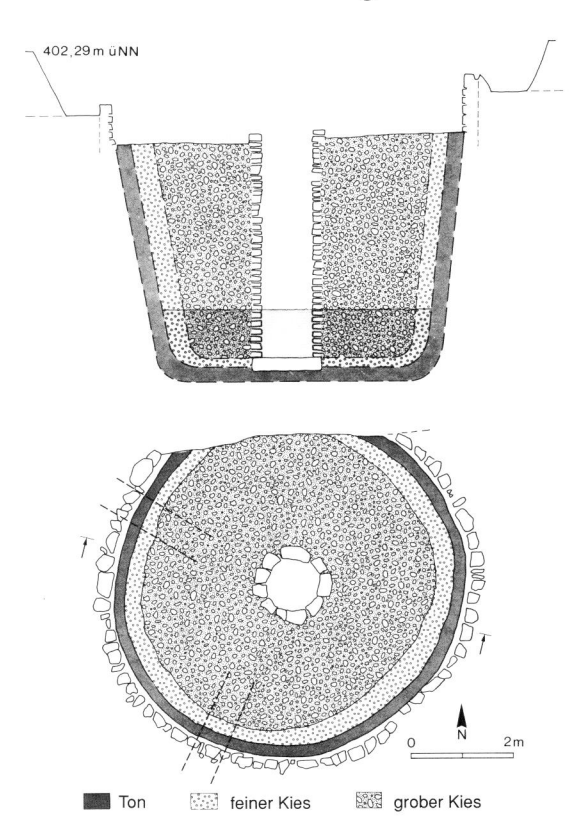

108 *Neuburg a. d. Donau. Die Filterzisterne in der Aufsicht und im Profil (ergänzt). Gestrichelte Linien geben die beiden Wasserzuläufe an.*

Literatur

W. Meyer, Zisternen auf Höhenburgen der Schweiz. Burgen und Schlösser 20, 1979, 84 ff. – K. Grewe, Wasserversorgung und -entsorgung im Mittelalter. In: Frontinus-Gesellschaft (Hrsg.), Geschichte der Wasserversorgung Bd. 4 (Mainz 1991). – K. Ulrich, Zur Wasserversorgung im Mittelalter und in frühgeschichtlichen Zeiten (Dreieich 1991).

Die Ausgrabung der Niederungsburg Tüschnitz

Gemeinde Küps, Landkreis Kronach, Oberfranken

In einer fünfmonatigen Grabungskampagne konnte in Tüschnitz, etwa 7 km südwestlich von Kronach, eine spätmittelalterlich-neuzeitliche Burganlage untersucht werden.

Schon seit 1950 weiß man von der Existenz der obertägig nicht mehr sichtbaren Niederungsburg auf einem unbebauten Grundstück in der Ortsmitte. Damals hatten Einwohner von Tüschnitz den kurz zuvor bei Erdarbeiten entdeckten mächtigen Mauerresten der historisch überlieferten Burg Sandsteine für Neubauten entnommen. Anläßlich der geplanten Anlage eines Dorfplatzes ist es nun möglich, die seit ihrer Zerstörung nicht mehr überbaute Niederungsburg in ihrer gesamten Ausdehnung zu dokumentieren.

Mit Boppo von Tuchenze wird 1288 erstmals ein ortsansässiger Adel in Tüschnitz erwähnt. 1352 gehörte der Ortsadel dem Geschlecht der Herren von Redwitz an, die in der Region eine gewisse Bedeutung besaßen. Nach der Zerstörung des »Tüschnitzer Schlosses« im Bauernkrieg 1525 erfolgte wenig später dessen Wiederaufbau. 1531 gaben die Herren von Redwitz ihren »...Sitz zu Tuschnitz sammt den Kemnaten, Thurnen, Mauern, Zwingern, Gräben, Viehäusern, Städeln, Brauhaus und allem, so das Wal und der Vorhof umfangen hält, ...« dem Hochstift Bamberg »...zu Lehen auf...«. Zur endgültigen Zerstörung der Anlage, die 1626 das Geschlecht von Künsberg erworben hatte, kam es 1632 im Dreißigjährigen Krieg.

109 *Tüschnitz. Blick auf die östliche Außenmauer des Wohnturms mit hölzernem Pfahlrost als Fundamentierung. Links unten ältere, vom Turm überlagerte Mauer, links und rechts jüngere Anbauten.*

Da die relativ ebene Oberfläche des mehr als 2500 m² großen Geländes vor Grabungsbeginn keinerlei Hinweise auf den Verlauf von Gräben, Wällen oder Mauern lieferte, legten wir zunächst zwei west-ost-gerichtete Suchschnitte von 35 × 2 m Länge an. Die in diesen Sondagen zahlreich aufgedeckten Mauer- und Holzbefunde machten stellenweise Erweiterungen nach Norden und Süden nötig.

Es kam eine mindestens fünfphasige Burganlage zutage, deren Hauptgebäude ein fast quadratischer, 11 × 12 m großer Steinbau darstellt (Abb. 109). Das bis zu vier Steinlagen hoch erhaltene, 1,60 m starke Schalenmauerwerk besteht aus Sandsteinquadern und einer Füllung aus Sandsteinbruch. An den Außenseiten kommen neben einfachen Sandsteinquadern auch Buckelquader vor, wobei sich die zahlreichen Zangenlöcher zumeist in der oberen Hälfte der Steine befinden. Aufgrund der Außenmaße und der Mauerstärke dürfte es sich um einen Wohnturm handeln, den man zur Sicherung im feuchten Untergrund auf einem hölzernen Pfahlrost gründete. Eine ähnliche Fundamentierung findet sich auch unter den Rundtürmen der unweit Tüschnitz gelegenen Burg von Haßlach. Im Innenbereich des Wohnturms konnten wir bislang nur den jüngsten erhaltenen Benutzungshorizont freilegen. In diesem Bauzustand gab es mindestens drei Räume im Haus, von denen zwei mit mehreren Lagen verschieden großer Sandbruchsteine und wenigen Spolien ausgelegt waren. Über dem »Steinboden« – wahrscheinlich eine Drainage – dürfte sich ehemals ein Holzfußboden befunden haben. Die Erbauungszeit des Tüschnitzer Wohnturms datieren Keramikfunde in das 14. Jahrhundert.

Der Wohnturm überlagert einen älteren Mauerzug, der nach Ausweis von Keramik in der zweiten Hälfte des 13. Jahrhunderts errichtet wurde. Er besteht aus schlecht behauenen, unsorgfältig verlegten Sandsteinquadern und gründet auf dem anstehenden grauen Kies (Abb. 109). Außerdem lassen sich jüngere Anbauten nachweisen, die mindestens drei weiteren Bauphasen zugeordnet werden können. Zwar handelt es sich in allen Fällen um zweischaliges Sandsteinquadermauerwerk von mindestens 1,20–1,60 m Stärke, doch unterscheiden sich die Mauern der Bauphasen zum Teil stark in ihrer Qualität. Da die jüngeren Anbauten bislang nur ausschnittweise ergraben wurden, sind ihr Grundriß und ihr Alter noch nicht genauer zu bestimmen.

Parallel zur südlichen Außenwand des Wohnturms gelang es, eine Fachwerkkonstruktion mit Verblattung freizulegen (Abb. 110), deren Erbauungszeit durch ein erstes Dendrodatum auf 1317 datiert werden kann (s. S. 171 f.). Das völlige Fehlen von Funden in diesem Bereich ermöglicht bisher keine sichere Deutung des Befunds. Vielleicht handelt es sich hier um ein zum Wohnturm gehörendes Fachwerkhaus.

Der Burg vorgelagert war ein über 8 m breiter Graben, dessen Tiefe noch zu ermitteln sein wird. Den ehemals mit Wasser gefüllten Graben speisten zwei in der Nähe vorbeifließende Bäche und das Grundwasser. Der hohe Grundwasserspiegel im gesamten Gelände, der seit dem Mittelalter noch angestiegen ist, erschwerte die Ausgrabung erheblich und erforderte den ständigen Einsatz von Pumpen.

Den größten Anteil des umfangreichen Fundguts stellen Keramikscherben dar. Die ältesten Stücke aus der zweiten Hälfte des 13. Jahrhunderts und wenige Fragmente von Waldenburger und Creußener Steinzeug aus der Zeit um 1600 treten zahlenmäßig weit hinter die Irdenware des 14.–16. Jahrhunderts zurück. Glas ist mit Bruchstücken von Nuppenbechern, Flaschen und Flachglas vertreten. Besondere Erwähnung verdienen mehrere Fragmente eines Be-

110 Tüschnitz. Fachwerkkonstruktion des frühen 14. Jahrhunderts.

chers aus graviertem, figürlich mit Gold und Schwarzlot bemaltem Milchglas des 16. oder frühen 17. Jahrhunderts, der wahrscheinlich aus dem Fichtelgebirgsraum oder Sachsen stammt. Von den Metallfunden, darunter hauptsächlich eiserne Nägel, Messer, Schlüssel, Werkzeuge, Armbrustbolzen und ein Vorhängeschloß, sind besonders zwei Rüstungsteile hervorzuheben. Es handelt sich dabei um die Ellbogen- oder Kniekachel einer Rüstung aus vergoldetem Messing vom Ende des 14. oder der ersten Hälfte des 15. Jahrhunderts sowie um die unterste Folge einer über dem Knie endenden Beintasche eines sog. »Knechtischen Harnisch«. Dieser aus Eisen gefertigte Rüstungsteil der ersten Hälfte des 16. Jahrhunderts wurde mit aufgelöteten und von Buntmetall überzogenen Rosettennägeln verziert.

In Tüschnitz ist die seltene Möglichkeit gegeben, eine spätmittelalterlich-neuzeitliche Burganlage des Kleinadels großflächig freizulegen. Eine weitere Grabungskampagne im kommenden Jahr soll bisher offen gebliebene Fragen klären und weitere Aufschlüsse über die Geschichte dieser Burg bringen.   B. Münz

Die Ausgrabung an der Schlosserstiege in der Passauer Altstadt

Stadt Passau, Niederbayern

Die größte Gefahr für den Bestand der Bodendenkmäler in unseren Altstädten stellt neben Sanierungsmaßnahmen der Bau von Tiefgaragen dar. Von einem derartigen Bauvorhaben war auch ein Grundstück am Fuß des Dombergs betroffen, das am Südufer der Donau liegt.

Bereits Passaus ältester Stadtplan von 1826/29 läßt einen Garten auf diesem Gelände erkennen, das bis zu 4 m hohe, teils aus Bruchsteinen, teils aus Ziegeln gesetzte Mauern umgeben. Wie vermauerte Fenster und Türen zeigten, handelt es sich hierbei um Außenwände von Wohngebäuden. Zur Klärung ihres Alters und wegen der zu erwartenden älteren Siedlungsspuren legte die Stadtarchäologie Passau im Sommer 1992 einen in Nord-Süd-Richtung verlaufenden Schnitt durch das gesamte Grundstück an.

Dieser Schnitt, aus Zeitgründen zunächst mit dem Bagger gezogen, ergab neben mehreren mittelalterlichen und frühneuzeitlichen Baubefunden ein über 21 m langes Profil mit einer Tiefe von bis zu 7,50 m (Abb. 111). Von den Mauerbefunden ist die in Ost-West-Richtung über die gesamte Grabungsfläche freigelegte, aus Gneis- und Granitsteinen gesetzte Bruchsteinmauer II von größtem Interesse. Ihr Verlauf und eine Schießscharte weisen sie als Stadtmauer aus. Das Donauufer des mittelalterlichen Passau war zum größten Teil mit Wohnhäusern bebaut; zur Sicherung trugen lediglich Zwischenmauern mit kleineren Toren bei. Unser Grabungsareal liegt im Bereich einer Bodensenke, wo das seichte Ufer stets feucht und schlammig war. In diesem früher auch Schlottergrube genannten Abschnitt wurden deshalb zunächst keine Häuser, sondern zum vollständigen Schutz des Ufers eine Wehrmauer errichtet. In der Baugrube (Schicht 7) gefundene Keramik, darunter mit Graphit gemagerte Gefäßscherben, stammt aus dem 12./13. Jahrhundert, teilweise ist sie sogar noch älter.

Diese Datierung läßt sich vielleicht mit einer Quelle in Verbindung bringen, die von Abgaben für den Bau einer Stadtmauer im Jahr 1209 berichtet. Die unter Bischof Mangold angelegte Mauer reichte vom Donauufer bis zum Inn und schützte so das Gebiet des vor der Altstadt gelegenen Neumarkts. Möglicherweise entstand im Zuge der Baumaßnahme auch der nun ergrabene Abschnitt an der Schlosserstiege. Deutlich nachzuweisen waren ein Laufhorizont des 14. Jahrhunderts (Schicht 11) sowie Spuren von Überschwemmungen im 14./15. Jahrhundert (Schicht 12). Nach den bisherigen Erkenntnissen (die Grabung wird 1993 fortgesetzt) gehörte auch die nördlich vor der Stadtmauer liegende Mauer (VI a) zu diesem Komplex. Im 15. oder eventuell schon im 14. Jahrhundert diente die Stadtmauer als nördliche Wand eines Wohnhauses, außerdem errichtete man in dieser Zeit Mauer V; ein Eingang befand sich im Osten an der Schlosserstiege. Die südliche Umfassung des Wohnhauses bildete Mauer I, an die in einer späteren Phase Mauer III gesetzt wurde. Ein barockzeitlicher Ofen (XII) belegt die weitere Nutzung des Hauses. Der südliche Teil von Mauer V sowie Mauer IV, die beide aus Ziegelsteinen bestehen, entstanden im 17. Jahrhundert. Zur Versorgung der Bewohner mit Wasser diente ein Brunnen nördlich der ehemaligen Stadtmauer, der mit neuzeitlichem Fundmaterial verfüllt war. Seit dem 18. Jahrhundert nutzte man das Grundstück, wie auch der Stadtplan von 1826/29 belegt, nicht mehr zu Wohnzwecken.

In Zusammenhang mit der Stadtmauer steht wahrscheinlich auch Mauer X. Die südlich davon dokumentierten Schichten (beispielsweise

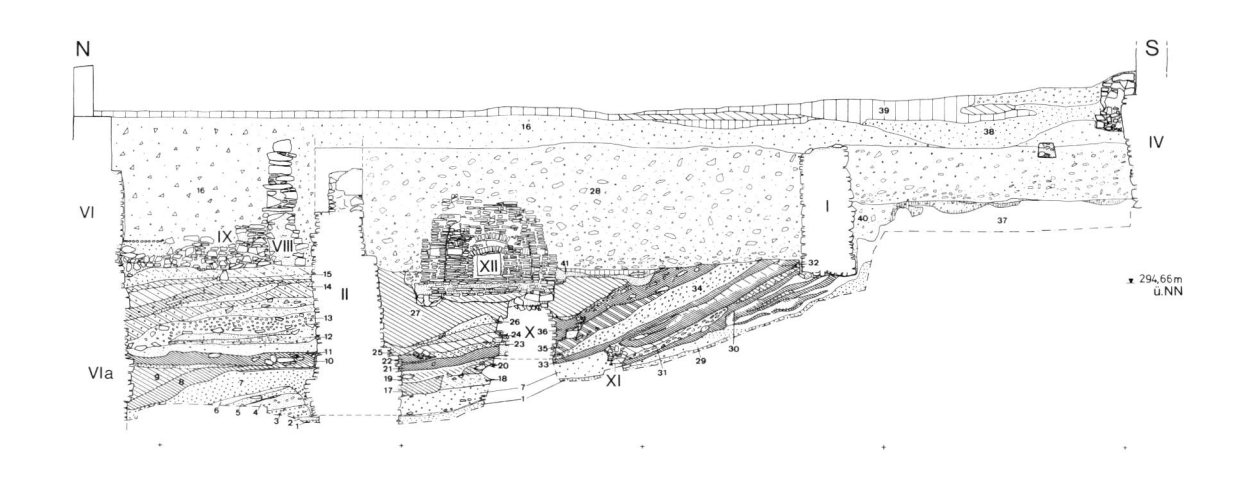

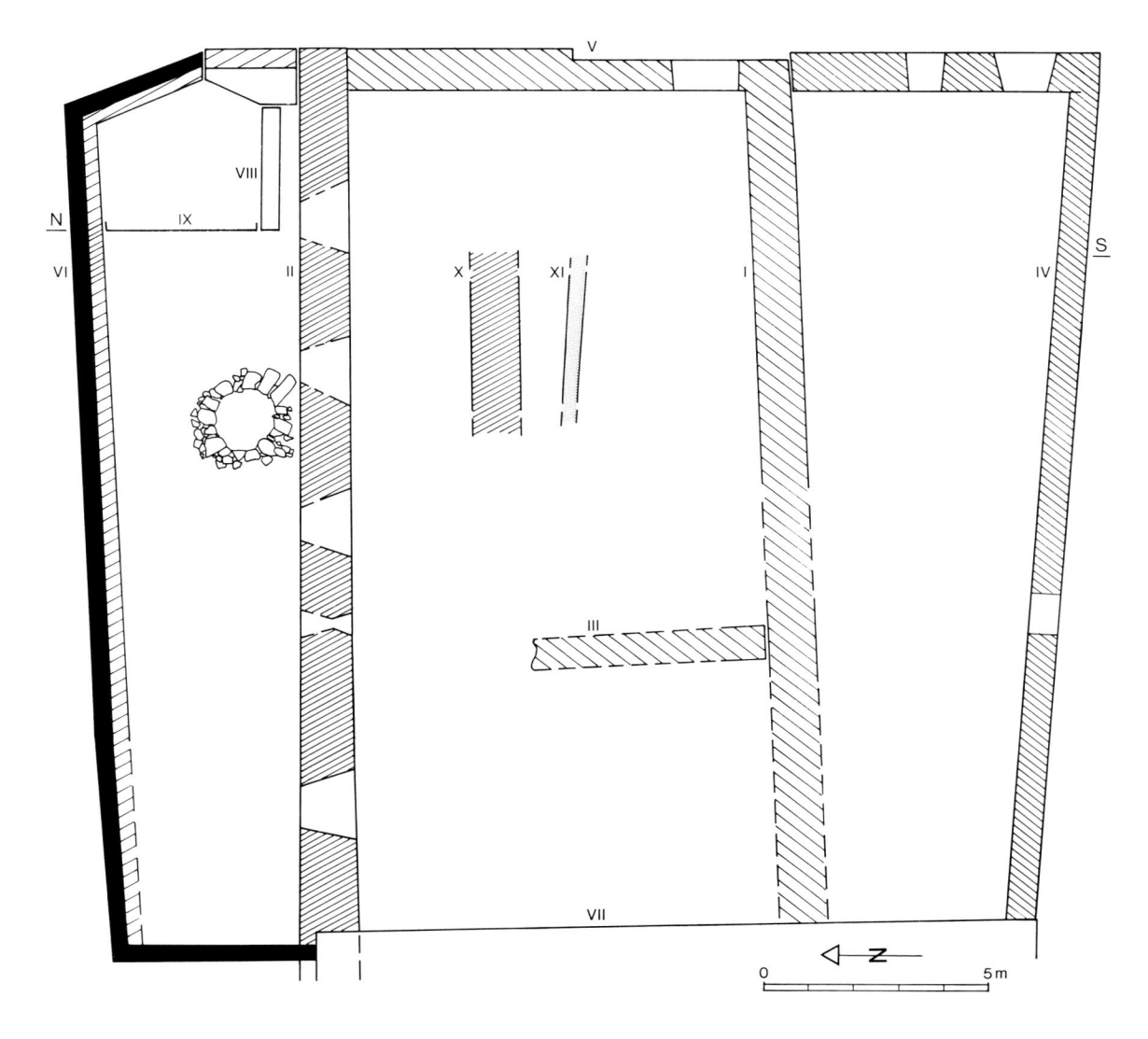

111 *Passau, Schlosserstiege. Plan der Mauerbefunde und Ostprofil.*

33) enthalten zu über 90 Prozent Funde (Keramik, Fibeln, Münzen) aus römischer Zeit, der Rest ist mittelalterlich. Vielleicht stammt das römische Material vom Domberg und gelangte hierher, als man im 13./14. Jahrhundert den Domplatz weiter ausbaute.

In den darunterliegenden, wohl rein römischen Schichten 29–31 kamen mittelkaiserzeitliche Kleinfunde zutage. Eine aus Bruchsteinen gesetzte, ebenfalls in Ost-West-Richtung verlaufende Trockenmauer (Mauer XI) war durch einen Holzpfosten verstärkt. Nach der Keramik im Pfostenloch und den datierenden Schichten zu urteilen, wurde sie im 2./3. Jahrhundert n. Chr. errichtet. Wie der Flußkies und der Planumsbefund zeigen, bewegen wir uns hier im keltisch-römischen Uferbereich und können daher die Mauer als Rest einer Art Uferbefestigung ansprechen. Eine Nutzung des Ufers in der Spätlatènezeit belegen zahlreiche graphitgemagerte und kammstrichverzierte Gefäßfragmente, die allerdings in römischen Schichten lagen.

Von den Zeugnissen der zweitausendjährigen Geschichte dieses Donauuferabschnitts wird nach dem Bau der Tiefgarage nur noch die mittelalterliche Stadtmauer übrigbleiben, die in den Neubau integriert werden soll.

J.-P. Niemeier

Die Bauphasen der Hauptburg Hilpoltstein

Landkreis Roth, Mittelfranken

Geplante umfangreiche Sanierungsmaßnahmen an der Ruine der Hauptburg in Hilpoltstein erforderten im Vorfeld archäologische Untersuchungen, die 1988 begannen und im Sommer 1991 zum Abschluß gebracht werden konnten. Auf der Grundlage der hierbei gewonnenen Erkenntnisse ist es nun möglich, die Bauphasen der Anlage zusammenfassend darzustellen (Abb. 112; 113).

In zwei Bereichen wurden Schichten angeschnitten, die zur ältesten mittelalterlichen Nutzung des Burgfelsens gehören und eine geringe Menge nur schwer datierbarer, sekundär gebrannter Keramik enthielten. Der Befund deutet auf eine wohl durch Brand zerstörte Holzbauphase hin. Ob sie bis in die Ungarnzeit zurückreicht, bedarf noch der Klärung.

Es folgte eine erste massiv gemauerte Burg (Abb. 112, Steinbauphase 1). Die verwendeten recht kleinformatigen, glatten Sandsteinquader und Funde des 11. Jahrhunderts lassen auf eine Entstehung der Anlage in salischer Zeit schließen. Ob das an einer Stelle der südlichen Ringmauer angetroffene Mauerwerk aus kleinen Buckelquadern zum Gründungsbau oder zu einer sonst nicht weiter faßbaren ersten Erneuerung gehört, bleibt vorerst offen. Der Grundriß der Hauptburg läßt sich trotz der wenigen Mauerpartien, die eindeutig dieser Bauphase zuzurechnen sind, gut rekonstruieren, da die Außenkontur durch den allseits steil abfallenden Felsen weitgehend vorgegeben ist. Die Kernburg hatte eine steinerne Ringmauer, einen fast quadratischen, wohl repräsentativen Bau in der Mitte (Palas) und einen polygonalen Wohnturm an der Westspitze. Beide Gebäude besaßen mindestens ein Erd- und ein Obergeschoß.

Die erste staufische Erneuerung (Steinbauphase 2) behielt zwar den alten Grundriß bei, doch wurde die Ringmauer großenteils neu errichtet und wesentlich erhöht sowie die Stärke der Westmauer des Palas mit einer weiteren Mauerschale nahezu verdoppelt. Dies war nötig, weil man die Ringmauer mitsamt den eingebundenen Gebäuden um eine Etage aufstockte. Das Mauerwerk besteht aus großformatigen Buckelquadern ohne Zangenlöcher. Die Zisterne im östlichen Burghof stammt sicher aus dieser Zeit, ebenso ein Abortschacht im Wohnturm. Gleichzeitig oder wenig später entstand der Verbindungsbau zwischen Wohnturm und Palas. Die Bauphase läßt sich wie alle späteren gut durch Funde datieren und gehört in die zweite Hälfte des 12. Jahrhunderts. Sicher stratifiziert und dieser Phase zuzuordnen ist auch die Scherbe eines sog. Hedwigsbechers mit Adlermotiv, die deutliche Abnutzungspuren aufweist. Von einem weiteren Hedwigsbecher, jedoch mit Muscheldekor, fand sich ein umgelagertes Fragment. Beide Stücke stellen die ersten Funde von Bechern dieser Art in Bayern

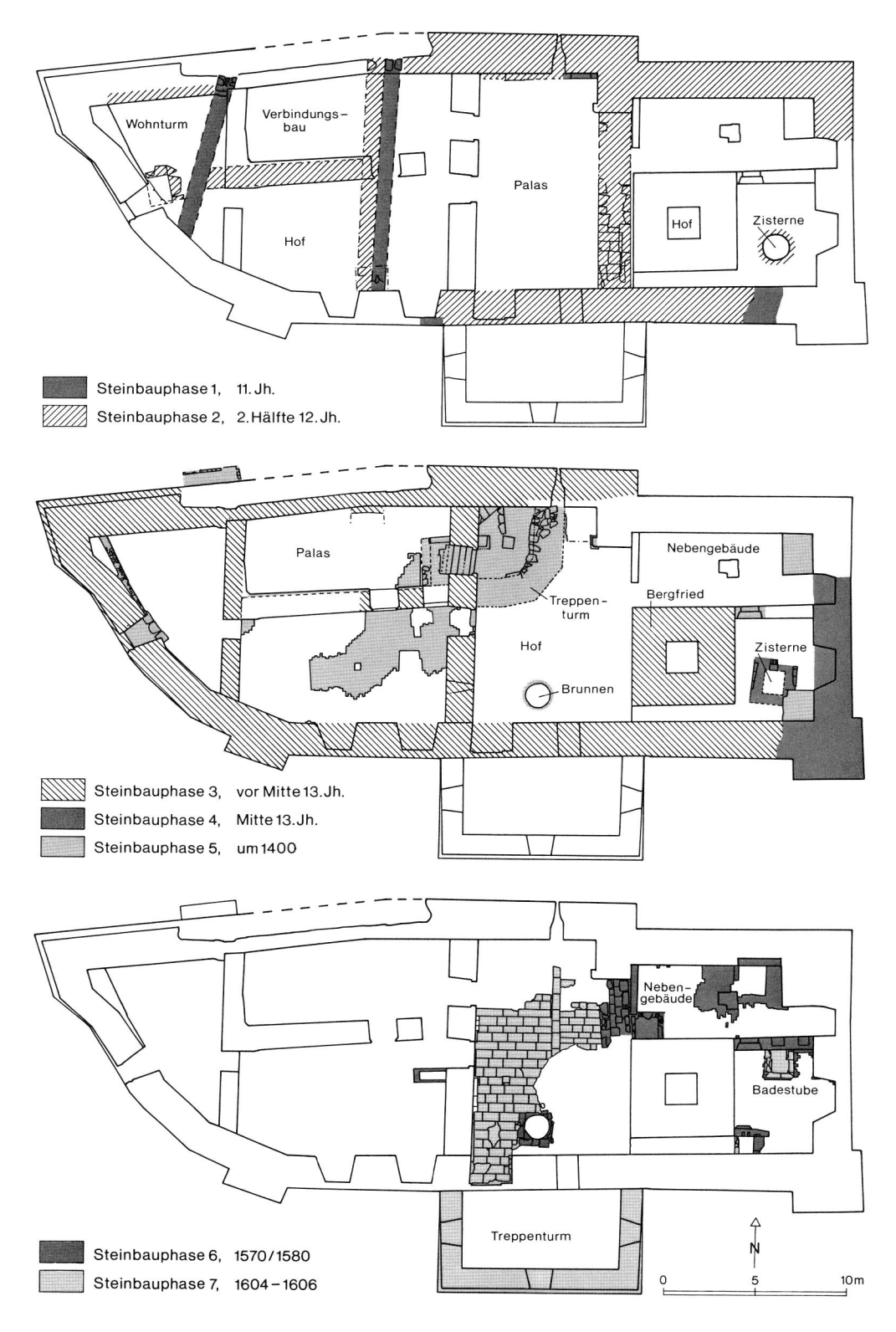

112 *Hilpoltstein. Steinbauphasen 1–7 der Hauptburg.*

113 *Hilpoltstein. Blick von Osten auf die Ausgrabung der Hauptburg.*

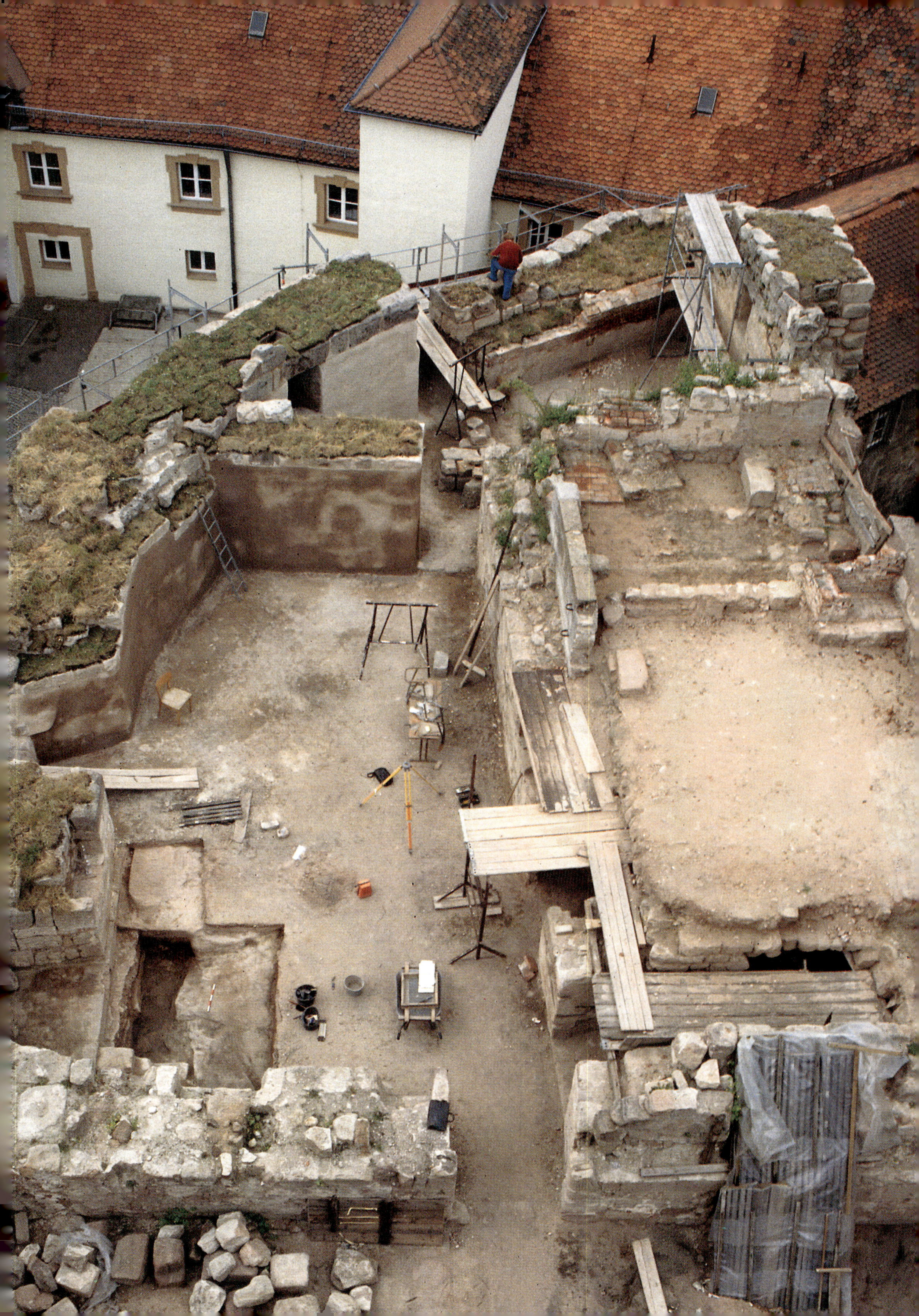

dar, die in Deutschland sonst nur noch auf der Burg Weibertreu bei Weinsberg und der Welfischen Stadtburg in Göttingen belegt sind.

Vor der Mitte des 13. Jahrhunderts kam es mit dem Abriß der gesamten Gebäudegruppe zu einer radikalen Umgestaltung der Hauptburg (Steinbauphase 3). Lediglich die Südwand des Verbindungsbaus ließ man weitgehend stehen und integrierte sie als Trennwand in den neu entstandenen Palas, der nun die Westhälfte der Hauptburg einnahm. Der Zugang erfolgte spätestens jetzt durch einen Felsengang und eine große Halle. Von dort führte eine Treppe steil nach oben auf den Burghof. Im Ostteil errichtete man einen hohen Bergfried, der fast unversehrt bis heute erhalten ist. Die Ringmauer wurde aus rötlichen Buckelquadern mit Randschlag und Zangenloch bis zu einer Höhe von 19 m in Teilen oder völlig neu aufgeführt. An den am höchsten erhaltenen Partien war von dieser Bauphase noch das Laufniveau des Wehrgangs festzustellen.

In der Mitte des 13. Jahrhunderts erfolgten weitere Baumaßnahmen (Steinbauphase 4). Der südöstliche Bereich der Ringmauer wurde vollständig erneuert, wobei auch der leicht vorspringende Eckturm entstand. Außerdem stockte man Ringmauer und Palas um eine Etage auf, die Zisterne erhielt einen quadratischen Schachtaufbau.

Die nächsten einschneidenden Veränderungen brachte erst die Zeit um 1400 (Steinbauphase 5). Die Eingangshalle im Burgfelsen, der darüberliegende und der westliche Raum im Palas wurden eingewölbt, am Hauptgebäude errichtete man einen polygonalen Treppenturm. Hinzu kam ein erstes Nebengebäude, das den Bergfried an der Nord- und Ostseite umgab; seine Innenwände bestanden aus Fachwerk auf Steinfundamenten. Das Regenwasser leitete man über die Dächer in die Zisterne.

1570/1580 wurde dieses Nebengebäude abgebrochen und auf den alten Fundamenten in Stein neu errichtet (Steinbauphase 6). Die zu dieser Zeit eingewölbte Zisterne verschwand unter dem Fußboden. Das Erdgeschoß hatte nun ein Gewölbe und beherbergte die Burgküche sowie die Backstube.

1604–1606 kam es zum letzten größeren Umbau für die verwitwete Pfalzgräfin Dorothea-Maria von Pfalz-Neuburg (Steinbauphase 7). Im inneren Burghof riß man den Treppenturm ab und ersetzte ihn durch einen heute noch als Ruine erhaltenen Neubau an der südlichen Ringmauer. Der Burghof wurde vollständig mit Sandsteinplatten gepflastert, die Innenräume neu ausgestaltet und die Backstube zum Bad umgebaut. Nach dem Tod der Pfalzgräfin 1639 ließ man die Hauptburg verfallen und später dann abbrechen.

Aufgrund der Untersuchungen im Zuge der Sanierung ist es jetzt möglich, die Baugeschichte der Hauptburg exakt nachzuzeichnen. Auch in der inneren und äußeren Vorburg gelang es, wichtige Befunde zu dokumentieren. Damit sind die Voraussetzungen geschaffen, Erkenntnisse über die Geschichte der gesamten Burganlage zu gewinnen.

Th. Platz

Literatur

Th. Platz, Arch. Jahr Bayern 1989, 181 ff. – Ders., Die Burg Hilpoltstein. In: Landkreis Roth (Hrsg.), Haus des Gastes in Hilpoltstein (1991) 46 ff. – Ders., Hilpoltstein – eine tausendjährige Burg und Siedlung. In: Hilpoltstein feiert. Festschr. zum Stadtjubiläum 1992 (Hilpoltstein 1992) 20 ff.

1082 Jahre im Spiegel der Dendrochronologie

Im August 1988 wurde das Labor für Dendroarchäologie des Bayer. Landesamts für Denkmalpflege gegründet. Neben dem Hauptprojekt, der Feuchtbodensiedlung Pestenacker, konnten wir seither auch kleinere Fundserien aus ganz Bayern dendrochronologisch bearbeiten. Aus diesem Fundus ließ sich, trotz teilweise nur sehr geringer Überlappung, eine Mittelkurve für das früh- bis spätmittelalterliche Bayern aufbauen (Abb. 114 oben).

Die 1082 Jahre lange Mittelkurve reicht von 376 bis 1457 n. Chr. Ihr liegen Hölzer verschiedener Fundorte zugrunde, die zweifelsfrei auf die süddeutsche Standardchronologie von B. Becker datiert werden konnten.

Den ältesten frühmittelalterlichen Befund stellt ein Brunnen (Befund 589) aus der merowingerzeitlichen Siedlung von Eching, Lkr. Freising, dar. Der jüngste Jahrring, allerdings ohne Splint oder Waldkante, datiert in das Jahr 630 (Abb.

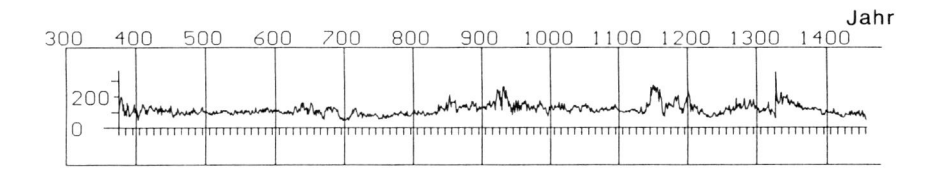

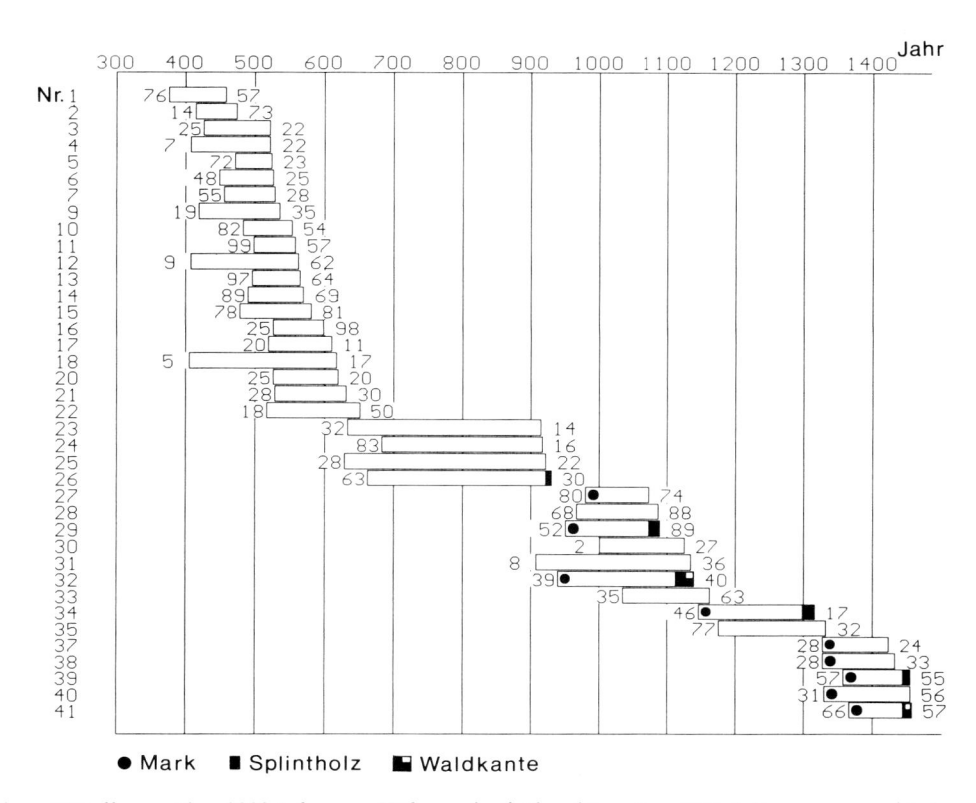

114 *Oben: Mittelkurve über 1082 Jahre aus Hölzern des frühen bis späten Mittelalters von verschiedenen bayerischen Fundorten. Unten: die Hölzer in ihrem zeitlichen Verhältnis zueinander. 1–21 Eching, Befund 589; 22 Weißenburg i. Bay., Grab 2; 23–26 Künzing, Objekt 167; 27–29.31.32 Passau, Hafen; 30.33 Passau, Höllgasse; 34.39.41 Tüschnitz, Niederungsburg; 35 Volkach, Unteres Tor; 37.38 Oettingen i. Bay.; 40 Aichach, Spitalhof.*

114 unten, Nr. 1–21). Berücksichtigt man das Fehlen des Splintholzes und die Erhaltung der bearbeiteten Hölzer, dürfte der Brunnen spätestens um die Mitte der zweiten Hälfte des 7. Jahrhunderts gebaut worden sein.

Im Jahr 650 endet die Jahrringfolge eines Schwartenbretts ohne Splintholz und Waldkante aus einem Steinplattengrab der ehemaligen St.-Martins-Kirche von Weißenburg i. Bay., Lkr. Weißenburg-Gunzenhausen (Nr. 22). Rechnet man die Mindestzahl der fehlenden Splintjahrringe hinzu, wurde es frühestens 665 angelegt, was in etwa der Zeitstellung des Nachbargrabs entspricht (s. S. 140 ff.).

Eine Überraschung war ein angeblich römischer Brunnen (Objekt 167) aus dem Vicus von Künzing, Lkr. Deggendorf: Die massiv gezimmerte, quadratische Brunnenstube läßt sich mit Splint und Waldkante auf das Jahr 939 datieren (Nr. 23–26). Baubefunde aus dieser Zeit fehlen.

Zum mittelalterlichen Hafen von Passau gehörten einige Poller unterschiedlichen Alters, von denen die ältesten um 1095 verbaut wurden (Nr. 27 u. 29); rund 50 Jahre später, 1140 (Nr. 28 u. 32), erneuerte man die Anlage ein erstes und wohl in der zweiten Hälfte des 12. Jahrhunderts ein zweites Mal (Nr. 31 ohne Splint und Waldkante).

Ebenfalls aus Passau stammen Teile einer Abwasserleitung, deren Jahrringfolge ohne Splintholz 1163 endet und die wohl im ausgehenden 12. Jahrhundert verlegt wurde (Nr. 30 u. 33).

Eine längere Baugeschichte spiegeln drei Proben von einer Niederungsburg bei Tüschnitz, Gde. Küps, Lkr. Kronach, wider (s. S. 163 ff.): Eine Schwelle mit einer Waldkante datiert ein Fachwerkgebäude in das Jahr 1317 (Nr. 34),

171

rund 150 Jahre später, 1457, baute man erneut (Nr. 39 u. 41).

Ein Gebäude in Volkach, Lkr. Kitzingen, gründete auf einem Eichenpfosten, dessen Jahrringfolge ohne Splintholz 1332 endet (Nr. 35). Frühestens um 1350 dürfte der Baum geschlagen worden sein.

Ebenfalls auf Fundamentierungen aus Eichenpfosten stand ein Haus in Oettingen i. Bay., Lkr. Donau-Ries, das man, unter Berücksichtigung des fehlenden Splintholzes, wohl um die Mitte des 15. Jahrhunderts errichtet hatte (Nr. 37 u. 38).

Das letzte Beispiel, ein Fundamentbalken ohne Splint und Waldkante aus dem Turmanbau der Stadtmauer von Aichach, Lkr. Aichach-Friedberg, läßt sich in die Mitte der zweiten Hälfte des 15. Jahrhunderts datieren (Nr. 40).

Alle Hölzer stammen aus Grabungen und Notbergungen der Bodendenkmalpflege. Um die einzelnen Landschaften in ihren »dendrochronologischen Eigenarten« besser zu erfassen und damit ein sensibleres Datierungsgerüst zu erhalten, sind allerdings noch viele weitere Holzproben aus allen Regierungsbezirken erforderlich.

S. Bauer

Ein umfangreicher Keramik- und Glasfund des späten 17. Jahrhunderts aus Rosenheim

Oberbayern

Als bei Bauarbeiten am Fastlinger-Haus in Rosenheim, am Mittertor zwischen Ludwigs- und Max-Josefs-Platz, der ehemalige Innere Stadtgraben angeschnitten wurde, gelang es dank der Aufmerksamkeit von Kreisheimatpfleger W. Birkmaier und Dr. R. Darga am 8./9. Oktober 1992, aus der Verfüllung erste Keramik- und Glasfunde zu bergen. Um den Fortgang der Baumaßnahmen nicht zu gefährden, schien es geboten, den Graben so weit wie möglich auszubaggern. Das Aushubmaterial, teils sandige, teils tonige Ablagerungen, wurde in das Klärwerk der Stadt Rosenheim transportiert und dort auf zwei Sieben mit Hilfe von Feuerwehrspritzen von den gröbsten Verunreinigungen befreit. In diesem Zusammenhang ist A. Holzmaier (Baufirma Großmann), Dipl.-Ing. P. Sterz (Bauordnungsamt der Stadt Rosenheim) und O. Albrecht (Städtisches Klärwerk) für ihre Hilfe verbindlichst zu danken.

115 *Rosenheim, Fastlinger-Haus. Schaftleuchter (links), Henkel eines reduzierend gebrannten Gefäßes mit mehreren Stempelmarken (Mitte) und Spiegel einer malhornverzierten Schüssel (rechts). Verschiedene Maßstäbe.*

Das verbliebene Fundmaterial verpackten wir in mehr als 200 große Säcke und brachten es nach München, wo am Institut für Paläontologie und historische Geologie der Universität eine weitere Reinigung erfolgte. An den Arbeiten, die derzeit noch fortdauern, beteiligten sich außer den Verfassern M. Beilhack, G. Fuchs, Dr. K.-H. Kirsch, S. und Dr. T. Roppelt.

Im Fundgut dominieren keramische Reste, wobei der größte Teil als Irdenware vorliegt, während nur ein Drittel des Geschirrs reduzierend gebrannt ist. Bei letzterem handelt es sich überwiegend um Henkeltöpfe, die aufgrund von Rußspuren als Kochtöpfe anzusprechen sind. Ihre Außenseite weist häufig Poliermuster auf. Einige zeigen auf dem Rand bzw. auf der Oberseite der Henkel Stempelmarken, und zwar zumeist ein Kreuz mit schwebenden Balken (Abb. 115 Mitte), das auf Obernzell östlich von Passau hindeutet. Andere Marken wie beispielsweise Initialen kommen dagegen seltener vor. Ein Teil der Gefäße erscheint graphitiert, so etwa ein kleiner Schmelztiegel. Zur reduzierend gebrannten Ware gehören ferner ein Essigkrug mit aufgelegter Druckmuldenleiste, stattliche Kannen und weitmundige, flache Schalen mit verschiedenen Poliermustern.

Die oxidierend gebrannten Kochtöpfe sind auf der Innenseite zumeist grün, braun oder gelb glasiert. Einige wenige lassen auf der Schulterregion rote Engobestreifen erkennen. Beidseitig glasierte Töpfe dienten wohl als Schenkgefäße bei Tisch. Blumentöpfe blieben entweder völlig unglasiert oder tragen ausschließlich eine Außenglasur. Dasselbe gilt für flache, häufig großformatige Blumenuntersetzer. Eine andere Funktion hatten Dreibeintöpfe und Bratreinen, die teilweise in Form eines »Saurüssels« vorliegen. Außerdem kommen Nachttöpfe mit breitem Sitzrand und dreieckigen Verstrebungen auf der Unterseite der Randzone sowie kleine Tüllengefäße vor. Salbentöpfchen, Schaftleuchter (Abb. 115 links), Vogeltränken und Miniaturgefäße lassen sich als Sonderformen ansprechen.

Deckel der verschiedensten Art erscheinen im Fundgut sehr häufig. Neben gewöhnlichen Hohldeckeln gibt es auch Steck- oder Stülpdeckel für Gefäße des gehobeneren Bedarfs.

Groß ist die Zahl der Krüge und Kannen, aber auch Enghalsflaschen fehlen nicht. Zahlreiche Gefäße waren für die häusliche Repräsentation bestimmt. Sie sind in der Regel beidseitig, gelegentlich sogar polychrom glasiert und teilweise

116 *Rosenheim, Fastlinger-Haus. Ofenbekrönung mit grüner Glasur. Maßstab 1 : 4.*

mit Kerbschnitt- oder aufgelegtem Reliefdekor versehen. Ferner kommen Krüge mit Sandanwurf und in Form sog. Wursthäfen vor. Ihre meist aufwendig gestalteten Henkel können aus drei Tonsträngen geflochten oder auf der Außenseite mit Reliefdekor verziert sein.

Reste von Schüsseln, Schalen und Tellern sind gleichfalls sehr häufig. Einige davon dienten als Milch-, andere als Tafelgeschirr. Die meist grün, seltener gelb glasierten Teller tragen gelegentlich einen Kammstrich- oder Rollstempeldekor, wie er im Kröning gebräuchlich war. Nicht wenige Schüsseln wurden mit dem Malhorn dekoriert, wobei geometrische und florale Muster überwiegen, figürliche Darstellungen hingegen selten auftreten (Abb. 115 rechts). Kleinere Schälchen sind zusätzlich mit Griffen in Form von Engelköpfchen oder ähnlichem versehen. Nachzutragen bleiben Siebschüsseln, »Oakasmodel« und durchbrochen gearbeitete Glutgefäße. Neben dem gestempelten Geschirr, den Krügen und Kannen bestimmt vor allem die malhornverzierte Ware den wissenschaftlichen Wert des Rosenheimer Funds.

Die reichlich vorhandene Ofenkeramik setzt sich aus meist grün glasierten oder mit Graphit beschichteten Schüsselkacheln, aus Blatt- bzw. Reliefkacheln, Gesimskacheln und Ofenbekrönungen (Abb. 116) zusammen. Die vorherrschende Glasurfarbe ist grün. Außer Medaillon-, Rosetten- und Tapetenkacheln kommen auch figürliche Darstellungen vor. Einige Kacheln lassen Beziehungen zu Wolfratshausen, andere zum Töpferort Urtlbach am Schliersee erkennen.

Neben Irdenware fanden sich Bruchstücke von Fayence, darunter blauweiße Ware (Krüge, Schüsseln, Albarelli) aus Dießen a. Ammersee. Auch ein Schälchen aus italienischer Majolika konnte nachgewiesen werden. Steinzeug ist vor allem durch Pfeifenköpfe und -stiele, Westerwälder Steinzeug hingegen lediglich durch kleine Bruchstücke von reich verzierten Krügen vertreten.

Nicht minder bedeutend erscheinen die zahlreichen Fragmente von teils farblosen, teils grünlich getönten Hohlgläsern. Hinzu kommen Nuppenbecher aus blauem Kobaltglas und rotopake Ware.

Auf die Kleinfunde aus Metall und organischer Substanz, darunter auch tierische und pflanzliche Küchenabfälle, kann an dieser Stelle nicht eingegangen werden. Ihre Auswertung dürfte ebenso wie die Untersuchung der Muscheln und Schnecken, die im oder am Rand des Inneren Grabens lebten, wertvolle Rückschlüsse auf das Biotop und den hier entsorgten Hausmüll ermöglichen. Abschließend sei festgehalten, daß nach den bisherigen Erkenntnissen die Hauptmasse des Rosenheimer Funds in das späte 17. Jahrhundert zu datieren ist.

H. Hagn, R. Darga und P. Veit

»Thüringer« Porzellan aus Franken: Erzeugnisse der Gottbrechtschen Porzellanmanufaktur Reichmannsdorf am Ostrand des Steigerwalds

Stadt Schlüsselfeld, Landkreis Bamberg, Oberfranken

Zu den interessantesten »keramischen« Wandergestalten der spätmerkantilistischen Epoche, die als bürgerliche »Entrepreneurs« unter der Protektion adeliger Herrschaft ihr Glück in der Herstellung »feinen Porcellains« versuchten, gehört der Fabrikant Johann Matthias Gottlieb Ehregott Gottbrecht. Um 1750 in Berlin geboren, war er zwischen 1776 und 1786 als Kunstdreher und Unternehmer in den thüringischen Porzellanfabriken Limbach, Großbreitenbach, Gera-Untermhaus und Rauenstein tätig, bevor ihn seine unternehmerische Initiative über Passau nach Franken führte.

Nach einem glücklosen Intermezzo als »Porzellanfabrikant« in der Steingutfabrik Marktbreit (1781) eröffnete der von fremder Kapitalhilfe abhängige, ruhelos Umherreisende 1788 zusammen mit dem Marktbreiter Weinhändler Johann Christoph Fischer eine Keramikfabrik in dem nahe gelegenen Steigerwaldort Rehweiler, wo unter anderem echtes Hartporzellan erzeugt wurde. Als auch dieser Betrieb trotz beträchtlicher Finanzhilfe der gräflich-Castellschen Familie nicht florierte, zog er wenige Kilometer ostwärts nach Reichmannsdorf im damals reichsfrei-unmittelbaren Ritterterritorium des bambergischen Hofmarschalls und Ober-amtmanns zu Burgebrach, Franz Konrad Freiherr von Schrottenberg, unter dessen Patronat ihm 1791 endlich die Gründung eines prosperierenden Unternehmens gelang. Es hatte bis 1867 Bestand, da nach dem frühen Tode Gottbrechts (1795) zunächst seine Witwe, später ihre drei Söhne – alle begabte Portrait-, Figuren- und Landschaftsmaler –, das junge Unternehmen mit Hilfe Schrottenbergs über die folgenden Jahre allgemeiner Unsicherheit entschlossen fortführten. 1838 wurde es nach einem vernichtenden Brand (1833) versteigert und wechselte bis zur endgültigen Einstellung des Betriebs im Jahr 1867 nicht weniger als achtmal den Besitzer.

Während der archivalische Quellenbestand dank der einschlägigen Vorarbeiten von L. Klarmann, S. Jacob und W. Morgenroth die Grundzüge der Fabrikgeschichte bereits nachzeichnen läßt, war es bis vor wenigen Monaten allerdings nicht möglich, gesicherte Erzeugnisse dieses Unternehmens namhaft zu machen. Zwar konnten bereits 1975 bei der amtlichen Erfassung frühgeschichtlicher Lesefunde eines Fürther Privatsammlers mehrere aus Reichmannsdorf stammende »Türkentaler« – Brennhilfen zur Herstellung von Pfeifenköpfen – als

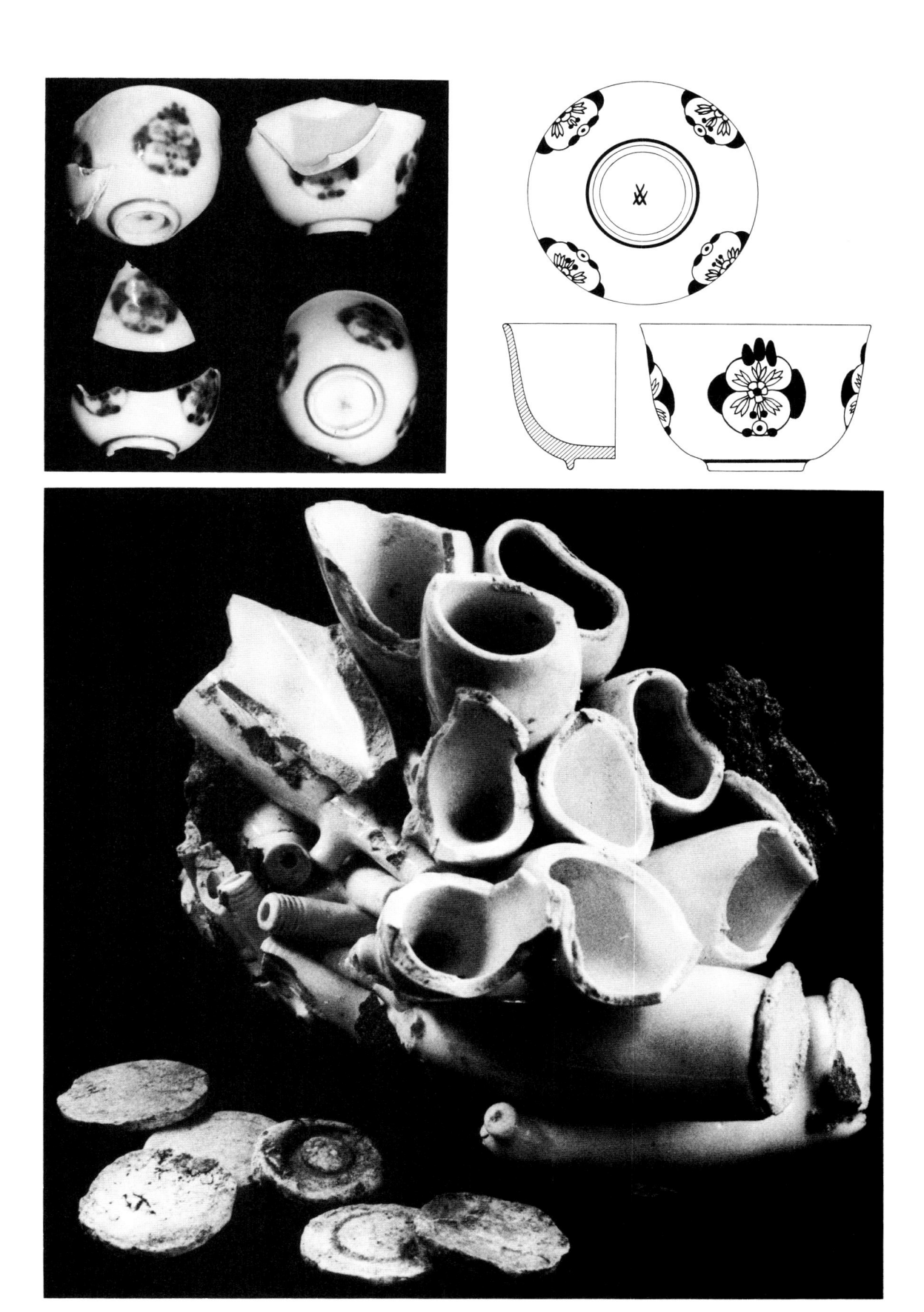

117 Reichmannsdorf. Oben: frühe Fabrikate Reichmannsdorfer Türkenkoppchen mit stilisiertem unterglasurblauem Blütendekor Volkstedter Art und imitierter Meißener Schwertermarke (Fehlbrände und Rekonstruktion). Koppchenhöhe 4,4 cm. Unten: Konglomerat zusammengebackener Pfeifenköpfe und »Türkentaler«. Etwa natürliche Größe.

erste greifbare Belege örtlicher Porzellanerzeugung aussortiert werden, doch unterblieben damals weitere Nachforschungen.

Ein Durchbruch bei der Identifizierung Reichmannsdorfer Porzellanfabrikate gelang indes erst W. Auer, Ausgrabungstechniker des Bayer. Landesamts für Denkmalpflege, Außenstelle Oberfranken. Im näheren Umkreis des Fabrikgebäudes konnte er 1992 nicht nur zahlreiche Brüchlinge von Fehlbränden und Fertigware auflesen, sondern durch anschließende Umfragen bei der Einwohnerschaft sogar Dutzende von Gipsformen und Rohlingen der am Ort hergestellten Porzellanartikel ausfindig machen und für das von ihm ehrenamtlich betreute Stadtmuseum Schlüsselfeld als Ausstellungsgut zur Veranschaulichung dieses fast vergessenen Gewerbezweigs sichern. Zusammen mit den Ergebnissen bisheriger Archivforschung und weiteren, neu hinzugewonnenen Erkenntnissen als Bausteinen für eine geplante Dokumentation des Unternehmens und seiner kunsthandwerklichen Leistungen geben die Neufunde jetzt erstmals konkrete Aufschlüsse über die bemerkenswerte Qualität und den breit gefächerten Umfang des Warensortiments; ja sie zeichnen darüber hinaus sogar die Möglichkeit vor, das Werden und die Wandlungen dieses Werks wie auch die Entwicklung seiner künstlerischen und geschmacklichen Eigenheiten in den Grundzügen zu rekonstruieren.

Die aus Kirchenbüchern und anderen Archivalien erschließbare enge personelle Verflechtung des Reichmannsdorfer Mitarbeiterbestands mit dem der thüringischen Porzellanfabriken spiegelt sich nicht nur in der bewußten Anlehnung an die dortigen administrativen und rechtlichen Regelungen wider, sondern auch in der weitgehenden Übereinstimmung bzw. Übernahme zahlreicher »thüringischer« Geschirrformen und -muster. So dominieren in Reichmannsdorf bereits unter den Fabrikaten der Frühzeit – herkömmlichem Tafelgeschirr (mit »deutschen« und »indianischen Blumen«, aber auch Landschaften mit Personen- und Tierdarstellungen), Pfeifenköpfen verschiedener Form und kobaltblau bemalten Türkenbechern für den Orienthandel (Abb. 117) – bezeichnenderweise solche Formen und Dekore, die zum gängigen Repertoire der thüringischen Manufakturen und der beiden von dort aus im fränkischen Nachbargebiet gegründeten Betriebe Schney und Tettau zählen. Stilistische Beziehungen zu anderen frühen Manufakturen wie Meißen, Ansbach oder Wien treten dagegen deutlich in den Hintergrund. Wie die beiden anderen fränkischen, ebenfalls in thüringischer Manier produzierenden Manufakturen Schney und Tettau gehört daher auch das hier behandelte Unternehmen – leicht zu verwechseln mit der gleichnamigen, nach 1813 von einem Friedrich Gottbrecht, genannt »Friedegott«, gegründeten Porzellanfabrik Reichmannsdorf in Thüringen – im weiteren Sinne zu den »thüringischen« Porzellanmanufakturen des späten 18. Jahrhunderts.

Die von großen wirtschaftlichen Schwierigkeiten geprägten Produktionsverhältnisse der Frühzeit, in der man während der Napoleonischen Kontinentalsperre gelegentlich auch

118 *Reichmannsdorf. Erzeugnisse der Spätzeit. 1–3 Devotionalporzellan: Gipsform (3), Plastilinausformung (1) und fragmentiertes Fertigprodukt (2) im Größenvergleich; 4–6 drei Puppenbüsten unterschiedlicher Größe. Maßstab etwa 1 : 2.*

Weißware anderer Fabrikation bemalte, konsolidierten sich erst nach den Ereignissen des Kriegsjahrs 1813. Ihm folgte eine 20 Jahre während Phase florierender Konjunktur mit etwa 70 Beschäftigten. Das jetzt in einem moderneren technologischen Verfahren produzierte Porzellan, das zeitgenössischen Quellen zufolge dem Meißener in Farbe und Reinheit glich, dekorierte man zwar weiterhin in der bewährten Manier, doch scheint daneben auch die Modellmalerei eine bevorzugte Rolle gespielt zu haben. Die für den Umsatz bedeutendsten Fabrikate waren noch immer Türkenbecher, Pfeifenstummel und Pfeifenköpfe. Letztere sind in einer überraschenden Vielfalt von etwa zwei Dutzend Formen mit verschiedensten »Zierrathen« bezeugt, darunter aufgemalten Landschaften, Insekten, figürlichen Darstellungen oder dem – von »patriotischen« Berliner Porzellanfabrikaten ebenfalls bekannten – Ordensmotiv des »Eisernen Kreuzes«.

In die Zeit des Niedergangs, die mit der tragischen Brandkatastrophe des Jahres 1833, dem dadurch bedingten rapiden Absinken der Mitarbeiterzahl und dem Tode des ältesten, als Haupt des Unternehmens fungierenden Teilhabers einsetzte, fielen nicht nur die Versteigerung des Familienbetriebs, sondern auch häufige Unterbrechungen der Produktion als Folge der zahlreichen Besitzerwechsel, wachsender Konkurrenz, mangelnder Investitionen und immer schwieriger werdender Rohstoffbeschaffung. Man stellte jetzt fast nur noch gewöhnliche Marktware entsprechend dem sich ändernden Zeitgeschmack her (Abb. 118): so beispielsweise achteckige Schnauzenkannen und anderes Tafelgeschirr der Form »à la Grecque«, pokalartige Fußbecher, Pfeifenköpfe, Vertiko- und Devotionalporzellan (Ziervasen, volkstümliche Trachtenfigürchen, Kruzifixe, Weihwasserkessel, »Heiligenartikel«), Puppenbüsten und -glieder wie auch kleine Haushaltsartikel (Küchenschilder, Behälter).

Die aus den zahlreichen wechselseitigen Beziehungen resultierende enge personelle Verflechtung der fränkischen und thüringischen Manufakturen – sowohl der Arbeiterschaft als auch der Betriebsleitungen – bietet zugleich ein beredtes Beispiel für gemeinsam erlebte und erlittene Geschichte. Eine Besinnung auf solche Schicksalsgemeinschaft und gemeinsame Tradition gewinnt jedoch gerade in der heutigen Zeit eine besondere Bedeutung im Hinblick auf eines der dringlichsten Ziele des Zusammenwachsens der verbliebenen deutschen Reststaaten: die Wiederherstellung geistiger Gemeinschaft nach vierzigjähriger Trennung.

L. Wamser und W. Auer

Literatur

J. L. Klarmann, Der Steigerwald in der Vergangenheit (Gerolzhofen 1909) 160 ff. – S. Jacob, Die Porzellanmanufaktur zu Reichmannsdorf. Ber. Hist. Ver. Bamberg 109, 1973, 385 ff.

Zur Vermessung des mittelalterlichen Eisenerzabbaureviers »Grubet« bei Aichach – ein Zwischenbericht

Landkreis Aichach-Friedberg, Schwaben

Als Mitte der sechziger Jahre der damalige oberste bayerische Landesarchäologe, Klaus Schwarz, eine Studie über den frühen Eisenerzbergbau auf dem Kelheimer Michelsberg vorlegte, mußte er beklagen, daß »die vielfach angetroffene Weitläufigkeit der Schürffelder mit ihren ... zahllosen Kleinformen« deren vollkommene Vermessung meist vereitelt. Worte, an die wir uns erinnert haben, als Ende der achtziger Jahre die Aufnahme eines anderen »weitläufigen« Erzabbaureviers, des durch verschiedene Eingriffe gefährdeten »Grubet« vor den Toren der Stadt Aichach, akut wurde.

Wenn wir uns seinerzeit dennoch dazu entschlossen, mit dem Aichacher Grubenfeld erstmals in Bayern und sozusagen beispielhaft ein rund 1,5 km^2 großes Bergbaudenkmal vollständig kartographisch zu dokumentieren, so lag dies vor allem daran, daß es gelang, den Fachbereich Vermessungswesen und Kartographie der Fachhochschule München für dieses ambitionierte Vorhaben zu gewinnen.

Seit 1991 nehmen Studenten des Vermessungswesens im »Grubet« die Spuren von mehreren tausend Schächten topographisch auf, die nach derzeitigem Forschungsstand im 9./10. Jahr-

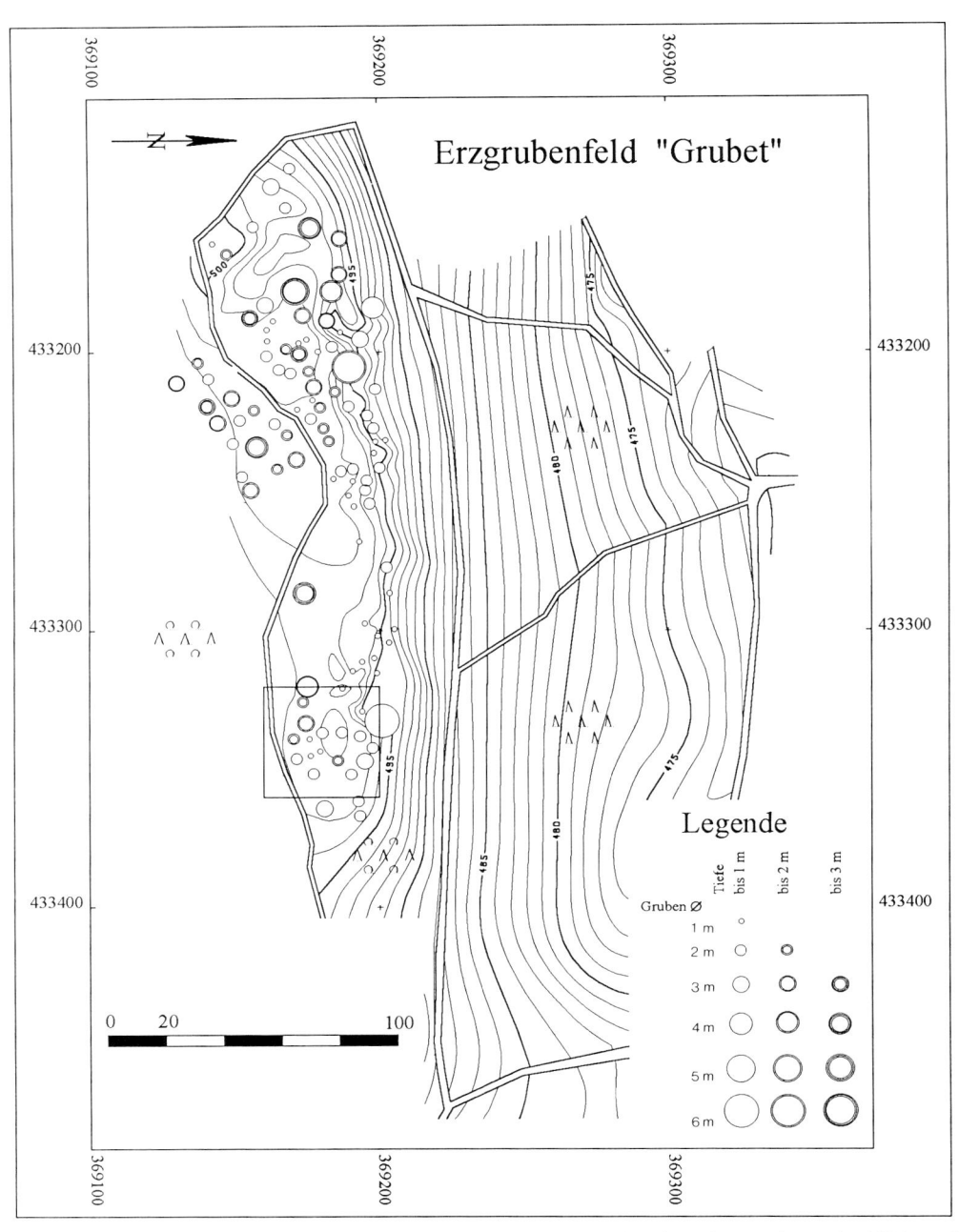

119 *Aichach, »Grubet«. Ausschnitt aus der archäologisch-topographischen Gesamtkarte 1 : 1000, verkleinert. Umrahmte Zone: Bereich der Detailaufnahme 1 : 200.*

hundert abgetieft wurden, um an das begehrte Erz zu gelangen. Ziel des Projekts ist die Erstellung von großmaßstäblichen archäologisch-topographischen Karten und Plänen, die nach Abschluß der Arbeiten zu einem Atlas »Eisenerzbergbaugebiet Grubet« zusammengefaßt werden sollen.

Geodätische Aufnahmen

Bei den vierwöchigen Hauptvermessungsübungen der Fachhochschule München erbringen jedes Jahr durchschnittlich 50 angehende Vermessungsingenieurinnen und -ingenieure beträchtliche Leistungen. Diese – soweit mit den Lehrplänen vereinbar – für eine nützliche Aufgabe einzusetzen, liegt ganz im Sinne der angestrebten praxisnahen Ausbildung. So wurde 1991 eine Anregung des Bayer. Landesamts für Denkmalpflege gerne aufgegriffen, in den folgenden Jahren das »Grubet« bei Aichach topographisch aufzunehmen.

In einer Meßkampagne bearbeitet jede Arbeitsgruppe (sechs bis acht Studenten) eine Fläche von etwa 6 ha. Diesen »Fleckerlteppich«

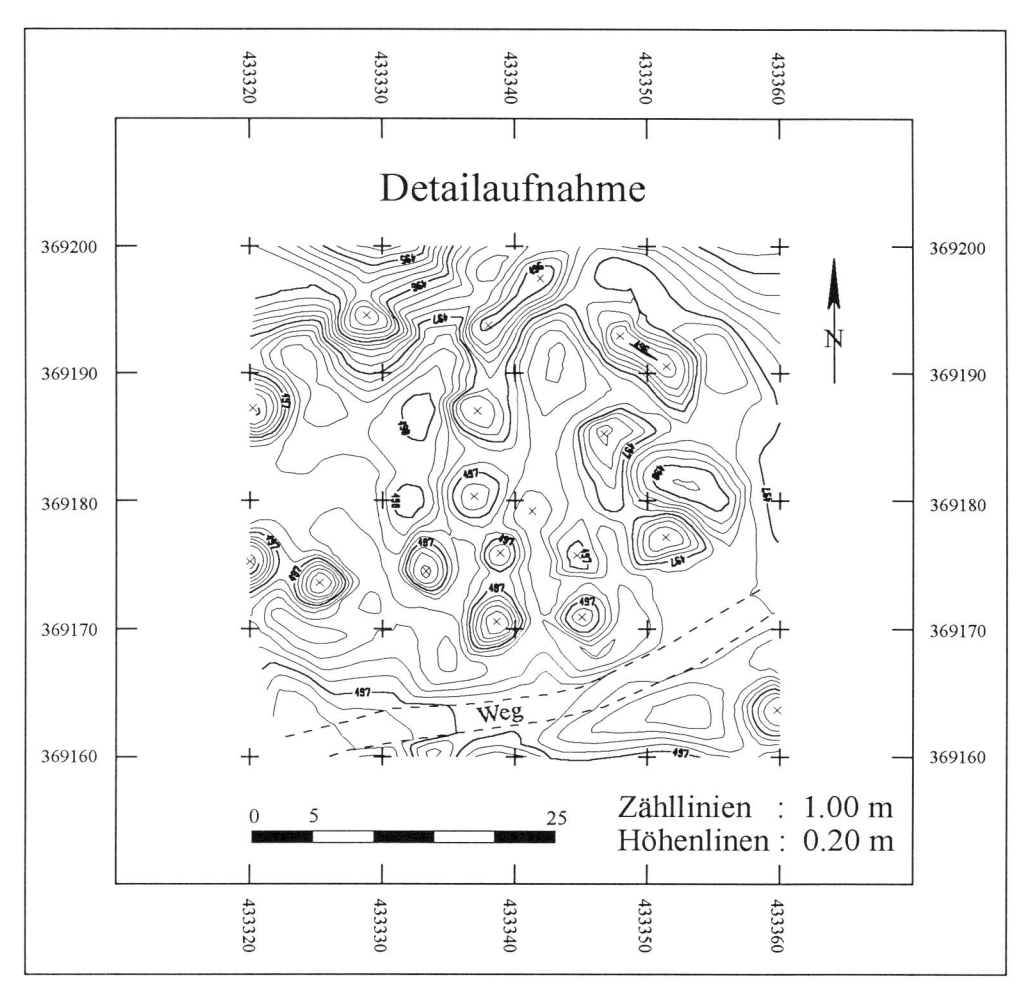

120 Aichach, »Grubet«. Detailplan 1 : 200 mit Darstellung des Feinreliefs durch Höhenlinien, verkleinert.

nahtlos zusammenzufügen, erfordert einen einheitlichen Rahmen. Er ist vorgegeben durch das Landeskoordinatensystem und realisiert durch ein Netz von großräumig verteilten, genau bestimmten amtlichen Festpunkten. Unterlagen dazu stellt das Vermessungsamt Aichach unbürokratisch zur Verfügung.

In einem ersten Übungsschritt »Festpunktbestimmung« wird das jeweilige Aufnahmegebiet durch Verdichtung des vorhandenen Festpunktfelds möglichst lückenlos erschlossen, was noch weitgehend nach den klassischen Verfahren der Triangulierung, der Polygonierung und des Nivellements geschieht. Daneben kommt mit dem »Global Positioning System« (GPS) auch die derzeit modernste Technik zum Einsatz. Das GP-System nutzt die Mikrowellensignale von Satelliten, die die Erde auf exakt definierten Bahnen in 20 000 km Höhe umkreisen, für genaue und rationelle Vermessungen.

Aufbauend auf der Festpunktverdichtung erfolgt im zweiten Übungsabschnitt »Geländeaufnahme« die Erfassung der Topographie des Aufnahmegebiets. Da auch mit modernster Technologie ein so großflächiges, durchweg bewaldetes und durch zahllose Kleinformen »gestörtes« Gelände nur mit unvertretbar hohem Aufwand bis ins letzte Detail terrestrisch vermessen werden kann, sind dabei – um einerseits die Übersicht zu bewahren, andererseits aber auch die Feinstrukturen aufzuzeigen – zwei Arbeitsschritte vorgesehen.

Für eine Gesamtkarte des »Grubet« im Maßstab 1:1000 bestimmt man durchschnittlich 25 repräsentative Geländepunkte pro Hektar sowie das Wege- und Gewässernetz nach Lage und Höhe. Die Erfassung der Bergbauspuren erfolgt im Hinblick auf den Auswertemaßstab »generalisierend« durch die Festlegung des Mittelpunkts einer Grube und Codierung ihrer Größenklasse. Unabhängig davon werden ausgewählte Zonen mit einer erheblich höheren Punktdichte für den Maßstab 1:200 aufgenommen. Zehn und mehr Punkte benötigt man, um jede Grube und das Feinrelief geometrisch richtig darstellen zu können. Bei der Geländeaufnahme sind elektronische Tachymeter mit angeschlossenen Feldrechnern zur automatischen Registrierung und Weiterverarbeitung der Meßdaten im Einsatz.

Auswertung und Kartographie

Die Auswertung der zunächst wenig spektakulären Ergebnisse der Geländearbeit (Protokolle, Skizzen, dazu ein Datenträger mit Informationen in digitaler Form) erfolgt im Rahmen des Lehrfachs »Ausarbeitung geodätischer Aufnahmen« an den Rechen- und Zeichenanlagen der Fachhochschule München.

Zunächst müssen die im Feld erfaßten Daten durch eine Reihe von Bestimmungs- und Ausgleichungsberechnungen aufbereitet werden. Da in dieser Arbeitsphase auch Genauigkeitsuntersuchungen stattfinden, sei hier nur am Rande erwähnt, daß die bisher ermittelten Standardabweichungen deutlich innerhalb der amtlichen Fehlergrenzen liegen.

Auf der Basis der so gewonnenen geodätischen Grundlagen lassen sich schließlich durch graphische Datenverarbeitung am System CADdy 6.0 Pläne in den Maßstäben 1:1000 und 1:200 erstellen (Abb. 119; 120). Das Höhenlinienbild wird dabei im Teilprogramm »DGM« (digitales Geländemodell) unter Berücksichtigung von Bruchkanten erzeugt.

Während bei den Detailplänen 1:200, die als Arbeitsgrundlage für zukünftige archäologische Untersuchungen dienen können, das Terrain allein durch das Höhenlinienmodell (Äquidistanz 0,2 m) ausreichend und plastisch beschrieben ist (Abb. 120), entschlossen wir uns, für die Gesamtkarte 1:1000 einfache Signaturen zu entwickeln, die geeignet sind, ein klares Bild von der Verteilung der Gruben im Raum zu vermitteln und etwaige Bergbauschwerpunkte hervortreten zu lassen. Durch ein abstraktes, einfaches Zeichen, den Kreis, dessen Mittelpunkt der Lage und dessen Durchmesser dem mittleren Durchmesser der betreffenden Trichtergrube entspricht, wird der Befund leicht lesbar dargestellt. Die aktuelle Tiefe der Trichter in Metern ergibt sich aus der Anzahl konzentrischer Kreise (Abb. 119).

Die Kreissignatur hat im derzeitigen Arbeitsstadium nur vorläufigen Charakter. Erst eine abschließend geplante (montan-)archäologische Redaktion der Pläne im Feldvergleich, von der zusätzliche Informationen, etwa über Meiler- und Verhüttungsplätze, zu erwarten sind, wird die Entwicklung endgültiger, den Befund differenziert beschreibender Signaturen ermöglichen.

H. Benedikt, H. Gerner, H. Kerscher und A. Schließer

Literatur

K. Schwarz/H. Tillmann/W. Treibs, Zur spätlatènezeitlichen und mittelalterlichen Eisenerzgewinnung auf der südlichen Frankenalb bei Kelheim. Jahresber. Bayer. Bodendenkmalpflege 6/7, 1965/66 (1967) 35 ff. – H. Frei, Der frühe Eisenerzbergbau im nördlichen Alpenvorland. Ebd. 67 ff.

Eine Testmessung zur magnetischen Prospektion in Troia

Türkei

Der Troianische Krieg hat seit jeher die abendländische Kulturwelt beschäftigt und beeindruckt. Allerdings verneinen heute die meisten Fachgelehrten die Historizität des von Homer in der Ilias besungenen Kriegs zwischen Achäern und Troianern. Man ist sich jedoch weitgehend einig, daß die imposante Burg von Troia, die von Heinrich Schliemann und Wilhelm Dörpfeld zwischen 1870 und 1894 ausgegraben wurde, gegen Ende der Siedlungsperiode Troia VI um 1200 v. Chr., also in spätmykenischer Zeit, einer gewaltsamen Zerstörung zum Opfer fiel.

An der 21. Grabungskampagne seit 1871, die unter Leitung von M. Korfmann (Universität Tübingen) und Ch. B. Rose (University of Cincinnati) im Jahr 1992 stattfand, beteiligte sich auch das Bayer. Landesamt für Denkmalpflege mit einer magnetischen Prospektionsmessung. Ziel dieser Messung war die Prospektion der bronzezeitlichen Befestigungsmauer um die »homerische« Stadt, die zweifellos zu einer so beherrschenden Burg gehörte. Ihre in einer Tiefe von 2–3 m vermuteten Fundamente machten den Einsatz des hochempfindlichen Cäsium-Magnetometers notwendig. Zugleich wurde als wissenschaftlich-technische Komponente die Vergleichsmessung zwischen Cäsium-Magnetometer und dem seit 1988 in Troia eingesetzten Fluxgate-Gradiometer durchgeführt (Abb. 121). Die Forderung nach einer Vergleichsmessung ergab sich aus der geplanten Weiterentwicklung des teureren Cäsium-Magnetometers, das inzwischen mit der hundertfachen Empfindlichkeit (± 0,001 Nanotesla) erhältlich ist.

Von den sehr unterschiedlichen physikalischen Meßprinzipien zwischen Cäsium-Magnetometer (optisches Pumpen, Zeemann-Effekt) und Fluxgate-Gradiometer (Saturationskern-Magnetometer) einmal abgesehen, scheint der Hauptunterschied auf den ersten Blick im fünffachen Preis des Cäsium-Magnetometers zu bestehen. Denn beide Geräte haben nominal eine Empfindlichkeit von 0,1 Nanotesla (nT) bei einer Meßfolge von 0,1 Sekunden, und beide wurden inzwischen in den Picotesla-Bereich (0,001 nT) weiterentwickelt. Bei einer ersten

nen messen kann, beschränkt sich das Fluxgate-Gradiometer auf die Messung der Differenz der Vertikalkomponente (delta Z) über 0,50 m, was eine etwa zehnfache Einbuße in der Empfindlichkeit zur Folge hat. Ein weiteres Problem des Fluxgate-Magnetometers liegt in der ungenügenden zeitlichen Stabilität (Drift) insbesondere bei thermischer Beeinflussung (Wechsel zwischen Sonne und Schatten); die dadurch notwendigen Rückmessungen zur Driftkorrektur an Basispunkten erlauben deshalb nicht mehr die Erfassung schwacher langwelliger Anomalien von Störkörpern in größerer Tiefe. In der sog. Unterstadt von Troia mit den 2–3 m mächtigen Kulturschichten von Troia VI–IX bieten sich daher für ein vergleichendes Experiment zwischen den beiden Prospektionsverfahren ideale Voraussetzungen.

Die knapp zehntägige Feldmessung mit dem Cäsium-Magnetometer erfolgte auf einem abgeernteten Getreidefeld südlich der Burg, auf dem 1990 und im Juli 1992 bereits über 2 ha

121 *Troia. Links: magnetische Prospektion in der Unterstadt mit dem Fluxgate-Gradiometer. Rechts: Einsatz des Cäsium-Magnetometers. In diesem Bereich verläuft die Stadtmauer von Troia VI.*

Vergleichsmessung zwischen diesen Geräten im augusteischen Legionslager Marktbreit 1989 erbrachte das Fluxgate-Gradiometer ein verblüffend gutes Ergebnis. Die teils verbrannte zentrale Innenbebauung ließ sich mit beiden Verfahren gleichwertig prospektieren. Der wesentliche Unterschied zeigte sich jedoch auch hier schon bei der Messung extrem schwacher Anomalien, beispielsweise von Wandgräbchen nichtverbrannter Häuser. Physikalisch ist dieser Unterschied sofort verständlich: Während das Cäsium-Magnetometer die Störungen der Intensität des erdmagnetischen Totalfelds in der Differenz beliebiger Sensorkonfiguratio-

mit dem Fluxgate-Gradiometer aufgenommen worden waren. Die Vermarkung der Meßflächen lag im gleichen 20-m-Netz, welches bereits Schliemann und Dörpfeld als Grundlage ihrer Arbeiten gedient hatte. Das insgesamt 4 ha große Areal (160 000 Messungen im Halbmeterraster) erstreckt sich vom modernen Zaun um den Burgbereich etwa 400 m nach Süden bis an die Böschungskante, die den Verlauf der römischen Stadtmauer von Ilium noch heute markiert.

Auf den Magnetogrammen (Abb. 122) ist deutlich die Einteilung der römischen Stadt (Troia IX) durch gerade Straßen in langrechteckige

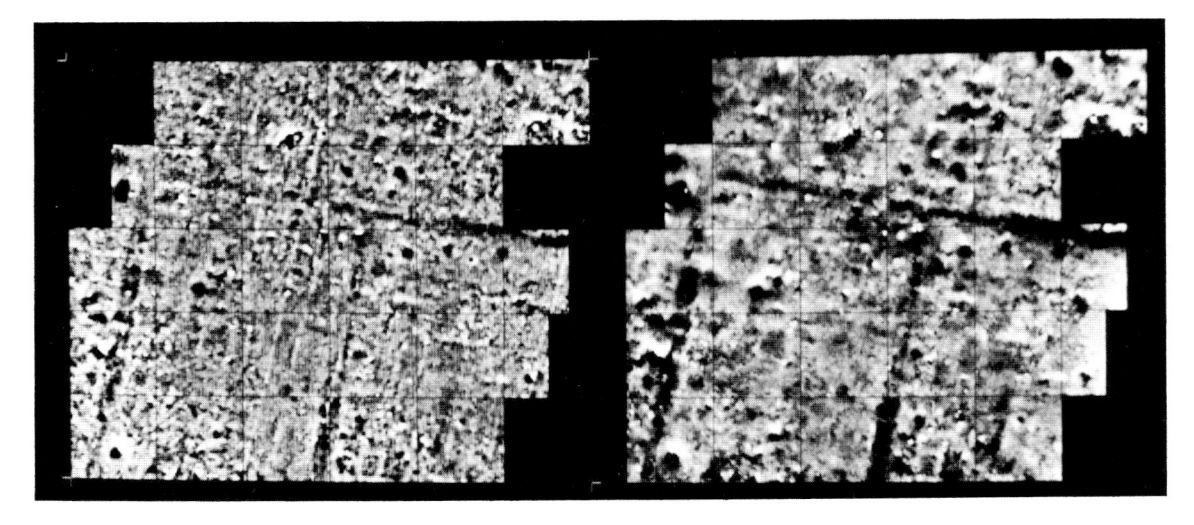

122 *Troia, römische Stadt. Fluxgate-Gradiometer (links): Ausschnitt aus dem Magnetogramm als Digitalbild mit einer Dynamik von –8,5/+13,5 Nanotesla (weiß nach schwarz) in 256 Graustufen, Halbmeterraster, 20-m-Gitter, genordet. Cäsium-Magnetometer (rechts): derselbe Ausschnitt aus dem Magnetogramm als Digitalbild mit einer Dynamik von –20,0/+31,2 Nanotesla (weiß nach schwarz) in 256 Graustufen nach der Korrektur der Positionierungsfehler, Halbmeterraster, 20-m-Gitter, genordet.*

Insulae von 360 × 180 römischen Fuß (pes Romanus = 0,2962 m) zu sehen. Offensichtlich hatte man jeweils zwei Quadrate zu einem Bebauungsblock zusammengefaßt. Dieses der Stadtplanung zugrundeliegende Raster ließ sich über eine größere Fläche durch die Prospektion verifizieren. Allerdings kann man nur wenige Gebäude vollständig im Grundriß erkennen. Ein typisch römisches Atriumhaus liegt beispielsweise an der nördlichen Querstraße.

Offensichtlich führt die Überlagerung der hellenistischen, römischen und byzantinischen (?) Stadtanlagen zu einem verwirrenden Bild, das wir erst nach einer aufwendigen Bearbeitung an der Computeranlage des Bayer. Landesamts für Denkmalpflege genauer interpretieren können. Weniger Probleme bereitete erstaunlicherweise die Identifikation der gesuchten homerischen Stadtmauer von Troia VI: Sie war im südlichen Bereich der prospektierten Fläche etwa 400 m von der Burgmauer entfernt gut durch ihre gänzlich abweichende Struktur und Orientierung unter dem rechtwinkligen Baumuster der späteren antiken Städte zu erkennen. Es handelt sich hierbei um eine positive magnetische Störung, deren Ursache vermutlich verbrannte Lehmziegel sind. Grob geschätzt dürfte die Mauer 4–6 m breit gewesen sein, doch wollen wir mit Hilfe der sog. Störkörperberechnung versuchen, die Dimensionen der Mauer und deren Tiefe im Boden exakt zu bestimmen.

Im Vergleich der beiden magnetischen Prospektionssysteme ergab sich bereits durch die doppelte Meßgeschwindigkeit des Cäsium-Magnetometers eine eindeutige Präferenz für das Gerät, das auch bisher den Hauptteil der Prospektionsarbeit in Bayern geleistet hatte. Die Weiterentwicklung der magnetischen Prospektionsmethode wird sich auf das neue Cäsium-Magnetometer konzentrieren. Seine hundertfache Empfindlichkeit (± 0,001 nT) bei einer Meßfolge bis 20 Hertz, Filter zur Reduzierung äußerer, technisch bedingter Magnetfeldstörungen und ein neues Interpolationsverfahren bei der Datenaufnahme mit Meßintervallen von 0,10 m sollten bei der Prospektion archäologischer Denkmäler bisher unerreichte Qualitäten bieten.

H. Becker, J. Faßbinder und H. G. Jansen

Literatur

M. Korfmann, Troia – Reinigungs- und Dokumentationsarbeiten 1987, Ausgrabungen 1988 und 1989. Studia Troica 1, 1991, 1 ff. – H. G. Jansen, Geomagnetische Prospektion in der Untersiedlung von Troia. Ebd. 2, 1992, 61 ff. – H. Becker, Die Suche nach der Stadtmauer des homerischen Troia. Denkmalpflege Informationen D 18, 19.3.1993.

Verzeichnis der Mitarbeiter

Dr. Björn-Uwe Abels, Hauptkonservator, Leiter der Außenstelle Oberfranken des Bayer. Landesamts für Denkmalpflege, Schloß Seehof, 96117 Memmelsdorf.

Wilfried Auer, Außenstelle Oberfranken des Bayer. Landesamts für Denkmalpflege, Schloß Seehof, 96117 Memmelsdorf.

Dr. Lothar Bakker, Oberkonservator, Städtische Kunstsammlungen – Leiter des Römischen Museums und der Stadtarchäologie Augsburg, Dominikanergasse 15, 86150 Augsburg.

Dr. Sibylle Bauer, wiss. Angestellte, Labor für Dendroarchäologie des Bayer. Landesamts für Denkmalpflege, c/o Kurpfälzisches Museum, Schiffgasse 10, 69117 Heidelberg.

Dr. Helmut Becker, Diplom-Geophysiker, Bayer. Landesamt für Denkmalpflege, Hofgraben 4, 80539 München.

Prof. Herbert Benedikt, Fachhochschule München, Fachbereich Vermessungswesen und Kartographie, Karlstraße 6, 80333 München.

Felix Biermann, c/o Kirsten, Stargarderstraße 17, 10437 Berlin.

Karl Böhm M. A., Kreisarchäologie Straubing-Bogen, Bahnhofstraße 3, 94327 Bogen.

Dr. Andreas Boos, Neuhäusl 2, 93155 Hemau.

Anja Castritius, Institut für Vor- und Frühgeschichte der Universität Würzburg, Residenzplatz 2, 97070 Würzburg.

Dr. Silvia Codreanu-Windauer, Konservatorin a. P., Außenstelle Regensburg des Bayer. Landesamts für Denkmalpflege, Keplerstr. 1, 93047 Regensburg.

Thomas Dannhorn M. A., Außenstelle Landshut des Bayer. Landesamts für Denkmalpflege, Sigmund-Schwarz-Straße 4, 84028 Landshut.

Dr. Robert Darga, Enzensberger Straße 26, 83026 Rosenheim.

Joachim Druckenmüller, Stadtplanungsamt, Abteilung Denkmalschutz, Spitalstraße 3, 85049 Ingolstadt.

Dr. Bernd Engelhardt, Oberkonservator, Leiter der Außenstelle Landshut des Bayer. Landesamts für Denkmalpflege, Sigmund-Schwarz-Straße 4, 84028 Landshut.

Dr. Peter Ettel, Institut für Vor- und Frühgeschichte der Universität Würzburg, Residenzplatz 2, 97070 Würzburg.

Dr. Jörg Faßbinder, Diplom-Geopysiker, Bayer. Landesamt für Denkmalpflege, Hofgraben 4, 80539 München.

Susanne Gerhard M. A., Institut für Altertumskunde, Lehrstuhl für Ur- und Frühgeschichte der Universität Erlangen-Nürnberg, Kochstraße 4, 91054 Erlangen.

Dr. Stefan Gerlach, wiss. Angestellter, Außenstelle Würzburg des Bayer. Landesamts für Denkmalpflege, Residenzplatz 2, 97070 Würzburg.

Hans Gerner, Dipl.-Ing. (FH), Fachhochschule München, Fachbereich Vermessungswesen und Kartographie, Karlstraße 6, 80333 München.

Torsten Harri Gohlisch M. A., Institut für Altertumskunde, Lehrstuhl für Ur- und Frühgeschichte der Universität Erlangen-Nürnberg, Kochstraße 4, 91054 Erlangen.

Dr. Walter Grottenthaler, Bayer. Geologisches Landesamt, Heßstraße 128, 80797 München.

Dr. Brigitte Haas, Konservatorin z. A., Prähistorische Staatssammlung, Lerchenfeldstraße 2, 80538 München.

Jochen Haberstroh M. A., Lehrstuhl für Archäologie des Mittelalters und der Neuzeit der

Universität Bamberg, Am Kranen 1–3, 96047 Bamberg.

Prof. Dr. Herbert Hagn, Institut für Paläontologie und historische Geologie, Abteilung für Mikropaläontologie, Richard-Wagner-Straße 10, 80333 München.

Anja Heidenreich, Lehrstuhl für Archäologie des Mittelalters und der Neuzeit der Universität Bamberg, Am Kranen 1–3, 96047 Bamberg.

Michaela Hermann M. A., Städtische Kunstsammlungen – Römisches Museum/Stadtarchäologie Augsburg, Dominikanergasse 15, 86150 Augsburg.

Dr. Claus-Michael Hüssen, Außenstelle Ingolstadt der Römisch-Germanischen Kommission des Deutschen Archäologischen Instituts, Jesuitenstraße 3, 85049 Ingolstadt.

Ludwig Husty M. A., Kreisarchäologie Dingolfing-Landau, Dr.-Godron-Straße 3, 94405 Landau a. d. Isar.

Dr. Walter Irlinger, wiss. Angestellter, Bayer. Landesamt für Denkmalpflege, Hofgraben 4, 80539 München.

Dr. Hans Günter Jansen, Diplom-Physiker, Spessartweg 8, 71032 Böblingen.

Elfi Jemiller M. A., Altenburger Straße 10, 96049 Bamberg.

Dr. Hermann Jerz, Bayer. Geologisches Landesamt, Heßstraße 128, 80797 München.

Dr. Robert A. Kemp, Royal Holloway, Department of Geography, University of London, Egham, Surrey, Großbritannien.

Hermann Kerscher, Dipl.-Ing., Grabungsbüro Ingolstadt des Bayer. Landesamts für Denkmalpflege, Unterer Graben 37, 85049 Ingolstadt.

Dr. Ronald Knöchlein, Bayer. Landesamt für Denkmalpflege, Hofgraben 4, 80539 München.

Zbigniew Kobyliński, Instytut Historii Kultury Materialnej, Polska Akademia Nauk, Al. Solidarnosci 105, 00-140 Warszawa, Polen.

Dr. Robert Koch, wiss. Angestellter, Leiter der Außenstelle Nürnberg des Bayer. Landesamts für Denkmalpflege, Burg 4, 90403 Nürnberg.

Dariusz Krasnodębski, Instytut Historii Kultury Materialnej, Polska Akademia Nauk, Al. Solidarnosci 105, 00-140 Warszawa, Polen.

Klaus Leidorf M. A., Bachstraße 7 b, 84172 Buch a. Erlbach.

Werner Leitz M. A., Wertherstraße 7, 80809 München.

Ferdinand Leja, Außenstelle Nürnberg des Bayer. Landesamts für Denkmalpflege, Burg 4, 90403 Nürnberg.

Friedrich Loré M. A., Archäologisches Büro, Wildenstein 1, 92345 Dietfurt a. d. Altmühl.

Dr. Heide Lüdemann, Schulstraße 46, 97236 Randersacker.

Dr. Tilmann Mittelstraß, Arbeitsgemeinschaft für integrierte Bauforschung, Pfarrergasse 2, 93047 Regensburg.

Birgit Münz M. A., Lehrstuhl für Archäologie des Mittelalters und der Neuzeit der Universität Bamberg, Am Kranen 1–3, 96047 Bamberg.

Martin Nadler M. A., wiss. Angestellter, Außenstelle Nürnberg der Bayer. Landesamts für Denkmalpflege, Burg 4, 90403 Nürnberg.

Dr. Cordula Nagler, Außenstelle Landshut des Bayer. Landesamts für Denkmalpflege, Sigmund-Schwarz-Straße 4, 84028 Landshut.

Dr. Jörg-Peter Niemeier, Oberkonservator, Stadt Passau, Stadtarchäologie, Rathausplatz 2–3, 94032 Passau.

Ralf Obst, Hochstraße 14, 97753 Karlstadt.

Dr. Udo Osterhaus, Oberkonservator, Leiter der Außenstelle Regensburg des Bayer. Landesamts für Denkmalpflege, Keplerstraße 1, 93047 Regensburg.

Dr. Barbara S. Ottaway, Department of Archaeology & Prehistory, University of Sheffield, Sheffield, S10 2TN, Großbritannien.

Dr. Martin Pietsch, wiss. Angestellter, Bayer. Landesamt für Denkmalpflege, Hofgraben 4, 80539 München.

Dr. Ulrich Pfauth, Sandstraße 23, 91186 Büchenbach.

Thomas Platz M. A., Sandbad 2 a, 96049 Bamberg.

Axel Posluschny, Seminar für Vorgeschichte der Universität Marburg, Biegenstraße 11, 35037 Marburg.

Dr. Johannes Prammer, Leiter des Gäubodenmuseums der Stadt Straubing, Fraunhoferstraße 9, 94315 Straubing.

Dr. Dorit Reimann, Konservatorin, Bayer. Landesamt für Denkmalpflege, Hofgraben 4, 80539 München.

Dr. Karl Heinz Rieder, Konservator, Leiter des Grabungsbüros Ingolstadt des Bayer. Landesamts für Denkmalpflege, Unterer Graben 37, 85049 Ingolstadt.

Dr. Michael M. Rind, Kreisarchäologie Kelheim, Grabungsbüro, Pechlerbergstraße 25, 93309 Kelheim.

Martin Schaich M. A., Theodor-Storm-Straße 7, 93051 Regensburg.

Prof. Albrecht Schließer, Fachhochschule München, Fachbereich Vermessungswesen und Kartographie, Karlstraße 6, 80333 München.

Dr. Karl Schmotz, Kreisarchäologie Deggendorf, Landratsamt, Herrenstraße 18, 94469 Deggendorf.

Dr. Peter Schröter, Anthropologische Staatssammlung, Karolinenplatz 2 a, 80333 München.

Cornelia Schütz-Tillmann M. A., Nürnberger Straße 59, 85055 Ingolstadt.

Stephan Seidel M. A., ArcSys, Müllerstraße 27, 80469 München.

Gabriele Sorge M. A., Dreizehnlinden 15, 86830 Schwabmünchen.

Dr. Andreas Tillmann, wiss. Angestellter, Außenstelle Regensburg des Bayer. Landesamts für Denkmalpflege, Keplerstraße 1, 93047 Regensburg.

Dr. Hans Peter Uenze, Hauptkonservator, Prähistorische Staatssammlung, Lerchenfeldstraße 2, 80538 München.

Peter Veit, Bayer. Staatssammlung für Paläontologie und historische Geologie, Richard-Wagner-Straße 10, 80333 München.

Dr. Ludwig Wamser, Hauptkonservator, Leiter der Außenstelle Würzburg des Bayer. Landesamts für Denkmalpflege, Residenzplatz 2, 97070 Würzburg.

Dr. Gerhard Weber, Leiter der Stadtarchäologie Kempten, Füssener Staße 90, 87437 Kempten (Allgäu).

Arne R. Weiser, ArcSys, Müllerstraße 27, 80469 München.

Dr. Stefan Winghart, Oberkonservator, Leiter des Referats Oberbayern des Bayer. Landesamts für Denkmalpflege, Hofgraben 4, 80539 München.

Stefan Wirth M. A., Städtische Kunstsammlungen – Römisches Museum/Stadtarchäologie Augsburg, Dominikanergasse 15, 86150 Augsburg.

Andrea Zeeb M. A., Seminar für Vor- und Frühgeschichte der Universität Frankfurt, Arndtstraße 11, 60325 Frankfurt a. Main.

Bildnachweis

Fotos

Bayer. Landesamt für Denkmalpflege, J. Rauch: 12, 23, 61, 78, 82, 88
Bayer. Landesamt für Denkmalpflege: 13, 24, 30, 58, 86, 107, 113, 117, 118
F. Höck, München: 115, 116
H. G. Jansen, Böblingen: 121 links
Dr. H. Jerz, München: 1
Dr. R. A. Kemp, London: 2
Kreisarchäologie Deggendorf: 8
Kreisarchäologie Dingolfing-Landau: 16
B. Münz M. A., Bamberg: 109, 110
H. Paysan, Tübingen: 121 rechts
G. Sorge M. A., Schwabmünchen: 9
Städtische Kunstsammlungen – Römisches Museum/Stadtarchäologie Augsburg: Titelbild, 18, 62, 63, 71, 72, 76

Zeichnungen

Fa. ArcSys, München: 97
Bayer. Landesamt für Denkmalpflege: 4, 14, 15, 19–21, 35, 36, 38–45, 48–53, 56, 57, 59, 70, 73, 74, 77, 79–81, 83–85, 87, 89, 91, 94, 95, 100, 101, 108, 114, 117 oben rechts
Bayer. Landesamt für Denkmalpflege und Dr. A. Boos, Hemau: 98 unten
Bayer. Landesamt für Denkmalpflege, Dr. T. Mittelstraß, Regensburg, und A. Stabl, München: 103
A. Castritius und Dr. P. Ettel, Würzburg: 29
Fachhochschule München, Fachbereich Vermessungswesen und Kartographie: 119, 120
Gäubodenmuseum Straubing: 66, 67
T. H. Gohlisch M. A., Erlangen: 5
T. H. Gohlisch M. A. und P. Honig, Erlangen: 6
E. Jemiller M. A., Bamberg: 106
Dr. H. Jerz und Dr. W. Grottenthaler, München: 3
Kreisarchäologie Deggendorf: 7
Kreisarchäologie Kelheim: 64, 65
Kreisarchäologie Straubing-Bogen: 90

W. Leitz M. A., München: 32, 33
Dr. T. Mittelstraß und S. Roser, Regensburg: 102, 104, 105
M. Nadler M. A., Nürnberg: 22
Dr. B. S. Ottaway, Sheffield: 11
Th. Platz M. A., Bamberg: 112
Prähistorische Staatssammlung München: 25, 93
Römisch-Germanische Kommission des Deutschen Archäologischen Instituts, Außenstelle Ingolstadt: 69
M. Schaich M. A., Regensburg: 37
G. Sorge M. A., Schwabmünchen: 10
Stadtarchäologie Kempten: 54, 55
Stadtarchäologie Passau: 111
Städtische Kunstsammlungen – Römisches Museum/Stadtarchäologie Augsburg: 17, 60, 75
A. Zeeb M. A., Frankfurt a. M.: 31, 46

Luftbilder

O. Braasch, Schwäbisch Gmünd: 26, 92
K. Leidorf M. A., Buch a. Erlbach: 34, 47 unten, 68, 96, 99

Computerpläne

Dr. H. Becker, München: 122
Dr. H. Becker und Dr. J. Faßbinder, München: 27, 28

Sonstiges

F. Mader, Die Kunstdenkmäler von Oberpfalz und Regensburg 9. Bezirksamt Neustadt a. W.-N. (München 1907, Nachdruck 1981) Abb. 20: 98 oben
K. Schwarz, Atlas der spätkeltischen Viereckschanzen Bayerns. Kartenband (München 1959) Blatt 33: 47 oben

Dienststellen der archäologischen Denkmalpflege in Bayern

Bayerisches Landesamt für Denkmalpflege. Abteilung Bodendenkmalpflege, Hofgraben 4, 80539 München (Abteilungsleitung Dr. Erwin Keller, Referat Oberbayern Dr. Stefan Winghart, Dr. Martin Pietsch).

Außenstelle in Niederbayern: 84028 Landshut, Sigmund-Schwarz-Straße 4, Tel. (08 71) 8 94 77 (Dr. Bernd Engelhardt, Günter Wullinger M. A.).

Außenstelle in der Oberpfalz: 93047 Regensburg, Keplerstraße 1, Tel. (09 41) 5 31 53 (Dr. Udo Osterhaus, Dr. Silvia Codreanu-Windauer, Dr. Andreas Tillmann).

Außenstelle in Oberfranken: 96117 Memmelsdorf, Schloß Seehof, Tel. (09 51) 4 09 50 (Dr. Björn-Uwe Abels, Dr. Michael Hoppe).

Außenstelle in Mittelfranken: 90403 Nürnberg, Burg 4, Tel. (09 11) 22 59 48 (Dr. Robert Koch, Martin Nadler M. A.).

Außenstelle in Unterfranken: 97070 Würzburg, Residenzplatz 2, Tor A, Tel. (09 31) 5 48 50 (Dr. Ludwig Wamser, Dr. Stefan Gerlach).

Außenstelle in Schwaben: 86150 Augsburg, Prinzregentenstraße 11a, Tel. (08 21) 3 51 89 (Dr. Wolfgang Czysz, Dr. Hanns Dietrich).

Grabungsbüro in Oberbayern-Nord: 85049 Ingolstadt, Unterer Graben 37, Tel. (08 41) 16 38 (Dr. Karl Heinz Rieder).

Auskunft und Beratung werden auch durch die Prähistorische Staatssammlung, 80538 München, Lerchenfeldstraße 2, Tel. (0 89) 29 39 11 (Direktor Dr. Hermann Dannheimer), das Römische Museum Augsburg, Dominikanergasse 15, 86150 Augsburg, Tel. (08 21) 3 24 21 72 (Dr. Lothar Bakker), die Kreisarchäologie 94469 Deggendorf, Landratsamt, Tel. (09 91) 3 61 (Dr. Karl Schmotz), das Archäologische Museum der Stadt Kelheim, Lederergasse 11, 93309 Kelheim, Tel. (0 94 41) 7 01 74/73 (Dr. Ingrid Burger), die Stadtarchäologie 87437 Kempten, Füssener Straße 90, Tel. (08 31) 7 26 78 (Dr. Gerhard Weber), das Germanische Nationalmuseum, Kornmarkt 1, 90402 Nürnberg, Tel. (09 11) 20 39 71, das Museum der Stadt Regensburg, Dachauplatz 4, 93047 Regensburg, Tel. (09 41) 5 07 14 41 und das Gäubodenmuseum in 94315 Straubing, Fraunhoferstraße 9, Tel. (0 94 21) 1 63 26 (Dr. Johannes Prammer) erteilt.

Die Gesellschaft für Archäologie in Bayern e.V.

vereint alle an der bayerischen Landesarchäologie interessierten Bürger im Bestreben, das Bewußtsein für die älteste Geschichte Bayerns und ihre Denkmäler in der Bevölkerung zu vertiefen und die Erforschung dieser Geschichte zu fördern.
Sie bietet ihren Mitgliedern
- Führungen zu archäologischen Denkmälern und Ausgrabungsplätzen
- Vorträge über neue Ausgrabungsergebnisse
- »Das archäologische Jahr in Bayern« als Jahresgabe.

Geschäftsstelle:
Hofgraben 4,
80539 München

Bankverbindung:
Bayerische Vereinsbank Landshut
Konto Nr. 1 007 530 (BLZ 743 200 73)

Geschichte und Archäologie in Bayern

Wilfried Menghin
Frühgeschichte Bayerns

Römer und Germanen — Baiern und Schwaben — Franken und Slawen
240 Seiten mit 101 Abb. und 73 Farbtafeln.
Wilfried Menghin hat die Fülle der neuesten archäologischen, ethnologischen und philologischen Erkenntnisse zur Herkunft des Baiernstamms gesichtet und ausgewertet. Es gelingt ihm, Licht in die dunkle und verwirrende Zeit der Völkerwanderung zu bringen, die Einflüsse einwandernder, seßhaft werdender Völkerschaften aufzuspüren und archäologisch nachzuweisen. So wird nicht nur die relativ gut überlieferte Geschichte des einst rätisch–römischen Südbayern bis hin zum Stammesherzogtum Baiern deutlich erkennbar, sondern der Leser gewinnt vor allem auch ein neues und überraschendes Bild von der Vielfalt des archäologischen und ethnischen Erbes in Nordbayern.

Rainer Christlein/Otto Braasch
Das unterirdische Bayern

7 000 Jahre Geschichte und Archäologie im Luftbild. 2., unveränderte Auflage. 272 Seiten mit 80 Farbtafeln, 100 Abb., Plänen und Rekonstruktionszeichnungen.
Was Otto Braasch seit 1980 auf etwa 100 000 Bildern aus der Luft erfaßt hat, wird es wohl notwendig machen, die Geschichte Bayerns zwischen dem 5. Jahrtausend v. Chr. und dem Mittelalter in weiten Passagen umzuschreiben. Anhand von 80 archäologischen Luftbildern, ergänzt durch Pläne, erläutert Rainer Christlein die Funktion und Bedeutung der Bodendenkmäler und unternimmt in einer ausführlichen Einleitung einen ersten Versuch, die Fülle an Denkmälern zu sichten, zu ordnen und in das Bild der bayerischen Landesgeschichte einzufügen.

Ursula Pfistermeister
Barockkrippen in Bayern

136 Seiten mit 84 Farbtafeln.
Die Autorin präsentiert in diesem großformatigen Bildband dreißig Barockkrippen, die zwischen Rhön und Alpen, Iller und Salzach fast alle noch zur Weihnachtszeit aufgestellt werden. Ihre völlig neu erarbeitete Geschichte dieser Krippenkunst in Bayern und ihre farbigen Aufnahmen sowie die von ihr ausgewählten zeitgenössischen Texte vermitteln eine plastische Vorstellung vom eigenständigen Charakter dieser alpenländischen Barockkunst, von ihrer Sinnenfreude, aber auch von der tiefen Volksfrömmigkeit jener Zeit.

Führer zu archäologischen Denkmälern in Bayern

Schwaben, Band 2:
Hans Frei/Günther Krahe
Archäologische Wanderungen im Ries

255 Seiten mit 100 Abb., Karten und Plänen.

Niederbayern, Band 1:
Thomas Fischer/Konrad Spindler
Das römische Grenzkastell Abusina-Eining

112 Seiten mit 76, teils farbigen Abb., Karten und Plänen.

Franken, Band 1:
Ludwig Wamser
Biriciana — Weißenburg zur Römerzeit

120 Seiten mit 107, teils farbigen Abb., Plänen und Rekonstruktionszeichnungen.

Franken, Band 2:
Björn-Uwe Abels
Archäologischer Führer Oberfranken

208 Seiten mit 122 Abb., Karten und Plänen.

Führer zu archäologischen Denkmälern in Deutschland

Band 5:
Regensburg — Kelheim — Straubing I
Zur Siedlungsgeschichte der südlichen Frankenalb, des Vorderen Bayerischen Waldes und der Donauebene

256 Seiten mit 63 Abb.

Band 6:
Regensburg — Kelheim — Straubing II
Archäologische und historische Denkmäler
— Exkursionen I bis III

233 Seiten mit 90 Abb.

Band 14:
Landkreis Weißenburg-Gunzenhausen I
Archäologie und Geschichte

271 Seiten mit 115 Abb.

Band 15:
Landkreis Weißenburg-Gunzenhausen II
Denkmäler und Fundstätten

255 Seiten mit 119 Abb.

THEISS